飲食文化論文集　石毛直道

目次

まえがき 3

第1部　食べる
台所文化の比較研究 8
食事パターンの考現学 60
ハルマヘラ島 Galela 族の食生活 74
押しだし麺の系譜 ― 河漏・ビーフン・スパゲッティ 203

第2部　飲む
文明の飲みものとしての茶とコーヒー 236
酒造と飲酒の文化 288

飲食文化論文目録 338

まえがき

　食は文化を映す鏡である。

　台所の食材には、地域の環境と、生活様式が反映されている。台所用具や料理法には、民族の伝統的技術が集約されている。食卓での作法には伝統的な人間関係のルールや宗教が顔をのぞかせ、冠婚葬祭や年中行事も食事の場に象徴される。作物や家畜のおおくは歴史的な異文化交流によってもたらされたものである。基本的な人間活動である食のあり方をみることによって、地域や社会を理解することができる。

　とは、『世界の食文化』という全集に、わたしが書いた「監修にあたって」の文章の一部である[1]。もっとも、そんな立派なことを、はじめから念頭において、食文化の研究に着手したわけではない。食いしん坊で、料理好きなので、食に関する論文を書くようになっただけのことである。

　世界的に食文化研究がさかんになる1980年代以前は、いわゆる先進諸国でも、文化の視点からの食の研究はたいへんすくなかった。食事という行為があまりにも日常的すぎるので、その日常性になじみすぎて、研究者たちの関心をよばなかったのである。

　わたしが食文化の研究に取り組みはじめた1970年頃、わが国での食の文化的側面についての研究といえば、食物史と民俗学の分野に限られていた。欧米でも、いくつかの先駆的な業績をのぞくと、食を素材に文化を論じる論文はあまりなかった。そこで、わたしはお手本なしに、手探りをしながら、あたらしい研究分野に挑むことになった。

　食文化研究の開拓にあたって、わたしがこころがけたのは、文化としての食を考察するにあたっての研究法を提示することと、日本だけではなく世界を視野にいれた研究をすることにあった。わたしが編集した食文化に関する最初の書物である『世界の食事文化』には、荒けずりではあるが、このような態度が表明されている[2]。

1　石毛直道監修『世界の食文化』（全20巻）農山漁村文化協会 2003 − 2007年
2　下記文献の石毛論文「食事文化研究の視野」、および吉田集而・赤坂賢・佐々木高明との共著論文「伝統的食事文化の世界的分布」を参照されたい。
　　石毛直道編『世界の食事文化』ドメス出版 1973

ひとつのことを奥深く調べるより、広がりを求めて、世界をまわることが好きなわたしのことである。食文化についても、特定のトピックをめぐっての異文化間の比較研究をすることがおおく、本書にもそのような論文がおおい。
　ある研究テーマについて、自分なりに納得のいく見取り図がつくれたら、それ以上は深入りをせず、つぎの面白そうな事柄にのりかえるのが、わたしの研究スタイルである。ひとりの伴侶と生涯連れそうのではなく、つぎつぎとパートナーを変える、学問のプレイボーイでありたいのだ。そんなことで、食文化のさまざまな分野にかかわる論文を書いてきた。
　本書に収録された論文も、それぞれに異なるテーマをあつかったものを選んでおり、論文相互間の脈絡はない。読者の興味のあるテーマのものから、読んでいただいたらよいのである。
　あたらしい学問分野の市民権獲得のためには、それに興味をもつ人びとが出てくることが必要である。そのためには、業界用語の通用するプロの研究者だけではなく、知的好奇心をもつ一般の読者にも読んでもらえる論文を書くことをこころがけてきた。また、食という親しみのある事柄なので、専門的な予備知識なしに、おおくの人びとに理解できるはずである。本書を読んで、食文化研究に理解をしめす人があらわれることを願うしだいである。
　それぞれの民族における食文化の中核は、「食品加工体系」と「食事行動体系」の二つの体系（システム）の相互作用から構成されているというのが、わたしの持論である。「料理をする動物」となった人類は、地域や民族によって異なる食品加工の技術体系を発達させた。いっぽう、「共食をする動物」としての人類の食事は、個体単位で完結する行為ではなく、食事を共にする他者のまなざしをを意識して食べる。そこで、文化を共にする人びとのあいだで、食に関する共通の価値観や食事作法などが形成された。この、食をめぐる人のふるまいかたを規定するのが、食事行動体系である。いいかえるなら、台所と食卓から文化をながめようというのが、わたしの立場である。
　しかしながら、食事行動体系についてのわたしの考えは、『食卓文明論――チャブ台はどこへ消えたか？』という書物にまとめてあるので、本書には食品加工体系

に関する論文だけを収録することにした[3]。また、わたしとしてはめずらしく、長期間かけて追求した魚介類の発酵食品についての論考は、ケネス・ラドル博士との共著『魚醤とナレズシの研究——モンスーン・アジアの食事文化』にまとめたので、本書からは割愛した[4]。

　本書巻末に、わたしの書いた「飲食文化論文目録」を載せてある。そのなかから、それぞれ異なる方法をもちいて論じた文章を集めてみたのが、本書である。

　いわば食文化の啓蒙役をつとめたわたしには、学問的な事柄を学術論文の形式をとらずに書いた文章がおおい。本書と同時期に、そのような文章をまとめた『石毛直道　食文化を語る』（ドメス出版）という本が刊行される。この本の姉妹編として参照いただければ幸いである。

　このような商業的採算ベースにのりがたい書物の出版をひきうけてくれたのが、旧友で清水弘文堂書房社主であった礒貝浩さんである。彼が急逝したあとを、ご子息の礒貝日月さんがひきついでくださった。礒貝親子と、本書の編集をしていただいた同社の小塩茜さん、渡辺工さんに深く感謝するしだいである。

2009年3月　石毛直道

編集にあたって
1. 刊行媒体のちがいによって、縦書きと横書きの原典があるが、本書収録にあたっては横書きに統一した。
2. 刊行媒体によって表記法が異なったり、執筆年代によって筆者の文字使いも変化している。しいて統一することをせず、原則として、なるべく原文の表記法にしたがうこととした。
3. 原典で使用した原図や写真をさがしだせないものが多数ある。それらは原典の刊行物から複写して再録しているので、不鮮明なものがある。

3　石毛直道『食卓文明論——チャブ台はどこへ消えたか？』中公叢書2005　2006
4　石毛直道・ケネス・ラドル『魚醤とナレズシの研究——モンスーン・アジアの食事文化』岩波書店1990
Kenneth Ruddle and Naomichi Ishige: *Fermented Fish Products in East Asia, IRMI Reserch Study 1*. International Resouces Management Institute. 2005.（電子出版）

第1部

食べる

台所文化の比較研究

　1970年2月に刊行された雑誌『季刊人類学』1巻3号京都大学人類学研究会編（社会思想社発行）に掲載された論文である。1973年刊行の単行本『世界の食事文化』（石毛直道編　ドメス出版）に再録している。

　わたしが食文化を学問の対象とした最初の論文である。それまでに書いてきた学術的著作は、石器を対象とした東アジア考古学に関する論文や、フィールドワークをおこなったニューギニア高地、東アフリカ、リビア砂漠での民族誌的論文であった。

　1969年、わたしが現地調査に従事した民族の食生活を描いた、一般の読者を対象とする単行本『食生活を探検する』（文藝春秋）が出版された。その本で描写した民族の食文化を、比較文化論の視点から考えてみようと試みたのが、この論文である。

　わたしは学生時代に考古学を専攻したので、衣食住に関する道具や設備 ― 物質文化 ― に関心をいだきながら現地調査をおこなってきた。そこで調査した家庭の持ち物を徹底的に調べて、ノートに記載することをしていた。いっぽう、料理や食べることが好きなので、現地の料理法も書きとめてある。そんなフィールド・ノートをもとに書いた論文である。

　執筆当時、わたしは文化を客観的に比較して記述する方法について考えていた。

　客観的な尺度をそなえた、文化を測るための基準となるモノサシというものは存在しない。そこで文化の記述においては、観察者の主観を排除することが困難である。そのような記述を資料として、複数の文化を比較して、通文化的な展望をしたり、理論化することはむづかしい。文化を数量化、パターン化して記述する方法はないものであろうか。

　そんなことで、一人の記述者の資料だけに限定して、記述者が勝手に設定したモノサシの尺度で通文化的な計測をすることによって数量化し、台所を舞台に文化をパターンとしてとらえようとする実験的な試みをおこなったのが、この論文である。

　おなじような試みをしたのが、『住居空間の人類学』（鹿島出版会　1971年）である。

この本では、わたしが調査をした民族の住居を対象として、住居内空間でおこなわれる行動の通文化的考察をおこない、人類の住居に共通する基本的な空間構成原理をさぐろうとしている。このような方法論をまとめた論文が、「比較生活学 — 方法論的アプローチ」(川添登・一番ケ瀬泰子編『講座生活学Ⅰ　生活学原論』光生館　1993年)である。

文化のちがいを計量化し、目に見えるパターンの形に整理して提示するという「台所文化の比較研究」は、何人かの文化人類学者が面白い試みであると評価してくれた。また、それまで接触のなかった分野である家政学での食物研究者たちから、料理をシステムとしてとらえる方法に好感をもってむかえられた。

しかし、資料操作にあたって、独断的な条件をさまざまに付した、この台所用品の研究は成功したものとはいいがたい。コンピューターが手軽に使えるようになった現在では、しっかりしたデータさえそろえたら、おなじような方向性をもつ研究を、もっと手際よくできるはずである。将来の研究者の参考になるかと思い、この論文を収録することにした。

1　はじめに

1・1　忘れられている分野

たいへん身近な問題でありながら、その日常性に親しみすぎて、研究対象とならないようなことがらがいくつもある。衣・食・住に関する問題も、そういった領域に属している。家政学という学問—このごろは生活科学と称するらしい—で、一応はこのような問題をとりあげることになっているようである。試みに家政学の食生活に関するテキストを何種か読んでみたところ、どうも家政学でとりあつかう食の問題は、文化・社会科学としての一般性をもつ性質のものではなさそうである。栄養学、調理学、食物史などという分野があるが、それらは個別的問題をあつかったものであり、いったい料理をするということは、どのような行為であるか、といったことについてはふれられていないのである。

ところで文化人類学・社会人類学の分野では、ということになると、これも淋しいかぎりである。たしかに食事に関する民族誌的記述はたくさんあるのだが、いずれも、

特定の民族文化の範囲をこえない個別問題に終始している[1]。

かえって、FAO（国連食糧農業機関）のようなところでやっている栄養問題に関する実学のほうが、世界的な視野にたった仕事をどんどんおこなっているのである。

食事や料理という行為は世界中に普遍的な現象としてみられ、男女隔離のきびしい原則をもつイスラム文化圏でのフィールド・ワークなどをのぞいたら、比較的調べやすい事項に属するのである。しかも、人間の文化的行動、社会的行動の基本的な問題をふくんでいる分野なのである。文化人類学・社会人類学のテーマとしては、絶好のものである。

フィールド・ワークをしていたら、一日に２度ないし３度は事例として出てくる問題なので、食事や料理に関する資料は自然に野帳にたまっていく。また、筆者は、物質文化の調査に興味をもっているので、自分の調査したいくつかの社会の家庭を単位として、それらの家庭の家財目録とでもいうべきリストを作成している。もちろん、そのなかには台所用品もふくまれている。

そこで、筆者が調査した、さまざまな社会を対象として、料理と台所用品に関する通文化的な考察をしてみよう、と思いたったのである。

1・2　論のすすめかた

本論では、筆者の知る８つの社会を対象として、まず、それらの社会における食生活をごく簡単に紹介する。それぞれの社会のなかでの料理を、システムとしてとらえることによって、料理という行為に必要な手続きを抽出してみる。そして、通文化的に料理に基本的な６つの作業をあきらかにし、この６作業を座標軸とするグラフを作成し、そこに８つの社会の世帯の台所用品を記入してみる。すると、台所用品の構成のちがいに応じて、図形としての特徴をもったグラフができあがる。そのような手続きで、台所用品を手がかりとして、食事に関する文化のパターンをえがきだそう、という試みである。

これは、文化を計量化して表示しようという試みの一種である。しかし、文化要素

---

[1] レヴィ＝ストロース大先生の仕事を忘れてはいないか、と小言をいわれるかもしれない。正直にいって、筆者にはあのようなかたちの思想はよく理解できないので、いまは知らん顔をしておくのである。

を計量し分類するときにかならずつきまとう、単位性の不明確さによる障害をのりこえることに成功したものとはいいがたい。そもそも、文化をカテゴリー化することが無理なはなしなのである。しかし、そこでとまどっていては、いつまでたっても文化現象を計量化することはできないであろう。荒っぽい仕事ではあるが、大まかなスケールをとっておき、そのスケールでなんとか物事を測ってしまうことによって、相対的なちがいをはっきりさせることができたらよい、という性質のものである。

　筆者としては、そのまず最初の試みであり、成功、失敗というよりも、まずやってみる、ということに力点をおいているのである。いっぺんに、完成品ができるとは、ゆめにも思ってはいないのである。

2　あつかう範囲の限定

2・1　主食と副食

　おおくの食事文化において、食事の内容を主食と副食という二つのカテゴリーにわける考えかたがある。日本でいえば、メシとオカズという対立である。たとえば、のちにのべるスワヒリ（Swahili）の食事でいえば、スワヒリ語でウガリ（ugali）とボガ（boga）という対立がある。ウガリとはトウモロコシ、雑穀、マニオクなどの粉をふっとうした湯でかたく練った、主食にあたる食べものである。ボガは、肉、魚、野菜、野草のたぐいを材料としてさまざまの味つけをして料理した、オカズにあたる食べものである。スワヒリの日常の食事には、ウガリとボガの双方が別々の容器に盛って供される。主食にあたるウガリと副食であるボガがセットとして一回の食事に供されて、スワヒリの食事の内容が完結するのであり、どちらか一方を欠いたならば正常の食事ではないとみなされる傾向をもつのである。

　主食は、ふつう炭水化物を材料として比較的単純な熱処理をほどこしたものであり、味も単調なものである。これに対して、副食は、野菜、肉、魚などを材料としてさまざまの料理法がおこなわれ、味つけにも工夫がこらされる。ヨーロッパ系の言語のいくつかにみられるように、料理ということばは、副食の加工を表現するのにもちいられることがある。

このような主食と副食の対立は、穀物栽培をおこなう文化においては、かなり一般的な現象として存在するようであるが、狩猟、採集、牧畜、根栽農業に経済の基礎をおく文化になると、この対立はあまり意味をもたなくなってくる。

2・2　飲と食

　日本語で、飲食ということばで表現されているように、飲むことと食べることは密接な関係をもっている。飲むことと食べることは、いったいどうことなった行為であるか？　この問題に解答をあたえることは、たいへん困難である。飲むという行為と食べるという行為の区別点は、各文化によってことなるであろう。ひとつの文化のなかにおける意味論的調査――たとえば成分分析（componential analysis）――のうえで、はじめてその文化における飲むということと、食べるということのちがいが明らかになるような性質のことがらである。さきの主食と副食の問題とおなじく飲と食の問題は、きわめてエミック（emic）な概念によって区別されるのである[2]。
　この論文は、さまざまな文化における料理を通文化的に比較しようとするエティック（etic）な性格をもつものである。そこで、料理の分野をきめるためには飲むことを料理にふくめて考えるかどうか、ということをあきらかにしておく必要がある。あるいは、主食・副食の問題のように、飲むことも食べることも両方ともふくめておいたら、当面の問題から逃れることが可能である。しかし、飲むことと食べることを一緒にして、料理のなかにふくめておくことには、どうも抵抗がおおきいようである。お茶をいれることは料理であろうか、どうか？　いちばん普遍的な飲物である水はどうあつかうのか？　これらの問題も、のちにのべる料理のシステムの図のなかで処理することは可能なのである。水や茶の問題よりも、この論文では発酵食品の加工に関する分野を除外して論を進めているために、重要な飲物である酒、ビールのたぐいをとりあつかわない。そこでアルコール飲料に右へならえをして、食事から飲むことをすべて排除して論をすすめることとする。

---

[2] エティックとは言語学におけるフォネティック（phonetic）、エミックとはフォネミック（phonemic）のアナロジーとして、文化人類学でもちいられる用語である。エティックな研究とは世界の諸文化に共通する要素の比較研究であり、エミックな研究とはひとつの文化内における諸要素の相互関連についての研究をさす。

そうなると、もとへもどって食べることと飲むことのエティックな区別をしておく必要がある。もっとよい定義がみつかるまで、仮のものとして、ここでは、「飲むということは容器に液体状の食品を入れて、容器と口を直接つけたまま食べることであり、スプーン、ハシ、指などを、食品を容器から口に運ぶために使用せずにすむ特別の食べかたである」ということにしておく。

本論文で飲むことを料理のなかに含めないために生じた問題のひとつを記しておこう。現在、スワヒリの食事は昼と夕方の２回である。朝は砂糖をたっぷり入れた紅茶を飲んですますのである。ところが、スワヒリが茶を飲む習慣をもつようになったのは、比較的新しい時代のことである。インドの茶と砂糖を東アフリカ植民地で消費させようという、イギリスの植民地統治政策が、スワヒリが茶を飲むようになった原因となっている。茶を飲みだす以前のスワヒリの朝の飲物は、ウジ（uji）であったと考えられる。ウジとはモロコシや米の類の粉、あるはひき割りを煮た、スープ、あるいは重湯状の食品である。そうなると、朝にウジを飲むことは、食事であると考えたほうがよいであろう。そうすると、現在スワヒリが朝に飲む茶は、食事の一種であるとするべきかもしれない。この論文では、エティックな立場で論じているために、スワヒリの朝食をとりあつかうことができない、ということになってしまってきたのである。

2・3　発酵食品と保存食品

この論文では、日常の家庭料理を中心とした食事を対象としている。そこで、毎日家庭でおこなう食品加工を中心としてのべることにして、一度つくっておいたら長期にわたって保存が可能であり、加工に長い時間とさまざまなプロセスを必要とする発酵食品と保存食品についての加工技術は除外することとする。塩漬、燻製、ナレズシ、酒などのたぐいの加工に関することがらは、別の機会にゆずることとする。また、保存食品、発酵食品の加工技術を考えるときは、のちにあげる料理のシステムの系をより複雑にしなくてはならないのである。この論文は、ひとつの作業仮説であり、ここで試みている方法が有効であるかどうかのテストを兼ねているので、なるべく問題を単純にしておきたい、という意図から日常の料理に対象をかぎっているのである。

ただし、保存食品、発酵食品がすでに加工されたものとして存在し、それを主な材

料あるいは調味料として使用して料理をするときには、料理のシステム系にのるものとして考察の対象となる。

3　8つの社会の食事

まず本論文作成の基本的な資料としてとりあつかった、筆者が現地調査をおこなった8つの社会における食生活の簡単な紹介をしておこう。紙数にかぎりがあるので、最低限の解説にとどめておく。くわしくは筆者の別稿[石毛, 1969b]を参照されたい。

3・1　ハツァピ族

ハツァピ（Hadzapi、ハツザ Hadza ともいう）族と、以下にのべる 3・2 ダトーガ（Datoga）族、3・3 イラク（Iraqw）族、3・4 スワヒリ（Swahili）の資料は、1966-67 年に、タンザニア共和国ムブル（Mblu）地区のマンゴーラ（Mangola）村の調査で得たものである[3]。

ハツァピ族は、コイサン語系の言語を話す狩猟・採集民であり、弓矢による狩猟と果実・根茎の採集にしたがう。採集食物の果実がおおい時期には、一か所に数個の核家族が3～4週間とどまってキャンプを形成するが、果実のない乾季には1～3家族単位にサバンナのなかを食物を求めて遊動し、粗末な小屋がけをしては、3～10日で小屋を捨て別の場所に移動する。彼らの物質文化はきわめて貧弱であるが、基本的にはブッシュメンやピグミーのアフリカの狩猟・採集民に共通する要素をもち、おそらくはバンツー農耕民の侵入以前にアフリカ大陸の南半部をおおっていた狩猟・採集文化を今日に残している部族であろう、と考えられる。

ハツァピ族の1回の食事の時間・回数はきまっていない。植物性の食物にのみたよる場合は、朝・夕の2回採食に出かける場合がおおいようであるが、動物性の食物を手に入れたときには、いつでも食べる。

3　マンゴーラ村の4つの社会については［今西・梅棹, 1968］の諸論文を参照のこと。

1. 果実の場合

① —果実をとる→ ② —たべる→ ③

2. 動物の場合

(1) 小動物を焼く

① —焼く→ ② —切る／鎌-ナイフ→ ③ —たべる→ ④

(2) 大動物を焼く

① —解体／ナイフ→ ② —焼く→ ③ —切る／鎌-ナイフ→ ④ —たべる→ ⑤

(3) 大動物を煮る

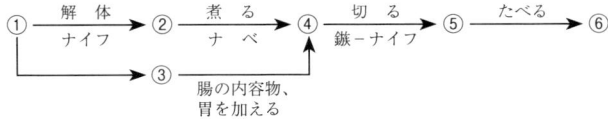

① —解体／ナイフ→ ② —煮る／ナベ→ ④ —切る／鎌-ナイフ→ ⑤ —たべる→ ⑥
①——→ ③ —腸の内容物、胃を加える→ ④

図1,2　ハツァピ族の果実と動物の食べかた

　ハツァピ族の雨季の代表的採集果実であるムダビ（mdabi スワヒリ語、学名、*Cordia gharaf*）を食べるとき、人びとはムダビの木のある場所に出むいて、木から果実をもいで、その場で口にほおばる。果実が豊富なときには、女が狩猟に出かけている男にわけたり、夜、子供たちに与えるために容器に採集して持ち帰ることもあるが、原則としては胃袋のほうが果実のある場所へ出むくのである。

　富田浩造の調査では、ハツァピの食用とする果実は14種類にもおよぶ[富田, 1966]。しかし、バオバブ（*Adansonia digitata*）の果肉を水のなかでもんでジュースをつくるほかは、果実はすべてそのまま生食される。富田によれば、ハツァピ族の食用とする根茎類は3種類（学名未同定）であるが、これらは女が掘棒で掘ったものを生食もするが、火のなかに投じて焼いてそのまま食べることがおおい。ほかに、採集食物としてハチミツがあるが、これはヒョウタンに採集して、指あるいは木の枝につけてなめるだけで、ハチミツ酒などの加工をすることはない。

狩猟は男の仕事であり、主として弓矢による狩りがおこなわれる。ロックハイラックスのような小動物や小鳥をとったときには、解体や内臓をとることをせずに、そのまま火のなかに投じて焼いて、これを鏃、ナイフで切りとって食べる。ハツァピ族の男は、いつもたずさえている矢の鏃を食卓用のナイフとして使用するのである。

オオカモシカやシマウマのような大動物が得られた場合には、まず解体し、毛皮を取り去り、敷皮や衣料に使用できるようにする。また、内臓のうち直腸のように食用に供さない部分をすてる。解体した肉は、そのままたき火に投じたり、クシにさしてあぶったりして焼肉とされることもあるが、皮をはいだ肉はアルミナベで煮て食べることがおおい。ナベで煮るときには水でゆでるのだが、調味料として乾季にエヤシ（Eyasi）湖が乾上ったときに湖底から採集した塩を入れる。また、胃や腸の内容物を加えて独特のくさ味と苦味をつけることもおこなわれる。脂肪のおおい部分は別に煮て、脂をすくいだしてヒョウタンの容器に入れて保存し、肉につけて食べることもおこなわれる。しかし、脂肪は、常用の調味料というほど頻度がおおく使用されるものではない。

移動生活をくりかえしているハツァピ族が、ナベを使用しはじめたのは近ごろのことであろう。1920年代の報告には、かれらが金属のナベを使用していた記録はない[4]。かれらは、土器製作をすることをしないし、周辺の他部族から土器を得て移動のたびに持ちあるいたとは考えられない。

アルミナベがハツァピ族のなかに入るようになってから、かれらは食物を煮る技術をとり入れたものと考えられる。

以上のべたハツァピ族の食事のいくつかをシステム工学で使用するPERT（Program Evalution and Review Technique）の手法をもちいて図解すると前頁図1，2のようになる[5]。

3・2　ダトーガ族

ダトーガ族は、ナイロート系のウシの牧畜民である。かれらの本来の食事は、牛乳、乳製品、家畜の肉およびに農耕部族と交換して入手した雑穀やトウモロコシの穀物で

---

[4] Bagshaw, 1925
[5] PERTについては［加藤, 1965］参照のこと。

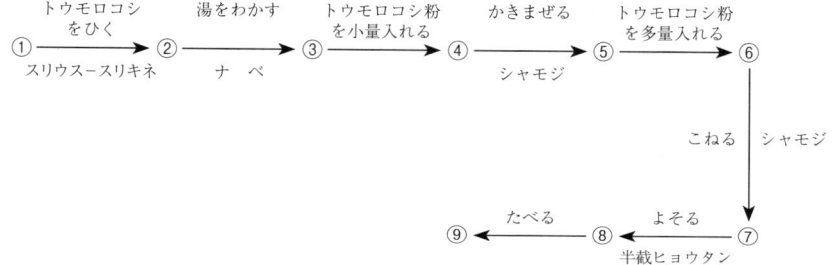

図3 ダトーガ族のウガリ

ある。現在では、マンゴーラ村のダトーガ族のおおくは、小規模の農耕をはじめているが、トウモロコシ以外の農作物の栽培はしないのがふつうである。

　放牧にでかける男の食事は朝夕の2回、家に残っている老人、女、子供は昼食をとり3回である。毎回ともスワヒリ語でいうウガリと牛乳で食事をすますことが、現在ふつうの食事である。ウガリを食べることは、周辺の農耕諸部族との接触の結果とりいれたものであろう。

　ダトーガ族のウガリのつくりかたをみてみよう。

　食事を準備するまえに、まずトウモロコシの粉ひきにとりかかる。石製のスリウス（saddle quern）でもってトウモロコシの粉をひくことが、女の日課である。

　湯のなかにトウモロコシ粉をひとつかみ入れてかきまぜて糊状にする。ふっとうした湯に一度に多量の粉を入れたら、団子状になってシンのあるものになってしまうからである。かきまぜるさいに、長さが50～80cmもある木製のシャモジを使用する。糊状の液体のうえに、こんどは多量のトウモロコシ粉を入れて力いっぱいシャモジでこねあげる。これをヒョウタンを半截してつくった食器にあけて、手づかみで食べる。

　食事のさいにウガリと牛乳、サワーミルクのほかのオカズにあたるものが食事にでることはすくない。乾肉を自家製のバターオイルで煮たり、野菜をバターオイルで煮ることがあるくらいである。つぎにのべるイラク族とおなじく、魚を食べることはタブーである。バターオイルのほか調味料には、エヤシ湖の塩がもちいられる。

3・3 イラク族

　イラク族は人種的、言語的系統がまだはっきりしていない部族であるが、ここでは一応クシ系の言語をもつ人びととしておく。かれらの生活様式は半農半牧である。農耕では、モロコシ、ヒエの雑穀およびトウモロコシの主食のほかに、近頃ではラッカセイ、タマネギの換金作物をつくる。牧畜の主力はウシの飼養である。牧畜においてはダトーガ族にちかく、農業においてはつぎにのべるスワヒリと共通する生活様式をもつかれらの食生活は、ダトーガ族とスワヒリの双方に共通する。すなわち、主食をウガリとすることは、イラク族に古くからあった慣習であるとかんがえられる。いっぽう、牛乳、乳製品をおおくもちいることはダトーガ族とおなじである。

　筆者がイラク族の家庭で一週間生活したときの献立は、三食ともにウガリであり、それに牛乳あるいは、前日しぼった牛乳をいくぶん発酵させたサワーミルクがつくだけであった。

　家畜を殺したときは、バターオイルで肉を煮たり、またときには、野草を主材料としてつぎにのべるスワヒリのボガをつくることもある。

3・4　スワヒリ

　スワヒリという集団の概念はたいへんややこしい。スワヒリ部族というものが現存するわけではない。ここでは、東アフリカのイスラム教・イスラム文化を中核として歴史的に形成された共通文化のにない手で、スワヒリ語をはなし、伝統的部族文化の枠を乗り越えた超部族的社会集団で、バンツー系農耕民を主な成員とする人びと、と説明しておこう[6]。

　マンゴーラ村のスワヒリは農業を生業とする。トウモロコシが主作物であり、ほかにモロコシ、ヒエ、コメ、サツマイモ、サトウキビ、キャッサバを主な自給作物とする。タマネギ、ラッカセイ、ワタは換金作物としても栽培される。自給用の野菜にあたるものとしては、トマト、ササゲ、クッキング・バナナ、ニンニク、トウガラシなどがある。

---

[6]　くわしくは［Ishige,1969a］。

台所文化の比較研究

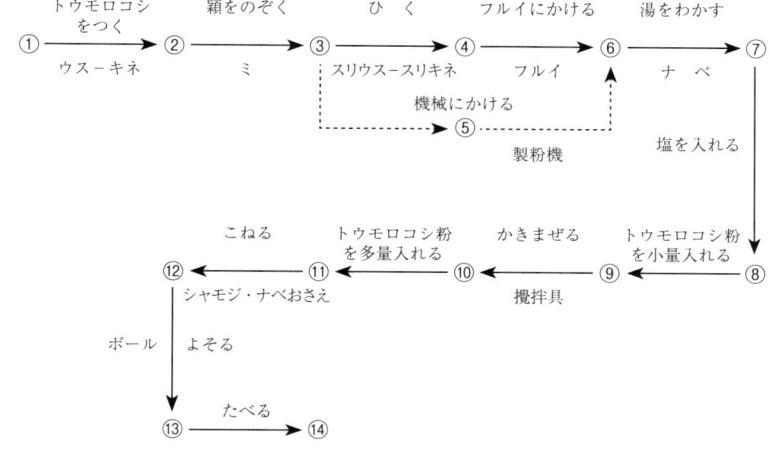

図4 スワヒリのウガリ

ウシ、ヒツジ、ヤギの家畜を持つ者もいる。たいていの家でニワトリを飼う。

　さきにのべたように、朝、茶を飲むことをのぞくと、スワヒリの食事は昼、晩の2回である。マンゴーラ村のスワヒリはイスラム教徒が大半を占めるが、断食月のあいだは日中は食事はとることをしない。日常の食事は、主食であるウガリと副食のボガによって構成される。

　スワヒリのウガリのつくりかたは、ダトーガ族、イラク族の場合にくらべて手がこんでいる。食事の準備はまずトウモロコシを木のウスに入れ、タテギネでついて穎をとりのぞくことからはじまる。かたい穎の部分は粉にせずとっておき、それを自家製ビールの材料にするのである。穎をとりのぞいたトウモロコシは、村の商店にもっていき製粉機にかけてもらう。マンゴーラ村で商店の製粉機を利用するのは、貨幣経済段階に入っているスワヒリだけで、ダトーガ族、イラク族は家庭で製粉する。製粉機が故障したときや、雑穀のたぐいをウガリにするときには、スワヒリもスリウス、スリキネを使用する。その場合も粉ひきのまえに、ウスでつくことをおこない、できあ

19

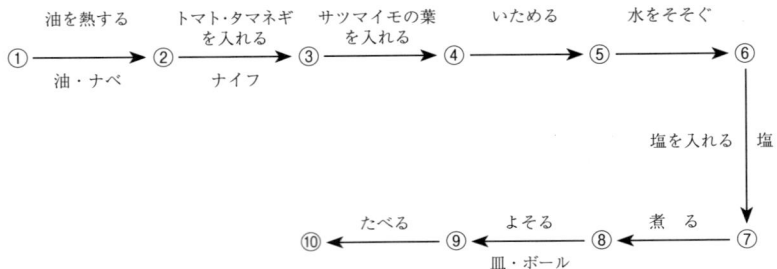

図5　スワヒリのボガ・ヤ・クンディ

がった粉をフルイにかけることをする。

　ウガリをつくるときダトーガ族の例とちがうのは、粉を入れるまえに、湯のなかにまず塩を少量入れて味つけをすることである。マンゴーラ村の他部族はエヤシ湖の塩を使用するのに対し、スワヒリは商店から買ってきた塩をもちい、使う量も他部族よりもずっとおおい。ふっとうした湯のなかに、まず粉をひとつかみ入れて糊状にするのはダトーガ族とおなじであるが、このとき木の枝わかれの部分を利用してつくった矢印状の道具をナベのなかに入れスクリュー状に回転して、トウモロコシの粉をむらなく湯にとかすように攪拌する。また、つぎに多量の粉を入れて大きなシャモジでかたくねるときには、ナベが炉からとびだしたり、回転しないように木の叉を利用した専用のナベおさえの道具をもちいてナベを固定する[7]。できあがったウガリは、ホーローびきのボールに入れて供する。

　図4にみるように、同じウガリでも、ガトーガ族のつくるものにくらべて、伝統的にウガリを主食としてきたスワヒリでは、その工程が念入りで、それにともなう道具が使いわけられている。

　つぎに、副食であるボガについてのべよう。副食の主なものは、野菜および野草である。トマト、タマネギを油でいためたベースのうえに、さまざまな主材料を加えて

7　ウガリつくりのシャモジ、攪拌具、ナベおさえについては［石毛,1968:p.94］参照のこと。

20

ボガがつくられる。ボガは、主材料の食品の名で分類される。ムレンダ（murenda）という野草でつくったボガはボガ・ヤ・ムレンダ（boga ya murenda）、ニワトリ（kuku）の肉でつくったボガはボガ・ヤ・クク（boga ya kuku）、ナマズ（kambare）の料理はボガ・ヤ・カンバレ（boga ya kambare）というふうに、主材料の名でスワヒリの料理の命名法が成立している。

ウシ、ヒツジ、ヤギ、ニワトリ、魚の動物性蛋白質のボガもつくられるが、日常のボガの材料としてもっとも頻度がおおいものは、キャッサバの葉、サツマイモの葉などの野菜と野草である。マンゴーラのスワヒリが日常食用にする野草は、16種におよぶ（学名未同定）。野草つみは女の日課のひとつである。

サツマイモの葉の料理であるボガ・ヤ・クンディ（boga ya kundi）を例にとって、ボガのつくりかたを記そう。

まず、ナベに油を少量入れて熱する。ナベは、本来は土器であったが、近頃は金属製のものが普及している。油は、村の商店から買ってくるラッカセイ油である。ナベのうえで、タマネギ、トマトをナイフで小片に切って落とす。マナイタはない。ウガリの攪拌具かスプーンのようなものでかきまぜてしばらく炒めたのち、サツマイモの葉をナベに入れてさらに炒める。つぎに、ひたひたになる程度の水をシャクシでそそいだのち塩を入れて、ぐちゃぐちゃになるまで煮つける。できあがったものは、皿あるいはボールによそう。

ボガの料理法は、基本的には油いためしたタマネギ、トマトのソースに主材料を入れてつくるのがふつうであり、主材料が肉になったり、魚に変わったりするだけである。ときにはトウガラシや店で買ってきたカレー粉が調味料として使用されることもある。ボガの料理法は、東アフリカにやってきたアラブ人から伝えられた可能性がある。

3・5 メガルハ族

メガルハ（Megarha）族は、北アフリカのリビアのフェザン（Fezzan）地方のシャーティ（Shati）・オアシス群とその地方の砂漠に居住するベドウィン系のラクダ遊牧民である。以下は、1968年、シャーティ・オアシス群の東にあるデブデブ（Debdeb）村

とその周辺の調査のさい得た資料にもとづいている[8]。かれらの居住するオアシスで栽培される主な作物はナツメヤシ、コムギ、オオムギと家畜の飼料とするウマゴヤシである。小量ながらササゲ、ナス、ウリ類の蔬菜もつくられる。家畜は、ラクダ、ヒツジ、ヤギを主としている。これらの家畜は乳しぼりおよび食用の対象となる。

もともとオアシスは、放牧から引退した老人やカースト的従属農耕民が居住して農耕にしたがう場所であり、メガルハ族の本来の活動の場は砂漠であり、オアシスは夏、砂漠に草がすくなくなったとき、家畜をウマゴヤシで飼うために帰ったり、農作物を補給しにやってくるところであった。

砂漠でのかれらの常食は、乾燥したナツメヤシの実とラクダの乳である。いずれにしろ、たき木や水のとぼしい砂漠での生活には合理的な献立といえよう。

もともとは、穀物や肉を食べるのは、日常の食事ではなく、来客があったり、行事のさいの食事であった、と考えられる。

1940年代からフェザン地方に掘抜井戸による新しいオアシスの開発がはじまり、1950年代になってリビアに石油が発見されたことから、オアシスの開発と遊牧民の定着化政策がさかんになり、現在ではメガルハ族も砂漠の遊牧からオアシスでの農耕に生活様式が変わりつつある。この生活様式の変化および石油ブームによる現金経済の浸透に応じて、かれらの食生活も変化しつつある。オアシスに定着したメガルハ族は、朝食はラクダあるいはヤギの乳とナツメヤシですませるが、昼食、夕食には穀物からつくった主食や肉を食べる度合がおおきくなった。すなわち、むかしだったら、特別なさいにのみ食べた食事が、日常化しはじめているのである。

コムギ、オオムギは回転式の石ウスでひき、粉とする。現在では、製粉機のあるところまで運んで粉にしたり、商品の小麦粉を買ってくる。これをスワヒリのウガリと同じように湯でかたく練りあげ、これに肉や野菜でつくったソースをかけて食べる。あるいは、ナツメヤシを発酵させてつくったパン種を入れて焼く。パン焼きカマは、もともとは土でつくったものであろうが、現在ではドラム缶の空缶を利用してつくったりする。パンをつくることは比較的まれで、パン焼きカマを持たない家庭のほうがおおいようである。

8　メガルハ族については、[谷・石毛,1969] 参照。

現在メガルハ族に一般的な料理のひとつに、マカローニャ（makaronya）と称するスパゲッティの主食がある。リビアがイタリアの植民地であった、という事情がスパゲッティ料理がさかんになったひとつの原因であろうが、その料理法はアラブ風であるし、もともとアラブ料理にもスパゲッティに似た麺料理はむかしから存在していたのである。メガルハ族がオアシスに定着生活をするようになったこと、石油ブームの余波で現金で商品のスパゲッティを買うことができるようになったことが、かれらがスパゲッティを日常の食卓にならべることを可能にしたのである。

マカローニャをつくるには、まず、乾燥したトマト、トウガラシを石皿と叩き石、あるいは金属製の乳鉢、乳棒でもって細かくつきくだく。乾燥トマト、トウガラシは、メガルハ族の居住するオアシスではできず、商品として買ってくるものである。トマト、トウガラシは、たいていの料理のソースをつくるのに欠くことができないものである。現在では、トマトをペースト状にした缶詰が使用されることもある。

まず、ナベに油を入れて熱する。メガルハ族が自給の可能な料理用の油脂は、ヒツジ、ラクダの乳からつくったバターオイルとラクダの脂肪であるが、近頃では料理用には缶入りのオリーブ油を使うことがふつうである。ナベのうえで、ナイフで、ネギあるいはタマネギを切り落し炒める。つぎに、さきにつくっておいた乾燥トマトとトウガラシをまぜたもの、あるいはそのペーストを入れてから水をそそぐ。

一方、細めのスパゲッティを手でもって折っておく。スパゲッティは細かく折れば、折るほどよいとされ、長さ2〜3cmの一見穀物状になるまで折る[9]。折ったままのかたいスパゲッティを直接ナベのなかに入れて、やわらかくなるまで煮こむ。最後に塩を入れて味をととのえる。これを陶器の鉢か、より一般的には洗面器（食器専用として使用される）へ入れて、スプーンをそえて食べる。

こうしてみるとマカローニャをつくるのに必要な材料のうち、ネギあるいはタマネギをのぞいては、商品として買ってきたものであることに気づく（ネギ、タマネギも自分の畑で栽培していないことがおおい）。かれらの他の料理を考えてみても、メガルハ族の現在の食事文化の多くは、かれらが現金経済の段階に入ることによって、日常

---

9 北アフリカに一般的なアラブ料理であるクスクス（kus-kus）は、小麦粉を原料としてつくった、細かい粒状をした、イタリア料理でいえば一種のパスタにあたるものである。その料理法は基本的にはマカローニャとおなじである。クスクスがメガルハ族のごちそうであることから、スパゲッティを細かく折ることによってクスクスに近い食品にしようとするのかもしれない。

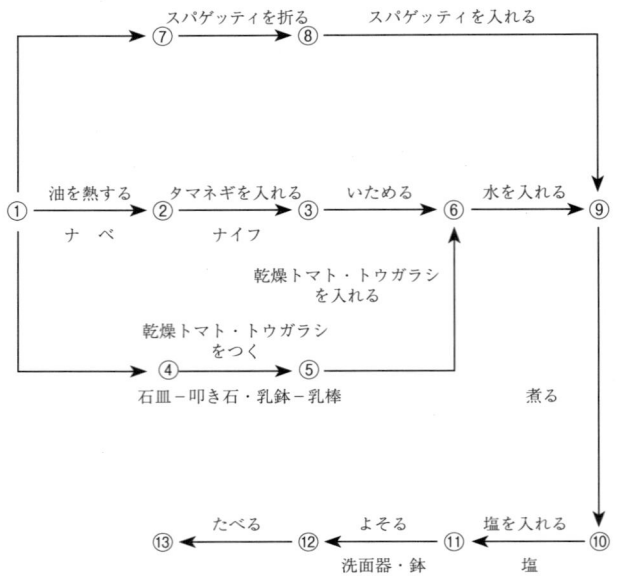

図6 メガルハ族のマカローニャ

性を獲得したものである、といえる。

　スパゲッティのかわりに、ヒツジやラクダの肉を入れたり、豆を入れることによって、さまざまな種類の料理がつくられる。また、上等の料理には、サフランなどの香料が加えられる。トマトとトウガラシでつくった料理のソースは、米料理や小麦粉をウガリ状にねった主食、パンなどにかけても食べられ、メガルハ族の料理の基本をなしている。

3・6　モニ族

　モニ（Moni）族は、西イリアンの中央高地のケマブー（Kemabu）川流域に居住する山地パプア人の一部族である。以下は、1964年、ケマブー川上流のウギンバ（Uginba）

において調査したときの資料にもとづく[10]。ウギンバには、モニ族のほかに、西部ダニ（Western Ndani）族が居住しているが、その食生活、料理技術はモニ族とほとんど変らないので、ここではモニ族の例だけを記す。

モニ族の生業は根栽農業であり、サツマイモ、タロイモ、サトウキビ、バナナを主作物とする。このうち、サツマイモがいちばん多く栽培され主食とされる。ヒョウタン、ショウガ、ササゲ、ラッカセイの野菜類もつくられている。ほかにセリ、バンダナス、ジュズダマなど、食用とする野生植物が約20種類ある。家畜はブタだけである。キノボリカンガルー、ヒクイドリなどの弓矢による狩猟もおこなわれるが、大型動物がすくないこと、狩猟技術の未発達などに原因して、狩りで得られる食物は、きわめてすくない。狩猟は動物性蛋白質の補給手段というよりは、男のスポーツとしての意味をもっている。

モニ族もダニ族も土器を知らない。また金属製のナベは、ケマブー川流域には入っていない。そこで、かれらの料理技術には、食品を煮沸する方法はとり入れられていないのである。かれらの料理技法は食品を生食することのほかは、焼いて食べること、焼け石をもちいてむし焼きにすること（earth oven）の3種類である。

焼け石をもちいてむし焼きにする料理技術は、根栽農業をおこなう太平洋諸島に広く見られるものである。地面に穴を掘ってそこへ食品と焼け石を入れたうえで、土をかぶせておき、焼け石の熱で食品をむし焼きにするのである。

モニ族の場合には、地面に掘った穴のほかに、樹皮製の石むし料理用のワクを使用して料理する場合がおおい。幅20cmくらいの樹皮を二重に巻いて、直径30〜40cmの円筒形のワクをつくる。地面あるいは家屋の床面においたこのワクの底および側面に、モニ語でザル（zalu）とよばれるユリ科の灌木の葉（*Condyline terminalis*）をしきつめる。ザルの木は家屋のまわりに生垣のように植えてある。さて、ザルの葉をしきつめたワクのなかに、サツマイモの葉、野草の葉、ササゲなどの食品を入れて、水をそそいで食品をぬらしておく。いっぽう、たき火のうえにコブシ大の石を20個くらいおき、焼け石をつくる。焼け石を木製のピンセット状の火ばしでつかみ、これをザルの葉でくるんで、野菜類の入ったワクのなかに入れ、その上をまた野菜類でおおう。

10　モニ族については［石毛・本多, 1966］を参照。

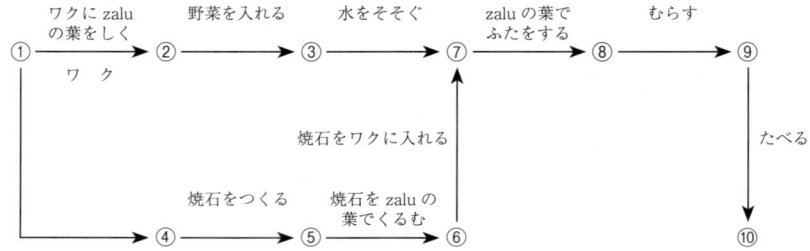

図7 モニ族の野菜の石むし料理

　野菜と焼け石をワクのなかいっぱい入れたあと、はじめにしきつめたザルの葉のワクの外にはみ出している部分を内側に折りまげ、ワクの内容物を包みこみ、重しに石をのせておく。これで、15分から30分ほっておくと、ワクのなかの野菜類は焼け石の高熱によって、野菜自体の水分と、ぬらした水の湯気によってむし焼きになってしまうのである。ワクを使用せずに穴で料理するときには、穴のなかにザルの葉をしきつめるのである。ほかはワクを使用した場合と同じである。

　できあがった料理は、包みをほどいてワクのなかに手をつっこんで指で食べる。このときに、交易によって得た現地産の塩をふりかけることもある。調味料は塩だけであるが、塩をはじめから食品に加えて料理することはない。食物を食べるときに、食卓用の塩として使用するのである。

　野菜の葉ばかりでなく、サツマイモや一頭まるのままのブタも、同様にして料理される。また、サツマイモ、タロイモ、ヒョウタンのたぐいは、炉の灰のなかにうずめて、焼いて食べることがおこなわれる。

　モニ族にあっては、家族の全員がそろって食事をとるのはその日の畑仕事を終えたのち、午後2時から3時ごろである。定期的な食事は、この1回だけである。この食事のさいに焼き石を利用した料理法がおこなわれる。朝、起きたのち炉の灰のなかにサツマイモを入れて焼き、これを家長の男が家族に分配するが、このサツマイモは分配されたとき食べなくてはならないものではない。一日のうちで、自分がすきな時間

に食べたらよいのであり、分配されたときには口をつけないでしまいこんでしまう者もいる。家族単位の食事は午後の石むし料理のときだけであり、その他の食事は個人的なものである。

3・7　トンガ

　トンガ王国は、ポリネシアの西端に位置する。サモアとともに西部ポリネシア文化に所属する人びとが居住している。1960年のトンガタプ（Tongatapu）島ハベル・ロト（Havelu Loto）村での調査の資料にもとづいて、簡単にトンガ（Tonga）の食生活を紹介する[11]。

　トンガ人の農業は、ヤムイモを主作物とし、タロイモ、クワズイモ、キャッサバ、サツマイモ、バナナ、ココヤシ、パンノキの栽培をおこなう根栽農業である。食用の家畜はブタとニワトリである。海にかこまれた小島群から成立している国なので、魚、貝、海草、クジラなどの海から採取する食物もおおく食べられる。

　トンガ人のもともとの調理技術の主なものは、モニ族とおなじく石むし料理であった。ただし、モニ族のように樹皮製のワクを使用することはなく、地面に穴を掘って、そこへバナナの葉をしきつめて食品を入れ、地中でむし焼きにするのである。この場合、食品をココナツ・ソースであえることが、しばしばおこなわれる。ココナツの脂肪部のおおい胚乳の部分（コプラ）をコプラかきの道具あるいはナイフでけずりおとして、ボールあるいは洗面器に入れて、水をそそぐ。これをココナツ製の繊維でもんでいると、コプラが水にとけて白い液体となる。これをココナツ殻の繊維でこして、けずりかすをとると、ココナツ・ソースができあがる。このソースがトンガ料理の基本的なソースとして使用される。魚やニワトリなどにココナツ・ソースをかけたうえで、タロイモの葉で何重にも包みこみ、包みがほどけないようにバナナの葉柄などでしばるのである。この食品をくるむタロイモの葉をルー（lū）とよぶ。魚をイカ（ika）とよぶが、魚の石むし料理ならルー・イカ（lū ika）というふうに、ルーを使用した料理は材料名をつけて命名される。このルーを穴のなかに入れて、むし焼きにするので

11　この調査については、[藪内, 1963]を参照のこと。

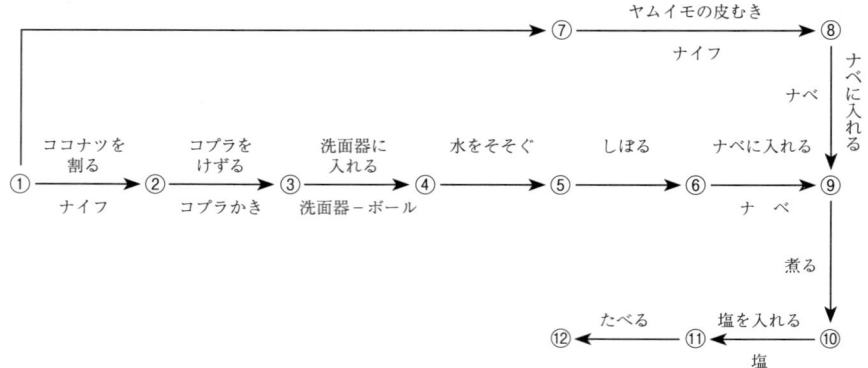

図8 トンガのヤムイモのハカ

ある。ヤムイモ、タロイモなどはルーにくるまずに、直接焼石に接するようにして穴のなかにならべられる。

ウム（umu）とよばれる石むし料理と、トゥヌ（tunu）とよばれる直接食品を火のうえにかざして焼いた料理法が、トンガ本来の料理における加熱技法であった。今日では、金属製のナベが一般的に使用され、煮るという技術——これをハカ（haka）という——がつけくわわった。

食品を煮るときには、さきにのべたココナツ・ソースで煮こむのである。これに商店から入手した食塩を入れたり、海水を加えて味つけをする。

現在では、外国産のコンビーフなどの缶詰類がトンガ人の食生活に入ってきているし、商店で買ってきたパンを朝食にとる家庭もある。

3・8 日本

本論文で対象とするのは、1969年に調査した2家族についてだけである。そのひとつは、愛媛県北宇和郡宇和海村日振島（現在は宇和島市）の68才になる老婆の単身家庭である。離島であるという地理的環境とその老婆の年齢のせいもあって、それは過去の日本の食生活を表わすモデルとして一方の極にたつものであろう。

この島では、10年前までオオムギ、サツマイモの切干しを入れたカンコロメシがふつうであった。漁村であるので、魚はおおく食べる機会があるが、過去においては肉を食べることはまれであった。ミソは現在でも自家製のところもある。島で生産する農作物は、オオムギ、サツマイモとわずかばかりの蔬菜である。

　調査の対象となった老婆に自分のつくれる料理の名をあげてもらい、それをかの女のことばで分類してもらうと、オスシ（ちらしずし）、イオメシ、サツマ（冷やし汁）、ナマ（サシミ）、ミソシル、オスイモノ、フライ（テンプラのこと）、スズケ（酢のもの）、ニツケ、アエモノ、ヤキザカナ、ウドン、オヒタシ、ツケモノ、ヒモノである。中華ソバやカレーライスのような外来の料理は、宇和島市などに出かけたとき食べるがつくりかたは知らないという。

　日本でとりあげたもう一方は、京都市内に居住する31才の夫と25才の妻の家庭である。妻は料理学校に通った経験をもつ。夫が食事に趣味をもち、自分でも料理をつくるため、ここでの食生活はバラエティに富んでいる。中華料理や欧風の料理が食卓にのぼる頻度がいちじるしい。この家庭は、現在の日本における一般の家庭の食生活のうちでは豊かさの極に近いほうに位置づけられよう。日本の料理技術については、ここでは省略する。

4　料理のシステム

4・1 料理のプロセス

　ここで、料理とはどんな手順をもった行為であるかを、実例にそくして具体的に考えてみよう。たいへんふしぎなことであるが、家政学で調理学という分野の本をいくら読んでも、料理とはいかなる行為であるかは書いていないのである。たまたま、料理の定義らしいことが書いてあったとすると、「料理とは、料（はかり）、理（おさめ）る、ことである」というような禅問答式の説明なのである[12]。

　そこで、自力で料理にはいったいどのような種類の手順があるのかを考えてみるこ

12　「はかり、おさめる」のタネ本は『貞丈雑記』である。

ととした。料理の手順を分類するといっても、さまざまのレベルが考えられる。たとえば、物理的操作と化学的操作の2大分類ですますこともできれば、中華料理では熱を加えて料理する技法を煮、炸、煎、蒸、炒、爆、燜、烤、……というふうに分類しているように、たいへん細かい分類をすることもできるのである。本論文は、将来のきめの細かい考察のために見とおしをつける、という任務をもっているので、パターンのちがいが、大きなスケールで表現されるような性質の分類法をとっておこう。そのためには、数種類の単位に料理のプロセスが分類され、しかもその分類で、いちおう各地での日常の料理技術の大体の分野の記述をするのに不便を感じないだけの一般性をもつものであることが望ましい。

　前章でいくつかの料理のつくりかたのプロセスをPERTの手法で図示してみた。これと同じ作業を、対象としたいくつかの社会での筆者の知る料理について適応してみる。すると、矢印で表現される作業——PERTでいうアクティヴィティー(activity)——を、いくつかの共通しそうな項目にまとめることができる。たとえば、料理をはじめる手順の最初のほうには、料理の材料をついたり、切ったり、洗ったりする作業が、最後の「食べる」という行為のまえには、できあがった料理を皿や半截のヒョウタンの食器に盛りつける作業が共通してあらわれてくる。このような事例に注目して、PERTの図法で示された料理の作業の種類を因数分解のように共通項を考えてまとめてみる。すると、A・原料処理（穀物をつく、穎をのぞく、粉にひく、etc.）、B・したごしらえ（解体する、内蔵をとる、野菜を切る、洗う、etc.）、C・加熱（焼く、煮る、むし焼きにする、いためる、etc.）、D・混合、変形（かきまぜる、こねる、あえる、etc.）、E・味つけ（塩を加える、トウガラシを加える、腸の内容物を加える、etc.）、F・盛りつけ（皿にのせる、ハシをそえる、鏃で切る、etc.）の6種類のプロセスに分類できたのである。

　この6種類の分類法は、かならずしも客観的なものとはいえない。かなり強引に、料理のある手順を特定の分類に押しこんでいるとの非難をうけるであろう。もともと、エミックな現象をエチックなレベルで正確なカテゴリー別に分類することは、できないことなのである。すべての通文化的研究は、カテゴリー分類に困難をともなう運命をもっているのである。そこで、この分類法は、客観的ではなく、便宜的な性質をもつ尺度(nominal scale)のものであると考えてよい。自分勝手につくったモノサシで

あっても、同一のモノサシで測ったならば、ものごとの比較は一応可能なのである。
　つぎに、6種類にわけたアクティヴィティー群のおのおのの作業の説明をしておこう。

4・2　アクテヴィティー群の説明

A・原料処理
　自然環境から得てきた食品の原料を加工して、食品として使用できる状態にしておく行為。つぎのB・したごしらえと異なる点は、したごしらえは、いったんしたごしらえをしておいたら、すぐに加熱、味つけなどのプロセスにうつるのがふつうであるが、原料処理という行為は、料理の他のプロセスに時間的に連続したものである必要はない。モミスリ、精白、製粉など、穀物栽培をおこなう人びとのあいだによくあらわれる仕事である。ほかに、たとえばサゴヤシからサゴデンプンをつくるとか、料理用のバターオイルをつくっておくなどの仕事を例にあげておこう。乳しぼりも、このカテゴリーに含ませる。乳牛の体内の乳はそのままでは食品ではなく、乳をしぼるという作業をすることによってはじめてミルクという食品になるからである。農耕や牧畜などで得た原料のあとしまつにあたる作業である。
　じつのところ、このカテゴリーをもうけることには、筆者自身いくぶんためらいを感じているのである。あるいは、B・したごしらえと同じカテゴリーに入れたほうがよいのではないか、または料理のプロセスから除外したほうがよいのではないか、と迷ったのである。しかし、市場制度の発達していない段階の農業社会のおおくでは、畑からもちかえった穀物の処理は、料理を担当する女の一連の台所の仕事とされることがふつうであるという事実にもとづいて、留保しておくこととする。のちにのべるように、このカテゴリーを残しておくことによって、農業社会のひとつのパターンが明らかになる可能性をもつからである。

B・したごしらえ
　いちおう食品として、すぐ使用できる材料を対象として、C以下の手順のための下準備をすることである。たとえばAで原料処理をすまして精白された米を対象として、洗ったり、といだりする。粉であれば、料理に必要な分量をはかってとりだしておく

ような仕事である。また、C以下の処理に都合のよいよう食品を切りわけておくことなど。

C・加熱

料理の主役ともいうべき作業で、煮る、焼く、むす、など火熱を加えること。

D・混合・変形

材料をつぶしたり、混ぜあわす力学的作業によって、ひとつひとつの材料の本来もっていた外観の独自性をなくしてしまうこと。おろす、こす、たたく、ねる、まぜる、あえる、ソースでつなぐ、などの作業。

E・味つけ

料理の主な材料以外の小量の補助的食品を加えることによって、味覚、嗅覚などの変化をつけることを意図しておこなう作業。

F・盛りつけ

できあがった料理を容器に入れたり、食べやすいように切りとったりすること。食品に盛るだけでなく、それにナイフ、フォークやハシをそえることもふくむこととしておく。

4・3 料理のシステム

狩猟、採集、漁撈、作物栽培、牧畜、養殖などの手段で、人間が環境にはたらきかけて、食品の原料を手に入れる。これらを料理して、食べられるものに変形するのである。食物を口に入れたあとは、生理的現象にまかされる。食物が環境レベルから、生理のレベルに移行する途中に料理という行為がはさまっているのである。さきにあげた料理の6要素を使用して、この関係を図示してみよう。

図9では、アルファベットをつけた行為（さきにのべたアクテヴィティーの群）は、独立した作業としてPERT用語でいうイベント（event）として表現される。E・原料

台所文化の比較研究

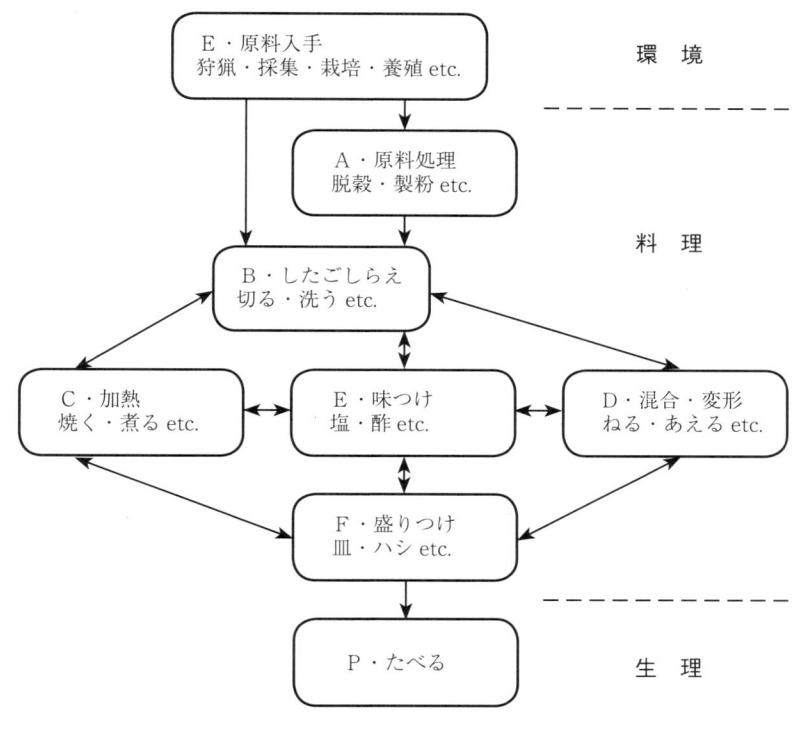

図9　料理のシステム

入手、からはじまる矢印で表されたイベント群のあいだを、食品が移動することによって、さまざまな加工をうけ、最後にP・食べる、という行為に到達するものと考えたらよい。

　もちろん、食品がこれらのイベントをすべて経過するものとはかぎらない。たとえば、サシミという料理は、B・したごしらえ、からすぐに、F・盛りつけに移行して、それで完成してしまうのである。このようなあり得る関係をすべて矢印で表現すると煩雑になるので、図9に表現された矢印はダミー dummy（PERTでいう所要時間ゼロの行為）である場合もあり得るものと約束をしておく。そうすると、この図でいう料理

という行為は、A、B、C、D、E、Fのイベント群のすくなくともひとつの過程をへたものである、という定義ができあがる。しかし、A・原料処理をなされただけの粉はすぐさま口にするわけにはいかないことでわかるように、Aのイベントに関しては、それだけの過程では料理といえず、他のイベントをへることを前提としているという性質のものと考えておいたほうがよい。

3章で、いくつかの料理のつくりかたをPERTの図法で示したときに、「トウモロコシ粉を小量入れる」とか、「サツマイモの葉を入れる」といった表現がみられる。図8は、料理の主な材料がイベント群のあいだを移動するという関係を示しているので、このような主材料をナベに入れたりするような動作は、図8のイベント群のあいだをつなぐ矢印にあたるものと考えたらよい。それは、主原料の移動をあらわしているのだから、主材料をあるイベントから、つぎのイベントに「うつす」という行為で表現しておく。そうすると、料理を6つのイベントと「うつす」という行為で、抽象的に記述することが可能となる。

4・4 料理のプロセスの記述

A～Fの6イベントと、「うつす」という7つの項目だけで、第3章であげた料理のつくりかたを書きなおしてみたのが、図10である。ここでは、プロセスの最後にある「食べる」という行為は、はぶいてある。

試みに、図10-1のハツァピ族の果実を食べるときの図をみると、「うつす」というプロセスしかみられない。そこでかれらが果実を食べるのは、料理の範疇にふくまれない行為である、ということがわかる。つぎに、図10-2-（1）であらわしたハツァピ族が小動物を処理するやりかたをみると、CとFの2つの行為から成立しているといえる。こうして、6イベントと「うつす」、そして矢印だけで、料理のつくりかたを抽象化して記述することができるのである。

つぎの段階として、矢印を使用した表示をやめて、「うつす」という行為も記述することをやめてしまい、6つのイベントだけで、BCDとか、ACDDFといった記号だけで料理の手続きをより抽象化した形で記載することが可能である。このように抽象化をおしすすめたら、もちろんその記載から具体的な料理を復元することはできない。

台所文化の比較研究

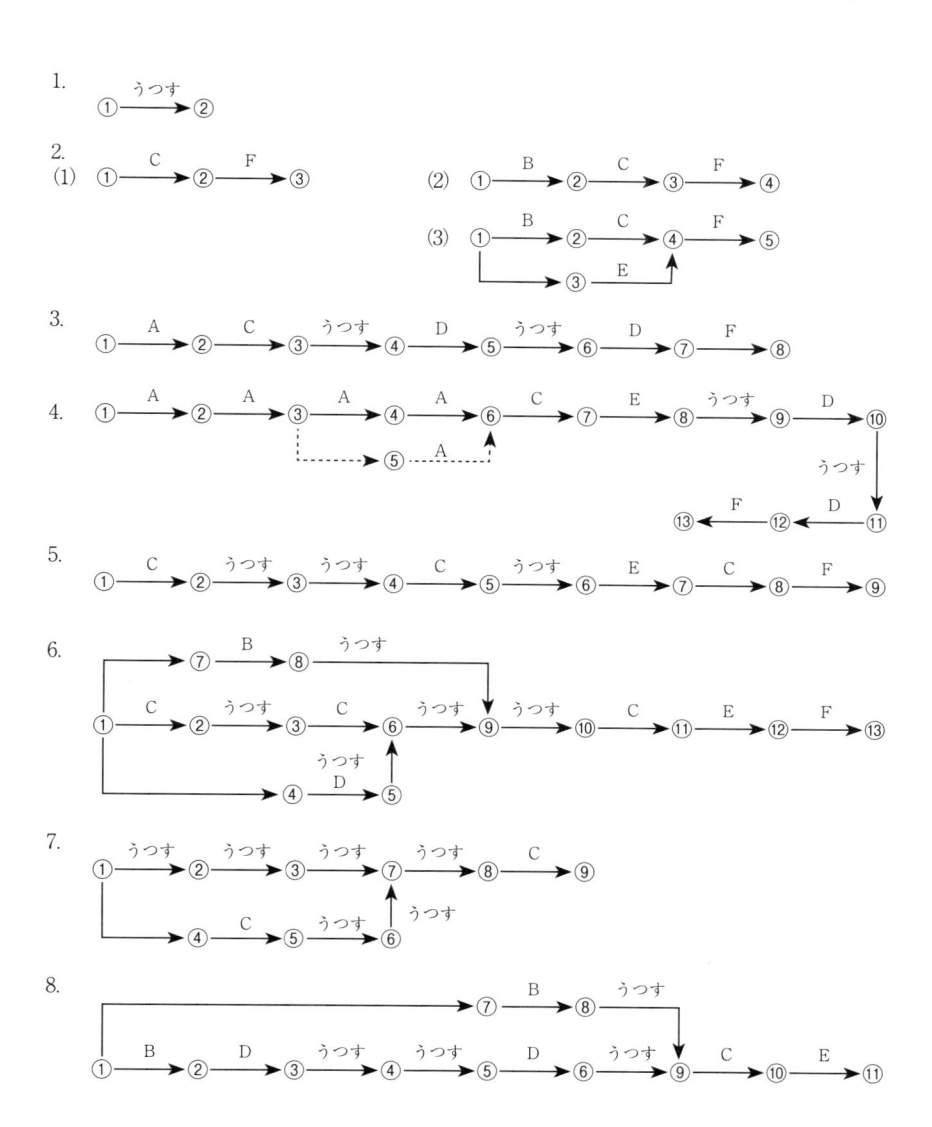

1. ①─うつす→②

2. (1) ①─C→②─F→③   (2) ①─B→②─C→③─F→④

   (3) ①─B→②─C→④─F→⑤
       └──→③─E→④↑

3. ①─A→②─C→③─うつす→④─D→⑤─うつす→⑥─D→⑦─F→⑧

4. ①─A→②─A→③─A→④─A→⑥─C→⑦─E→⑧─うつす→⑨─D→⑩
       └┈→⑤┈A→↑   │うつす
                                            ⑬←F─⑫←D─⑪

5. ①─C→②─うつす→③─うつす→④─C→⑤─うつす→⑥─E→⑦─C→⑧─F→⑨

6. ┌───→⑦─B→⑧─うつす→┐
   ①─C→②─うつす→③─C→⑥─うつす→⑨─うつす→⑩─C→⑪─E→⑫─F→⑬
       └────→④─D→⑤─うつす→↑

7. ①─うつす→②─うつす→③─うつす→⑦─うつす→⑧─C→⑨
   └────→④─C→⑤─うつす→⑥─うつす→↑

8. ┌──────────→⑦─B→⑧─うつす→┐
   ①─B→②─D→③─うつす→④─うつす→⑤─D→⑥─うつす→⑨─C→⑩─E→⑪

図10　A～F event 群を使用した料理のプロセスの記述
（番号は前章の図版番号に対応する）

にもかかわらず、なぜそのようなことを考えるのかというと、このような形にしておいたら、コンピューターの使用が可能である、ということにある。多量のデータをこのように記憶させておき、コンピューターを操作することによって、ある社会における料理技術の特質をあきらかにすることが、考えられるからである。また、この6つのカテゴリーにわけておくことによって、次章以下でのべる台所用品を対象とした図形パターンによる記述と、おなじことを料理のパターンについてもおこなうことが可能となったのである。

5 台所用品の分類

5・1 単位の設定

これから、筆者のフィールド・ノートから、いくつかの家庭における台所用品のリストをとりだしてきて、それらの台所用品をさきにあげたA～Fの6つのカテゴリーに分類することを試みる。

物質文化をリスト・アップして、その種類や量を比較して論じるときに注意しなくてはならぬことは、ある社会内でひとまとまりのセットとしての物質文化が観察される集団の単位はなんであるか、ということである。この問題について筆者はすでにのべたことがある［石毛 , 1968: p. 91］ので、ここでは当面必要なことだけを書いておこう。

食生活に必要な物質文化は、どの社会にも普遍的にみられ、日常の食生活に最低限基本的に必要な物質文化は貧富の差に大きく左右されることなく、正常な家族集団の台所にひとつのセットをなして置かれているであろう。問題は、その完結したセットを維持する集団が社会によって多少ことなっている、ということである。

常識的には、ひとつの家庭内でひとつのセットがみられる、といえる。しかし、その家庭なるものの示す範囲はかならずしもおなじではない。たとえば、台所という料理専門の部屋がある文化であれば、その台所にある品物をリストしたらよい。ところが、いくつもの家族が集まって集団をなしており、食生活に関する物質文化が家族集団のあいだに分有や共有されている社会では、その完結したセットをあきらかにするためには、その食生活に関する集団の単位をはっきりさせておかなくてはならないのである。本論ではとりあげなかったが、西イリアンの西部ダニ族の場合は、サブ・クラン単位の共同炊事がおこなわれることがある。この場合の食事に関する物質文化の1セットを設定するのはなかなか困難な作業となる。

　ダトーガ族は拡大家族をつくりあげている。ひとつの垣に囲まれた屋敷地のなかに、いくつもの家屋が建てられ、数個の核家族あるいは一夫多妻家族が居住して、共同生活をいとなんでいる。しかしながら、食事に関しては、おのおの妻が自分のカマドを持ち、おのおのの妻が管理する世帯ごとに物質文化の1セットを構成している[13]。スワヒリの一夫多妻家族の場合も、事情はおなじである。

　ここでとりあげている台所用品のセットは、このように同じ火からつくった食物を共食する家族を単位としてみなしたときに観察される物質文化のなかからひろいだしたものを1セットとしているのである。

　そこで、本論末尾にあげた資料、台所用品のリストでは、世帯主の頭文字をアルファベットであらわして、世帯単位にまとめられている。

5・2　項目の設定

　社会内における食生活に関する物質文化の1セットが、いわゆる世帯を単位としているものならば、ひとつのセットを構成する単位を規定するものはなんであろうか。

13　厳密にいうと、ダトーガ族の拡大家族の男たちは、屋敷地のなかに建てられた「男の家」で共食をする。おのおのの妻が自分のカマドで料理した食事を「男の家」へ運び、男は自分の妻ばかりではなく、兄弟の妻のつくった食事へも手をのばす。複数のカマドで、つくられた食事を男たちは共食するのである。しかし、妻は自分のカマドおよび台所用品を持ち、そこで毎日料理をすること、それを自分の夫、子供に供するのが原則となっている。料理をする側からみれば、ダトーガ族の食生活の単位は拡大家族ではなく、そのなかで、夫および子供によって構成される核家族によってつくられた世帯である、といえる。

ものの機能や形態によってひとつの品物を他の品物と区別して認識し、物質文化の単位をきめるのはことばである。そのつもりになれば、どちらにでも使えるような食器が、チャワンとオワンということばで区別され、別の用途をもつのである。

本論文末尾に資料としてあげた台所用品のリストは現地語で名称を異にするものを、ひとつの独立した項目としてとりあげて作製したものである。ただし、大・小の形容詞によって区別されるものは、同類として1項目にまとめておいた。すなわち、大皿、小皿、大ナベ、小ナベといった区別は、質の区別よりも量の区別に近い性質をもつからである。材質の相違も無視することとする。プラスチックのザルも竹製のザルも、ザルということばで表現される同じものとしてとりあつかったのである。

また、弓と矢がいっしょになって、はじめてひとつのセットをなすような性質のものがある。たとえば、日本でいえば、庖丁とマナイタの関係である。庖丁とマナイタを別々の項目として数えることをせず、庖丁―マナイタというふうにダッシュでつなぎ、1項としてとりあつかった。

5・3 資料リストから除外したもの

はじめにのべたように、本論では発酵食品、保存食品は、その対象とせず、日常の食事に限定しているので、燻製や土地産のビールをつくるための道具はリストにふくませない。また、飲物も対象外であるため茶の道具、ヤカン、コップなども除外されている。

問題を単純にするために、台所用品のなかでも、料理のさいに直接食物にふれる器物だけを相手にする。食器戸棚、食卓、食品置き場、冷蔵庫、熱源や水源などの設備に関する品物や、食品洗いや、あとかたづけに関する品物はここでは除外しておく。

また、自然物は除外する。たとえばモニ族の石むし料理のさいに使用されるザルの葉とか、トンガではしばしばバナナの葉が食器として使用されるが、人工の加わった器物に限ってリストにあげる対象とした。

E・味つけ、に関するものには、台所用品としての物質文化というよりは、調味料のたぐいの消費物質がおおい。しかしながら、調味料をのぞいて料理をかたることはでいないであろう。便法としての考えかたをすれば、調味料にはその容器が台所用品と

して存在するのである。塩の入れもの、油の入れものなどがあるのだ。

　それらの容器には、同じ調味料がつぎつぎと入れられるので、永続的な道具類とおなじあつかいをすることができない訳ではない、ということで問題をひとまず解決したことにしておく。ただし、ハツァピ族の一種の調味料である動物の腸の内容物のように、常時保存されはしない調味料は、リストから除いておく。

　ここであつかっているのは、日常の食事に必要な物質文化である。この日常という意味は、はなはだあいまいである。季節によって食品の種類は変化し、その加工に必要な道具類の使用される頻度はことなるのである。おおよそのところ、各季節をとってみて、おのおのの季節に一カ月に一度は使用されるだろう、と推定されるものを対象としている。調査時にリストに書きこまれたものでも、日常には使用される頻度がすくない、と考えられるものは資料リストでは、〔　〕印を付して、つぎにあげる表1には数えあげないこととした。たとえば、モニ族は、ブタやヒクイドリを料理するときには、内臓をとりだすために、B・したごしらえのときナイフを使用する。しかし、モニ族がブタやヒクイドリを料理することは、ひとつの世帯では一年に一度あるかなしかの行為である。そこでカテゴリーBに〔ナイフ〕と表現して、表1のBの項目にはゼロとされている。

5・4　項目別の数量はあつかわない

　ナベという項目をひとつとっても、ナベを1個しかもたない世帯もあれば、ナベが数個ある世帯もある。資料にあげた世帯については、このような項目別の数量のデータも、手もとにあるが、本論では数量は無視することとする。同じ項目の数量の大小については、食事をともにする家族の成員数が関係し、項目数と数量の相関をあきらかにするのは複雑な操作を必要とするので、このことについては問題をあとへ残しておくことにしておく。ナベが1個であるか、3個であるか、ということよりも、ナベがあるか、ないか、ということがまず最初にとりあげるべき意味をもつことであろう、と考えるのである。

表1 台所用品のA～F群別項目数

社 会	世帯名	A	B	C	D	E	F
ハツァピ族	T	0	1	1	1	1	2
	P	0	1	1	1	1	3
	H	0	1	1	1	1	3
ダトーガ族	D	3	1	1	1	2	1
	G	3	1	1	1	2	2
	S	3	1	1	1	2	2
イラク族	L	5	1	2	1	2	2
	P	5	1	1	1	2	2
	Q	5	1	2	1	2	3
スワヒリ	A	3	1	2	2	2	4
	L	3	1	3	2	2	4
メガルハ族	B	3	1	3	1	5	5
	A	3	1	1	1	4	5
	H	3	1	1	1	1	4
	S	3	1	1	1	1	3
モニ族	Y	0	0	1	0	1	1
	K	0	0	1	0	1	1
トンガ	M	0	2	2	2	2	6
	F	0	2	2	1	1	4
日本	H	0	5	8	3	10	12
	I	0	9	17	8	36	19

6　台所用品のグラフ

6・1　料理の6角形

　以上のような手続きをへて、21の世帯を資料とした台所用品をA～Fの6カテゴリーに分類して、おのおののカテゴリーにふくまれる項目の数を示したのが表1である。

　6つのカテゴリーがあるのだから、6軸をもつ座標のグラフをつくってみよう。すなわち、6角形の頂点をA・原料処理の軸、そのすぐ右側の軸がB・したごしらえの軸というふうに、以下時計まわりの方向でC、D、E、Fの軸をきめる。6軸の交点が座標の原点であり、そこを0とする。各軸に等間隔の目盛りをきざみこんでおく。図12の左下の6角形はこの座標系を示したものであり、日本の世帯Hと世帯Iをのぞいた、ほかの19世帯についてこの図のスケールで図っていくこととする。

　さて、表1にしたがって、世帯ごとに各軸のしめす項目数を記入することによって得られた、各軸の長さを示す点をつらねていく。すると、6つのカテゴリーのすべてをもつ世帯であれば、6角形の図形ができることとなる。

　以下の節で、このような操作をへてできた、世帯ごとの図形を社会ごとにまとめて検討してみよう。

(1) ハツァピ族

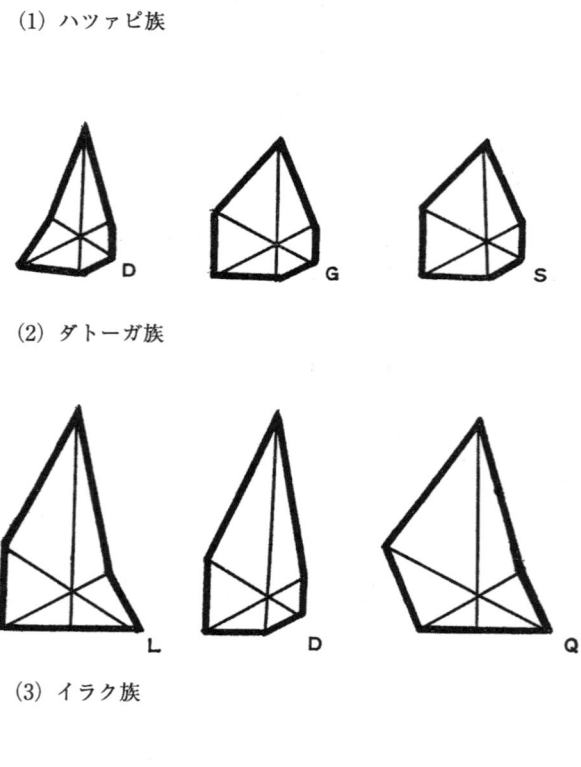

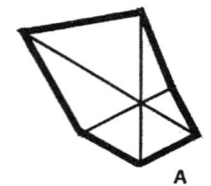

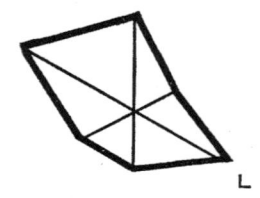

(2) ダトーガ族

(3) イラク族

(4) スワヒリ

図11　台所用品のグラフ——マンゴーラの4社会（スケールは図12とおなじ）

台所文化の比較研究

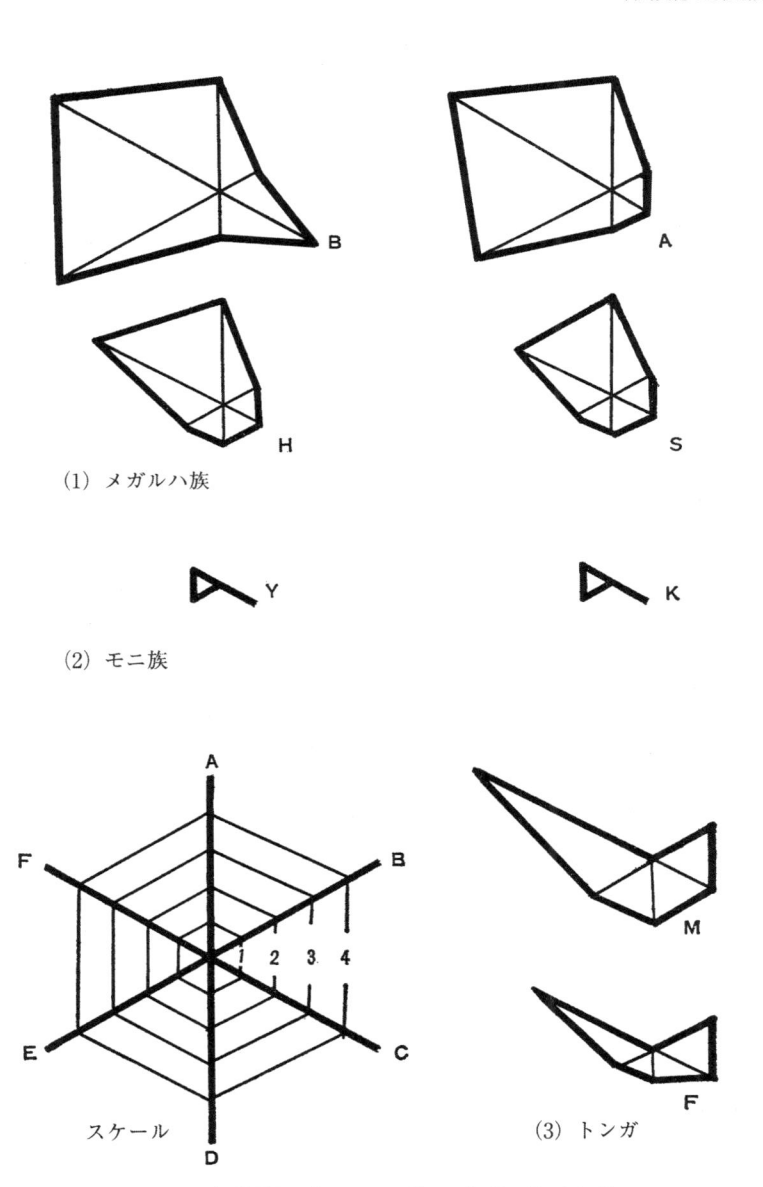

(1) メガルハ族

(2) モニ族

スケール　　　　　　　　(3) トンガ

図12　台所用品のグラフ ── メガルハ族、モニ族、トンガ

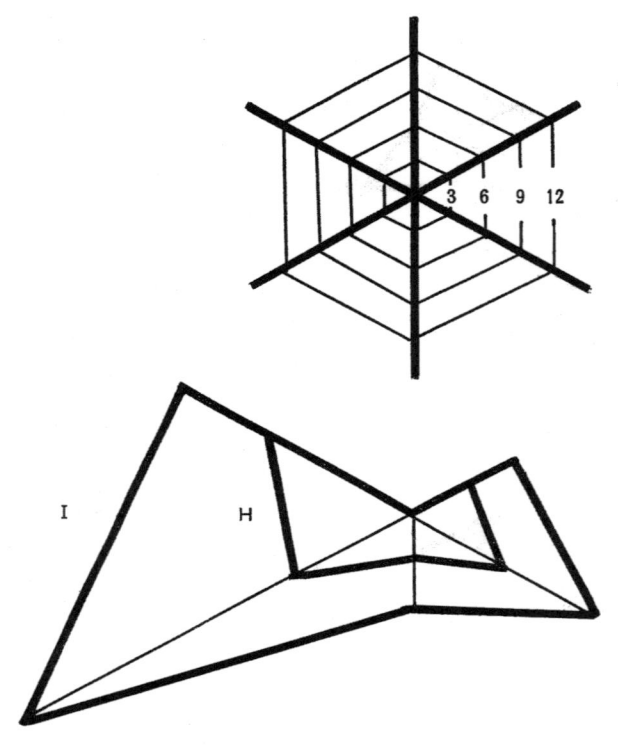

図13　台所用品のグラフ ─ 日本（図11、12の1/3のスケール）

6・2　ハツァピ族　　図11 ─（1）

　台所用品の数がいちじるしくすくないこと、A軸が欠如していることが特徴である。ハツァピ族本来の台所用品は、動物を解体するためのナイフ、エヤシ湖からとってきた塩、ヒョウタンの殻の食器と焼肉をきりとるための金属の鏃のついた矢あるいはナイフ、すなわち、B、E、Fの三軸しか存在しなかったものと推定される。その場合は、図14のようなグラフのかたちである。

　かれらが、この半世紀間にとり入れたものに、ナベをもちいて食物を調理する技術とトウモロコシなどの農作物を調理する技術がある。その結果、5軸をもつ図形のもの

現在、たいていのハツァピ族は、ウガリこね用のシャモジを持っている。周辺の農耕民の下働きをしたときの報酬や、ハチミツや山間部で得た呪薬を農耕民と交易することなどによって、トウモロコシの粉などを入手して、

図14　ハツァピ族の復元形

かれらもウガリをつくって食べることがあるからである。しかし、たいていの世帯では、スリウス—スリキネを持っていない。粉ではなく、粒状のままのトウモロコシを入手したときには、ナベで空煎りをして、ハゼトウモロコシにして食べることがおおい。また、自然石をもちいて、たたきつぶし粉状にひく。重い石製のスリウス—スリキネを持ちあるきながら、ノマディックな生活をおくることは不可能なのである。
　世帯Tでは、F軸が2点なのに、世帯DおよびAでは3点である。これは、ホウロウびきのボールがあるか、ないか、の差である。ボールは半分に割ったヒョウタンの殻とおなじく、食器として使用される。ボールのあるなしは、質の問題ではなく、量の問題に帰する。

6・3　ダトーガ族　　図11−(2)

　現在では、牧畜民のダトーガ族も農耕をはじめ、小規模ながらトウモロコシ畑をもち、ウガリを主食として食べるようになった。そこで、トウモロコシの粉をつくるためのスリウス—スリキネと乳しぼり用のヒョウタン、バターつくりようのヒョウタンの、農耕、牧畜双方の原料処理の道具が重なって、A軸で突出した図形を示すことになる。世帯Dと世帯G・S間のパターンの相違は、F軸で食器のホウロウびきのボールの有無による。ホウロウびきの食器がダトーガ族のあいだに入りはじめたのは、ハツァピ族とおなじく近年（おそらくは、この20年間）のことである。

6・4　イラク族　　図11−(3)

　A軸が長い、上がとがった細長い図型になる。半農半牧という生活様式からして、トウモロコシ、雑穀類の穀物と牛乳の二つの原料処理をすることが、A軸の比重を大

きくしているのである。主食のトウモロコシを粉にするとき、木のウスとタテキネで脱穀し、箕をもちいて風選をすることが、ダトーガ族のトウモロコシの原料処理とことなる点で、それだけA軸が長くなる。

　図11−(3)にしめした3世帯のちがいは、C軸で料理用の土器（同部族内での製品）を残しているかどうか、F軸で、伝統的な食器であるヒョウタンのほかに、ホウロウびきのボールや皿が取り入れられているかどうかによる。世帯Qでは、F軸に、ホウロウびきのボールと皿がみられる。ホウロウびきの皿とボールは、つぎにのべるスワヒリの食器構成にふつうのものである。イラク族の半農半牧という生活様式のうち、牧に主力を置く者の物質文化はダトーガ族の物質文化に近い構成をする傾向をもち、農に主力を置く者は、スワヒリに近づく物質文化をもつ[石毛, 1968: pp. 91−97]。世帯Qは農業に生活の主力をかけるイラク族の家庭であった。

6・5　スワヒリ　　図11−(4)

　マンゴーラ村の4つの社会における貨幣経済の浸透は、台所用品においては、料理用の土器が金属製のナベに置きかえられること、ヒョウタンの食器がホウロウびきのボールや皿に置きかえられること、製粉作業を家庭の仕事から、製粉業者にまかせること、現金で買ってきた食品の比重がおおきくなること、などにみられる。この傾向は、スワヒリにもっともいちじるしく、次にイラク族であり、ダトーガ族、ハツァピ族ではあまり顕著ではない。

　スワヒリは、さきにのべたようにトウモロコシの製粉は家庭ではおこなわないので、現在はスリウス—スリキネは無用の長物化している。ウシを飼わない世帯がおおいので、乳しぼり、乳製品に関する道具をもつ家庭はすくない。そこで、A軸はイラク族ほど長大にはならない。

　B軸がナイフだけなのは、マンゴーラの他部族とおなじである。C軸では、ここでとりあげた世帯では土器を残しているが、世帯Lでは、ナベのほかにフライパンがある。簡単な油いためや商店から買ってき小麦粉で揚げたパンのたぐいをつくるのである。ナベで兼用も可能なのだが、フライパンという道具をつかうことによって、ナベ類の機能分化がなされるのである。また、ナベはウガリに使われ、土器はボガつくり

に使うというふうに、使いわけがみられる。

　D軸では、ウガリ攪拌具があることが他部族のウガリつくりとことなる点であり、ウガリがもともとスワヒリの中核をなすバントゥー系部族の食事であったことによる文化の伝統をしめしている。

　E軸では、イラク族、ダトーガ族にあっては、塩は採集してきたものも、油はバターオイルが主で、ともに商品ではないのに対して、スワヒリでは、常用の調味料である塩、ラッカセイ油が商店から買ってきたものであることが、ことなっている。

　F軸の多様さは、スワヒリの特徴をなすものである。

　スワヒリの台所をみると、マンゴーラの他部族にくらべて一見、たいへん多様性に富んでいるようにみえる。それは、量の相違にもとづくことがおおい。つまり、皿という項目ならホウロウびきの皿が何枚もある。おなじくスワヒリ語で皿とよばれる食器用の洗面器もある。ところが、イラク族では、1世帯に皿が1枚あるか、なしかである。

　また、他部族とことなる点は、スワヒリは茶を飲むことであるが、その茶の道具が台所用品に占める割合がおおきい。さきにのべた理由で、飲物を除外したので、豊富にみえるスワヒリの台所用品がイラク族とくらべて、それほど量的には差のないようなグラフになってしまっているのである。

6・6　メガルハ族　　図12－(1)

　これまでみてきた社会では、同一社会に所属する世帯のグラフは比較的類似したパターンを示していた。ところが、メガルハ族の場合は、例にあげた4世帯がかなりことなったパターンをあらわしている。これはいったいどうしたことだろう？

　くわしくみてみると、世帯Bと世帯AではC軸に差があり、図形の左半分ではそれほどの相違がない。このことに注目すると、世帯B・A型と世帯H・S型の2つにまず分類されそうだ。また、世帯Bをのぞいたら、世帯のあいだでは、A、B、C、D軸の大きさは同じで、E、F軸が順次減少している、という現象にも気づく。

　まず、世帯B・A型と世帯H・S型のちがいをいうと、世帯B・A型はオアシスにおける定着農民の世帯であるのに対して、世帯H・S型は砂漠でラクダ遊牧にしたがう

者の世帯である、という現在における生活様式のことなった2グループに分けられる。つぎに、世帯Bとその他の世帯のことなる点をあげると、世帯Bはメガルハ族のカースト的従属農耕民で黒人系のサブ・トライブである、アハリ（Ahari）という集団に所属するのに対して、世帯A・H・Sは、ラクダ遊牧を生業としたメガルハ族の本流をなすベドウィン系のブラッキス（Brakis）サブ・トライブに所属するものである、という出自集団とその本来の生活様式のちがいがある。そして、調査地のオアシスへの定着年代をあげると、世帯Bはすくなくとも3世代前から同じオアシスに居住していた。世帯Aは、遊牧民定着政策による掘抜井戸によって新しい灌漑設備ができてから砂漠遊牧をやめて、調査時からかぞえて15年前にオアシスにやってきて農業をはじめた者である。世帯Hは2年前にオアシスにやってきて定着した者である。世帯Sは、調査時にオアシスへの一時的な来訪者として砂漠から訪れた者の家庭である。オアシス内での農地の経営面積からいうと、世帯B、A、Hの順で、Sは農地をもたない。世帯A、Hはその生業の主力は牧においている。

メガルハ族の現在の物質文化一般についていうと、従属農耕民のアハリ・サブ・トライブがいちばん物質文化の種類、数量が豊かで、オアシスへの定着年代が新しい世帯ほど貧弱になり、砂漠放牧民は物質文化においてきわめてとぼしい。また、食生活に関してもおなじことがいえる。そして、牧に重点を置く者ほど食事にナツメヤシの占める比重がおおくなり、料理をした食事の比重がちいさくなるのである。

世帯Bでは、C軸にナベのほかにフライパン、蒸器といった料理別に使いわける道具があらわれることが世帯Aとのちがいをつくっている。農業型の世帯B・Aと遊牧型の世帯H・Sのちがいは、味つけと盛りつけに関するE・F軸にあらわれてくるのである。

6・7 モニ族　　図12－(2)

C軸、E軸、F軸に1項目ずつの品物で構成された、単純な小さなグラフである。焼くことと、石むし料理の2種類の調理技術しかもたない、かれらの食生活の単純さを示している、といえよう。F軸でも、盛りつけ用の食器はなく、焼いたり、石むし

料理にしたヒョウタン、タロイモを食べるとき、切りとるためのナイフがあるだけである。調査時の数年以前には、鉄器はなく、石製のナイフを使用していた。ブタ、ヒクイドリなどを食べるときには、竹製のナイフを使用して、毛焼きをしたのち、解体、ならびに、料理したあと食べるときの切りとりがなされるが、このような機会はまれであり、ここでいう日常の食事のカテゴリーに入らない。もし、ブタの解体のさいのナイフも入れてあつかうと、B軸に1項目加えられ、図15のようなパターンになる。

図15 モニ族の解体用に使うナイフを入れたときのグラフ

6・8 トンガ　図12-(3)

　ここでとりあげた二つの世帯をくらべると、D、E、F軸では世帯Mのほうが項目数がおおいが、一見同様のパターンにみえるのは、A軸の欠如ならびにF軸の相対的な長さに原因している。A軸の欠如は、トンガが根栽農業であり、穀物栽培および牧畜がないことに原因するものである。

　資料リストをみたら、すぐ気がつくことであるが、トンガの世帯での台所用品のほとんどは、外来の品物によって構成されている。トンガはポリネシアのなかでは、伝統的な文化を比較的おそくまで残し、ナベや皿を代表とする外来の台所用品がトンガ人の生活に入りこんだのは、今世紀になってからのことである。それでも、アラブ文化の影響下にあるメガルハ族をのぞいては、いままでとりあげたいくつかの部族社会にくらべたら、西欧文化が古くから浸透し、現在ではそれが安定したかたちで受けいれられているといってよい。

　これまでのべた社会では、部族内の生活様式の差異はみられても、社会内における階級差やいちじるしい貧富の差はみられなかった。しかし、みずからの手で国家形成までおこなったトンガ人の社会は、むかしは、王、貴族、マタプレ（matapule　貴族の従者）、平民、奴隷の階級を持つ社会であった。現在では、王、貴族、平民の三つの階級をもつ社会となっている。階級および貧富の差、職業などによる社会的地位の高い者ほど、洋風の生活をとり入れている傾向がみられる。グラフに示した世帯Mは村長の家庭であり、世帯Fは一般の農民の家庭である。たとえば、村長の家庭では輸入

品のバターが常用の調味料として使用され、学校へ行く子供は朝食にバターつきのパンを食べる、というような現象がみられる。それでいて、全体の構造としては、2世帯のあいだで基本的に変わらないパターンを示しているのである。

6・9 日本　（図13）

　いままでとりあげてきた社会の世帯にくらべると、日本の家庭の台所用品の多様さは、おどろくばかりである。グラフの座標を同じスケールにしておいては、本書の紙面をはみだすので他の社会の3分の1に目盛りの間隔を縮少したスケールで表現することにした。

　世帯Hと世帯Iの図形の大きさの差はいちじるしい。これは、さきにもことわったように、両極端を意図して対象にとりあげ、伝統的な食事文化の枠外へ出ないものと、外来の食事文化をどんどんとり入れたもの、離島という環境で自給自足的な傾向の強かった食生活と、大都会に居住しすべての食品を商店から買ってくる消費経済による食生活を対比させているのである。

　2世帯を比較すると、すべての軸について京都市に居住する世帯Iのほうが項目数がおおいが、その増加の傾向はF軸をのぞいては、相似形パターンを示すといえよう。A軸の欠如は双方に共通するが、かつては世帯Hでは原料処理の仕事もしていたのである。戦前は、自分の畑でつくったオオムギを家庭ですべての原料処理をおこなったし、石ウスでダンゴにするためのモチ米をひいたり、トウフの製造もおこなったのである。そこで、世帯Hには、ウス―キネ、石ウスなどのA軸に所属する物品が残存している。

　世帯IのE軸の異常な長さは、食事に趣味をもち、日常の食物摂取を楽しみとしての食事への傾向をもつものを代表しているといえよう。両極端をえらんだため、日本のふつうの家庭の台所用品のグラフをつくったら、世帯Hのグラフの外側で、世帯Iのグラフの内側に入るものとなり、パターンとしてはそれほど二つの型からはずれるものにはならないだろう、という予想ができる。

7　食事文化の比較

7・1　台所文化のパターン

　さて、ここで図11、12、13に示したグラフは、いったいなにを表しているものか、ということを考えてみよう。

　さまざまな未解決の問題を残しながらも、6本の座標を使用したグラフによって、一応さまざまな社会に所属する世帯の台所用品の構成について記述することが可能になったのである。

　そして、図示されたグラフが、世帯の個別的な差をこえ、社会ごとに類似したパターンをもつ傾向をしめすことを考えると、そこには、個々の世帯での台所用品の数量の問題をこえて、それらの品物の構成になにか一般的な秩序づけの力が投射されているのではないか、とおもわれるのである。

　すこし、おおげさないいかたをすれば、図11、12、13のグラフは食事文化のパターンを示すものである、といえるのである。日常の正常な食事の単位は世帯にある、ということで、この論文をすすめてきた。そうならば、食事文化の単位を世帯にとって、各世帯のもつ食事に関する文化のパターンをあらわしたのが、図11、12、13のグラフである、ということになる。各世帯ごとに食事文化のパターンは、すこしずつのずれを持ちながらも、同じ社会のなかではほぼ類似したパターンを示す。すなわち、ある社会の食事文化パターンの特徴を読みとることができるのである。

　この点に着目して、こんどは各社会ごとのパターンの簡単な比較を試みてみよう。

7・2　社会間の比較

　マンゴーラ村の4つの社会を比較するとき、同一環境に生活する人びとでも、その社会の生活様式の差によって、あきらかにことなったパターンを示すことがはっきりした。また、同一社会内でも、メガルハ族の農耕をおこなうオアシス定着民と、砂漠でラクダ遊牧をおこなう人びととの間では、生活様式の差でもって、パターンがことなることも、あきらかである。また、あたりまえのことであるが、ハツアピ族やメガ

ルハ族の遊牧に生業を置く世帯のように、ノマディックな生活様式をおこなう者では、物質文化の量がすくなく、量的に貧弱なパターンを示す。

マンゴーラのダトーガ族、イラク族、スワヒリの３つの社会の生活様式をくらべるとき、ダトーガ族が牧畜を主として農業を従、イラク族は半農半牧、スワヒリは農業という類型を頭に入れてグラフをみると、イラク族のパターンはダトーガ族、スワヒリの双方に共通した要素をもつものとしてながめることができる。A軸の長さをそれほど気にかけないとしたら、イラクの世帯Dはダトーガ型に近いパターンを、世帯Qはスワヒリ型への類似性を示すのである。半農半牧という生活様式のもつ性格が表現されているということかもしれない。

ながいあいだ、外界の影響をうけることなしに生活していたモニ族は、きわめて単純なパターンを示す。物質文化のとぼしさでは、ハツァピ族もおなじであるが、外界との接触によってナベを使用するようになって、ハツァピ族は図14から図11－(1)のパターンに移行をとげた。ナベ、土器を使用して汁気のある料理が可能となると、食器が必要となったりして、一連の連鎖反応がおこる。同じく根栽文化のトンガでも、ナベの使用前はもっと単純なパターンのものであったと考えられる[14]。

対象とした８つの社会のうち、ハツァピ族、モニ族、トンガ、日本では、A軸が欠如している、ということが共通している。このうち、ハツァピ族は狩猟・採集、モニ族、トンガは根栽農業であり、原料処理の主材料である穀物の栽培、牧畜が、欠如した社会である、ということで説明ができる。日本の場合は、世帯Hにみるように、過去においてはA軸が存在したのである。それが、消費経済の浸透により、家庭での仕事ではなくなったのである。おなじことが、スワヒリの製粉についてもいえる。

7・3 歴史的応用[15]

ついでのことに、事例から脱線して、このグラフから予想されることをのべておこう。事例では、歴史的に成熟をとげた農業社会の例がない。現在の日本を農業社会という

---

14 トンガでは考古学的発掘によって土器が出土することが知られている。しかし、他のポリネシアの島々とおなじく、白人に発見されたときには土器の使用はやんで、食物を煮炊きすることはおこなわれていなかった。
15 この節に書かれているアイデアは、[梅棹, 1959]および京大人文科学研究所の理論人類学研究班での討論で得たものであることを明記しておく。

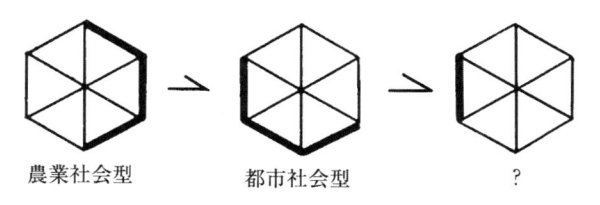

図16　台所仕事が家庭から社会の側に移行する仮説モデル

（農業社会型 → 都市社会型 → ?）

わけにはいかないであろう。日本でいえば、江戸時代中期以前くらいの農家の台所を作業仮説として考えてみたらば、おそらくはA軸、B軸が非常に長くなるのではないか、と予想される。穀物生産を主力とした、発達した農業社会において、貨幣による消費的経済があまり発達しなかった時期には、おおくのものを各世帯で自給自足していた。食物の原料処理やしたごしらえも、すべての家庭のレベルでおこなわれていたのである。

商品の流通機構、消費経済の発展などにささえられた近代的都市民の台所 ── たとえば京都市の世帯Ｉ ── になると、自分の世帯で生産する食品の原料はなにもなくなってしまうのである。すべてを商品として買ってくるのである。この段階になると生産にしたがっている農家ですら、自分のところでは原料処理をおこなわなくなる。コメをつくっても、その精白は、工場に出すのである。

すなわち、A軸やB軸に関する作業は、家庭の台所レベルから追放され、社会的レベルの場にもちこまれるのである。家庭の作業を社会がひきうけるようになる。現在では、日本の都市の台所で魚を三枚におろすことすらも、まれなことになりつつある。それは、社会の側 ── 魚屋 ── がする仕事なのである。

社会の側への台所仕事の移行は、今後ますます盛んになるであろう。半製品あるいは完成品のかたちでの冷凍食品、真空乾燥食品、インスタント食品の発達を考えると、将来は家庭での台所仕事の主力は、E・味つけとF・盛りつけ、になってくるのではないか、とすら予想されるのである。

このような歴史的なことがらの検証も、考古学的資料や歴史的文献資料を6角形のグラフに入れていくことによって一応は可能なのである。

7・4 おわりに

　はじめに、ことわったようにこの論文は一種の作業仮説である。しかも、そうとう強引で荒っぽいものである。この方法による記述のしかたでも、まだまだ洗練される余地がある。たとえば、座標に対数目盛りをとることによって、基本的なパターンを保持しながら、多量の項目を記載するといった方法も考えられる。なによりも、カテゴリーわけが充分ねったものではないことに問題があるし、また、図9の料理のシステムをあらわす図を修正しなくてはならぬ可能性がある。筆者としても、これが成功したものとは考えていない。

　ただ、この方法でどれだけのことがいえるかということよりも、このような視角の方法がある、ということを提出したかったのである。

　従来、文章における叙述でなされていた文化の比較を、図形をもちいてはっきりとした形のうえでおこなうことができないものであろうか、と考えてあえてこのような試みをしてみたのである。

　筆者の念頭には、従来文化史的、地理学的方法でしかあつかわれなかった、あるいは社会現象、文化現象の説明手段として補助的にあつかわれていた物質文化の研究法に、物質文化の側から文化や社会を考察していくことが可能な新兵器を開発したい、という気持ちがあるのである。この論文は物質文化の通文化的研究の側面に関するひとつの方法論的試みである。

資料　台所用品のリスト[16]

タンザニア，ハツァピ族

（1）世帯 T
  A. なし
  B. ナイフ
  C. ナベ
  D. ウガリ用シャモジ
  E. 塩
  F. 半截ヒョウタン、鎌、〔ナイフ〕

（2）帯 P
  A. なし
  B. ナイフ
  C. ナベ
  D. ウガリ用シャモジ
  E. 塩
  F. 半截ヒョウタン、ボール、鎌、〔ナイフ〕

（3）世帯 H
  A. なし
  B. ナイフ
  C. ナベ
  D. ウガリ用シャモジ
  E. 塩
  F. 半截ヒョウタン、ボール、鎌、〔ナイフ〕

タンザニア，ダトーガ族

（1）世帯 D
  A. スリウスースリキネ、乳しぼりヒョウタン、バターつくりヒョウタン
  B. ナイフ
  C. ナベ
  D. ウガリ用シャモジ
  E. 塩、バターオイル
  F. 半截ヒョウタン

（2）世帯 G
  A. スリウスースリキネ、乳しぼりヒョウタン、バターつくりヒョウタン
  B. ナイフ
  C. ナベ
  D. ウガリ用シャモジ
  E. 塩、バターオイル
  F. 半截ヒョウタン、ボール

（3）世帯 S
  A. スリウスースリキネ、乳しぼりヒョウタン、バターつくりヒョウタン
  B. ナイフ
  C. ナベ
  D. ウガリ用シャモジ
  E. 塩、バターオイル

16　〔　〕でかこんであるものは、日常使用する頻度のすくないものと判定して、表1の項目数のなかには入れなかった。ダッシュ（―）でむすんだ品物はセットの関係にあるものを示す。
　日本の資料にかぎって、情報提供者のいった名称を、そのまま使用している。他の社会の資料は、現地語で採集した名称をそれにあたる日本語になおしてかかげた。

F. 半截ヒョウタン、ボール

タンザニア，イラク族

（1） 世帯 L
A. スリウス—スリキネ、ウス—キネ、ミ（穀物処理用）、乳しぼりヒョウタン、バターつくりヒョウタン
B. ナイフ
C. ナベ、土器
D. ウガリ用シャモジ
E. 塩、バターオイル
F. 半截ヒョウタン、ボール

（2） 世帯 D
A. スリウス—スリキネ、ウス—キネ、ミ（穀物処理用）、乳しぼりヒョウタン、バターつくりヒョウタン
B. ナイフ
C. ウガリ用シャモジ
D. 塩、バターオイル
E. 半截ヒョウタン、ボール

（3） 世帯 Q
A. スリウス—スリキネ、ウス—キネ、ミ（穀物処理用）、乳しぼりヒョウタン、バターつくりヒョウタン
B. ナイフ
C. ナベ、土器
D. ウガリ用シャモジ
E. 塩、バターオイル
F. 半截ヒョウタン、ボール

タンザニア，スワヒリ

（1） 世帯 A
A. 〔スリウス—スリキネ〕、ウス—キネ、ミ（穀物処理用）、フルイ
B. ナイフ
C. ナベ、土器
D. ウガリ用シャモジ、ウガリ攪拌具
E. 塩、ラッカセイ油
F. ボール、皿、オタマジャクシ、スプーン

（1） 世帯 L
A. 〔スリウス—スリキネ〕、ウス—キネ、ミ（穀物処理用）、フルイ
B. ナイフ
C. ナベ、土器、フライパン
D. ウガリ用シャモジ、ウガリ攪拌具
E. 塩、ラッカセイ油、
F. ボール、皿、オタマジャクシ、スプーン

リビア，メガルハ族

（1） 世帯 B
A. 〔石ウス〕、フルイ、乳しぼり木鉢、バターつくり皮袋
B. ナイフ
C. ナベ、フライパン、蒸器
D. 〔石皿—叩き石〕、乳鉢—乳棒
E. 塩、オリーブ油、バターオイル、乾燥トウガラシ、乾燥トマト、〔トマトペースト〕
F. ボール、鉢（陶製）、洗面器、盆、スプーン

(2) 世帯A
A. フルイ、乳しぼり木鉢、バターつくり皮袋
B. ナイフ
C. ナベ
D. 石皿—叩き石
E. 塩、オリーブ油、乾燥トウガラシ、乾燥トマト、〔トマトペースト〕
F. ボール、鉢（陶製）、洗面器、盆、スプーン

(3) 世帯H
A. 〔石ウス〕、フルイ、乳しぼり木鉢、バターつくり皮袋
B. ナイフ
C. ナベ
D. 石皿—叩き石
E. 塩、〔オリーブ油〕
F. ボール、洗面器、盆

(4) 世帯S
A. フルイ、乳しぼり木鉢、バターつくり皮袋
B. ナイフ
C. ナベ
D. 石皿—叩き石
E. 塩
F. ボール、洗面器、盆

西イリアン，モニ族

(1) 世帯Y
A. なし
B. 〔ナイフ〕
C. 石むし料理用ワク
D. なし
E. 塩
F. ナイフ、〔石製ナイフ〕、〔竹製ナイフ〕

(2) 世帯K
A. なし
B. 〔ナイフ〕
C. 石むし料理用ワク
D. なし
E. 塩
F. ナイフ、〔石製ナイフ〕、〔竹製ナイフ〕

トンガ，トンガタプ

(1) 世帯M
A. なし
B. ナイフ、洗面器
C. ナベ、フライパン
D. コプラけずり、泡立器
E. 塩、バター
F. ボール、皿、オタマジャクシ、ナイフ、フォーク、スプーン、ココナツ殻

(2) 世帯F
A. なし
B. ナイフ、洗面器
C. ナベ、フライパン
D. コプラけずり
E. 塩、〔ウスターソース〕
F. 皿、オタマジャクシ、スプーン、ココナツ殻

日本

(1) 宇和海村，世帯H

- A. 〔ウス—キネ〕、〔ザル〕、〔フルイ〕、〔ミ〕、〔石ウス〕
- B. ザル（したごしらえ専用）、出刃庖丁、菜切庖丁—マナイタ、バケツ（したごしらえ専用）、マス
- C. セイロ、ハヤナベ、手ナベ、タマゴヤキ、フライナベ（油ナベのこと）、ハガマ、サカナアミ、オサイノハシ
- D. スリバチ—レンギ、ダイコンオロシ、マゼルモノ（泡立器）
- E. ショウユ—キビショ（ショウユサシのこと）、サシミショウユ、ソース（ウスターソース）、酢、塩、ミソ—ミソコシ—ミソツボ、サトウ—サトウツボ、テンプラ油—油コシ、ミリン、味の素
- F. チャワン、オワン、鉢、酢漬ナンカトル皿、皿、ガラスノ皿、テシオ、チイサイスクウモノ（チリレンゲ）、シャクシ（メシシャモジ）、シャク（オタマジャクシ）、オ盆、ハシ—ハシタテ

(2) 京都市，世帯I

- A. なし
- B. サシミ庖丁、菜切庖丁、出刃庖丁—マナイタ、ペティナイフ、野菜皮ムキ、ボール、ザル、洗イオケ、計量カップ—計量スプーン
- C. トースター、ガスガマ、〔フォンデュ串〕、〔竹串〕、〔バーベキュー串〕、魚串、サイバシ、〔クッキングホイル〕、ナベ、〔オデンナベ〕、〔スキヤキナベ〕、土ナベ、シチューナベ、ガラスナベ、ソトワール、グラタン皿、オイル焼鉄板、サカナアミ、フライパン、タマゴヤキ—タマゴカエシ、テンプラナベ
- D. ミキサー、オロシガネ、ウラゴシ、スリバチ—スリコギ、泡立器、巻ズシノスダレ、タマゴ切り、チーズオロシ、〔野菜抜型〕、〔オニギリ押シ〕、〔ライス抜型〕
- E. カツオブシ—カツオブシケズリ、ミソ—ミソコシ—ミソイレ、〔ガーリックパウダー〕、〔ゴマシオ〕、五香粉、セロリソルト、サンショウ粉、パプリカ、タイム、セージ、ローリエ、八角、一味トウガラシ、七味トウガラシ、白コショウ、黒コショウ—コショウひき、カレー粉、〔オリーブ油〕、ゴマ油、サラダ油、ラード、バター、マーガリン、〔チーズ〕、酢、ポン酢、ツクリショウユ、コイクチショウユ、ウスクチショウユ、ウスターソース、〔トマトピューレ〕、〔トマトケチャップ〕、タバスコ、塩、味塩、サトウ、ミリン、ハイミー、味の素、〔粉ワサビ〕、和ガラシ、洋ガラシ、日本酒（料理専用）、〔アンチョビソース〕、〔芝蔴醤〕、〔豆板醤〕、〔椒油豆弁醤〕、〔紅乳腐〕
- F. チャワン、オワン、ハシ—ハシオキ—ハシバコ、シャモジ、シャクシ（オタマジャクシ）、オ盆、〔ベントウ箱〕、ナイフ—フォーク、スプーン、チリレンゲ、シチュー皿、スープ皿、煮物用鉢、ドンブリ、皿、チャワンムシ入れ、サラダ鉢、皿セット、サシミ皿セット、ツクダニ入れ

文献

Bagshaw, F., 1925, "The people of the happy valley — part Ⅱ The Kangaju" *Journal of the African Society*, Vol. XXIV-154.

今西錦司・梅棹忠夫編, 1968, 『アフリカ社会の研究』西村書店。

石毛直道・本多勝一, 1966,「京都大学西イリアン学術調査隊予備踏査隊概報」『民族学研究』Vol. XXI-2.

石毛直道, 1968,「マンゴーラ村における四つの生活様式」『アフリカ社会の研究』西村書店。

Ishige. N, 1969a, "On Swahilization", *Kyoto University African Studies* Vol. Ⅲ.

石毛直道, 1969b, 『食生活を探検する』文藝春秋。

加藤昭吉, 1965, 『計画の科学』講談社。

谷 泰・石毛直道, 1969,「フェザンにおけるオアシス農業と遊牧生活」『大サハラ』講談社。

富田浩造, 1966,「Hadzapi族の食生活について」『人間 — 人類学的研究』, 今西錦司博士還暦記念論文集, 中央公論社。

梅棹忠夫, 1959, 『家庭の進化』大阪倶楽部講演特集55, 社団法人大阪倶楽部。

藪内芳彦, 1963, 『トンガ王国探検記』角川書店。

食事パターンの考現学

　日本生活学会編、『生活学』第1冊（1975年）に掲載された論文である。
　わたしの学生時代、古本屋の棚に今和次郎著『考現学』という本があるのを見つけた。
　考古学者の卵にとって、考現学とはなんとも気になる名称である。そんなことで、若い頃から、今和次郎の著作には親しんでいた。
　江戸時代からひきついだ伝統的な風俗が、近代化にともなって変容していく過程を、変化しつつある現時点で記録する。それを分析することによって、日本人の生活のスタイルの変化をとらえようという試みが、今和次郎の考現学である[1]。わたしが前掲「台所文化の比較研究」にまとめた、現地調査のさい家庭単位の物質文化を枚挙する方法は、今和次郎のおこなった「新家庭の品物調査」、「下宿住み学生持物調査」の系譜につながるものである。
　1974年、今和次郎を初代会長として日本生活学会が設立された。この学会の最初の研究発表大会で発表した研究報告を文章化したのが、この論文である。
　今和次郎の仕事には、衣服、髪形、住居などなどの風俗調査に関する記録はおおいが、食事についての調査はすくない。この欠落した分野について調べ、明治時代以来の日本人の食事の変化の方向性を考えてみようというのが、わたしのもくろみであった。
　資料を整理してみると、一見無国籍的にみえる現代日本人の献立は、でたらめな組み合わせから成立するものではなく、一定の要素相互間の規則的な組み合わせ — パターンをもっていることをあきらかにすることができた（図1、図2）。
　調査時から30年以上経過しているが、現在の食生活においても、そのパターンには変わりがない。図2のパターンで白ゴハンと結合した洋風、中華風の料理は、日常の家庭料理のレベルにおいては、もはや外国料理ではなく、日本化した新日本料理と考えてよいであろう。日本の食の「欧風化」とか「無国籍化」ということがいわれるが、外国起源の料

---

[1] くわしくは、『今和次郎集Ⅰ　考現学』（ドメス出版　1971年）を参照されたい。

理が日本化したととらえるべきであろう。

　この調査のまとめにあたって、アルコール性飲料を除外している。学生、主婦という晩酌の習慣をもたない人びとを対象としたので、意義ある数量化をみちびきだすには資料不足であったからのことである。

　伝統的な日本の家庭の晩酌においては、酒の肴と飯のオカズはおなじものであった。おなじ料理で飯を食うことも、酒を飲むこともなされたのである。そこで、図２のＲ（米飯）の位置に日本酒や、はやくから普及した外来のアルコール性飲料のビールを置き換えても、酒と肴の関係を説明することが可能である。たとえば、調査当時ではワインは図２のＢの位置にあり、洋風のオカズとのみ結合関係をもつ性格がつよかった。しかし、現在ではＲの位置に移動しつつあることが指摘されよう。

はじめに

　この研究発表の内容を、より正確に伝えるタイトルをつけるとすれば、「阪神間居住者を対象とした考現学的手法による食事パターンの分析例」とでもいうべきものになる。

　一見、考現学的手法とはことなる調査法をもちいているにもかかわらず、あえて考現学ということばをタイトルに使用していることについて、ことわりをのべておかねばならない。

　本研究にもちいた資料は、アンケート調査によるものである。目のまえの風俗に直接ぶつかって、それを観察採集したものを第一次資料として使用する、という考現学の原則からは、はずれた調査方法によるものである。しかしながら、多数の家庭の食事内容を対象としておこなわれた本研究における調査においては、食事をいちいちのぞきこんで記録をとることは事実上不可能なので、アンケート調査にたよらざるをなかった。

今和次郎は考現学の資料を分析する「方法は統計に立場をおく」[2]とのべている。本研究においては統計といえるほどの手法はもちいてないが、量的な表現によって論旨を展開する点において、考現学的といえるかもしれない。また、考現学とは、「異なる面容の人びとのどれだけずつの混合で時代がすすみつつあるのかとの観測」[3]ということにおいては、本研究もまた考現学の分野に入るものといえる。そして、なによりも、今和次郎の考現学の提唱の精神をうけつぎたいという意味で、あえて考現学の文字を使用したのである。

　本研究の結果は、あるいはなにもあたらし味のないこと、あたりまえのことをのべたものである、といわれるかもしれない。だが、あたりまえのことを整理し、定着させることが、生活学の第一歩として必要であろう。生活というものが、あまりにも日常的なものであるがゆえ、日常性に埋没してしまい、あたりまえのことを評価することを忘れてしまううことが、生活学を展開するにあたって待ちうけているおとし穴である、とおもうからである。

調査対象

　甲南大学の学生19名を対象として、1972年5月27日から5月31日までの5日間に、学生たちがなにを飲食したか、という記録調査をおこなったことがある。このとき得た242回の食事例を、いわばパイロット・スタディとして、その分析からうかびあがった仮説を検証するために、同年の11月中旬に第二次調査をおこなった。この第二次調査の結果を本論の直接的資料として使用することとする。

　当時、筆者は甲南大学で「考現学的手法による日本文化研究」というゼミナールを主催しており、そのうちの「食事文化研究班」の諸君がこの第二次調査をおこなった。ただし、「食事文化研究班」の調査目的は、本論と別の視点にあり、本論は同研究班が収集した資料を借用し筆者の研究目的にあわせて再整理をして構成されたものである。したがって、本論については筆者が責任を負うべき性質のものであることを明記しておく。

2　今和次郎「考現学総論」『今和次郎集1考現学』45頁、1971年、ドメス出版。
3　今和次郎「考現学総論」『今和次郎集1考現学』35頁、1971年、ドメス出版。

さて、本論で使用する第二次調査は、50名を対象として、1972年2月中旬の7日間に毎回の食事にあたって、自分がなにを飲食したか、ということをアンケート用紙に記入してもらったものである。調査対象者50名の内訳は、女子学生32名、男子学生5名、主婦13名となっている。主婦の年齢は50歳をこえることはない。学生が気安く調査依頼をできる人びとを調査対象者としているので、性、年齢層にいちじるしいかたよりをしめしている。

　アンケート用紙で1カ月に使用する家族全体の食費についての質問の項目があるが、その回答は両親と2人の子どもで構成された4人家族の場合で2万5千円から10万円までの幅をもっている。しかし、だいたいにおいて、4人家族で4万5千円から5万円の食費という回答が多くを占めていることによってわかるように、経済的には「中の上」あたりを占める家族の成員が調査対象のおおくを占めていることがうかがわれる。それは、甲南大学の学生とその周辺に位置づけられる人びとという特定の母集団から引き出された、ある社会的階層に調査対象者たちが所属しているからである。また、調査対象者たちの居住地は神戸市を中心として、阪神間にかぎられている。

　このような、性、年齢、社会階層、居住地にかたよりをもつ調査対象者を相手としながら、そのかたよりを十分意識しつつ、逆にそれらのかたよりのもつ意味を積極的に評価する方向へ本論の結果をみちびいていきたい。

資料のあつかいかた

　アンケート用紙の主要部分は、朝、昼、晩の食事に調査対象者がなにを食べ、なにを飲んだかを、菓子、果物にいたるまで記入してもらうことにある。また、三度の食事のほかに夜食などをとった場合にも記入可能なように構成されている。ここで、注意をしなくてはならないのは、記入してもらったのは、家族全員にたいする食事の献立ではなく、記入者が実際に飲食したものを調査の対象としていることである。家族全員の献立内容と記入者の実際に食べたもののあいだのずれについては、アンケート用紙における自由書き込み欄における回答や、一部の調査対象者にたいする追跡調査、また第一次調査における結果などにもとづいて、だいたいの傾向を追うことができた。

　50名を対象とした、7日間にわたる毎回の食事内容において、婚礼、葬式、祭りな

どの行事の食事は1件もあらわれず、家庭における日常の食事あるいは、日常の生活のなかでの外食が、調査対象となっていることが確認されている。

アンケート用紙の記入欄には、飲食物を「和風」、「洋風」、「中華風」、「その他」の四つに分類をして記入するように構成されている。そこで、記入者は、自分の飲食物をこの4つのカテゴリーに分類することを強制されているわけである。すると、はたして予想されていたような混乱が生じる。

トンカツを和風とする者と、洋風とする者がわかれ、インスタント・ラーメン、カップヌードルは中華風とする者、その他とする者、和風とする者の3つにわかれる。インスタント・ラーメン、カップヌードルは日本において発明されたものであるから、和風とするべきである。あるいは、和、洋、中華のいずれにも所属しない食品として、その他に分類すべきである、というのが論拠のようである。

記入者にとって困ったのは、タマゴ料理のようである。生タマゴ、目玉焼き、ゆでタマゴ、それから単にタマゴ焼きと記入してあるものの4種類がよくあらわれる。生タマゴは白ゴハンにかけて食べることから、和風に分類され、目玉焼きはハム・ベーコンをともなうことがあり、フライパンを使用することから洋風イメージのものとして分類される、というのが追跡調査からわかった結果である。しかし、ゆでタマゴはどのカテゴリーに入れるべきか、また、タマゴ焼きのなかで、煎りタマゴとスクランブルド・エッグの区別がどうなっているのか、はっきりわからない、というのがある記入者の感想であった。これらについては、パンをともなう食事には洋風、メシを主食としたときには和風の欄に記入するのがふつうの傾向であった。

洋風と分類されたもののなかで、興味をひきそうなものをすこしあげると、カレーライス、カツカレー、お好み焼き、キャラメル、洋風の飲物として、牛乳、カルピスがあげられている。

中華風とされるものについては、イメージの混乱は比較的すくなく、さきにあげたインスタント・ラーメンが、中華風に入れられたり入れられなかったりすることと、おそらくは大衆中華料理屋が朝鮮風焼肉をあつかうことにイメージが重なって生じたことと思われるホルモン焼き、肉のアミ焼きが中華風にされることがある程度である。

その他、という項目にいちばん実例がおおいのは果物類である。また、外食でインド料理屋で食べたインドカレー、サモサなどが、和風、洋風、中華風に入らないもの

として記入されている。

このような、4つの欄に限定して食品、飲食を記入させたことによって生じた混乱は、外来の食品や料理技術が日本化する過程を調べる手段として興味ぶかいものではあるが、本論文においては、その問題については直接的な資料としてはあつかわない。本論文で資料を操作する場合には、記入者の分類どおりにしたがっておこなった。そこで、タマゴ焼きを和風と記入されている者は、和風料理としてあつかい、おなじものを洋風と記入されている場合は洋風料理として分類することとしている。

朝食

50名の被調査者が7日間朝食をとれば、350例の記入例が集まるはずである。しかし、実際に集まった朝食の献立例は270例であった。学生は朝食ぬきになることがあるのでこのような結果となるが、この場合、主婦で朝食ぬきの例が皆無であったことに注目される。

270例を主食別に分類すると、朝食にメシを食べたのが59例、パンを食べたのが207例である。ここでいうパンの主食とは、トースト、サンドイッチ、それからまれな例ではあるが、朝食にホット・ドッグを食べた者を含む。朝食に麺類を食べたのが13例であり、ウドン、ソバがおおく、ほかに、インスタント・ラーメンが2例、焼きソバが1例ある。朝食にスパゲティはあらわれなかった。この主食別の分類の合計は278例となり、食事回数270例よりもおおくなっている。それは、メシとウドンをいっしょに食べた者、それからパンとメシをいっしょに食べた者がいるからである。また、オートミール、コーンフレークなどはほとんど出現せず、それが主食的役割をはたすことはなかったので、ここでははぶいておく。

朝食におけるパンとメシの比率は、メシ1にたいして、パンが3・5倍とパン食の比率がいちじるしくおおくなっている。このことは、ふつうの日本人の朝食の一般的な傾向以上に、母集団のかたよりを反映している結果として、とらえるべきであろう。試みに、学生における朝食のパンとメシの比率を比較すると、パン食143例にたいしてメシが27例で、メシ1にたいして、パン5・2倍というパン食が圧倒的に高率を占めていることがわかる。それにたいして、主婦においては、パン食54例にたいして、メ

シは39例となり、メシ1にたいして、パン1・4倍にすぎない。

　統計的数値としては、母集団をもっと大きくとり、性、年齢、家族構成、主人がパン食かメシかなどの条件を入れて考察しなければ数値としての意味はもたないであろう。が、おそらく、学生という若い層にパン食が主婦層よりも進行していること、また年齢層の問題だけではなく、主婦の食事は主人にあわせる傾向があるのではないかという推測をすることができそうである。

　同じ記入者を対象として1週間の朝食について通覧していくと、パンとメシの選択は個人について一定していることがわかる。すなわち、朝食にパンを食べる者は毎朝パン食であり、メシを食べる者は1週間を通じてメシをつづけて食べているのである。

　数値としてしめす資料ではないが、追跡調査および、パイロット・スタディとしての第一次調査においてわかったことでは、朝食にパンの献立とメシの献立の双方を用意する家庭がかなりおおいことである。その場合、父親はメシを食べ、大学生以下の世代はパンを食べる側にまわることがあきらかになった。また、小・中学の子どもについては積極的に発言する資料はないが、大学生、高校生では、男女を比較したとき、女性によりおおくパン食がえらばれる、といえよう。主婦は子どもたちほど固定したパン食の習慣をもたない。むしろ、あまりものを主婦が引きうけていそうだ。おなじ資料にもとづくと、家族そろって朝食をとる家庭はすくない。出勤、登校時にあわせて時差をもって朝食をとっているのである。すなわち、朝食の個人化という傾向がうかがえるのである。

　朝食の献立内容を検討してみよう。パンを食べた例数207にともなう飲物について、例数のおおいものをあげてみる。すると、紅茶82例、コーヒー60例、牛乳50例が上位を占め、ほかにジュース類、コーヒー牛乳、乳酸飲料などがある。

　パン食にともなう食品として注目されるのは、目玉焼き、ゆでタマゴなどであり、これらをタマゴ料理として一括すれば81例にのぼる。つぎに、サラダ、あるいは生野菜と記入してあるドレッシング類、マヨネーズ、塩をつけて生野菜を食べることで、これが52例にのぼる。

　パンにつけたりのせて食べるバター、ジャム（マーマレード）、チーズが記入されたのが40例である。これはパン食270例にたいしてはすくなすぎるので、疑問に思って、追跡調査でたずねてみると、トーストにはじめからバターがぬってあるので記入を忘

れたとか、常にバターかジャムは朝の食卓に出ているので、かえって記入をするのを忘れたり、それが一つの独立した食品とみなされるかどうかに疑問をもって書かなかった、というようなことで、パンをサンドイッチ、ホット・ドッグなどのようにして食べるとき以外には、これらのパンのそえもののいずれかがともなっていることがふつうであると考えてもよさそうである。

　さて、日本的な概念でパンを主食としたとき、副食にあたるものの品数をあげてみよう。すなわち、パンを朝食にとったときの飲食物のなかから、果物、菓子類、飲物をのぞいた場合に残る食品をとってみる。すると、バター、ジャム、チーズ類を記入した41例を含めて211例となる。バター、ジャム類の記入もれを念頭におくとき、もっと副食物の数は増加すると考えてよいであろうが、それでも、パン主食にたいしては副食は1品程度という結果である。

　つぎに朝食がメシの場合をとりあげてみよう。59例のメシを主食とした献立にともなう飲物としては、日本茶が31例あげられている。これは、やはり日常的すぎてかえって記入もれで例数がすくないものと考えられ、記入のない回答者にたずねると、書き忘れた、という返答がかえってくる。そのほかの飲物としては牛乳3例、ジュース、コーヒー各1例があげられる。あたりまえといえば、それだけのことであるが、日本茶にはパンの主食にはともなわず、メシにともなった飲物と規定してよさそうだ。

　ついで、飲物、果物、菓子をのぞくいわゆる副食物をあげると、漬物が40例、味噌汁が34例（朝食に味噌汁が比較的すくないことは、関西のしかも都市部が調査地であることを考慮に入れなくてはならない。ついでながら、すまし汁は2例、スープが1例となっている）、生タマゴ11例、そのほかのタマゴ料理が9例、塩サケを焼いたのが6例、ホウレン草のおひたし6例、大根おろし5例、チクワ5例、カマボコ5例となっている。

　パン主食の場合は副食はタマゴ料理、生野菜のサラダ、ハム、ソーセージ類といったふうに、副食物の種類が比較的すくなく、献立のパターンが定型化する傾向をみせるのにたいして、メシ主食の場合には副食品の種類がおおく分散した傾向をもつ。

　59例のメシにともなう副食物の数の合計は149であり、平均すると3、4品の副食物がならべられていることになる。ただし、その内容をみると、漬物、佃煮、カマボコなど、台所での調理を必要としない品物、および前夜のあまり物などがそろえられ

るので、パン食にくらべて副食品の数がおおいだけにメシを主食としたときには手間がかかるとはいいきれない。

昼食

　昼食に関する資料は329例あつまった。そのうち、家庭で昼食をとったのが136例であるのにたいして、外食が184例であり、母集団に学生がおおいために昼は外食ですませる例のほうがおおくなっている。昼食にベントウを食べた例はなく、外食のほとんどは店で注文して食べたものと解釈してよい。友人、親類の家で昼食をごちそうになった例、および家庭にスシ、親子丼などの店屋物をとった例が各数件あるが、それらはいちおう家庭における食事の例に分類しておく。

　136例の家庭における昼食において、メシを主食としたのが77例、ウドン、ラーメン、焼きソバ、スパゲティの和風、中華風、洋風の麺類を主食としたのが23例、パンを食べたのが20例となっており、そのほかはモチ、雑煮、ケーキ類、ブタマン、焼きイモなどを主食がわりに食べたり、献立にこれといった主食にあたるものがなく、シュウマイやコロッケなどの副食物で腹を満たしたものと推定されるものである。

　主食の種類でいえば、家庭における昼食はメシ、麺類、パンの順になる。ここで昼食におけるメシの種類について考えてみよう。調査対象となった家庭で、一昔まえの阪神の商家のように、昼食にメシを炊く習慣をもつ家庭はなかった。すなわち、メシ炊きに関しては、サラリーマン型の家庭によって占められているのである。77例のメシの内訳をみると、ただの白メシ――ここでは回答者たちがよくもちいることばを借りて白ゴハンとよぶことにする――が、41例であるのにたいして、焼きメシ（10例）、カレーライス（8例）、オジヤ（8例）などの味つけをしたメシを食べる例が38例にのぼる。すなわち、家庭での昼食におけるメシの食べかたには、メシの再加工が目立つのである。それは朝あるいは前夜炊いた、冷たくなったメシをあたたかくして食べるというだけではなく、主婦がもっぱら昼に残り物のメシを再加工して処理していることを意味するものであろう。

　184例の外食中、メシが主食となっている献立120例、麺類43例（内訳はウドン16例、ソバ7例、焼ソバ6例、ラーメン5例、スパゲティ7例、カップヌードル2例）、

パン類19例、その他2例となっている。すなわち、外食においてもメシ、麺類、パンの順となる。

メシの内容は、白ゴハン77例にたいして、その他34例であり、焼きメシ、カレーライス、スシ、丼物などのメシと副食物がいっしょになった、いわゆるゴハン物が目立つ。一つの丼あるいは、一皿のうえに盛られた、メシの一品料理の比重がおおきいのである。

夕食

晩の食事を外食ですましたのが90例、家庭での夕食が269例であり、50名の調査者1週間分の夕食数350例よりも、9例ほどおおくなっている。これは外食をしたあと、帰宅してからまた家で食べ、その双方ともに夕食として記入した者がいるからである。

夕食を外食したときにも、いぜんとしてメシの一品料理が目立つことは昼食とおなじであるが、白ゴハンとそれにともなうオカズの種類が昼食にくらべておおくなる傾向をもつ。また、麺類、パンの比重が昼食よりもすくなくなるが、全体の例数がすくないので、ここでは数字をあげずにこのような傾向がみられそうだとのべておくにとどめる。

パイロット・スタディおよび追跡調査によって、家庭での夕食はだいたいにおいて家族全員がそろって食べることが原則となっていること、また献立は父親の好みにあわせることがおおい傾向が指摘される。すなわち、個人化した朝食・昼食にたいして、夕食は家族単位で父親優先型になっている場合がおおいといえよう。

夕食における主食の内容は、メシ242例（うち白ゴハン205例、スシ、カレーライスなどのゴハン物34例）、麺類12例（内訳はウドン7例、焼きソバ5例、スパゲティ5例）、パン10例、その他5例となっており、メシの占める比重が圧倒的にたかい。すなわち、パン1にたいしてメシは24倍の比率になる。

読者が家庭での夕食の食卓を思いだせば、すぐわかることなので、いちいち数字はあげないが、夕食の副食物には、肉、魚などの料理がおおくなり、それは和風、洋風、中華風のさまざまな料理が白ゴハンにともなっている。また、鍋物のように記入項目数としては1点の副食物にすぎないが、その料理の内容にはさまざまな材料が分量おおく入っている副食物の種類が出現する（家庭での夕食にあらわれた鍋物は25

例、シチュー類は14例)。また、朝食とちがってタマゴ料理が副食物の主役とはならず、タマゴは主な料理のつけあわせとしてのワキ役的位置に転落する。また、朝食においてパンと結合していた生野菜のサラダも、肉や魚料理にともなった副食物として白ゴハンの食事との結合をしめす(サラダは白ゴハンにともなって夕食に89例出現)。

　白ゴハンにたいする飲物、果物、菓子類をのぞく副食物の数は、約4品という数値で、朝食における3、4品にくらべてたいした変化はない。しかし、その副食物の内容を検討すると、朝食にともなう副食物が生タマゴ、佃煮、ノリなどの調理を必要としないものが食卓にならべられることによって数のにぎわいをみせていたのにたいして、夕食の副食物は、手のこんだ、量のおおいものになっている。また、夕食においては佃煮、ノリなどの記入がすくないが、これは主な副食物の料理に目をうばわれたことによる記入もれも考えられる。

　白ゴハンにともなう漬物の記入は134例、日本茶の記入は157例となっており、メシと漬物、日本茶の結合をあらわしている。アルコール性飲料については、調査対象者のほとんどが女性であるために記入例がすくなく、意味ある数値をひきだすことができない。

メシ系列とパン系列

　朝食でふだんメシを食べる者とパンを食べる者にわかれ、それぞれの主食に対応して副食物や飲物の種類が定まってくることからうかがわれるように、現在の日本人の食事の献立はでたらめな組合わせから成立するものではなく、一定の要素相互間の規則的な組合わせ—パターンをもっていることがわかる。

　このパターンを抽出するために、つぎのような略号で表現することとする。

　　R ： 白ゴハン。

一般型	R (J・W・C) Jd B (W) Wd
朝食型	R・P (J) Jd B・T (W) Wd

R ： 白ゴハン
B ： パン
J ： 和風副食物
W ： 洋風副食物
C ： 中華風副食物
P ： 漬物
T ： バター、ジャム、チーズ等
Jd ： 日本茶
Wd ： コーヒー、紅茶、牛乳等

図1

B ：パン。
J ：和風の副食物。
P ：和風の副食物のうち、とくに漬物をPと表現する。
W ：洋風の副食物。
T ：洋風の副食物のうち、とくにパンのうえにぬりつけたり、食卓に置いて食べられることのおおい、バター、ジャム、マーマレード、チーズをTと表現する。
C ：中華風の副食物。
Jd ：日本茶。
Wd：紅茶、コーヒー、牛乳、ジュース類の洋風の非アルコール性飲料。

　さて、被調査者たちに和風、洋風、中華風と分類してもらった食品、飲料と、いわゆる主食という概念でとらえられる食品との関連が、どのように組合わされているかを検討してみる。

　まず朝食を主食が白ゴハンの系列とパンの系列で整理をしてみよう。すると、図1の朝食型にみるように、白ゴハンが主食のときは、おおくの場合、漬物がともない、飲物としては日本茶がふつうであり、Wdで表現した種類の飲料はともなわない。副食物としては和風のオカズをともなうことが一般的であるが、ときにはキャベツのバターいため、コロッケなどの洋風のオカズ、前夜の残りもののシュウマイなど中華風のオカズがともなうこともある。そこで、白ゴハン、漬物、日本茶を基本的な要素とし、カッコのなかに入れられるオカズ類は和風を主としながら、洋風、中華風に変化したり、この三者の組み合せになったり、カッコ内がゼロとなることも含む変化可能な要素としておく。カッコ内がゼロになったとき、それはお茶漬けに収斂する。

　さて、朝食にパンをとる場合には、バター、ジャム、チーズなどのTをともない、飲物としてはWdをともなうことが一定した原則となっており、パンを食べて日本茶を飲むことはない。また、カッコ内の副食物は、洋風と回答されるオカズにかぎられており、パンとダイコンおろし、カマボコなどの和風のオカズ、シュウマイ、八宝菜など中華風のオカズをともなうことは、まずない。そこで、パンを主食としたときには、すべての食事内容が洋風に統一されていることがわかる。ついでながら、この場合カッコ内がゼロになると、喫茶店のモーニング・サービスの献立になる。

朝食をはなれて、夕食にあらわれるような主食と副食、非アルコール性の飲物の一般的な結合状態のパターンをえがいたのが図1の一般型である。
　この場合、白ゴハンを主食とした場合は、日本茶をともなう、ということを原則とするだけであり、カッコ内の副食物の組合わせは和風、洋風、中華風のいかなる組み合わせも自由である。それにたいして、パンを主食としたときには、飲物から副食物にいたるまで洋風で統一されていることが原則であり、カッコ内もWに分類される副食物の組み合わせにとどまる。すなわち、パンの食事は洋風だけの系で完結するクローズド・システムとして受け入れられているのである。
　注目すべき点は、中華料理の系列というべきものがほとんど出現しないことである。調査資料のなかで出現した例は、中華料理店へ行って食事をしたときにかぎられ、家庭の食事では中華風で終始統一された献立はまず出てこない。また、白ゴハンにシュウマイと八宝菜で献立をつくった場合でも、白ゴハンを人びとが中華風の主食として意識しているかどうかは疑問であるし、また、かりに家庭における中華風の献立があったとしても、それは最後に日本茶を飲むことによって系列の一貫性がうしなわれてしまうのである。

外来の食事文化の受容に関する構造

　朝食においてあきらかになったように、パンかメシのいずれかを人びとは選択する。パンとメシを1回の食事において一緒に食べるのは一般的ではない。すなわち、パンとメシは対立関係にある、といってよかろう。パンと副食物の関係をみると、パンと和風の副食物、パンと中華風の副食物は対立関係にある。パンと和風や中華風のオカズは相いれないものとして人びとの献立は構成されているといえる。パンと結合関係にあるのは、ステーキ、フライ、サラダなど洋風のオカズである。
　それにたいして、白ゴハンは和風、洋風、中華風のいずれのオカズとも結合可能なものとなっている。いいかえれば、パンは洋風のオカズとしか結合せず、いまだ排他的食事体系をもつものとして受け入れられているのにたいして、中華風のオカズは白ゴハンと結合することによって取り入れられ、洋風のオカズもパンとはなれた場合に白ゴハンと結合関係をむすぶのである。この関係をあらわしたのが図2である。

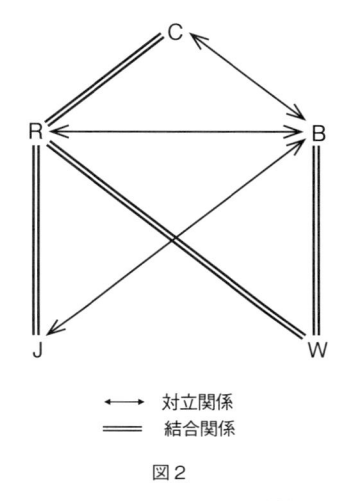

あたりまえ、といったらそれだけのはなしであるが、図2は、日本人の献立における文化変容の構造をしめすものである。それは、明治以来の日本の家庭への洋風、中華風の料理の取り入れられかたを説明する原理をあらわすモデルである、といえよう。

　さきにものべたように、以上の献立の分析をおこなった調査資料の母集団にはかたよりがおおきい。しかしながら、経済的に比較的めぐまれた家庭の若者の層、また、神戸という都市的生活様式における先進地域を中心に居住する都市民の食卓を相手にしていること、などのかたよりの要素を積極的に評価するとき、それは日本全体における食生活の変化を先取りしたものと考えることも可能なのである。

図2
←→ 対立関係
＝＝ 結合関係

ハルマヘラ島 Galela 族の食生活

　『国立民族学博物館研究報告』3巻2号（1978年）に発表した論文である。
　1976年9月－12月、文部省海外学術調査補助金による「国立民族学博物館ハルマヘラ調査隊」の現地調査がおこなわれた。
　インドネシアのマルク諸島（旧名　モルッカ諸島）北部のハルマヘラ島は、東南アジア文化と太平洋文化の接点に位置する。すなわち、言語学的にはニューギニア方面の言語と関連をもつ非オストロネシア系の言語である北ハルマヘラ語群の言語を話す住民がこの島の北部に居住し、南部はオストロネシア系言語の住民によって占められている。また、生業経済としては、ニューギニア、マルク諸島が原産地と考えられるサゴヤシ澱粉の採集のほか、太平洋の島嶼の農業と共通する焼畑根栽農業を残すほか、東南アジア島嶼部と共通する陸稲、雑穀類の焼畑農耕もおこなわれている。このような東南アジアと太平洋の文化史研究上重要な位置にありながら、ハルマヘラ島に関する民族学的報告はきわめてすくなかった。
　そこで、1974年に創設された国立民族学博物館が派遣する最初の海外現地調査地として、ハルマヘラ島が選ばれた。現地調査には6名の国立民族学博物館の研究者が参加し、わたしが隊長であった[1]。
　この調査隊の成果は、大部な英文報告書にまとめられた[2]。この報告書に、わたしの The Preparation and Origin of Galela Food という論文が収録されているが、それは本論文「ハルマヘラ島、Galela族の食生活」をもとに書かれたものである。また、本論文でふれているガレラ族のサゴヤシ採集と狩猟についてはさらに詳述して Sago Production および Hunting という独立論文の体裁をととのえて収録した。ほかに英文報告書に収

1　この調査の概要は、下記の文献に記されている。石毛直道「国立民族学博物館ハルマヘラ調査隊概報」『国立民族学博物館研究報告』2巻2号　1977年
2　Naomichi ISHIGE (ed.), "The Galela of Halmahera:A Preliminary Survey" ,Senri Ethnological Studies No.7,1980

録した、わたしの論文には、調査地の村の環境について記した Limau Village and Its Settinng、ガレラ族の伝統的精神世界を描いた The Traditional Spirit World、ガレラ族の住居、生活様式と物質文化について述べた Housing, Household Echonomy and Material Culture がある。

　本文にも記しているが、異文化における食生活の実態を詳細に記録した民族誌的報告は、世界的にみてもきわめてすくない。わが国で近年、海外の食生活の現地調査を志す若い研究者たちが出現しはじめている。そのような人々から、どうやって調査をし、調査結果をどのようにまとめたらよいか、という相談をうけることがある。この論文は、異文化における食をめぐる民族誌的記述の、お手本とまではいかないが、参考にはなるであろう。

　民族誌は、対象とした民族の社会や文化を理解するための基礎的資料である。個別的な民族誌をふまえたうえで、さらにひろい視野での論を展開することに、民族学研究のおもしろさがある。

　この論文では、Ⅰ章からⅤ章までが、ガレラ族の食生活の民族誌的記述にあてられている。Ⅵ章の「食生活と農業文化の復元」において、太平洋の文化と東南アジアの文化が重層しているハルマヘラ島の特性に注目しての、わたしなりの論考を試みてみた。

はじめに

Ⅰ. Limau 村民の食料資源
1. Limau 村の概略
2. 環境と食料資源
3. 食料の種類
   1) 作　物
   2) サゴヤシ
   3) 蔬菜用半栽培植物と野生食用植物
   4) 漁業と狩猟
   5) 家　畜
   6) 食料獲得のための男女の分業
4. 食料をめぐる家庭経済
   1) H 家のくらしと労働
   2) 食生活をめぐっての家計
   3) 食料の自給と購入

Ⅱ. 炊事場と食堂
1. 住居空間の使いわけ
2. 台所と台所用品
3. 食　堂
4. 食器と食べかた

Ⅲ. 食事の構成と食物の価値
1. 食事の回数と時間
2. 主食、副食、飲物
3. 食物の順位
4. 味覚表現の体系

Ⅳ. 料理の技術
1. 調味料
2. サゴヤシ澱粉の料理
   1) サゴヤシ澱粉の保存と料理の準備
   2) soru
   3) sinyole
   4) pupuka と gogapala
   5) gunange、komo-komo、gunange de ma igo、baha-baha
   6) boboko と dodolole
   7) kokomane と kasiodo
   8) サゴヤシ澱粉料理の体系
3. コメ、アワ、ハトムギの料理
   1) tamo (gulu-gulu)、gula、gurati
   2) dulu-dulu と waji
   3) jaha と goodo
   4) kupa
   5) コメ料理の体系
4. 主食用根栽作物の料理
   1) osu
   2) paari と ngani
   3) sinanga
   4) kola
   5) halua、gunange、onde-onde、nasibiu boboko
5. コムギ粉料理
6. 魚の料理
   1) 魚の保存法 — gasi と dopo
   2) gohu
   3) osu と dabu-dabu
   4) paari と lema と ola-ola
   5) sinanga と tumisu
7. 肉の料理
8. 蔬菜、野草の料理
9. 料理の体系
   1) 料理の命名法
   2) 主食用根栽作物と副食の料理の体系
   3) 料理技術のまとめ
10. 飲　物

Ⅴ. 献立の分析
1. 資料について
2. 献立の主材料
3. 主食とその料理法
4. 副食とその料理法
5. 食事と食物、飲物

Ⅵ. 食生活と農業文化の復元
1. 伝統的作物と家畜の種類
2. 創世神話における作物
3. 主食食料についての歴史的検討
   1) サゴヤシ澱粉
   2) 根栽作物
   3) 雑穀類とコメ
4. ハルマヘラ島の食生活の歴史
   1) 農業文化の類型から
   2) 食生活の歴史の復元に関する仮説

はじめに

　インドネシア共和国北マルク州ハルマヘラ島北部に居住する Galela 族の食生活に関する民族誌的報告をおこなうのが、本論文の目的である。

　従来、Galela 族にかぎらず、ハルマヘラ島の住民に関する民族誌的報告はきわめてとぼしい。まして、食生活という特定の分野にかぎってのまとまった報告は、ハルマヘラ島をふくむマルク諸島（旧名モルッカ諸島）全般を通じて、いまだ発表されていないようである。本論文の主な対象は Galela 族に限定されているが、マルク諸島各地に Galela 族と同様の作物を持ちサゴヤシ澱粉の採集と漁撈にしたがう生活様式の諸民族が分布することをかんがえると、この報告はマルク諸島の生業経済を論ずるときの基礎的資料として役立つ可能性がある。

　一般に、従来の民族誌においては、食生活の具体的事例をくわしく記述したものはたいへんすくない。対象とする民族が、それぞれの食料に関していかなる料理法を知っており、それらの料理はいかにしてつくられ、日常の食生活の献立にどれほどの比重を占めるのか、といった点についての情報が記載されている民族誌的報告はきわめてまれである。食生活の比較研究に興味をもつ筆者にとっては、従来の民族誌のおおくが対象とする民族の食生活の実態を知る

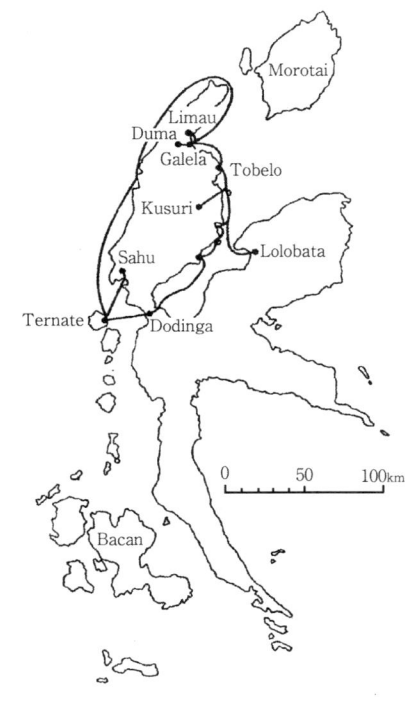

図1　ハルマヘラ島概略図（太線は調査ルートをしめす）

ための資料としては役立たないことに、不満をいだいていた。そこで冗長とは思われても、このさい Galela 族の食生活に関する手持ちの資料をすべて盛りこんだ報告を作成することとした。

　本論文は1976年9月から12月まで筆者たちがおこなったハルマヘラ島における現地調査の結果にもとづいて書かれたものである。この現地調査は昭和51年度文部省科学研究費補助金（海外学術調査）の交付をうけておこなわれたものであり、その調査の概要は［石毛，1977］に記されている。

　調査の主な対象である Galela 族の成人のおおくは Galela 語のほかにインドネシア語を理解する。筆者は調査にあたって通訳を介さず、インドネシア語を使用して聞きとりをおこなった。なお、本論文のなかで特別にことわりをせずに使用してある現地語は、すべて Galela 語を現行のインドネシア語の表記法であらわしたものである[3]。

I. Limau 村民の食料資源

1. Limau 村の概略

　筆者らの調査の主な対象地となったのは、ハルマヘラ島 Galela 地区にある Limau 村であり、この報告の資料の大部分も、この村で得たものである。Limau 村は、ハルマヘラ島北部の東海岸に位置しており、Galela 族が中核となって形成した村落である（図1）。

　ハルマヘラ島には18以上のことなる言語（方言）が存在するが、言語学的には、北部ハルマヘラの Non-Austronesian 語族と、南部ハルマヘラの Austronesian 語族にわけられる。Galela 族は、Non-Austronesian 語族に分類される Galela 語を母

---

[3] Galela 語の表記にあたっては原則として［Baarda,1895］の表記法を参照しながらそれを現行のインドネシア語表記法のつづり方にあらためた。また、Baarda の表記法にあらわれる à, è, ò, ē, ā, ō, ĭ, ĕ, ŭ, œ, 't を特別に区別することなく、現行のインドネシア語つづりの a, e, i, o, u, t で表記してある。emic な表記法としては、それで実用的にはさしつかえないとかんがえられるからである。なお、d と区別してḍ が使用されているが、[d]の音をしめし、ḍ はインドネシア語表記法における d 音をあらわす。

語とする集団である［吉田 , 1977a: 443 – 445］。

　調査時における Limau 村の人口は 241 名、世帯数は 41 戸であった。村民のおおくは Galela 地区内で生れた者によって占められるが、世帯主についていえば 19 名は Morotai 島（この島には Galela 族がおおく居住する）、Wasile 地区、Kau 地区など Galela 地区以外から移住してきた者である。これら、Galela 地区以外からの移住者も系譜的には Galela 族にふくまれる者である場合がおおいが、Wasile 地区から移住してきた Austronesia 語族の集団である Maba 族など、Galela 文化以外の文化集団に所属する者も少数であるが含まれる。しかしながら、村内の法的秩序は Galela 族の慣習法にもとづいて保たれており、よそからの移住者も日常会話には Galela 語を使用するなど、Galela 族の文化によって統合されている社会としての性格が強い。

　筆者は Wasile 地区にある Maba 族の村落をはじめ、ハルマヘラ島中部から北部にかけての他の言語集団を訪ねた経験をもつが、言語のちがいをのぞけば日常生活に使用する食物や料理法の種類に関しては Galela 族とくらべて特別な変化はみられなかった。本報告の主題である食生活に関するかぎり、Limau 村に Galela 族出身者以外の住民が存在することを、とくに考慮に入れなくてはならない問題は生じていない、とかんがえてよい。

　Limau 村における公的施設としては小学校（教員 1 名）のほかに、イスラム教の寺院とプロテスタント系の教会が各々 1 つ存在する。イスラム教徒の家庭 33 世帯にたいして、キリスト教徒の家庭は 8 世帯にすぎない。この宗教のちがいが、食生活に反映する事柄としては、まずそれぞれの宗教が宗教的儀礼にともなう共食集団の範囲をきめることがあげられる。宗教行事にともなう祝宴の食事集団は、それぞれの宗教別に形成される。イスラム教の行事にともなう村民の宴会の構成員は、原則的にはイスラム教徒たちによって、キリスト教の行事に関する会食はキリスト教徒たちの集団でおこなわれる。ただし、これらの宗教行事にともなう食事にも、しばしば異教徒の友人や村のなかの有力者が招待される。また、イスラム教徒には野ブタの肉を食べることと飲酒が禁止されていること、断食月に成人は日中は食物、飲物を口にしないことが宗教による食生活を規定している事項である。ほかには、イスラム教徒なりキリスト教徒だけにみられる独特な食生活の慣習や料理法といっ

たものはない。

　村民のほとんどが農業を主要な生業とし、漁撈活動もさかんであるが、これらの生産物の大部分は自家消費用であり、村民の生計の主要部分は自給自足経済に依存している。現金収入を得る方法としては、村の近くのサゴヤシ林から得たサゴヤシ澱粉、サゴヤシの葉製の屋根ふき用材 katu（インドネシア語でいう atap）、山から切りだした材木、平地の畑で栽培したココヤシのコプラ、漁撈生産物である燻製魚を売ることにある。これらの生産物は主として Soa-sio の市場へ運ばれる。Limau 村から Soa-sio までの距離約 6.5km、船外機つきの船で約 1 時間半の位置関係にある。

　Soa-sio には、Galela 地区を管轄する行政府、警察署、軍の駐屯地がもうけられており、Galela 地区の統治の中心地となっているほか、中国系人の経営する商店があり、毎木曜日には定期市が開かれ、この地区の経済の中心地ともなっている。毎木曜日には、村民が共同購入をした船外機をつけた船が Limau 村と Soa-sio を 1 往復し、市場に村民を運ぶ。

2. 環境と食料資源

　Limau 村は海辺に形成されている。海岸に平行に南北にはしる長さ約 300m の道路があり、その道路の両側に家屋が建てられている。村の周辺のほんのわずかな平坦地は、湿地をのぞくとすべて開拓され、主としてココヤシの常畑になっている。しかし、商品作物としてのココヤシ畑の経営がこの村においておこなわれるようになった歴史は浅く、コプラを商品として売りさばく世帯数はすくない。村の南方は低温地帯でサゴヤシ林になっている。村の北方および西方には山の急斜面がせまっている。これらの山の斜面に村民の焼畑が営まれる。焼畑耕作が村民の生業にとっていちばん重要な仕事となっている。

　村民の各世帯は、1～3 年に 1 筆ずつ、焼畑を開く。これらの焼畑は村から、徒歩で 30 分から 2 時間行程の範囲内の山の斜面に分布する。焼畑の 1 筆の大きさは 0.2～0.6ha 程度であり、各世帯ごとに常時 3～8 筆の焼畑を経営している（写真 2）。

　ハルマヘラ島こおける乾季は 6～10 月頃までである。焼畑を造成するには、乾

季の7〜8月頃に伐採をおこない、9月から10月初めにかけての時期に火入れをする。火入れの終わった畑には、まずバナナ、ココヤシを移植し、ついで本格的雨季に入った1月頃にオカボを播種する。しかし、オカボをつくらずに、火入れのあとバナナとともにサツマイモ、マニオク、ココヤシを植える畑もある。いずれの場合も、2年目にはバナナ、マニオク、サツマイモ畑となる。3年目以後はあたらしく作物を植えることがすくなく、雑草が生えるにまかせ、以前植えた作物のなかで背の高いバナナとココヤシの畑として放置されること

写真1　Limau村民の焼畑

表1　主要作物の栽培暦と土地利用の特色（佐々木高明作成）

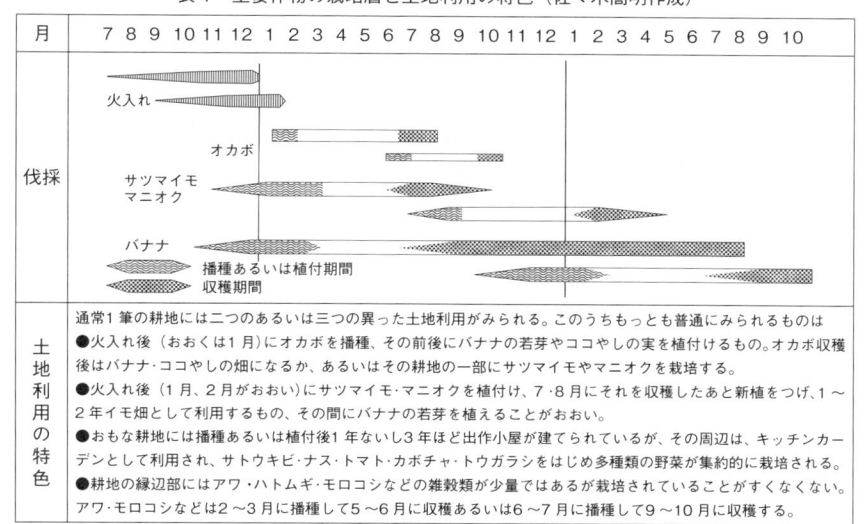

月	7 8 9 10 11 12 1 2 3 4 5 6 7 8 9 10 11 12 1 2 3 4 5 6 7 8 9 10
伐採	火入れ オカボ サツマイモ マニオク バナナ ▰ 播種あるいは植付期間 ▰ 収穫期間
土地利用の特色	通常1筆の耕地には二つのあるいは三つの異った土地利用がみられる。このうちもっとも普通にみられるものは ●火入れ後（おおくは1月）にオカボを播種、その前後にバナナの若芽やココやしの実を植付けるもの。オカボ収穫後はバナナ・ココやしの畑になるか、あるいはその耕地の一部にサツマイモやマニオクを栽培する。 ●火入れ後（1月、2月がおおい）にサツマイモ・マニオクを植付け、7・8月にそれを収穫したあと新植をつげ、1〜2年イモ畑として利用するもの、その間にバナナの若芽を植えることがおおい。 ●おもな耕地には播種あるいは植付後1年ないし3年ほど出作小屋が建てられているが、その周辺は、キッチンガーデンとして利用され、サトウキビ・ナス・トマト・カボチャ・トウガラシをはじめ多種類の野菜が集約的に栽培される。 ●耕地の縁辺部にはアワ・ハトムギ・モロコシなどの雑穀類が少量ではあるが栽培されていることがすくなくない。アワ・モロコシなどは2〜3月に播種して5〜6月に収穫あるいは6〜7月に播種して9〜10月に収穫する。

81

となる。山の焼畑にココヤシを植えるようになったのは1970年代になってからのことであり、その以前では3年目からはバナナ畑のまま放置されて、そのうち下生えの雑草や灌木が生い茂ってバナナの木をかくすようになると畑は放棄された（表1）。

野ブタ、シカなどの野獣の害がひどいにもかかわらず柵をめぐらした焼畑はすくないし、オカボ畑をのぞいては除草もほとんどおこなわれず、たいへん粗放な焼畑経営技術の段階にとどまっている。

さて、このようなLimau村をとりまく環境を頭におきながらGalela族の生活環境をモデル化して表現してみよう。

村落周辺のいったん焼畑にされた場所に二次林があらわれるだけで、山がちのハルマヘラ島の大部分は原生林におおわれている。道路が発達していないこの島では、交通は海路にたより、村落は海辺に形成されることがおおい。すなわち、「村落」dokuは「海」teoのそばに営まれる。

海であるteoは交通手段として利用されるほか、Galela族の重要な生業である漁撈活動の場である。漁撈は男の仕事でありLimau村の成人男性のおおくが、3〜4日に1度は魚とりに海にのりだす。のちにのべるように、魚はGalela族の副食物として、もっとも重要な食品である。ふつう沖合漁業はおこなわず、岸が見える範囲での漁撈活動にとどまっている。

村落であるdokuは、村落内の道であるtakapiと宅地にあたるlolohaから構成されている。ここは、人間がこしらえあげた環境であり、それを常に維持する努力がはらわれる。そこで、宅地内には草を生やさず、そこに植えられている植物はすべて食用あるいは薬用になる有用植物、あるいは花を観賞する園芸植物にかぎられる。また、村落内の道路の除草、宅地と道路の境界となる木柵の補修は村民全体の共同労働によってなされ、村落内を常に整備することが税金徴集とともに村長の重要な役割となっている。

それにたいして、村落外の畑へ通じる道であるngekoは誰にも管理されない、ただの踏跡の小道にすぎない。

畑であるtoroは、平坦地の畑であるtoro diaikaと山の畑であるtoro talaのふたつに人々に分類されている。これは、地形による分類であり、焼畑と常畑の別、作

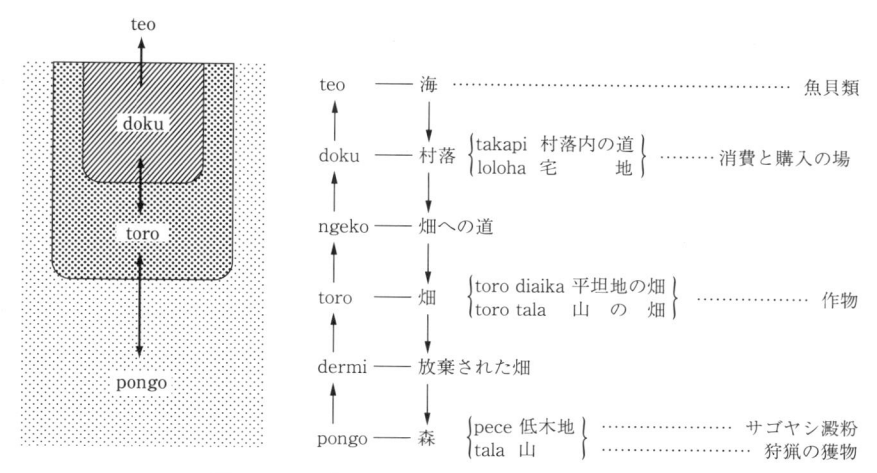

```
         teo
          ↑             teo ──── 海 ……………………………… 魚貝類
    ┌─────────┐          ↑
    │  doku   │         doku ──── 村落 {takapi 村落内の道}  ……… 消費と購入の場
    │         │          ↑        {loloha 宅   地}
    │  toro   │        ngeko ──── 畑への道
    │         │          ↑
    └─────────┘         toro ──── 畑 {toro diaika 平坦地の畑} ……………… 作物
          ↑                        {toro tala  山 の  畑}
       pongo              ↑
                       dermi ──── 放棄された畑
                          ↑
                       pongo ──── 森 {pece 低木地} ……………… サゴヤシ澱粉
                                   {tala 山   } ……………… 狩猟の獲物
```

図2　Galela族の生活環境と食糧獲得に関する模式図

物の種類の別などはこの基本的分類には含まれない。すべての畑は元来焼畑である。もし植えてある作物の種類の別をとりたててのべるとしたら、「ココヤシ畑」igo matoro というふうにいちいち作物（igo はココヤシ）を畑ということばにつけて表現する。

　畑は、もともと「森」である pongo を切り開いてつくられるものである。森と訳したが、pongo とは人手の入らない野生の土地をしめすことばである。 pongo

写真2　サゴヤシの髄をたたく

も、地形が平坦であるか、山地であるかの区別によって pece と tala に分けられる。「平坦地の畑」である toro diaika に開拓することができず、pece とよばれる「低地林」として残された場所はふつう低湿地帯となっており、そこには野生のサゴヤシの林が発達する。tala を直訳すると「山」ということばにあたる。ここは、野ブタ、シカなどの野生の動物を狩りする場所である。

　さて、森である pongo を焼きはらい一時的に畑である toro が形成されるが、焼畑が放棄されると土地はふたたび pongo にもどってしまう。耕地としては放棄されたが、まだ森林にもどらず背の高いイネ科の雑草や灌木におおわれた土地 — toro から pongo に移行する中間過程 — を deremi とよぶ。

　このような Galela 族の生活環境の類型別とそこにおいて獲得する食料の種類を図示したのが図2である。すなわち、海 teo からは魚貝類が、畑 toro からは作物が、サゴ林のある低地林 pece からはサゴヤシ澱粉が、山 tala からは狩猟の獲物が、消費の場である村落 doku にもたらされるのである。

3. 食料の種類

　このような生活環境から村民たちが得る食料の種類を枚挙してみよう。なお、本報告では環境のなかから得た食料が村内の家庭の台所へもちこまれてからのちのプロセス、すなわち料理をする段階から食事にいたる食生活を記述することを目的としている。そこで、作物の栽培法、サゴヤシ澱粉の製造法、漁業や狩猟の技術など、食料獲得に関する環境への働きかけについてのくわしい報告は別の機会にゆずることとする。われわれの調査隊においては、農業に関しては佐々木高明が、サゴヤシ澱粉採集経済については吉田集而と筆者が、漁業については大胡修が、狩猟については筆者がそれぞれ担当して調査をおこなった。これらの調査結果はいずれ、それぞれの隊員によって別論文において発表される予定である。

1）作　物

　表2は、Limau 村民の畑において見られる食用作物の種類をあらわしたものである。表の分類で主食用作物とされるものは、現在どの村民の畑にも植えられ、主食

として盛んにもちいられている作物をしめす。

　これらの主要作物のなかで一年生の作物はイネだけである．オカボは１〜２月に播種して６〜７月に収穫するのがふつうであるが、６月頃に播種して９月に収穫する場合もある。しかし、後者の作付はすくない。

　イネ以外の作物に関しては、きまった収穫期はない。いちばん重要な作物であるバナナは、Galela 族には約 60 品種知られている。１本のバナナからは、ふつう１回しか収穫ができない。果実をもいだあとはバナナは切り倒されてしまうのがふつうであるが、品種のなかには１本のバナナのそばから何本もの新芽が出て、結果としては連続して収穫可能なものがある。また、植えてから半年くらいで収穫可能な品種、１年以上たってから果実をつける品種もある。このような多様な品種を数種類植えておくことによって、バナナを年中収穫することができる。サツマイモ、マニオクは年中収穫可能で、収穫するかたわら苗をさしておくので、いつでも畑には食用可能なイモがあることになる。そこで、イネをのぞく主食用の主要作物は、一度に収穫して貯蔵することはない。１年を通じて、毎日のように畑へいって、１〜２日ぶんの食料を収穫して帰ってくるのである。

　主食用残存作物と分類したものは、主食用料理の材料となる作物のうち、現在では日常の食事に供されることがすくなく、畑における作付面積もいちじるしくすくないものをしめす。

　換金用作物のうち、ココヤシの主な用途はコプラを製造することにあるが、料理用のココナツミルクやヤシ油をつくるため、また若い果実のジュースを飲用とするなど、一部は自家消費用にまわされる。Limau 村ではカカオノキ、チョウジの作付はたいへんすくなく、自家消費用にカカオを飲むこと、チョウジを香料として料理に使用することも、ほとんどおこなわれない。

　蔬菜類のうち、スイカ、パイナップルは生食専用であり、果物としてオヤツに食べられ、正式の食事の材料にはならない。パパイヤは、果実を生食にするほか、若葉を料理にまわす。サトウキビは、ほとんど茎をしがんでオヤツとして生食にする用途にまわされるが、一部の家庭では搾木にかけて汁をしぼり、煮つめて料理用のシロップにつくる。

　ドディリブ dodilibu とよばれるのは、野菜料理専用のサトウキビである。この作

表2 Limau村の栽培植物

日本語名称	Galela語名称	学名
主食用主要作物		
バナナ	bole	Cultivated banana
イネ	tamo	*Oryza sativa* L.
マニオク	nasibiu	*Manihot utilissima* Pohl.
サツマイモ	gumi	*Ipomea batatas*(L.)Lamark
主食用残存植物		
タロイモ	dilago	*Colocasisa esculenta*(L.)Schott
タロイモ	dilago gogomo	*Xanthosoma violaceum* Schott
タロイモ	kiha	*Alocasia macrorrhiza*(L.)Schott
ヤムイモ	ubi	*Dioscorea alata* L.
ヤムイモ	siapu	*Dioscorea esculenta* Burkill
アワ	bobotene	*Setaria italica* Beauv.
ハトムギ	rore	*Coix lachryma-jobi* Subsp. nayuen T. Koyama
トウモロコシ	ngoko または kahitela	*Zea mays* L.
パンノキ	amo	*Artocarpus communis* G. Forst.
換金用作物		
ココヤシ	igo	*Cocos nucifera* L.
カカオノキ	cocolat	*Theobroma cocao* L.
チョウジノキ	cinke	*Syzygium aromaticum* Merr. et Perry
蔬菜類		
ナス	fofoki	*Solanum melongena* L.
トマト	tomate	*Lycopersicon esculentum* Mill.
タマネギ	bawang sasawala	*Allium cepa* L.
ネギ	rau	*Allium fistulosum* L.
ニラ	goda	*Allium tuberosum* Rottler
トウガラシ	rica	*Capscium annuum* L.
ショウガ	goraka	*Zingziber officinale* Rosc.
ウコン	gurati	*Curcuma domestica* Valeton
ササゲ	gaahu kakaku	*Vigna sinensis* Savi ex Hassk
カボチャ	sambiki	*Cucurbita pepo* L.
ツルレイシ	popare	*Momordica charantia* L.
スイカ	samanka	*Cirtullus vulgaris* Schrad
ヒョウタン	walu	*Lagenaria siceraria*(Molina)Standley
パパイヤ	papaya	*Carica papaya* L.
パイナップル	nanas	*Ananas comosus* Merr.
サトウキビ	uga	*Saccharum officinarum* L.
ドディリブ	dodilibu	*Saccharum edule* Hassk.
嗜好品用作物		
タバコ	taboko	*Nicotiana tabacum* L.
ビンロウ	moku	*Areca catechu* L.
キンマ	bido	*Piper betel* L.
サトウヤシ	seho または lebeno	*Arenga pinnata* Merr.
蔬菜用半栽培植物		
カンコ	takako あるいは kanko	*Ipomea aquatica* Forsk.
ヒユ	tona ma gaahu	*Amaranthus* sp.

物はふつうのサトウキビとは別の作物であると Galela 族には認識されており、茎を利用するのではなく、未熟花穂をもいでこの部分を炒めたり、ココナツミルクで煮てたべる。

　嗜好品用作物のうち、タバコは葉を3カ月ほど乾燥してから、細かくきざんでサトウヤシ seho の葉で包んで自家製のシガレットにする。商店で買ってくる紙巻タバコをインドネシア語で rokok とよぶのにたいし、自家製のタバコは tabako Galela とよぶ。ビンロウとキンマは石灰とまぜてペテルチューイング（チューインガムのように嗜好品として噛む）をおこなうが、この習慣をもつのは 50 才以上の老人層にかぎられる。また、サトウヤシは Limau 村では甘味料として砂糖シロップや黒砂糖に製造して利用することはなく、もっぱらヤシ酒つくり用にもちいられるので、一応嗜好品用作物の欄に入れておくことにする。

　以上の表2の蔬菜用半栽培植物以外の作物は畑において栽培される。畑の作物を村に持ち帰るのは女の仕事である。ほかに宅地内に植えられる果樹の主なものは、マンゴー、ライム、オレンジがある。

2) サゴヤシ

　Galela 族はサゴヤシの種子を播種したり、側芽を分蘖移植することはない。また、幼樹を保護するために周囲の木を伐採したりすることもない。すなわち、Galela 族にとってのサゴヤシは栽培植物ではなく、まったくの野生植物である[4]。

　サゴヤシには、ホンサゴ、学名 *Metroxylon sagus* Rottb. とトゲサゴ、*M. rumpfii* Martius の2種類がある。吉田集而の調査［吉田 , 1977b］によると、Galela 族はホンサゴを6品種、トゲサゴを2品種に分類している。これらのすべての品種が Limau 村の南方の pece に見出される。いずれの品種においても、とれるサゴヤシ澱粉の量にはそれほどの差はないが、クウェソ kuweso という品種からとった澱粉は他の品種の澱粉よりは上質のものとされる。

　サゴヤシ澱粉をつくるためには、開花寸前で髄に澱粉含有量のおおいサゴヤシを切り倒す。Galela 族は、サゴヤシの木が生えてから8年目で開花する、というが、

4　サゴヤシを栽培する例としては、［泉 ,1972:156］、［Barrau,1958:38］、［Ohtsuka,1977:481 − 2,474 − 5］などを参照されたい。

年月の観念に関しては信頼度が低いのでどの程度信用できるか疑問である。人々は実際にはサゴヤシの年令で判断するのではなく、幹に穴をあけて繊維をとりだして、澱粉の付着量をみて、伐採の時期をきめている。

　切り倒したサゴヤシの木の幹の表皮をはぎ、手斧形のサゴビーターで髄の部分をたたいて、澱粉の付着した髄の繊維をつきほぐす。ほぐした繊維を集めて、サゴヤシの幹を利用してつくった樋状の澱粉沈殿器に入れて、水をかけてもむ。すると繊維に付着した澱粉が水にとけて樋を流れる。澱粉をとった残りの繊維は樋の途中にあるフィルターで分離される。こうして樋にた加えられた水の下には、白色の澱粉の沈殿層ができる。こうしてできたサゴヤシ澱粉を peda とよぶ（写真2・3）。

　以上、簡単にのべたサゴヤシ澱粉の製造過程については、別論文でくわしく記述する予定である。

　サゴヤシ澱粉の製造は pece のサゴヤシを切り倒した場所でおこなわれ、それは男性の仕事となっている。

写真3　サゴヤシ澱粉をもみだす　　　　写真4　ruru を背負う

pece でつくられたサゴヤシ澱粉は、サゴヤシの葉をつづりあわせてつくった ruru という容器に入れて、村へ持ち帰る。ruru は筒形をした容器で、それに背負いヒモがつけられる。 ruru の筒形の部分は直径約 25cm、高さ 50～55cm であり、この高さは腕の長さひとつぶんである、という規格をもっている（写真 4）。そこで ruru の大きさは北ハルマヘラのどの村でつくっても、ほぼ一定なので ruru の一包がサゴヤシ澱粉の売買の単位となり、何人分の食料となり得るかなどを計算する単位ともなる。ruru に詰められた澱粉の重量は、含有する水分によってことなる。沈殿器から澱粉をすくいだして、ruru につめたばかりの状態では容器のサゴヤシの葉のあわせ目から水がしたたり落ちている。つめてから 1 時間くらいして、もう水が流れ落ちることはなく、湿ったサゴヤシ澱粉 ── 濡れサゴ ── の状態になったときの重量で 22kg 前後である。1ruru のサゴヤシ澱粉を 1 日 3 回の食事の主食としてそれだけを食べるとしたらば、4～5 人の家族で 3 日間で消費する、という。しかし、実際はバナナ、マニオクなどの他の主食と併用されるので 1ruru は 5～7 日ぶんの食料になっている。

澱粉の含有量のおおい木ならば、直径約 35cm 前後で、澱粉採集部分が 10m ほどの幹の髄から ruru 8 個ぶんのサゴヤシ澱粉 peda が得られる。1ruru ぶんのサゴヤシ澱粉をつくるには、1 人 3 時間半前後の労働を要する。 1ruru のサゴヤシ澱粉をつくるのが、ふつう 1 日ぶんの仕事とされる。

3）蔬菜用半栽培植物と野生食用植物

カンコ kanko あるいは takako（インドネシア語では kangkung）とは湿地の水たまりに生える水草で、その葉とつるの部分を葉菜として料理に利用する。学名は

写真 5　畑から帰る女：背負篭に薪、バナナ、バナナの葉でくるんだ収穫物（内容不明）を入れる

Ipomea aquatica Forsk. であり、かつては人間が持ちこんだ植物が野生化したものと推定される。ヒユ *Amaranthus* sp. も村落の近くに自生しており、葉菜として利用される。この2種類の植物は、現在では作物として栽培されることはないが、有用植物として保護されているので半栽培の植物とでもいうべきであろう。

野生植物で日常的に利用されるのはゴドム godomu とよばれるシダの類の若芽であるが、これは焼畑に火入れをした跡によく生える植物である。pece にはサゴヤシとならんでタケがよく生えるが、タケノコ jiburu を採集したものをきざんで生のまま水につけて、アクぬきをしたものが利用される。これらは、いずれも野菜料理の材料とされる。

このような半栽培あるいは野生の食用植物を採集するのはふつう女性の役目であり、畑への往復のさいの道すがら採集することがおおいようである。

ほかに、現在では Galela 族にほとんど利用されなくなった野生食用植物に、野生バナナ ngopo (*Musa lolodeusis* E. F. Cheesm.) がある。これは、畑で栽培したバナナが野生化したものではなく、栽培種ではなくハルマヘラ島にもともとから自生していたとかんがえられる野生種のバナナである。果実のなかには種子がおおく、食用になる果肉の部分はすくない。完熟した野生バナナは、たいへん甘い味がする。これは、栽培バナナのように焼いたり、煮て食べることはなく、生食されるだけである。現在では、山へ行ったとき、子供がおやつがわりにする程度しか利用されない。

また、カワシ kawasi (*Musa acuminata* Colla.) という野生バナナもある。これは、生食できず焼いて食べるものである。現在での食生活では、カワシを食用することはないが、食用可能なことは知っているので、過去には旅行のさい森のなかで食物がないときなどに、利用したものと推定される。

これらの野生バナナは現在では食糧資源としてはほとんど意味をもたないが、Ⅳ章でのぺるハルマヘラ島の古層の食物文化をかんがえるにあたっては、注目される植物である。なお、野生バナナは人間が植えた作物ではないので、所有者はなく、どこの森に生えているものでも、自由にもいでよいとされている。

4）漁業と狩猟

利用する魚の種類については、回遊魚の種類が季節的に変化することもあり、ま

た現地調査の期間ちゅうに村民がとった魚についての同定もまだすんでいないので、ここでは省略し、漁業についての調査を分担した大胡　修の報告が公刊されるのを待つこととする。なお、小形のサバ leanga とカマスの一種 ngawaro の2種類の多量に捕獲される回遊魚を燻製魚にして市場へ持っていくことをのぞくと、Limau 村人の漁業は原則として自家消費用である。しかし、突き漁の対象とされるサメなどの自分の家では食べきれない大形魚をとったときは、村内で切り売りをする。そこで、漁に出ない日でも魚を食べることは可能である。

　海ガメ tutuluga の肉、卵を食べることもある。これは海ガメが産卵に岸にあがったときにつかまえるのであるが、たまにしか食べられない、めずらしい食物であるとされる。Limau 村付近の海岸には貝類がすくなく、貝類を採集して食べることもまれである。ふだん、海草を食べることもない。

　ハルマヘラ島はウォーレス線の東側に位置するので哺乳類の動物はすくなく、狩猟の主な対象はシカ manjanga と野ブタ titi である。村に銃器はない。Galela 族の伝統的な狩猟具は、槍（鉄の槍先をそなえたもの、鉄の刃部をつけない木槍、竹槍の3種類がある）とハネワナである。Tobelo 族など他の部族では弓矢を使用するのにたいして、伝統的に Galela 族は弓矢の使用をおこなわなかった。槍で狩猟をするときには、待ち伏せしている場所までイヌでシカや野ブタを追い出させて槍で突く。また、イヌに海辺まで追わせて、海を泳ぎだしたシカをカヌーで追いかけて殺す方法もとられる。

　村に狩猟の専業者はいなく、畑仕事や漁業のかたわら狩りの好きな者が気のむいたときに山へ出かけるといった程度であり、狩猟活動は食糧補給手段としては副次的なものにとどまる。村民のなかで、狩猟に従事することがある者が、1年にだいたいどのくらいの頭数の獲物をとるかを表示したものが表3である。このうち、弓矢を使用する者は Galela 族以外の出身者である。この表でわかるとおり、狩猟に従事する者にはキリスト教徒がおおい。かれらは、野ブタを食べることにタブーがないことも、狩猟活動に熱心なことの原因となっているであろう。かれらにとってシカと野ブタはほぼ同等の価値の獲物とされるので、1年にとる頭数はシカと野ブタあわせて何頭といった答えになっている。ちなみに、筆者の滞在期間中、10月、11月の2カ月で村民がとった獲物は、シカ、野ブタおのおの4頭ずつである（表3）。

野ブタはイスラム教徒は食べないし、キリスト教徒も遠慮して野ブタは村外で解体する。イスラム教徒が殺した肉以外は食べてはならぬという戒律についてはゆるやかで、シカの肉ならキリスト教徒が殺したものでも、食べてさしつかえない。シカ、野ブタともに成獣だと体重60kgに達するが、どちらも1頭約3,000ルピアの割で、村民のあいだで肉を切り売りする。村外の市場へ売りに出かけることはない。

表3 Limau村民の狩猟活動

宗　教	狩猟具	獲物の種類	頭数
キリスト教	弓　矢	シカと野ブタ	8
キリスト教	弓　矢	シカと野ブタ	5
キリスト教	弓　矢	シカと野ブタ	5
キリスト教	槍	シカと野ブタ	15
キリスト教	槍	シカと野ブタ	10
キリスト教	槍	シカと野ブタ	4
イスラム教	槍とワナ	シカのみ	7

狩猟ではないがツカツクリ科の鳥の卵を採集することがおこなわれる。ツカツクリのうち森に卵を生むものを meleo、海岸の砂のなかに卵を生むもの（学名 *Megapodius wallacei*）を puka とよぶ。meleo の卵をとるためには、森林のなかの焼畑の隅などに木の枝や落葉を積んで鳥の卵を孵化させるための塚を人間がつくって用意しておき、ここへ卵を生みつけるのを待つ。puka の場合は、鳥が砂中に卵を埋めた跡をさがして掘る。これらの卵はニワトリの卵の数倍の重量がある。

5）家畜

　Limau村で飼養する家畜は、ヤギ kabi（インドネシア語は kambing）、ニワトリ toko、アヒル bebe（インドネシア語は bebek）、イヌ kaso だけである。Soa-sio 周辺など行政府に近いところに住む Galela 族のあいだには、第二次大戦後ウシが導入されたが、Limau にはウシを飼う者はいない。

　Limau村にヤギを所有する世帯数は5世帯にすぎず、その頭数の合計は28頭である。ヤギは結婚式などの儀礼のさいや大事な客人をもてなすときに食べるもので、日常の食事には供されない。結婚式のさいなどは、ヤギを飼わぬ村人は所有者から売ってもらう。

　ニワトリは、ほとんどすべての家庭で飼っている。ニワトリは放し飼いなので、

卵を得るために台所内や屋外に卵を生むための竹製の巣をもうける。ここに卵を生ませるが、卵を食べるよりも孵化させてヒナを育てて肉として食べることに力をそそぐ。卵はユデ卵としたり、玉子焼や他の主材料をもちいた料理に入れて玉子とじに料理するが、一家全員にいきわたるほど卵が得られないので、日常の献立には卵料理は出現しない。村内でアヒルを飼う者は5世帯だけであり、各々親鳥は1つがいしかいない。

イヌは主として狩猟用の家畜である。Tobelo族など隣接の社会ではイヌを食用にする習慣があるが、Galela族はイヌを食べないという。ただし、Tobelo族のインフォーマントによるとGalela族もイヌを食べるというが、もし、食用にするとしても、日常的献立になるほどイヌを食べることはさかんではないし、また飼育するイヌの頭数もすくない。

6) 食料獲得のための男女の分業

以上のべてきた自給自足的食物の種類とそれを獲得する場所、獲得する作集の男女の分業、その食物を村に持ち帰る仕事の男女の分業を表にしたのが表4である（村の中で獲得される家畜はのぞいてある）。

すなわち、海 teo に出かけて漁撈にしたがうのは男の役割であり、その結果獲得した魚類をカヌーで村に持帰るのも男の仕事である。

畑 toro における農業での男女の分業をのべよう。木を伐採し、火入れをするなど、焼畑の造成に関する仕事は男によっておこなわれる。オカポを播種するとき、堀棒を使用して種子籾を埋める穴をあけるのは男の役割、そこに種子を入れるのは女の役割となっている。オカポの収穫は男女ともにおこなう。しかし、オカポ以外のバナナ、マニオク、タロイモ、ヤムイモなどの作物の植えつけおよび収穫は、すべて原則として女の仕事となっている。除草も、女がおこなう。そこで、オカポ以外の作物については、原則として畑における植えつけ、除草、収穫は女性の仕事となっており、男性は畑の造成を引きうけ、女性が作物を育てる役目をおこなう。もちろんこれはGalela族の慣習における農業労働の男女の分業の原則であり、現実には夫が妻の仕事を手伝う光景もよく見られる。畑の収穫物を村に持帰るのも女の仕事となっている。低地林 pece でサゴヤシ澱粉を製造し、それを村に持帰るまで、一

表4　自給自足的な食料資源獲得に関する男女の分業

食物の種類	獲得する場所	獲得する作業	村へ持帰る者
魚類	teo	男	男
栽培食物	toro	（男）女	女
サゴヤシ澱粉	pece	男	男
野生食用植物	ngeko	女	女
野生鳥獣	tala	男	男
薪	toro	女	女

貫して男の仕事となっている。畑と村落の往復の道すがら ngeko で半栽培や野生の食用植物を採集するのは女の仕事である。山 tala で野生鳥獣の狩猟にしたがうのは、男の仕事である。食料ではないが、毎日の料理に欠かすことのできないのは、薪の採集である。薪はおもに畑 toro において、焼畑造成のために伐採された火入れ後も燃え残った木から得られる。薪の採集は女の仕事となっている。畑へ行くさい、女は kiaro とよばれる背負籠(ふつう moa とよばれる木、学名 *Maranta* sp. の樹皮で網代編みにして本体をつくる）をもって出かけ、それに収穫物と薪をつめて村に帰ってくる（写真5）。ココヤシの殻も薪として使用される。

4. 食料をめぐる家庭経済

1） H 家のくらしと労働

　以上のべてきた自給自足的な食料の獲得のほかに、商店から購入する食物や調味料もある。このような購入品もふくめて、Limau 村での食料をめぐる家庭での経済活動の実際がどのように運営されているのか、ある世帯を具体的にとりあげて記述してみよう。

　対象とする世帯を H 家とよぶことにする。世帯主である主人は 30 才代、妻 20 才代、夫婦ともに Galela 族である。夫婦の実子として、1 才の男の子。主人の両親が死亡したため末の妹 7 才を引取って夫婦で養育しているので 4 人世帯である。ちなみに、村の 1 世帯あたりの平均人口は約 5.9 人である。Limau の村民のあいだに貧富の差はあまりないが、この村で人頭税のほかに所得税を支払う 7 世帯のなかには、H 家はふくまれていない。さりとて、貧しい家庭ではなく、村のなかでは経済的には中の上程度に位置するというのが、他の村人たちの評価である。

　H 家の畑は、徒歩 30 分の距離に 3 筆集まっており、そのうちの 1 筆のなかに出

造小屋 loloma tafu がある。また徒歩1時間の距離に2筆の畑があり、ここにも出造小屋がある。

世帯主は畑仕事のほかに、サゴヤシ澱粉の採集、漁業にも熱心である。イスラム教徒であるので、1週間のうち礼拝日の金曜日にはふつう仕事はしない。残りの6日間の世帯主の仕事を平均すれば、畑 toro へ3回、低地林 pece へサゴヤシ澱粉の採集に3回、海 teo へ魚とりに2回くらい出かけるのが、ふつうである。1日のうちに、午前中畑に出かけ、夕方漁に出かけたりするので合計すると6日に8回の生業のための活動をすることになる。かれは、どちらかといえば村人のなかでは働き者のほうに属する。

1日の平均的な時間の使いかたをざっとのべてみよう。朝6時から7時のあいだに夫婦とも起床、7時すぎに朝食、昼食は12時から1時頃、昼食後1時間ほど昼寝をする。夕食は7時から7時半頃、9時から10時のあいだに寝床につく。この間に、生業のための時間が配分される。

ふだん、畑やサゴ澱粉採集にいく場合は朝食後7時半ごろには家を出て、朝の涼しい時間のうち—8時から11時までのあいだに仕事をすませてしまう。畑仕事のおおいときには、出造り小屋で昼食をつくり、暑い日中には昼寝をして、3時から5時頃までまた畑仕事をする。オカボの播種の時期など農繁期には出造り小屋に家族で泊りこむこともある。それにたいして、サゴ澱粉採集の仕事を昼すぎまですることはまずない。

夫は畑仕事をせずにサゴヤシ澱粉採集に pece へ出かける。金曜日をのぞいて妻はふつう毎日畑へ出かける。原則として、毎日畑から作物と薪を女は持ち帰るのである。午前中畑仕事に出かけず、夕食のための作物と薪だけを集めに夕方に妻が畑へ行くこともある。もっとも妻は、食物、薪集めに畑まで短時間で往復するのが日課で、除草や植付けなどの畑仕事にしたがうのは、週に3回程度である。

漁業に出かける時期は、潮の状態などによってことなるが、H家の主人は突き漁をせず、釣り漁だけなので、日中は海へでかけることはせず、夕方あるいは夜、ときとしては深夜になる。岸から1〜3km沖合で漁をするが、魚の食いがよければ2時間くらい、わるければ1時間ほどで帰ってくる。

こうしてみると、ふだんH家の主人が食料を獲得するための実労働時間は1日5

時間をこえることはなさそうである。

2）食生活をめぐっての家計

　H家の畑で栽培する作物は、バナナ bole（8品種を栽培）、サツマイモ gumi、マニオク nasibiu、コメ tamo、ハトムギ rore、トウガラシ rica、タマネギ bawang sasawara、パパイヤ papaya、ココヤシ igo の9種類である。このうち、換金作物として売りにだすのは、ココヤシから製造したコプラだけであり、他の作物はすべて自家消費用である。H家ではコプラを年に900kg製造するが、調査時において村人に村内に生産されるコプラを集荷する仲買役をする者が100kgあたり1,100ルピア[5]で買いつけていた。

　H家の飼養する家畜はニワトリだけであり、調査時点はメスの親鳥3羽とヒナ30羽を飼っていた。ニワトリも、原則として自家消費用であるが、急に金が入用になったときなどにはSoa-sioの市場へ持って行き、親鳥1羽700ルピア程度で売ることもある。

　主人がサゴヤシ澱粉 peda の製造に熱心なので、1カ月に1本以上はサゴヤシを切り倒して、澱粉を製造する。サゴヤシ澱粉は、さきにのべたサゴヤシの葉製の容器である ruru を単位に計量される。すくない月でも ruru にして4個ぶんのサゴヤシ澱粉を得ることができるし、調査時においては10月いっぱいで8個の ruru のサゴヤシ澱粉を、11月には15個の ruru を製造した。そのうち、自家消費するサゴヤシ澱粉の量は1カ月に2ruru以内にすぎない。あまったぶんは、Soa-sioの市場へ持って行って売ったり、村内でサゴヤシ澱粉をつくらぬ者に売る。市場では、1ruru が700ルピア、村内では500ルピアで売れる。

　漁業は、主として自家消費用であるが、小形のサバ leanga とカマス ngawaro だけは、自家消費のほかに、燻製魚に加工してSoa-sioの市場に持っていって売る。体調20cm程度の leanga の燻製6〜7尾で100ルピアになる。しかし、この魚の漁期に販売用の燻製魚として製造するのは200尾以内である。

　ほかに、H家の収入源としては、サゴヤシの葉を、竹の表皮でつくった筋でつ

5　調査当時のルピアは約0.7円の換算レートであった。

づりあわせた屋根ふき用材 katu を製造することがある。サゴヤシの葉と竹の表皮の材料さえそろっていれば、熟練した者は katu1 枚を 7 分～8 分で製作することができ、これを Soa-sio の市場へ持っていくと、1 枚 20 ルピアで売れる。しかし、H 家では katu をつくることには熱心ではなく、調査時の 1976 年には市場へ出荷する katu を製造することはしなかった。

　コプラ、サゴヤシ澱粉、燻製魚、屋根ふき用材の生産と森の木を伐って手びき鋸で製材をし材木を売ることが、Limau 村人の現金収入の道である。このうち、H 家では、主として、コプラ、サゴヤシ澱粉、燻製魚の生産で現金を得ている、といえる。

　1977 年 11 月末における H 家の現金収入の例をあげてみよう。この月には、サゴヤシ澱粉を ruru15 個分製造し、村内で 4ruru、Soa-sio の市場で 5ruru 売り、売れ残りで自家消費用に 4ruru 残していた。このサゴヤシ澱粉の売りあげが 5,500 ルピア、それに燻製魚の売りあげが 1,500 ルピア、合計 7,000 ルピアの収入があったことになる。もっとも、村内で売ったサゴヤシ澱粉は買い主とのあいだにあった借金関係で相殺され、実際に手にした現金としての収入はもっとすくないようである。

　この月は焼畑造成や植えつけ、収穫などの作業がない農閑期にあたり、サゴヤシ澱粉製造についやすいとまがあったこと、回遊魚の漁期にあたって燻製魚製造による収入があったことにより、ふだんの月よりも現金収入がおおかったことを考慮にいれなくてはならない。1 年間にならすと、1 カ月の収入はだいたい 3,000 ルピアくらいになる。

　いっぽう、現金の支出のほうをながめてみよう。表 5 にしめしたのが、1 カ月あたり H 家で購入する消費物質としての生活必需品をあげたものである。これは、毎月かならず購入する基本的消費物質についての支出を記したものである。したがって、衣服を新調したり、調度品や農具、食器などの耐久消費材の購入、人頭税やイスラム教会への献金などの支出をふくまない。衣服や耐久消費材の購入は、コプラを売ったときなどの臨時収入があったときに支出することがおおい。これらの金額のはる品物は村内の店からではなく、Soa-sio で買い求めることがおおい。参考のために表 6 に、Limau 村の商店で販売している商品の種類をあげておいた。

表5　H家における生活必需品への支出（1カ月あたり）

品　目	数　量	支出額
コメ	5kg	875
砂糖	3kg	300
塩	3包	300
蔬菜類		200
タバコ (tabako Galela)		250
洗濯セッケン	5個	250
化粧セッケン	2個	200
石油（灯油用）	10ビン（ビール空きビン）	200
合　計		2,575ルピア

表6で店Aと記されているのは、Soa-sioの住民がLimau村に開いた売店であり、週に3～4日店主が船で訪れてきたときにだけ店を開く。その他の店B、C、DはLimau村民の経営による小売店である。これらの村民が経営する店は、いずれも副業としての商店経営であり、農業、漁業の主たる生業のかたわら雑貨を売っているのである。

　表5と表6を対照してみると、毎月H家で購入する品物のすべては、村内の商店で買いととのえることが可能である。すなわち、一応の生活必需品としての商品は村内で調達可能なのである。しかし、同じ品物でもSoa-sioの定期市で買うと、村の店よりもいくぶん安価に入手できる。H家の主人は月に1～2回Soa-sioに出かけるので、このさいこれらの品物を買ってくることもある。

　さて、表5によればH家で毎月かならず支出する現金は2,575ルピアとなっている。このほかに生活必需品の支出としてはマッチと紅茶があるが表からはぬけている。この両方をあわせても200ルピアを出ることはあるまい。他の村人たちの意見でも、Limau村で生活するにはふつう1世帯1カ月に3,000ルピアあったらじゅうぶん足りるというので、表5以外の細々とした品物を購入することを顧慮に入れても、この数字はほぼ妥当なものといえよう。

3）食料の自給と購入

　H家の主人に、1976年10月25日から12月8日までの期間、1日3食の食事のさいの飲食物とその料理法をノートに記入してもらった。うち、10月26日の昼食と11月21日、22日の3食については記入されていない。こうして得た41日ぶん122回の食事の内容を分析し、料理と飲物の主材料の種類を出現頻度順に整理した

表6 Limau村の商店で販売する商品の種類

商　品	店A	店B	店C	店D	商　品	店A	店B	店C	店D
コメ		○	○	○	ニンニク			○	○
コムギ粉	○	○	○	○	ナベ（pan）				○
フクラシ粉	○				マッチ	○			
塩	○		○		石油（灯油用）	○	○	○	○
砂糖	○	○	○	○	タルカム・パウダー				
紅茶		○	○	○	セッケン（洗濯用）	○		○	
パン		○	○	○	セッケン（化粧用）	○			
ビスケット	○				腰布	○			○
紙巻タバコ(lokok)			○	○	ポマード				○
タバコの葉 (tabako Galela)	○				釣糸		○		
タマネギ			○	○	乾電池（単1）	○			

のが表7である。さきにのべたH家で自給する食物の種類と、表5でみた購入する食物の種類を念頭において、表7をながめてみよう。

　このうち、食事における主食としての位置を占めるものは、総計146回あらわれたが、それらは原料としてはサゴヤシ澱粉、バナナ、コメ、サツマイモ、コムギ粉の5種類の食品にかぎられている。122回の食事に主食が146回出現するのは、1度の食事に複数の種類の主食を食べることがあるからである。

　この主食用食料のうち、サゴヤシ澱粉、バナナ、コメ、サツマイモは、H家で生産可能なものである。このうち、コメをのぞく食料は、すべてH家の収穫物で自給されている。表5でみたように、H家では1カ月平均5kgのコメを商店から購入している。H家にかぎらずLimau村では、オカボの作付面積は比較的すくなく、また粗放な栽培技術のため作柄もわるい。どの世帯でも自家生産米は収穫後の2カ月くらいで消費してしまい、長いコメの端境期のあいだ、米飯を食べるときは店から精白米を購入する。10〜12月の期間にはH家の種子モミ用のコメを残して自家生産米は底をついており、この期間にたべたコメは、すべて購入して得たものである。自家生産米と区別するときには、店から買ってくるコメはtamo masina（機械

表7　H家の食事献立にあらわれた料理の主材料

材　料　名	Galela 語名称	出現回数	材　料　名	Galela 語名称	出現回数
魚	nao	82	カンコン	kangko	6
サゴヤシ澱粉	peda	40	パン（コムギ粉）	roti	5
バナナ	bole	39	アパン（コムギ粉）	apang	2
コメ	tamo	30	乾魚	nao-dopo	1
紅茶	teh	25	パパイヤの若葉	papaya masoka	1
サツマイモ	gumi	16	ニワトリ	toko	1
マニオク	nasibiu	13	コムギ粉	trigu	1
ナス	fofoki	13			

のコメ、すなわち精米機で精白したコメ）とよぶ。

　ほかの主食のうち、コムギ粉を原料とするものは、村の商店でときたま売るパンや、アパンとよばれる既製品のパンケーキを買ってくることによってたべており、コムギ粉に砂糖を入れて練ったものをヤシ油で揚げた朝食用料理を家庭で一度つくっただけである。そのコムギ粉 trigu（インドネシア語では terigu）も購入品である[6]。

　表7の魚、乾魚、ナス、カンコン、パパイヤの若葉、ニワトリは食事のさいの副食物として料理されたものである。このうち、ナスをのぞく食料は自給品である。H家ではナスを栽培していないので、入手の方法としては①Soa-sioの市場へ出たときに買う、②村内で栽培している者から買う、③村内で栽培している者から無償でわけてもらう、の3通りがある。ナスにかぎらず、H家で自給できない野菜や果物などを入手したいときには、この3通りの方法がおこなわれる。そのうち、村内の者から無償でわけてもらったときには、いつか別の品物で相手にお返しをすることが不文律となっている。

　表7で食事にともなう飲物としてあらわれたのは紅茶だけである。H家の場合紅

---

[6] Galela 語に採用されているインドネシア語彙は、だいたいにおいて本来は Galela 族の伝統文化に存在しなかった事象をしめている、とかんがえてよい。ただし、trigu については、ワーレスはマルク諸島のアンボン島でマレー語化したポルトガル語起源のことばと説明しているので、［ワーレス,1942:345］、現在のインドネシア語化した語彙からではなく、アンボン島から Ternate 語をへて Galela 語化した語彙である可能性をもつ。

茶はすべて朝食のさいの飲物として出現する。Galela族は紅茶を飲むときには、多量の砂糖を溶かしこむ。そこで、表5における1カ月平均3kg購入する砂糖の大半が紅茶用に消費されるのである。

表7は、料理の主材料をあげたので、その脇役である調味料あるいは主材料以外に味つけの材料として使用される食物については記載されていない。料理の内容から推定されるこれらの食物としては、塩 gasi、ココナツ油 gososo igo、コプラをけずりおとしたもの igo pa kori、トウガラシ rica、レモン wama、タマネギ bawang sasawara、ショウガ goraka、ウコン gurati、トマト tomate がある。

表5にみるように塩は商店から購入する。ココナツ油、コプラ、トウガラシ、タマネギは自給品に頼ることができる。ただし、タマネギについては、調査時点ではまだ結球前で、自給品ではなく、Soa-sioの市場で買ったものを使用していた。畑に植えていないレモン、ショウガ、ウコン、トマトは、さきにのべた3方法で入手する。このうち、Limau村での生産量がすくないウコン、ショウガはSoa-sioの市場で買う場合がおおく、それらが表5にあらわれる蔬菜類である。ここにあげた味つけ用蔬菜はそれ自体を食べるためのものではなく、いわばソースの材料としてほんの少量しか使用しないので、他の家からもらうこともおおいし、家計上の購入額としてもたかが知れている。

Ⅱ. 炊事場と食堂

1. 住居空間の使いわけ

　以前、Galela 族は soa とよばれる父系親族を中核とする居住集団単位に小集落をつくる散村形態の分布をしていた。それぞれの小集落は bangsaha とよばれる主として父系親族をたどる 3 世代におよぶ数個の核家族が居住単位となる大きな家屋の 1～4 棟くらいから構成されていた、という。1930 年代頃から、オランダ統治のもとで、人々を一カ所に集め、集村化する行政村化が進行し、soa は解体し、soa のリーダーにかわって、行政村の村長が指導権をにぎるように変化していった。1940 年代に、伝統的な大家屋は消滅してしまった。現在の村民たちは、核家族を居住単位として、あたらしい型式の家屋に住んでいる。

　村の家屋 tahu の建築としての型式にはいくつかあるが、いずれの型式においても、家屋内の空間の機能的分割原理はおなじである。すなわち、現在の Galela 族の家屋内の空間は、居間兼応接間である gandaria、寝室である ngihi、食堂である pandopo、台所である hito の 4 つの機能空間から構成されているのである。

　ここでは、H家の家屋を例にとって説明しよう。H家の家屋は、村でもっとも一般的な家屋型式を代表するものである。図 3 にあげた平面図にみるように、家屋全体は、gandaria と ngihi によって構成された母屋と、炊事小屋である hito とその間をつなぐ低い屋根をした pandopo の 3 棟を連結した構成をしている。家屋内の床面は、すべて土間である。

　gandaria と ngihi で構成されている棟への入口は、道路に面している。gadaria は、住居内における公的性格の強い空間であり、道路からドアを開けてすぐに入れる場所である。入口近くに手製のテーブル meja（インドネシア語もおなじ）、ベンチ banko（インドネシア語もおなじ）が置かれ、この奥には、昼寝用の縁台があり、この上で家族たちが休息したり、親しい客はこの縁台の上に腰かけてくつろいで、団らんをする。

　H家では gandaria の北側に、2 部屋の ngihi（jongihi ともいう）がある。これは寝室であり、もっとも私的な空間としての性格が強く、外来者が家人の許可なくし

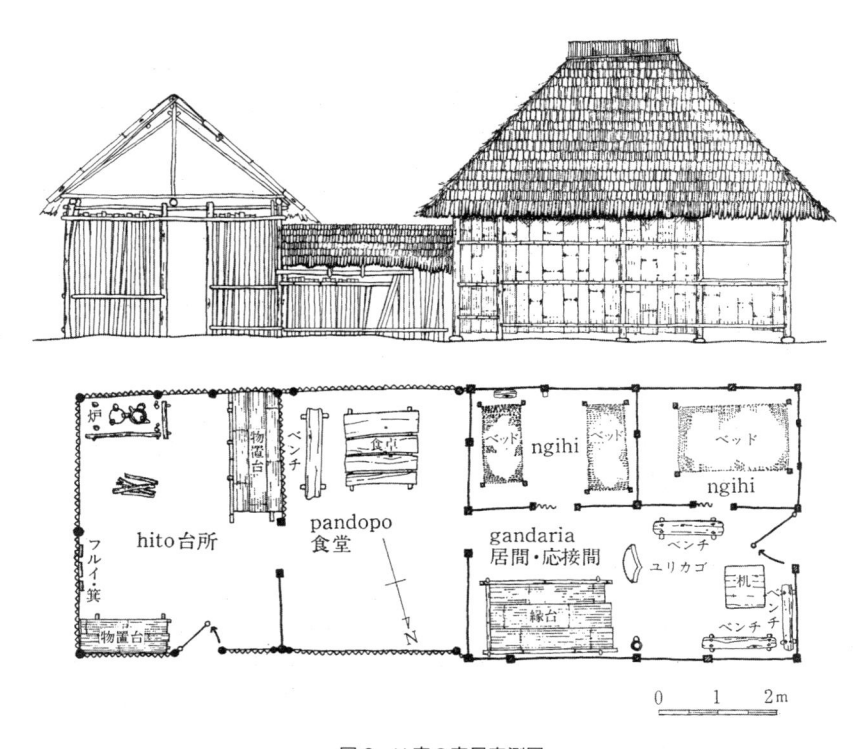

図3　H家の家屋実測図

てngihiに立入った場合はGalela族の慣習法による裁判と罰の対象となる。
　pandopoには、食卓として使用されるテーブルとベンチが置かれている。pandopoは家族の食事場であり、外来者でpandopoで食事を供されるのは、親しい友人や親族にかぎられる。あらたまった客に、食事を供するときには、gandariaのテーブルが使用される。
　hitoとは「つづき棟」とか「炊事場」という意味のことばである。hitoには、勝手口にあたる戸口がもうけられ、炉rikaが象徴するように料理をする場所である。家庭における日常の料理は主婦によってつくられる。hitoは主婦が管理する空間としての性格が強く、男の外来者は主婦の許可を得てから、この空間に入ることがで

きる。

　家屋の周囲の宅地 loloha は屋外作業の場である。loloha の台所 hito への勝手口の外側にあたる場所に水入れが置かれる。水入れ kiloha は太い竹筒製である。直径 10〜15cm、長さ 2〜2.5cm の竹管の一端をのぞいて節をぬいて中空にしたものが水入れ容器である。これを、木の枝分かれした部分を利用してつくった Y 字状の杭の上に立てかけたり、2 本の杭のあいだに横木を渡した枠台のうえに立てかける。食料や食器を洗う仕事は、屋外の水入れのそばでおこなわれる（写真 6）。

　水は、井戸からくんでくる。村内には 8 個の井戸がある。イスラム教会に付属する井戸をのぞくと、これらの井戸はいずれかの世帯の宅地内にもうけられているが、近隣の世帯での共同利用となっている。H 家では、3 軒先の 40m 離れた井戸の水を使用する。村内での地下水位は地表から 2〜3m。ウォカ woka とよぶビロウの一種 [*Livistona rotuuchifolia* (Lamk.) Mart.] の葉を束ねてつくった容器にロープをむすんだツルベでくみあげるが、近頃はプラスチック製のバケツにロープをくくりつけたツルベも出現している。くんだ水は kiloha に入れて運ぶ。水くみ、水運びは女の仕事である。

　食生活に関して、宅地でおこなわれる作業には、サゴヤシ澱粉、コメ、アワ、ジュ

写真 6　水入れ容器を立てかけたところ：この家庭では水入れ容器のそばに流し台をしつらえてある（写真左側）

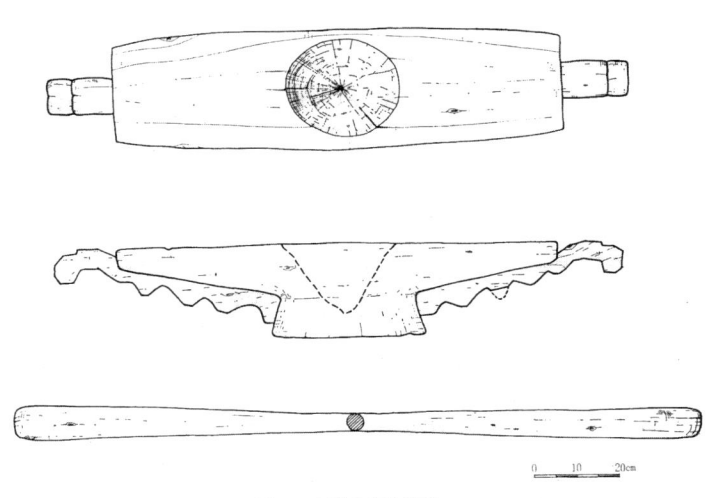

図4 大型の臼と竪杵

ズダマ、乾魚用の魚などの食物を乾燥させることがある。この場合、箕 tatapa のうえに食料をひろげて干す。また、コメ、アワ、ジュズダマの穀物を脱穀、精白する作業も屋外での仕事である。脱穀、精白には大型の臼 lusu と竪杵 dudutu が使用される（図4）。この脱穀、精白用の臼、竪杵とのちにのべる主としてバナナをつぶすために使用される臼、竪杵もおなじ名称でよばれる。しかし、穀類の生産量のすくないこともあり、脱穀精白専用の大型の臼、竪杵をもつ世帯の数はすくなく、近所から借りてくることがおおい。のちに表8であげるH家の例でもこれらの道具は所有していない。回遊魚が多量にとれたとき、簡単な燻製製造用の一時的な設備を宅地内にしつらえる。

2. 台所と台所用品

　H家の台所へ入ってみよう。土間は主婦の手によって、常にはき清められている。台所専用の道具ではないが、サトウヤシの各複葉の主脈部のみを集めて束ねたホウキ sesesa とサゴヤシの葉鞘を利用したチリトリ loloku は台所に置かれ、台所を清潔に保つのは主婦の務めである。台所の一隅には、炉 rika がしつらえてある。炉は、土間の平面につくることがふつうである（一部の世帯では台上に炉をしつらえている。それはあたらしい風習である）。自然石を3個ならべた上に鍋を置くだけの簡単な設備である。H家では、5個の石を並べ、中央の石の両端を2つの鍋で共用することによって、同時に2つの鍋を炉に置くことができるようにつくられている。炉の四隅に杭を立て、その上に横木を渡して枠台をつくり、その上に、薪を積んで乾燥させる。

　台所の壁かけには、フルイ、鍋のたぐいをぶらさげる。竹の節をとって板状にたたきのばしたものを渡した物置台 dangi が壁に接してふたつもうけられ、その上に料理用具、食器、食料のたぐいが置かれている。食器類は、食堂である pandopo で使用されるが、食事がすんで食器洗いをしたのちは、台所の dangi の上に置かれる。そこで、料理や食事に関するすべての材料（食事、調味料）と道具類は、台所

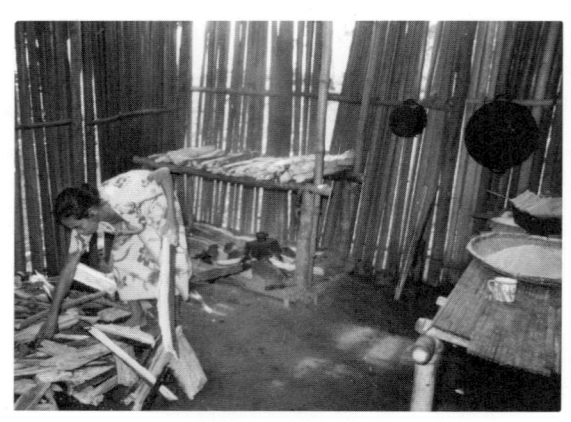

写真7　H家の台所：左隅が炉。主婦が薪の整理をしているところ

である hito において保管されている（写真7）。

表8は、H家の台所と出造小屋、それに比較のために村内のD家の台所に置かれていた道具類を表にしたものである。この表では、炉や物置き用の枠台のような台所の施設に関する用具、日々消費される食料や調味料をのぞいた道具、食器類をすべて枚挙したものである（調味料のなかでも、ココナツ油は専用の容器であるビンがあるので表に入っているが、塩、砂糖は専用の容器がなく、新聞紙でくるんだり、一時的な容器であるココヤシの殻に入れてあったりするので表からはぶいてある）。

表を作成するにあたって、これらの品物を分類する基準としては Galela 語による名称のちがいに準拠している。たとえば、Galela 語では、boso、pan、kuwali の3種に鍋を分類して命名しているので、それに応じて表には、深鍋、煮物鍋、中華鍋の3項目の鍋があらわれている。また、それぞれの Galela 語名称に対応するインドネシア語を付してある。Galela 族の伝統的物質文化には存在しなかった事物があらたに採用された場合、インドネシア語起源の名称をとる傾向が強いので、インドネシア語を参考までに書きそえておいた。注意しなくてはならないのは、ここに表記されているインドネシア語名称は、辞書にあるような標準インドネシア語にかぎってはおらず、Galela 族が自分たちのことばに対応すると考えているインドネシア語である。そこで、俗語的な名称や、マルク諸島で方言化したインドネシア語（マレー語）名称が採用されている。たとえば、竪杵は標準インドネシア語では alu または antan とよばれるが、Galela 族は tumbu-tumbu という俗語的な名称を対応させているし、gunange つくり用土器を folno とよぶのは、標準インドネシア語というよりは、マルク諸島での共通語としてのこの種の土器の名称と考えたほうがよい。

名称としては、別の品物でも臼と杵のように、セットでひとつの機能をはたす品物は、おなじ項目でまとめている。

H家では、村内の住居の台所のほか、出造小屋での品物も記入してある。出造小屋は、ふつう部屋の分割がなされない一棟の小屋であり、台所専用の空間といったものはない。しかし、小屋の一隅に炉がしつらえてあり、朝から夕方まで作業するときには昼食をつくったり、農繁期には2～3日泊りこんで作業をし、ここで食事をとることもある。そこで、料理をしたり、食事をするための基本的な道具類は置

表8 H家・D家の台所用品

番号	項目	Galela語名称	インドネシア語名称	H家台所での数量	H家出造小屋での数量	D家台所での数量	備考
1	臼	lesu	lesung	1	2	1	小型品、主としてバナナをつぶすのにもちいる
	堅杵	dedutu	tumbu-tumbu	2	2	1	
2	箕	tatapa	sosiru	2	2	9	
3	フルイ	tate	aya-aya	2	1	4	
4	コプラけずり	kokori	kukuran	1	—	1	
5	ナイフ	diha	pisau	2	—	1	工作具と兼用
6	砥石	dodiodo	batu gosok	1	1	1	自然石
7	火ばし	sosolota	gata-gata	1	2	1	
8	深鍋	boso	kuali	1	—	1	
9	煮物鍋	pan	pan	3	2	2	
10	中華鍋	kuwali	kuali	2	—	2	
11	gunangeつくり用土器	gogunange	folno	1	1	1	
	gunangeつくり用半裁竹筒	pestaka		1	1	1	
	gunangeつくり用土器の蓋	dodalake		—	—	1	
12	菓子焼き用具	anka ma boso		—	—	1	
13	ヤカン	ketelu	ketel	1	—	1	
14	ヒョウタン製容器	buana	buano	1	—	—	ヒョウタン製、カヌーのあかくみと食器を兼用
15	洗面器	bokor	bokor	1	1	1	洗面用、料理用ボール、食器兼用
16	皿	lelenga	piring	11	4	5	
17	籠	pigu		1	—	1	
18	コップ	galasu	gelas	1	—	1	ガラス製
19	ミルク飲み	kopi	moku	5	2	6	ホウロウびき把手つき
20	シャモジ	sasadu		1	—	1	日本の飯シャモジに近い形状のもの、バナナをつぶした料理を盛るのに使用
21	スプーン	leperu	senduk	1	—	6	
22	盆	?	daki	—	—	1	
23	食物入れ	mingili		—	—	1	ココナツ殻製の容器を天井から吊るすしかけになっている
24	ビン	botolu	botol	1	1	4	ココナツ油入れ、ビールの空ビン利用
25	dabu-dabuつくり用石杵	teto	batu	1	1	1	

108

いてある。もし、不足な品物がある場合には、家から一時的に出造小屋にもっていく。H家には別々の畑に2棟の出造小屋があるが、出造小屋に置いてある品物は実地にたしかめたのではなく、聞きとりによる情報なので、表は2棟の出造小屋に常時置かれている台所用品を合計したものであるとながめられたい。

比較のため、D家の台所に置かれている用品をとりあげておいた。D家の家族構成は夫婦と子供6人。D家は経済的には、H家よりもいくぶん豊かな世帯と村内では評価されている。

表にあげた個々の台所用品、食器類の形状や使用法については、次章以下の食事の供しかたや、料理のつくりかたについての報告のなかで具体的にする[7]。

3. 食堂

H家の食堂pandopoは、土間のうえに手づくりの食卓とベンチが置かれているだけの空間である。食物や食器類は食事のときになると、主婦の手で炊事場から食堂へ運ばれ、食事がすむと炊事場へさげられる。他の世帯の例をみても、食堂の空

写真8　H家の食堂：左に食卓とベンチ

---

[7] ちなみに、この表とおなじ規準で世界の諸民族の台所用品の項目を数え、比較分析した論文をあげておく［石毛,1973a］。

間を構成するために欠かすことのできない道具だてとしては、食卓と腰かけさえあったらよい、ということになる（写真8）。

H家の場合、家長である夫がひとりだけでまず食事をすませ、妻と2人の子供（うち1人は夫の妹）はそのあとで食事をとるので、ベンチがひとつ置かれているだけである。H家では子供たちがちいさいので、夫は子供たちにわずらわされずに食事をとることがふつうになっている。しかし、ふつうの世帯では家族全員がそろって食事をする。ただし、pandopoで男性の来客が家族の男たちと食事をともにするさいには、妻子はしりぞき、成人の男性ばかりが食卓をかこむこととなる。

数はすくないが、食堂専用の空間であるpandopoをもたない家屋もある。これらの家屋の空間は、応接間兼居間のgandaria、寝室ngihi、炊事場hitoの3つの機能空間から構成される。この場合は、食事をする場所として炊事場hitoの一隅に食卓と腰かけをもうける。

4. 食器と食べかた

現在Galela族の日常生活で使用される食器は皿である。椀にあたる食器はない。

主食、副食ともに料理は、台所で主婦の手により、個人別の皿に盛ってから、食卓に運ぶのが正式の食事の供しかたである。図5は、主婦が使用する盛りつけ用の木製のシャモジsasaduである。このシャモジの主な用途は米飯および、マッシュ・ポテト状にバナナをつぶした主食を盛りつけるために使用される。サゴヤシ澱粉でつくったケーキであるgunangeを食卓に出すときは、個人別の皿に盛りわけることはなく、piguとよばれる方形をした竹籠に盛って食卓に置き、各人が手をのばして好きなだけ食べる。

略式としては、主食、副食ともに個人別に盛りつけることをせずに、大皿や洗面器（ホウロウびきの洗面器、bokor［インドネシア語もおなじ］は食器としても使用される）に盛り、家族の各人が自由に手をのばして食べるにまかせる場合もおおい。汁気のおおい料理はすくないが、そのような料理を供するさいも、やや深めの皿にいれるか、洗面器を使用する（写真9・10）。

表8によればH家の台所には11個の皿lelengaがある。その内訳はホウロウビ

キでやや深めのものが4個、陶器のスープ皿の形状をしたもの6個、陶器の受け皿（もともとはコーヒーカップの受皿、砂糖、塩入れとして使うことがおおい）が1個である。かつて、Galela族においては陶器の皿は財貨とみなされていた。そこで、現在でも結婚にさいしては嫁方に贈る婚費の一部として陶器の皿を1ダース以上とと

写真9　H家の食卓：バナナを焼いてからつぶした主食、焼魚にダブダブというソースをかけた副食、湯ざましの飲物が2人前ならべられ、手洗用の水を入れた洗面器が置かれている

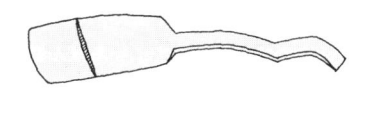

図5　盛りつけ用のシャモジ　　写真10　ヒョウタン製の食器

のえなくてはならないが、Soa-sio の市場では安物の皿は1ダース350ルピアで売っている。

　紅茶、湯ざましなどの飲料は、ガラス製のコップ galasu（インドネシア語は gelas）あるいはホウロウびきの把手つきのミルク飲み kopi に入れて供される。紅茶はヤカン ketelu（インドネシア語は ketel）あるいはナベ pan（インドネシア語もおなじ）のなかで湯に茶の葉と砂糖を入れてしまってから供するので、ティー・スプーンにあたるものは食卓では使用しない。

　過去においては、ヒョウタンの殻製の容器 buana が、皿や水飲用の食器として使用されたという。現在でも、ヒョウタン製容器を食器として使用することもあるが、むしろ同じ器物をカヌーのあかくみ用の道具として使うことのほうがおおい（写真10）。

　食事のさいには、ふつう食卓についたときにはすべての食物がすでに並べられている。コースにしたがって一皿ずつが次々と運ばれてくる食事方法ではない。

　食事の前後には、手を洗う。そのため、ヤカン、洗面器、大きめのホウロウびきのミルク飲みなどの容器に水を入れたものと手ふき用の布きれ、あるいはタオル handuku（インドネシア語 handuk）が食卓に用意され、次々とまわされる。食事は手づかみであり、キリスト教徒でも左手で食物に触れることはしない。

　イスラム教徒、キリスト教徒ともに日常の家庭の食事のさいには、食前の祈祷をすることはない。

III. 食事の構成と食物の価値

1. 食事の回数と時間

　1日に朝、昼、晩の3回の食事をとるのがふつうである。朝食は langi-langi po odo、昼食は wange po odo、晩食は puputu po odo とよび、それぞれ直訳すれば「朝の食事」、「昼間の食事」、「夜の食事」ということになる。V章で、3食の献立の内容についてはくわしく分析するが、朝食は1日の食事のうちで、いちばん軽

い内容の食事をとる。しばしば朝食には副食をともなわず、さまざまな主食の料理のなかでもバナナ、マニオク、サツマイモをゆでたり、ココナツ油で揚げたりしたもの、あるいはインドネシア語でサゴレンペンとよばれるサゴヤシ澱粉製のケーキ gunange などのどちらかといえば甘味のある料理や菓子にちかいもの、日本でいえばオヤツの食物に近いものが好まれる。また、できれば朝食には砂糖入りの紅茶を飲むことが望ましい、とされる。

　朝食は、正式な食事というよりも、昼食までのあいだの一時しのぎの軽食という性格が強い。おそらくは、インドネシア各地にみられるように、過去においては1日の正式の食事は、昼と晩の2回であり、朝食は正式の食事とはみなされないものであったのではないかと推定されるが、過去の生活文化の伝承にとぼしいのでそのことを積極的に立証する資料は得られなかった。

　1日のうちで、昼食がいちばんごちそうを食べるときであるとされているが、V章での分析にみられるように、実際には昼食と夕食の献立上の差異はあまりない。

　11世帯を対象としての311回の食事内容の調査をおこなったさい、朝食、昼食、晩食をそれぞれ何時に食べたか、ノートに記入してもらった資料はあるが、調査対象に時計を所有している世帯がないので、時間についての情報はあてにならない。だいたいにおいて、朝食は午前7時から8時のあいだに食べることがふつうである。村民の共同作業による労働なども8時ごろから開始されることがふつうなので、その以前にどの家庭も朝食をすましておく。昼食は11時半から1時頃のあいだ、夕食は7時から8時半頃までにとることがおおい。この3食のほかに、晩に漁業に出かけて深夜に帰ってきたさいなどには、夜食をとる。

　なお、イスラム教徒は、断食月のあいだ日中は食事をとらない。このときは、日没直後と、日の出前の2回が食事時間となる。

　日常の食事には、長時間かけて食事を楽しむ、といったことはなく、1回の食事時間が30分以上になることはまずない。食事のなかで朝食はいちばん手早く食べ、10分くらいですませてしまう。

2. 主食、副食、飲物

　Galela 語で食事にあたることばは、odo である。odo は、日常の食事をさすばかりではなく、儀礼にさいしての食事や客を招いての宴会の食事もしめすことばである。また、「食事をする」という動詞にも odo が使用される。
　Galela 族の観念では、正式の食事は主食にあたる ino と副食にあたる sihode から構成されるものである。
　ino とは食物一般をさすことばでもあるが、sihode と対置して使用するときには、日本語における飯(メシ)あるいは主食にあたる意味をもつ。Galela 族に ino のカテゴリーに入れられる食物名をあげてもらうと、まず誰もが答えるのがコメ、サゴヤシ澱粉、バナナ、サツマイモ、マニオクということになる。現在では作付面積もすくなく、日常の食事には登場しないが、sihode のカテゴリーにはならず、それ自体が主食と

表9　ino の種類

	日本語	Galela 語
常食	コメ	tamo
	サゴヤシ澱粉	peda
	バナナ	bole
	サツマイモ	gumi
	マニオク	nasibiu
ときたまたべる	トウモロコシ	ngoko
	アワ	bobootene
	ハトムギ	rore
	パンノキ	amo
	タロイモ (*Colocasia*)	dilago
	タロイモ (*Xanthosoma*)	dilago gogono
	タロイモ (*Alocasia*)	kiha
	ヤムイモ (*Dioscorea esculenta*)	siapu
	ヤムイモ (*Dioscorea alata*)	ubi
	パン	roti *
	パンケーキ	panci *

＊は既製品を購入してたべるのがふつう

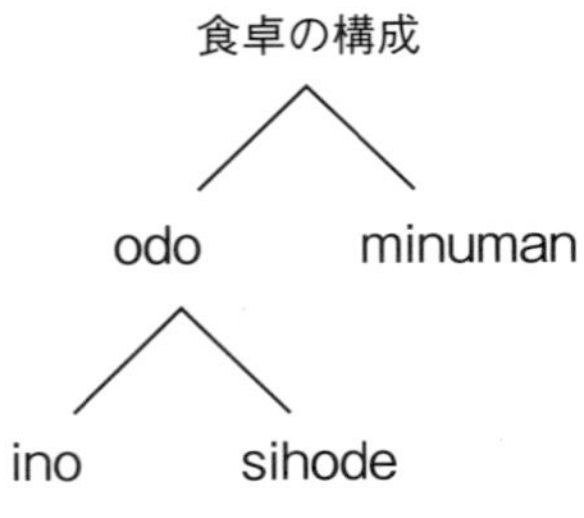

```
         食卓の構成
           /\
          /  \
        odo   minuman
        /\
       /  \
     ino   sihode
```

図6　食卓の構成原理

しての食べられかたをするので ino のカテゴリーに入れざるを得ない作物として、人々があげるのが、トウモロコシ、アワ、ハトムギ、各種のタロイモとヤムイモ、パンノキの果実である。最近では、店から買ったコムギ粉製のパンや自家製のパンケーキが食生活にとり入れられ、ino の位置を占めるようになった（表9、図6）。

ino は、食事の構成要素として欠くことのできないものである。さきに、朝食の例でみたように、副食にあたる sihode を欠いた食事はあり得る。たとえば、朝食にバナナを揚げたものを ino として食べ、飲物としては湯を飲んだだけでも、それは食事として一応みとめられる。しかし、主食にあたる ino を欠いたら、まっとうな食事とはみなされないのである。また、一度の食事に1種類の ino が供されるとはかぎらない。バナナを揚げたものと、マニオクを揚げたもののふたつの ino が一緒に供されるような例はおおい。

ふつう ino の材料とされる食物でも、料理法によっては ino ではない範疇に位置づけられることがある。たとえば halua という料理がそうである。これは、マニオクあるいはサツマイモを千切りにしたものを油揚げにし、それに砂糖をからめて、丸めたものである。halua というインドネシア語起源のことばからもわかるように、これは Galela 族にはもともとなかった料理である。人々は halua はインドネシア語で kue すなわち菓子の範疇に入れられるものである、と説明する。それで腹をいっぱいにするための料理ではなく、オヤツとして食べられるもので、日に3度の食事を構成する要素ではない。マニオクという材料を使用しても、これは食事のさいの主食にはあてはまらない食物である。

sihode は、副食あるいはオカズと訳される。腹をふくらますのは ino であり、sihode は ino を食べるための食欲増進のためのオカズである。ino の料理には、ふつう味つけをしないか、あるいはココナツの胚乳のけずったものを混ぜたり、ココナツソースでゆでる程度で、せいぜいココナツの胚乳の脂肪とその味がつくくらいである。それにたいして、sihode には塩味をつけることがふつうであり、そのほかにも香辛料などの味つけをこらした料理法がある。

sihode の材料とされる食品は、Limau 村では蔬菜類、野草、魚類、哺乳類ではシカ、野ブタの野獣、家畜ではヤギ、家禽ではニワトリ、アヒルなどである。これらの料理の材料別に、きょうのオカズは sihode nao（魚のオカズ）、sihode gaahu

(野菜のおかず)、……であるというふうに表現することができる。

　食事のさいにはかならず飲物が供される。ただし、食事以外のさいに飲物をとることもあり、odo は飲物のカテゴリーとは別物である。すなわち飲物 minuman ということばは、インドネシア語である。Limau 村で茶が日常の食事に供されるようになったのは、コプラ、屋根材などを Soa-sio の市場で売り、人々が現金を手にすることがおおくなった1950年代以降のことであると、かんがえられる。現在でも、食事にともなうもっとも一般的な飲物は ake da sahu すなわち、湯あるいは湯ざましである。村内では生水を飲むことはなく、常に台所には湯ざましが入った鍋が用意されている。茶が供されるのは、一日の食事でも朝食のみであることがふつうである。

3. 食物の順位

　ino となる主食用食物のなかで、うまいものから順位をあげてもらった。それによると、1位コメ、2位バナナ、3位サゴヤシ澱粉、4位サツマイモ・マニオクという順位をあげる者がふつうである。しかし、嗜好の個人差により、1位コメ、2位サゴヤシ澱粉、3位サツマイモ・マニオク、4位バナナという順位をあげる者もいる。

　いずれにしても、すべての主食用食物のなかでコメがいちばんうまい食物であることには、誰しもが同意する。また、順位中に占める位置はちがっても、サツマイモとマニオクがうまさという点に関しては同等のものとして認識されていることも共通する。サツマイモ・マニオクは甘味をもつイモとしての共通性をもつし、のちにみるように共通の料理法もおおい。

　ちなみに、V章でのべる村人の現実の食生活の調査結果では献立にあらわれた主食用食物を使用頻度順にあげると、1位バナナ、2位サゴヤシ澱粉、3位コメ、4位マニオク、5位サツマイモとなっている。

　副食物である sihode では、一般に家畜の肉を使用した料理がいちばんのごちそうであり、つぎに魚の料理であり、蔬菜や野草の料理はいちばんつつましいオカズとされている。

　村人たちに、肉の順位についてたずねると、1位ヤギ、2位ニワトリ、3位アヒル、

4位シカ・イノシシというのがほぼ共通した価値観としてでてくる。野獣であるシカと野ブタは、ほぼ同等の価値のものとしてとらえられるが、これらの野獣の肉は堅くて、粗野な味のものとして家畜よりは下位のものとされる。イスラム教徒にとっては野ブタはタブーの食物であり、食物のカテゴリー外の、嫌悪すべき動物として認識されている。

4. 味覚表現の体系

　ここでは、料理の味を表現することばを手がかりに、Galela 族の味覚に関する価値観について考察を試みる。
　まず、Galela 族の味覚に関する基本的な語彙をあげてみよう。
　miri とは塩をなめたときの味であると説明される。すなわち、塩味と訳してよいであろう。kiopi とは、レモンの味、あるいはタマリンドの味で代表される、酸味のことである。lodi は、トウガラシで代表される痛覚的な刺激、すなわち辛味である。mali はパパイヤの葉、ニガウリに特徴的な味と説明される、苦味のことである。sasa ということばで苦味をあらわすことがあるが、これは mali と同義語で mali が忌みことばにあたってこのことばを使用できない状況のとき sasa をつかう。muti は砂糖の味、すなわち甘味のことである。甘い、辛い、苦い、酸い、塩っぱいの基本的味覚とされる五味を表現することばが存在するわけである。
　これらの、個別的な味をしめすことばのほかに、味を評価する語彙がある。(da) monge とは、「うまい」にあたることばである（da あるいは ta をつけることによって形容詞的使用法になる）。その反対に「まずい」という意味を表現するときは、(da) monge に「望ましくない」という否定の意味をしめすことば holu をつけて「うまくない」(da) monge holu という。kawa ということばが使用されることもある。kawa とは、「味が足りない」、「風味に欠けた」という意味であり、とくに料理に塩味が足りないときによくもちいられるようである。
　こんどは、さきにあげた五味と (da) monge/ (da) monge holu、(da) monge/ kawa の関係をのべよう。
　塩味 miri、酸味 kiopi、辛味 lodi、苦味 mali（sasa）の4つの味は、それがうま

い (da) monge と評価されるための条件として、共通の性質をそなえている。すなわち、これらの味は、濃すぎても、薄すぎてもいけないのである。

　塩は、料理の味つけとしていちばんよく使用されるものであるが、塩を入れすぎたら (ta) miri poli、塩の量がすくなすぎたら (ta) miri wa、あるいは (ta) kawa と表現される。poli、wa はいずれも否定詞であり、(ta) miri poli は「塩味が強すぎる」、(ta) miri wa は「塩味が薄すぎる」、(ta) kawa は「味気ない」という意味になる。塩味が足らなければ、塩を加え、塩味が強すぎれば水を加え、あんばいが適当なときその料理はうまい (da) monge といわれる。

　酸味 kiopi を調味料として使用する料理はすくないが、生魚にレモン汁をかけた料理、儀礼にともなうごちそうのときの特別料理でヤギの肉をタマリンドを溶かした水につけて下ごしらえをする場合などがある。このようなさい、「酸っぱすぎる」(ta) kiopi poli、あるいは「酸味が薄すぎる」(ta) kiopi wa と、「うまくない」(da) monge holu なものになってしまう。

　辛味 lodi は日常の料理でもトウガラシ、ショウガを調味料としてよく使われる。「辛すぎる」(ta) lodi poli、「辛味がたりなさすぎる」(ta) lodi wa も (da) monge holu である。

　苦味 mali は調味料として存在しないが、苦いパパイヤの若葉やニガウリなどの苦味のする食物が料理の材料として好まれる。ニガウリの熟さないものは、「苦すぎる」(ta) mali poli であるし、熟しすぎて苦味の消えたものは「苦味が足りない」(ta) mari wa で、いずれも (da) monge holu としての評価をうける。

　塩味、酸味、辛味、苦味に関しては、味が強すぎず、薄すぎず、ちょうどよいあんばいであることが要求されるのにたいして、甘味 muti だけは別の性格をもつ。(ta) muti poli は「甘すぎる」といってマイナス評価をうけることはない。甘ければ、甘いほど、うまい (da) monge なのである。しかし、「甘味がたりなさすぎる」(ta) mutiwa はうまくない (da) monge holu とされるのである。以上のべてきた味覚に関する語彙相互間の関係を整理して表10にしめしておく[8]。

　図示したのは、塩味、酸味、辛味、苦味、甘味の5つのそれぞれの味を単味とし

8　このように、味覚語彙の体系を整理した試みには、[石毛,1973b:8 - 9]、[松原,1976:265 - 268]がある。

表10　味覚表現の体系

味の種類	うまい/うまくない	うまくない (da) monge holu	⇔	うまい (da) monge	⇔	うまくない (da) monge holu (kawa)
塩味	miri	poli (＋)		(±)		wa (－)
酸味	kiopi	poli (＋)		(±)		wa (－)
辛味	lodi	poli (＋)		(±)		wa (－)
苦味	mali (sasa)	poli (＋)		(±)		wa (－)
甘味	muti			poli (＋)		wa (－)

てならべたときの関係である。現実の料理においては、材料の持味や調味料の味としてそれぞれの味が複合したものになっている。料理には単味ではなく、いろんな味がほどよく混合された味となっていることが望ましい、と人々はいう。

しかし、調味料の使い方をみるとき、塩味と酸味、辛味などを混ぜることがあるのにたいして、甘味である砂糖だけは単独にしか使用されないことに気がつく。次章でつくりかたをのべる waji、tamo gula、kola などの甘味のする料理は、味つけに砂糖のほかにはもし他の調味料を使うとしても甘味のある脂肪のココナツミルクしかえらばれない。甘味には原則として他の4味と複合した味にする必要はなく、砂糖を使うときは、使用量がおおいほど (da) monge であるとされる。

Ⅳ. 料理の技術

1. 調味料

　この章では、さまざまな食物別に、料理法を記述する。具体的な料理法についてのべるまえに、料理に使用される調味料について記しておく。

　筆者は Galela 語で調味料という食品のカテゴリーに相当することばを知らない。ここで調味料としてあつかう食品の範囲は、筆者が勝手にきめたものである。それは、日本語でいっぱんに使用される調味料のカテゴリーよりも広いものである。

その食品自体は料理の主役とはならずに、料理において、味つけ、色つけ、香りつけなどのわき役として使用されるものを、ここでは調味料のなかに入れている。トマト、タマネギ、ニンニクなど日本でいえば調味料のたぐいに入れられない食品がふくまれている。しかし、Galela族の料理法においては、これらの食品は、それ自体が料理の主役となることはなく、調味料的な使用法をするのである。すなわち、トマト料理、タマネギ料理、ニンニク料理といったものはなく、かならず他の食物を主材料とした料理のひきたて役として使用されるのである。

塩 gasi

　Galela族の伝統的な製塩法についての伝承は得られなかった。すくなくとも、現在の年寄りたちが子供であった頃から、外部から運ばれてきた塩を購入して使用していたようである。店で売る塩はふつう岩塩である。粒の荒い岩塩を石製の小型の臼あるいはココナツの殻に入れ、石の杵でつきくだいて使用する。

砂糖 gula（インドネシア語もおなじ）

　精白糖を店から買ってきて使用する。砂糖のいちばんの用途は紅茶に入れることである。Galela族の台所に砂糖が置かれるようになったのは、紅茶を飲むようになってからで、1950年代になってからと推定される。

　サトウキビugaを栽培している世帯はおおいが、その用途は茎をしがんで生食することにある。サトウキビを搾る道具をもっているのは、村で1世帯だけである。その uga dedepo とよばれる搾木は、杭の上下に平行な横木の丸太を段ちがいに結びつけ、下方の横木の丸太の上にサトウキビを置き、横木に直交するように長い丸太をさしこみ、これの端を圧しさげて上方の横木を支点としたテコの原理で搾る（図7）。下に洗面器を置いてしたたり落ちた汁をうける。この汁を大きな平鍋で煮つめると、砂糖シロップ gula ake ができる。搾木をもつ家庭ではこの gula ake をつくったときはビール・ビン1本300ルピアで村内で売る。gula ake はサツマイモ、マニオクを揚げた料理のうえにかけたり、自家製の菓子類にかけてたべるのにもちいられる。

　gula ake を煮つめると黒砂糖になる。

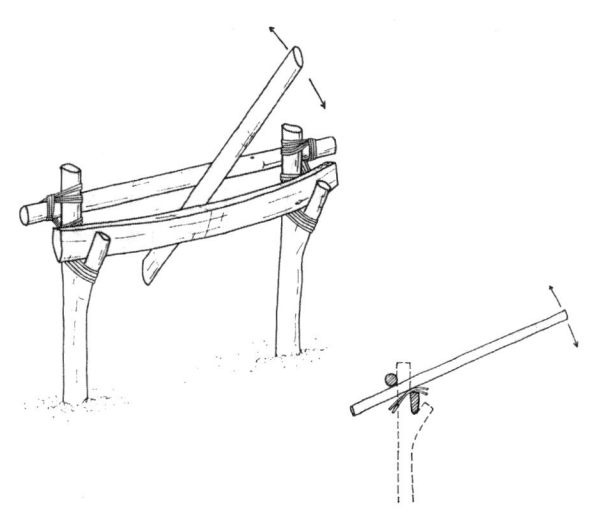

図7 サトウキビの搾木：手前の横木にサトウキビをのせ、テコの原理でしぼる。下に洗面器をおいてしぼりだした汁を集める

サトウヤシ seho から砂糖シロップをつくることは Limau 村ではおこなわれないが、他の Galela 族の村では砂糖シロップおよび黒砂糖をつくることもある。

ココナツミルクとココナツ油

ココヤシの木も、実も igo とよばれる。現在でのココナツの重要な用途はコプラを生産するための換金作物としてである。若いココナツの実は、なかの果汁を飲料とするし、飲んだあとやわらかな胚乳の部分を生食する。料理用としては、成熟した実が使用される。実を割って、コプラけずり kokori（図8）で胚乳の部分を細かくけずりおとす。このけずった胚乳 igo pa kori はサゴヤシ澱粉と混ぜて焼いたり、炒ってたべられる。ココナツミルク goro-goro をつくるには igo pa kori をボールや洗

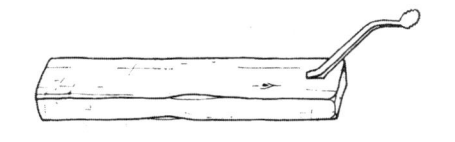

図8 コプラけずり

面器の容器に入れ、水をそそいでもむ。これをフルイ tate でこすと、乳白色をしたココナツミルクができる。ココナツミルクは、一般に食物を煮炊きするのにもちいられる。水で煮炊きした料理よりも、ココナツミルクで煮炊きしたほうが上等の料理とかんがえられている。

　ココナツミルクを煮つめると、ココナツ油 gososo igo がとれる。ココナツミルクを中華鍋に入れ火にかけると、水分と分離して油が浮かんでくる。上澄の油をすくい、それをもう一度火にかけて精製する。10個のココヤシの実からビール・ビン1本ぶんのココナツ油ができる。ココナツ油は自家生産が原則であるが、近隣の者から買って間にあわせることもある。1ビン50ルピアが相場である。揚げ物、炒め物など油を使用する料理はすべてココナツ油をもちいてなされるので、油 gososo といえば、ふつうココナツ油のことをさす。

蔬菜類の調味料

　トマト tomate、タマネギ bawang sasawala、ネギ rau、ニラ goda、ニンニク bawang are は、料理のさいに調味料として使用される。いずれも使用するときには、みじん切りにするか、つぶしてもちいる。つぶすさいには、小型の臼 lusu と杵 teto がもちいられる。これらの調味料用つぶし用の杵は石製がふつうである。図9のような石製の臼をもつ世帯もあるが、一般には専用の臼をもたずココヤシの殻を利用して臨時の臼の役目をさせる。

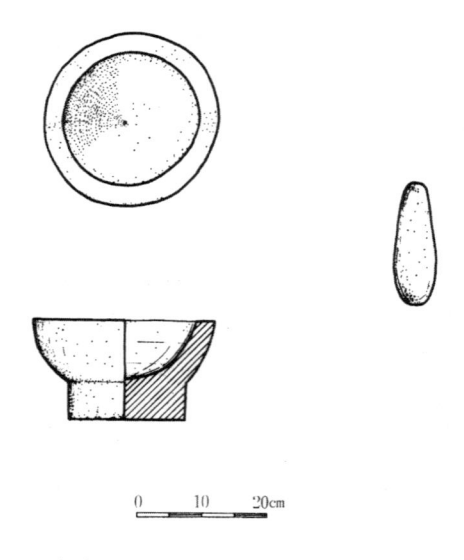

図9　小型の石臼 lesu と石杵　teto：主として dabu-dabu をつくるのに使用される。石臼をもたずココヤシの殻を臼の代用としてもちいる世帯がおおい

酸味用調味料

　Soa-sio の町まで行けば酢 cuka（インドネシア語）を売っているが、それはジャワ方面などから赴任してきた官吏や中国系住民のためである。酸味が必要な料理のときには、果樹として村落内に植えてあるレモン wama などの柑橘類の汁をしぼるのがふつうである。宴会料理のときにはタマリンド sen jawa の乾燥した実を Soa-sio から買ってきて使用することもあるが、これは日常の家庭料理の調味料ではない。

香辛料

　日常の料理の香辛料として使用されるのは、トウガラシ rica とショウガ goroka である。ターメリック gurati も、家庭料理でごちそうをつくるさいに使用するが、これは Soa-sio の市場から買ってくる。これらの香辛料も小型の臼と杵でつきくだいて使用する。

　コショウ rica jawa を買ってきて使用することもまれであるし、香料諸島に位置していながらチョウジ cinke（インドネシア語もおなじ）、ニクズク pala（インドネシア語もおなじ）を料理に使用することはない。

その他

　小エビの魚醬 trasi、醬油 kecap manis、化学調味料は、こんにちインドネシア各地の都会では一般的に使用されるようになった調味料であるが、これらを Galela 族はまだ利用しはじめていない。

　また、利用する香辛料の種類もスンダ列島や、マルク地方でもテルナーテやアンボンなどにくらべたらすくない。調味料の使用の点からいっても、Galela 族の料理は土着的な技術段階にとどまっているといえよう。

2. サゴヤシ澱粉の料理

1) サゴヤシ澱粉の保存と料理の準備

　I 章でのべたように、沈澱器からとりだしたサゴヤシ澱粉 peda は ruru とよばれる容器に入れてサゴ林から村の台所にもたらされる。ruru は運搬具であるとともに、保存用の容器でもある。沈澱器からとりだしたままの水分をふくんだ、いわゆる濡れサゴの状態で、ruru に入れたまま peda は保存される。ときどき、ruru に水をかけて湿った状態のまま peda を約 3 カ月保存することが可能である。ニューギニアの Sepik 川流域地方のように、サゴヤシ澱粉を大型の土器にいれて、その上に水を張って保存する風習は、Galela 族のあいだではおこなわれない。

写真 11　ruru を輪切りにして、使用分の peda を箕のうえに置く

　沈澱器からとりだしたばかりの peda は酸味が強いので、すぐには料理せず 5 日ぐらい置いて、酸味が消えてから料理をしたほうがよい、といわれる。

　料理にとりかかるまえ、ジャングルナイフ suambel あるいは山刀 taito で ruru

写真 12　箕に入れた peda を屋根の上で乾かす

を輪切りにして、必要な量のpedaをとりだし、残りはruruの包みをこわさずに保存する（写真11）。

ruruからとりだしたpedaは、手でもみほぐし、箕tatapaのうえにひろげて、天日で乾かす（写真12）。しかし、水分がなくなるまでpedaを乾燥させることはしない。すべてのサゴヤシ澱粉の料理は、pedaを握ったさいにバラバラにほぐれることなく、握った形にかたまる程度のしめりけが残っている状態の濡れサゴを原料としてつくられる。

これから、台所での仕事になるのだが、いずれのサゴヤシ澱粉の料理も、まずpedaを細かくふるう下準備が必要である。pedaを念入りに細かくするときには、2枚の箕と2枚のフルイが必要である。

まず、荒ほぐしをして天日にほしたpedaを箕のうえで、手でもみくだく。観察時では容量にして、約3.5リットルの荒ほぐしたpedaを5分間かかってもみほぐした（写真13）。

写真13　pedaをもみほぐす

写真14　pedaを目の荒いほうのフルイに通す

図10　フルイの編目：荒いほうと細かいほう。実物大

写真15　装飾的な編目の箕

写真16　装飾的な編目をしたフルイの製作過程　写真17　ふつうの箕

つぎに、もみほぐした peda を方形のフルイ tate にかける。フルイには編目の荒いものと、細かいものの2種類がある（図10、写真14、18）。はじめに、目の荒いほうのフルイにかけ、ふるい落した peda の粉を箕のうえに落してゆく。もみほぐした peda をすべて荒くふるったのち、細かい目のフルイを使用して、空いた箕のうえに粉をおとす。こうして3.5リットルの peda を二重のフルイに通すのに必要な時間は約10分間であった。

細かいふるいを通した peda は、手指のあいだでこすっても滑らかで粒子を感じないほど微粉末になっている。

箕とフルイ

Limau 村では箕もフルイも村内で自給される。主婦は誰でも、箕やフルイを作製することができるが、写真15、16の装飾的な編目の箕やフルイを編む技術に長じているのは2～3人の女にかぎられており、かの女らの編んだ箕やフルイを村民が買い求めたり、物々交換することもある。

箕は tatapa とよばれる。竹 lau の表皮をはぎとって、裂いたものを材料にして編む。写真19のように網代編みの手法で編むのがふつうであるが、写真15のように化学染料で紫色に染めた筋を装飾的に編みこんだものもある。アンベラ状の平面に編んだものを、籐を裂いてつくった二重の枠のあいだにはさみこみ、余分な部分を切りとって竹の表皮の筋で縫いつけてとめる。写真17の箕の直径45 cm、中央部の深さは約5cm である。

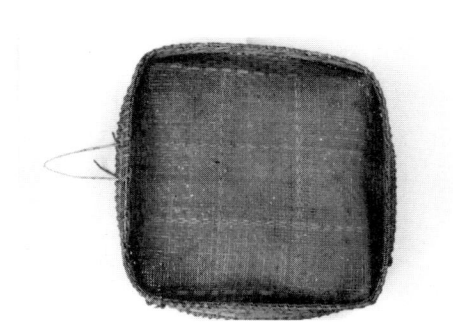

写真18　目の細かいフルイ

箕の主要な用途は、peda をほぐすときに使用するほか、米の脱穀のさいの風選および、精白した米を炊くまえにひろげて小石や籾つきの米を除去するさいに使用したり、収穫したカカオの実などをひろげて乾燥させるときに使用する。

　フルイは正方形をしている。写真 18 にしめしたものは、外縁部の長さが縦、横ともに 24cm。竹の表皮をはいで細かく裂いたものを材料として製作する。写真 19 にみられるように竹ベラを編目のあいだに杼のようにさしこんで、編んでゆく。底面を編み終えたら写真 16 のように上方に折って、そのあいだに横筋を編みこんで箱形にする。

写真 19　フルイの編みかた

　なお、フルイの目がつまったときは、ココヤシの実の外皮の小片を内部の繊維につけて切りとった sisika というタワシでそうじする。

2) soru

　peda をクズ湯状に料理したものである。サゴヤシ澱粉の料理で、水を利用するのは soru だけである。よくふるった peda を水に溶き、中華鍋 kuwali に入れて火にかけかきまぜる（写真 20）。はじめは白色をしていた水溶きの澱粉が透明になり、粘り気がでるようになったら、できあがりである。皿に盛った soru を食べるには、箸状の棒を 2 本つくり、水飴を巻きつけるようにして皿からとる。soru を主食としたときには魚、あるいは乾魚のスープをそえるのがふつうであり、巻きとった soru をスープに浸して食べる（写真 21）。

3) sinyole

　サゴヤシ澱粉をコプラをけずったものと混ぜて煎った料理である。おき火にか

写真20 soru のつくりかた：シャモジで水溶きした peda をかきまぜている

けた中華鍋 kuwali に、peda 3 の分量にたいして、ココヤシの胚乳をけずった igopa kori を 1 の割合に混ぜたものを入れ、火ばし sosolota でゆっくりかきまわして煎りつける。コプラから油脂がにじみ出るので、peda が鍋にこげつくことはない。peda に熱がとおり全体が褐色に色づき、コプラのこげた香ばしい香りがするようになったらば、火からおろす（写真 22）。

sinyole はパサパサしているので紅茶に入れたり、魚、乾魚のスープに入れて食べられることがおおい。

4) pupuka と gogapala

この2種類の料理は、直火で peda を焼いてつくる。pupuka は peda を団子状にこねたものを、火の上にかざして焼く。

写真21 2本の棒に巻きつけて、soru をとりあげ、左の魚のスープに浸して食べる

写真22 できあがった sinyole

gogapala は、竹筒のまわりに竹輪をつくるように peda を張りつけたものを、たき火の上にかざして焼いたものである。いずれも、台所でつくる日常の食事のための料理ではなく、サゴヤシ澱粉製造のさいに空腹をおぼえたとき、沈澱器のなかからできあがったばかりの peda をすくいあげてつくる野外料理としての性格が強い。また、沈澱器からとりだしたばかりで水分がおおく糊状の peda でなくては、団子に丸めたり、竹筒に張りつけることがむずかしい。gogapala をつくるさいに、コプラをけずったもの igo pa kori を混ぜることもある。コプラけずり kokori は台所に置かれるのがふつうなので、この場合には、野外料理ではないであろう。なお、コプラをけずったものを混ぜても、混ぜなくても gogapala という名称はおなじである。

5) gunange、komo-komo、gunange de ma igo、baha-baha

サゴヤシ澱粉料理のなかで、もっとも一般的なのが Galela 語で gunange とよばれるものであり、これは英語では sago cake、インドネシア語ではサゴレンペン sago lempen という名称でよばれている gunange、gunange de ma igo、baha-baha、komo-komo の4種類の料理は、いずれも gogunange とよばれる特殊な形状をした土器を使用して peda を焼くことが共通している。まず、この土器の説明をしよう。

道具 — gogunange とその付属品

gunange を焼くための土器を Galela 語では gogunange という。gogunange は、ハルマヘラ本島では製作しない。昔から Galela 族にかぎらず、他の種族も gogunange はハルマヘラ本島西岸の小島である Mare 島および Moti 島で製作したものを交易によって入手してきたという。Limau の村人は、現在 Tobelo の市場あるいは Ternate 島から gogunange を購入する。

gogunange は、素焼きの土器である。長方形の箱状の本体のなかに、4〜5枚の隔壁をもうけている。この隔壁で区別されたところに peda を入れて、トースト状に焼くのである。底面には円筒状の把手をとりつける。写真23、24でしめした gogunange は外縁部の横20cm、縦19cm、高さ9cm、把手部の高さ7cm である。

図11のように、中央部に隔壁をもうけて、さらに細かく区分した型式のものもある。

gogunangeは火のうえにかけて土器の本体を空焼きして熱しておいたうえで、隔壁にpedaをつめる。

半截した竹筒にgogunangeの隔壁によって区分された開口部に合致する長方形の穴をあけたものをpestakaという。写真26にみるように、この穴を開口部にあてて、pedaを落しこむための道具である。写真25のpastakaの最大長は45cmである。

gogunangeの蓋をdodalakeとよぶ。図12のものは、最大長40cm、最大幅24cm、厚さ0.5cmでgawasa (*Vitex coffassus* Reinw.) の木製である。図12のように把手つきのものではなく、単なる木の板を蓋として使用したり、サトウヤシの葉をかぶせて、蓋とすることもある。

加熱したgogunangeを素手でさわったら火傷するので、竹片を折ってつくっ

写真23　gogunange

写真24　gogunangeを炉上で空焼きする

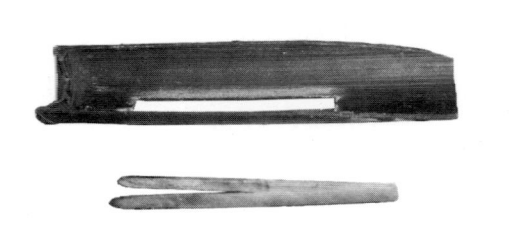

写真25　pestaka（上）と sosolota（下）

たピンセット状の火ばしである sosolota で gogunange をつかむ。また、焼きあがったばかりの gunange を gogunange からつまみだすにも sosolota がもちいられるし、gunange つくりのさいばかりではなく、炉の燃えている薪やおき火を移動させるための台所用の火ばしとしても使用される。写真25の sosolota の全長は30cmである。

gunange の料理法

　gunange をつくるためには、まず gogunange を加熱する。空の gogunange を裏返して炉の上にかけ、炎にかざして10～15分焼く（写真24）。じゅうぶん空焼きした gogunange を火ばし sosolota でとりあげて、台上に置く。隔壁のなかにつまった灰やススを、バナナの葉柄を水につけたものでこすって、とりのぞく。隔壁の一区画に pestaka をのせて、その裂け目から peda を落しこみ（写真26）、こうして gogunange のすべての区画に peda をつめたのち dodalake あるいはサトウヤシの葉で蓋をして焼きあがるのを待つ。gogunange の温度、サゴヤシ澱粉にふくまれた水分によって焼きあがるまでの時間は左右されるが5～10分で gunange が焼きあがる。このさい sosolota で、半焼けの gunange をつかんで、上下をひっくりかえして、熱の通りを均一にすることもおこなわれる。

　焼きあがった gunange は、sosolota でつかんで、pigu とよばれる竹製の方形の gunange を盛りつけるための籠にうつされる（写真27）。できあがった gunange は灰白色のらくがんのような肌をしたトースト・パンのような形状をしている。指でつかめるくらい冷えてから食べる。できたてはやわらかいが、つくってから時間がたつにつれ、堅くなり、半月も保存したものはカナヅチでも割れないほどになる。このように堅くなった gunange は、湯や紅茶に浸して食べる。

　komo-komo という料理は、堅くなった gunange を再加工したものである。すなわち gunange をくだきココナツミルクに浸したものを、鍋や竹筒に入れて、火に

ハルマヘラ島、Galela族の食生活

写真26　pestakaの裂け目からpedaをgogunangeにつめる

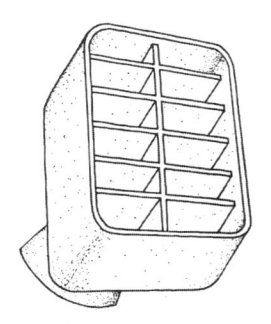

図11　gogunange

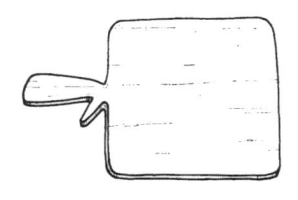

図12　dodalake

写真27　焼きあがったgunangeをpiguにうつす

かけてつくったカユ状の料理が komo-komo である。

　数カ月から1年間 gunange を保存することができる、と村人はいう gunange は、焼きたてをたべるばかりではなく、保存食としてもちいられ、旅行のさいや、沖へ漁に出るときの弁当としての携行食ともなる。

　gunange de ma igo とは直訳すれば「ココヤシ入りの gunange」という意味である。これと baha-baha（意味不明）は形のちがいにすぎない。どちらもコプラをおろしたもの igo pa kori をサゴヤシ澱粉にまぜて gogunange で焼いたものである。コプラの量を1とすると、サゴヤシ澱粉3の割合でまぜる gunange de ma igo は、ふつうの gunange とおなじく長方形をしているのにたいして、baha-baha は直径5〜7cm の円盤状の形に手でまとめて gogunange で焼く（写真28）。サゴヤシ澱粉だけの gunange は口のなかでもぞもぞした感触がするのにたいして gunange de ma igo と baha-baha は、コプラが入っているために歯ざわりがシャッキリしているし、コプラの脂肪のうま味がある。

　gunange de ma igo、baha-baha ともに、砂糖を混ぜてつくることもある。

6）boboko と dodolole

　両方ともサゴヤシ澱粉を竹管に入れて焼いた料理である。

写真28　baha-baha を gogunange につめる

bobokoをつくるには、直径4〜5cmの青竹を一端の節を残して、50〜60cmに切りおとす。この竹筒の8分目くらいまでpedaをつめる。屋外に竹筒をたてかけるための架台を用意する。架台は、地面に打ちこんだ2本の杭上に横木を渡したもので、横木の地上高30〜40cm程度。架台に平行に丸太を置き、竹筒の節の部分を丸太の上に、開口部を架台に立てかける。この料理は、集会のさいなど多人数の食事を用意するためにおこなわれるので、ふつう何十本にもおよぶ竹筒が架台にならべられる。架台と丸太のあいだに渡した竹筒の下にヤシの枯葉などの燃料を置き、火をつける（写真29）。青竹の火にあたった脇が黒くこげるとsosolotaでつかんでひっくりかえし、竹の全面が黒くこげるまで30分程焼く。

焼きあがったら、竹を割ってなかみをとりだす。円筒形に焼けたbobokoの表面はらくがん状で、内部は粘り気のある飴状をしている（写真30）。

bobokoとまったく同じ料理法で、青竹のかわりに、乾燥した竹筒を使用してつくる料理をdodoloteとよぶ。筆者は、dodoloteのつくりかたを観察していないが、この場合は竹筒自体が燃焼して、内部にまで熱が伝わるのでbobokoのように飴状の部分ができず、gunangeとおなじくすべてがらくがん状に焼きあがるのではないかと考えられる。

写真29　bobokoを焼く

写真30 バナナの葉のうえに置いた、できあがった boboko

7) kokomane と kasiodo

　kokomane はサゴヤシ澱粉をサゴヤシの葉でチマキ状に包んで焼いた料理である。gogunange やナベなどの料理道具なしでつくれるので、サゴ林のなかでサゴ澱粉製作の作業場における一時しのぎの食事によくつくられるが、家庭の台所でつくられる献立にはあらわれない。サゴヤシの葉を 40cm くらいの長さに切りとったもので、沈澱器からとりだしたばかりの水分のおおいサゴヤシ澱粉をチマキ状にくるみ、長さ 10cm 前後の包みとする。これを、たき木の上にのせ、火をつけて 10 分ほど焼く（写真31）。焼きあがった包みをとり去ると、外側は gunange と同様に灰白色のらくがん状に焼け、内側は水分がまだ残って赤褐色の飴状になっている。

　kasiodo は、タコノキの葉で peda を包んで、たき火のうえで焼いた料理であるが、筆者は kasiodo のつくりかたを実見していないのでくわしいことはわからない。

8) サゴヤシ澱粉料理の体系

　以上記載してきた各種のサゴヤシ澱粉料理法を分類して図示したのが図13である。この図の分類において、ある料理と別の料理を識別する区別点（distinct feature）は、筆者が設定したものである。そこで、Galela 語で表記された料理名

写真31 たき木のうえに置いたkokomane：下のたき木に火をつけて焼く

はあきらかにGalela族によってそれぞれがことなる料理として認識されているものであるが、それらを位置づける分類体系はGalela族のnative conceptとしてのfolk taxonomyの体系ではなく、筆者が恣意的に組み立てたものであることをことわっておく。

　さて、サゴヤシ澱粉の料理のできあがったときの状態をかんがえると、不定形のものと、一定の形をした塊状になる料理に分けられる。不定形の料理には、水を加えて澱粉をアルファ化させクズ湯状にしたsoruと、水はなしに空煎りをして粉末状にしたsinyoleにわかれる。

　定形の形をした料理は、まずpedaを直接火にかざして焼く方法と、gogunange、竹筒、植物の葉の包みに入れて、pedaを直火にあてない方法に分類される。直火で焼く方法は、団子状にするpupukaと竹筒に塗りつけて焼くgogapalaに分けられる。

　直火を使用しない場合、サゴレンペン専用の土器であるgogunangeを使用する料理と使用しない料理にまず分類する。

　gogunangeを使用した場合、コプラを入れずに焼いたのがgunangeで、コプラを入れたときには、できあがりの形状で円形のbaha-bahaと長方形のgunange de ma igoに分かれる。

　gogunangeを使用しない料理では、竹筒で焼くものと、植物の葉で包んで焼く

方法がある。竹筒を使用した場合には、竹筒が青竹であるか、乾燥したものを使用するかの、焼き工合の差異で boboko と dodolole の料理のちがいになる。植物の葉を使用するときには、サゴヤシの葉で包むと kokomane とよばれ、パンダナスの葉で包んだ料理は kasiodo とよばれる（写真 32）。

　以上分類した料理の Galela 語諸名称は、すべてそれぞれの料理名をあらわす名詞であり、のちにのべる副食の料理法が料理の技法をしめす動詞で表現されること

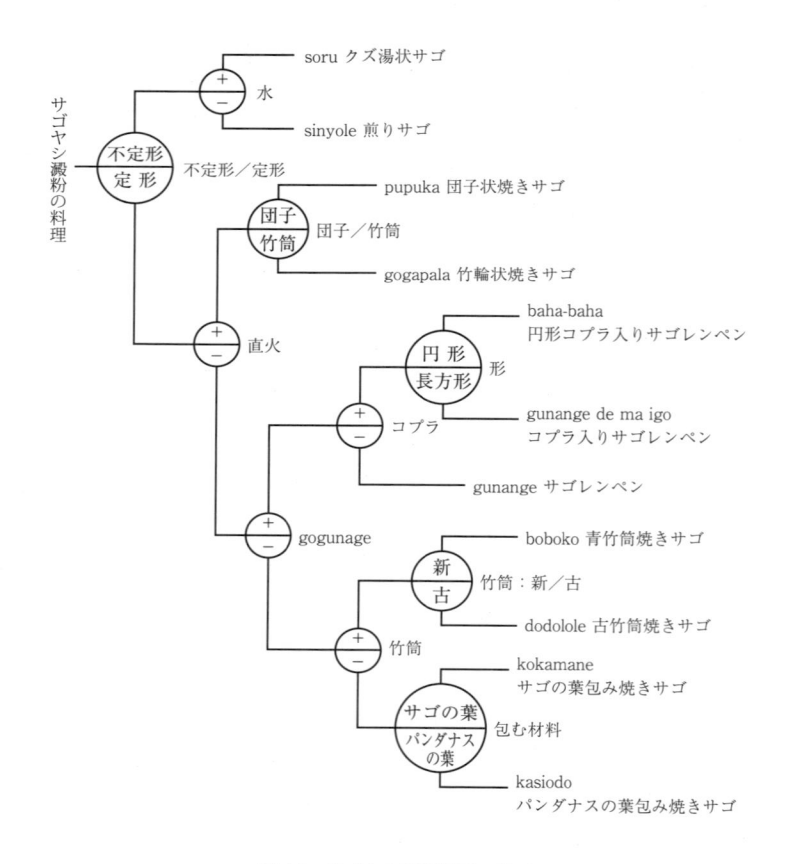

図13　サゴヤシ澱粉料理の体系

とはことなった体系になっていること
を留意されたい。

　なお、それぞれの料理がつくられ
る情況によって分けると、家庭の台
所で日常の食事としてつくられるの
は soru, sinyole と gogunange を使
用した料理である gunange、baha-
baha、gunange de ma igo の5種類
である。竹筒を利用した料理である
boboko と dodolole は宴会などの行事
のための食事につくられる。直火で焼
く pupuka, gogapala と植物の葉に包
んで焼く kokamane, kasiodo は、台
所用具のないサゴ林のなかの作業場
で、沈澱器からすくいあげたばかり
の peda を原料としてつくる野外料理
である。

写真32　サゴヤシ澱粉料理のいろいろ
1. soru　2. soru をつける魚のスープ煮
3. baha-baha　4. gunange de ma igo
5. gunange　6. boboko　7. sinyole

3. コメ、アワ、ハトムギの料理

　アワ、ハトムギの雑穀料理は種類がすくなく料理法はコメとおなじなので、ここ
では主としてコメ料理についてのべる。

　マレー、インドネシアの諸言語では、稲またはモミと、米、飯を区別することが
知られており、インドネシア語では、稲またはモミを padi、米を beras、飯を nasi
とよぶ。このようなインドネシア世界にひろく分布するコメの状態に応じて、一
語で区別することばは、Galela 語ではみられない。英語で rice ということばで一括
するのとおなじく、padi、beras、nasi をすべて、tamo ということばでよぶ。しい
て区別するならば、padi を tamo ma kahi ── 直訳「皮つきのコメ」、beras を tamo
ma lake ── 直訳「コメの果肉」、nasi を tamo da oosa ── 直訳「料理したコメ」と

よぶ。

　コメはモミの状態で保存し、その都度、大型の臼 lusu と杵 dudutu を使用して、脱穀、精白する。すべてのコメ料理の下準備として、箕 tatap に精白したコメをひろげて、砂粒やモミガラをとりのぞいたあと、2～3度洗うことがなされる。

　Galela 族がふつうに栽培するのはウルチ種であり、モチ種のものは作付はいちじるしくすくないようで、市場でさきにのべた tamo masina ―「機械のコメ」を買ってきて使用することがおおい。ウルチ種を tamo ma loha ― 直訳「正しいコメ」、モチ種を tamo ogoro ― 直訳「逆らうコメ」という。モチ種は日常の食事には使用されず、行事のさいのごちそうに、ウルチ種とまぜて使用される。

1) tamo (gulu-gulu)、gula、gurati
　いちばん一般的な炊きかたによる米飯を tamo という。日本でのふつうの米飯とおなじく、炊干し法によって料理をする。日本の飯の炊きかたとほぼ同じ水加減をして、深鍋 boso に入れ、蓋をして炉に置く。ふいてきたらば、薪を引いて、おき火でむらす。炊きあがった飯は、シャモジ sasadu で皿に盛って供される。他のコメ料理と区別するために tamo ma gulu-gulu ともよばれる。

　なお、水のかわりにココナツミルク goro-goro をもちいて炊くこともよくおこなわれる。この場合にはできあがった料理名に igo sakahi ― 直訳「ココヤシで料理した」ということばをつけて tamo igo sakahi という名称で区別することもある。

　サトウ gula を入れて炊いた飯は tamo ma gula、tamo gula、dodo ともよばれる、甘味をつけた飯である。ウルチ種とモチ種を半分ずつまぜ、ココナツミルク goro-goro に砂糖シロップ gula ake をまぜた液体で炊く。行事の食事に供される。

　ウコン gurati を入れて炊いた飯は tamo kukusangi、tamo i kukusangi、tamo gurati の名称でよばれるが、おなじものである。ココナツミルク goro-goro にウコン gurati をつぶした汁を入れて炊く。[Baarda, 1895: 442]によると、炊干し法ではなく、円錐形の籠に入れて半分蒸してから、ココナツミルクとウコンの汁をまぜてもう一度完全に蒸しあげる料理法で kukusangi をつくる記述がみられる。インドネシア語で kukusan とよぶ円錐形の竹籠をもちいて蒸した飯をつくる風習はインドネシア各地にみられる。しかし、Limau 村ではこの道具はみられず、蒸した飯

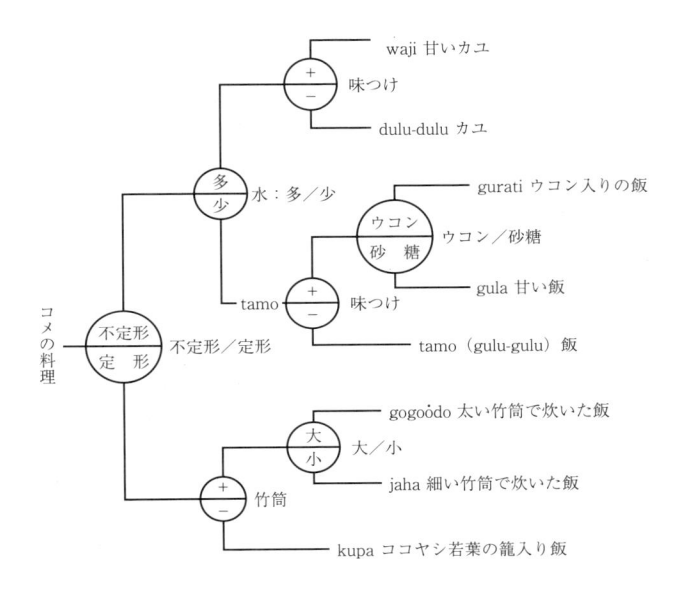

ハルマヘラ島、Galela 族の食生活

```
                                        ┌─ waji 甘いカユ
                                    ┌(+)┤
                              ┌─多─┤   └─ 味つけ
                              │  少  └(-)─ dulu-dulu カユ
                              │水:多/少
                              │                    ┌─ gurati ウコン入りの飯
                              │              ┌(+)─┤
                              │        ┌ウコン┤   └ ウコン/砂糖
              不定形          │        │砂糖 └(-)─ gula 甘い飯
コメの料理 ─┤       ├─不定形/定形┤tamo味つけ
              定 形            │        └─ tamo (gulu-gulu) 飯
                              │
                              │              ┌─ gogoòdo 太い竹筒で炊いた飯
                              │        ┌(+)大┤
                              └竹筒┤    小└─ jaha 細い竹筒で炊いた飯
                                    └(-)─ kupa ココヤシ若葉の籠入り飯
```

図14　コメ料理の体系

をつくることはふつうにはないようである。インドネシア各地でウコンで黄色く染めた飯は行事のさいの料理となっているが、Galela 族においてもこれは儀礼にともなう食事としてつくられるようである。

2) dulu-dulu と waji

　tamo ma dulu-dulu とか tamo i dodolu とよばれる料理法は、多量の水で炊いたカユのことである。

　waji とは多量のココナツミルクに砂糖あるいは砂糖シロップを混ぜたもので炊いた甘いカユである。コメのほかに、精白したアワ bobotene、精白したうえにつきくだいたハトムギ rore でもつくる。アワ、ハトムギ製の waji は結婚式などの行事に欠かすことができない料理とされている。

3) jaha と gogoodo

　どちらも竹筒で炊いた飯である。まず、ココナツミルクに浸したウルチ種とモチ種のコメを半々に混ぜ、バナナの葉で円筒形に巻いた包み、あるいはサゴヤシの葉を二枚重ねて竹の表皮でつくった爪楊枝状の針でとめた封筒状の包みに入れる。これらの包みを竹筒に入れ、さらに水あるいはココナツミルクをそそぎ、上端にバナナの葉を巻いたもので軽く栓をする。この竹筒を地面に打ちこんだ杭のあいだに渡した横木に立てかけ、枯れたココヤシの葉などを燃料として焼く。食べるとき、竹筒を割って内部のチマキ状の包みをほどいて食べる。バナナの葉を円筒形にした包みの場合は、包みごと輪切りにして供される。料理用の竹筒の大きいもの（直径10cm、長さ1m程度）を gogoodo、小さいもの（直径4～5cm、長さ60～70cm）のものを jaha とよぶ。どちらも行事のさいの食事としてつくられる。

4) kupa

　tamo ma kupa あるいは kupa とよばれる。ココナツの若葉で網代編みの小さな籠のような包みをつくり、このなかにウルチ種とモチ種を半々にした洗米を入れる（写真33）。この包みを多数平たい大鍋（写真34のものは縦50cm、横70cm、高さ5cm）に入れ、ココナツミルクをそそぎ、バナナの葉で蓋をして炊く。籠に入れたまま食卓に供する。これも行事のさいの料理である。

5) コメ料理の体系

　さきのサゴヤシ料理の体系にならって、以上記載した8種類のコメ料理（アワ、ハトムギをふくむ）の分類を試みたのが図14である。
　まず、できあがった料理が定形であるか不

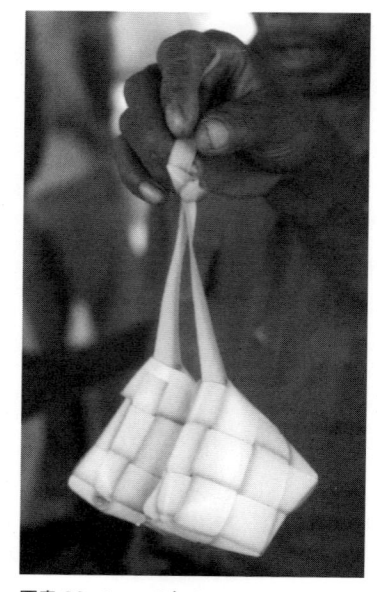

写真33　kupaの包み

写真34 中央の長方形の鍋で kupa を炊く。バナナの葉を鍋蓋に使用、鍋はバナナの幹にのせられている。宴会用の料理をととのえているところ

定形であるかによって分けてみる。定形とは、竹筒やココヤシの若葉の包みに入れて炊いた飯であり、それらの容器の型に詰めた形にできあがり、筒型や包み形のまま食卓に供される料理である。それにたいして、不定形の料理とは型に入れずに鍋で炊いたコメ料理のことである。この種類のコメ料理は食器の形やシャモジで盛りつけるさいの手加減で、形状は変化する。

　不定形の料理を炊くときに加える水分の多少によって、飯状に仕上げる料理とカユ状の料理にわかれる。のちにみるように副食の料理の場合は、料理にココナツミルクを使うか、水をつかうかで料理名がわかれることがあるが、コメ料理においてはこのことは問題とはならない。もしも、ココナツミルク入りであることを強調したかったら、たとえば igo sisakahi ―直訳「ココヤシで料理」―ということばをつけて、tamo igo sisakahi、すなわち「ココナツミルク入りの飯」というふうに表現される。ここでは、ココナツミルク以外の味や色づけがあるかどうかを下位の分類基準とする。その結果、カユの系列では甘味をつけたカユである waji と、甘味のないカユである dulu-dulu に、飯の系列ではふつうの飯である tamo とウコン入りの飯である gurati と甘い飯である gula に分けられる。

　定形の料理では、竹筒を使用した料理法とココヤシの若葉の籠を型としたものに分かれ、竹筒の系列は使用する竹筒の太さによって、さらに下位分類される。これ

らの定形の料理はすべて、日常の食事ではなく、行事のさいにだけつくられるものである。不定形の料理でも、waji, gurati, gula は日常の料理としてよりもむしろ行事食としての性格が強い。

こうしてみると、行事食とはならない日常的なコメ料理としては tamo（gulu-gulu）と dulu-dulu が残るだけであり、コメ料理のおおくの種類が儀礼用、宴会用の食事としての側面をもつことがわかる。

4. 主食用根栽作物の料理

ここで根栽作物としてあげるのは、バナナ、マニオク、サツマイモ、4種類のタロイモ（dilago, dilago gogomo, kiha, belo）、2種類のヤムイモ（ubi, siapu）、パンノキである。このグループには新、旧両大陸の原産の作物が混ざっているが、いずれも種子繁殖ではなく、栄養繁殖によって繁殖することと、主食である ino のカテゴリーに入れられるものであることを共通としている。表11にみるように、これらの根栽作物の料理法には、共通の技法がもちいられている。表11ではマニオクは、他の根栽作物にくらべて料理法の種類がおおいことになっているが、それはのちにのべるように、マニオクをすりおろしたものをサゴヤシ澱粉と同様に料理することができるので、サゴヤシ澱粉の料理法が適用されるからである。そのことと、マニオク、サツマイモでは halua という菓子料理がつくられることをのぞくと、根栽類の料理法は、焼く osu、皮つきのままゆでる ngani、ゆでる paari、揚げる sosinanga、砂糖とココナツミルクを使用した甘煮 kola の5種類にわかれる。

1) osu

根栽作物にかぎらず食物を直火にかざして焼くことを osu という。根栽作物は皮つきのまま炉のおき火のなかに入れて焼く。出造小屋で炊事をするときなどによくなされる料理である。また、バナナを焼いた料理は、家庭の台所でもよくつくられる。バナナの料理の場合、焼く、ゆでる（皮つきのままでも、皮をむいてゆでた場合も）料理をしたときには、最終的には皮をむいて、小型の臼でついて、ペースト状にし

表 11　主食用根栽作物の料理法

料理法 作物名	osu	ngani	paari	sosinanga	kola	halua	gunange	onde-onde	boboko
マニオク	○	○	○	○	○	○	○	○	○
サツマイモ	○	○	○	○	○	○			
バナナ	○	○	○	○	○				
タロイモ類	○	○	○	○					
ヤムイモ類	○	○	○	○					
パンノキ	○	○	○	○					

て皿に盛るのが常法である。このとき、コプラをけずったもの igo pa kori をまぜてつぶすこともおこなわれる。ペースト状になったバナナを右手の指で団子状にまるめてたべる。バナナをつぶさずに食卓に供するのは揚げた場合と、甘煮にした場合である。

2) paari と ngani

　主食にかぎらずふつう、食物をゆでるときには paari ということばがもちいられる。それにたいして、根栽類を皮つきのままゆでることを ngani といって区別をする。

　paari ということばは、広義では水でゆでるだけではなく、ココナツミルク goro-goro を入れてゆでる、塩味をつけてゆでることも意味している。狭義で使用するときには、水だけでゆでることを paari という。根栽類に塩味をつけてゆでることはふつうない。水ゆでの場合は bole ake sipaari ─ 直訳すると「バナナを水でゆでる」。ココナツミルクを加えて煮たときは bole igo sipaari ─ 直訳すると「バナナをココヤシでゆでる」というふうに区別する。それにたいして、副食 sihode の料理の場合には、ココナツミルクと塩を加えた煮物は ola-ola、ココナツミルクは入らぬが塩味のついた煮物は lema という料理名でよばれることとなる。

　根栽類の主食をゆでる場合には boso とよばれる金属製のフタのついた深鍋を使用するのがふつうである。

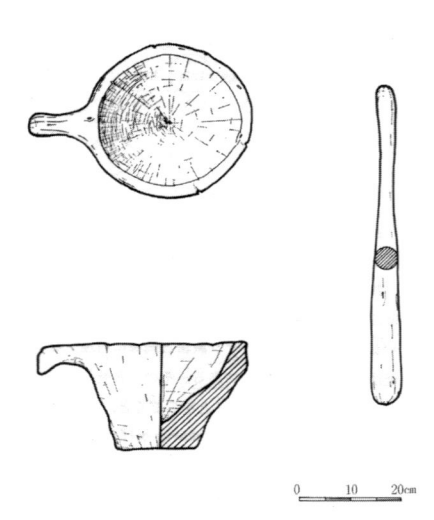

図15 小型の臼 lesu と杵 dudutu：主としてバナナをつぶすのにもちいる

3) sinanga

　油脂をもちいて揚げたり、炒める技法を sinanga という。使用する油脂の多少によって、揚げることと炒めることを一語で区別することはなく、どちらも sinanga とよばれる。

　魚や蔬菜類の料理では、炒めることもおこなわれるが、根栽類の主食を sinanga するときには、常に多量の油脂をもちいた揚げ物料理にされる。バナナ、マニオク、サツマイモなどを sinanga するときには、かならず皮をむき、片手でつまんで食べるのに都合のよい大きさに切っておく。中華鍋 kuwali に材料が浮く程度の量のココナツ油を入れて熱して空揚げにする。

4) kola

　インドネシア語では、甘煮にしたバナナなどを kolak とよぶ。Galela 語ではひろく根栽類の主食用作物をサイの目にきざんで深鍋 boso に入れ、ココナツミルク、砂糖を加えて蓋をしてやわらかいカユ状になるまで長時間煮こんだ料理をよぶ。名称や砂糖の使用からかんがえても、この料理法は近頃になって Galela 族に伝わっ

たものであろう。

5) halua、gunange、onde-onde、nasibiu boboko

　halua については、すでにⅢ章の主食と副食の説明のさいにのべたが、これは主食としてではなく、菓子の料理に入れられるものである。

　gunange、onde-onde、boboko の3種の料理は、根栽類のなかでもマニオクにだけ適用される。これは、有毒種のマニオクを毒ぬきのためすりおろして、サゴヤシ澱粉と同様な粉末状に加工することによって、サゴヤシ澱粉の料理技術を借用したものとかんがえられる。Galela 族のあいだで有毒種のマニオク nasibiu waringi（waringi はインドネシア語で溶樹—直訳すると「溶樹のマニオク」）も作付面積はわずかながらも栽培されている。この毒ぬきのためには、皮をはいでからおろす。おろし金は eke とよばれる。写真35のものは村民の手製であり、アルミニウムの板に釘で孔をあけて作製したもので、長さ38cm、直径16cm。写真36はマニオクをおろす作業である。おろしたマニオクは、いったん水洗いをしたのち南京袋に入れて bobilatu とよばれる圧搾器にかける。圧搾具は図16にしめしてある。すりおろしたマニオクをつめた南京袋を二枚の板のあいだにはさみ、板をはめた枠のなかにクサビをうちこむことによって圧搾する簡単な原理の道具である。すっかり水分のぬけたマニオクを南京袋からとりだして、臼でつく。これを、フルイにかけると、料理にとりかかるまえのサゴヤシ澱粉 peda とおなじ状態の粉末になる。

　これを、サゴヤシ澱粉料理とおなじように gogunange で焼いたものが gunange であり、マニオク製であることをことわるときには nasbiu ma gunange とよぶ。

　onde-onde は、マンジュウのアンのように砂糖を入れて丸めたものを、いったんゆでてから gogunange で焼いたもので、サゴヤシ澱粉料理の baha-baha にあたる。

　nasibiu boboko はサゴヤシ澱粉料理の boboko にあたる竹筒で焼いた料理をさす。

5. コムギ粉料理

　ハルマヘラ島ではムギ類は産出しない。コムギ粉 trigu は製粉した状態のものを商店から購入してくる。主食用のコムギ粉料理には、roti、panci、apang がある。そのほかに、kue（インドネシア語もおなじ）という範疇に入れられる菓子としてのコムギ粉料理があるが、kue の料理法についての資料はすくないし、kue をつくるのは宴会などのさいにかぎられ日常にはつくることがないので、ここでは記述を省略する。

　roti はインドネシア語でもおなじ名称で、パンのことである。イーストを使用して、製パンをすることはない。フクラシ粉を入れて練ったドウをおき火のうえにのせた厚い鉄鍋で焼く。家庭でパンを焼くことはふつうせず、Limau 村では表6の商店 B が Soa-sio から仕入れてきたものか、商店 C がときどき自家製にしたもの、あるいは Soa-sio の市場から買ってくるパンをたべるのがふつうである。

　roti coe popaari とよぶのは、フクラシ粉を入れた自家製の蒸しパンで、これは

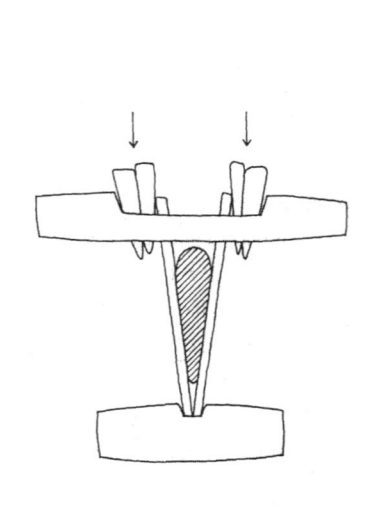

　　図16　マニオクの圧搾器の原理 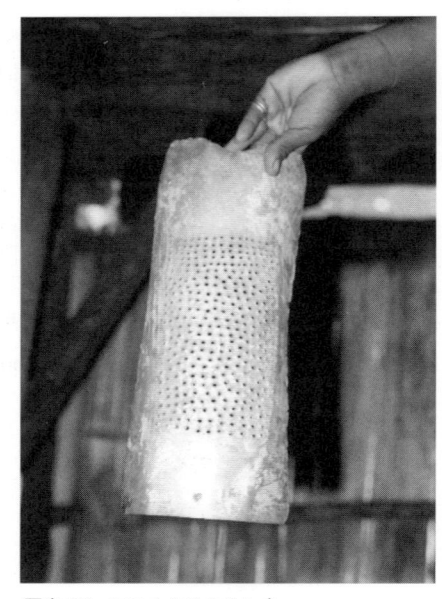　　　写真35　マニオクのおろし金

写真36　マニオクをおろす：おろし金をバナナの幹にかぶせて使用する

写真37　apang の焼き型

家庭でもつくられる。

　roti sosimaga は、ドウに砂糖とときにはフクラシ粉を入れてココナツ油で揚げたものであり、これも家庭料理である。

　panci は、インドネシア語でもおなじ名称である。コムギ粉に砂糖をまぜて、中華鍋 kuwali に、ココナツ油をしいて焼く、パンケーキ状の料理である。

　apang は、インドネシア語でもおなじ名称である。ドウに砂糖、フクラシ粉を入れ鉄製の型に入れて団子状に焼いたものである。この焼型を商店 C がもっており、そこでつくったものか、Soa-sio の市場から買ってきたものをたべる（写真37）。

6. 魚の料理

1）鮮魚の保存法 ― gasi と dopo ―

　魚料理の材料としては、鮮魚 nao da ohu ― 直訳「生の魚」、塩乾魚 nao gasi ― 直訳「塩の魚」、燻製魚 nao i dodopo ― 直訳「くすべた魚」の3種類がある。ふつう、nao という一語で料理の材料をしめすときには、鮮魚をさす。

　gasi とは「塩」という意味の名詞ばかりではなく「塩をする」という動詞にもも

ちいられることばである。塩乾魚は、魚のはらわたをとりだし、頭つきのまま開いて、塩をふりかけてから2～3日天日に乾かしてつくる。保存するためには、台所の炉のうえに吊りさげておき、炊事のさいの火熱によって乾燥し、煙でくすべられることによって、腐敗を防ぐ手段がこうじられる。

　燻製魚 nao i dodopo における dopo とは「くすべたもの」という名詞にも、「くすべる」という動詞にももちいられることばである。燻製にされる魚の種類は多量にとれる回遊魚である leanga と ngawaro が主である。台所の炉のうえにつくった薪をのせるための枠台のうえに魚をならべ、そのうえをバナナの葉でおおう。その下で2時間ほど火を燃やすと、こげ目はないが魚体の内部にまで熱が通り、煙がしみこんだ燻製ができる。多量の魚を燻製にするときには台所の炉ではなく屋外に臨時の枠台をもうけることもある（写真38）。

　つぎにのべる gohu という料理をのぞけば鮮魚、塩乾魚、燻製魚の三種の材料の料理のしかたは共通したものである。

2) gohu

　gohu とは ohu という形容詞から派生した名詞形である。ohu とは、「未熟な」（果物などが）とか、「生の」（料理が）という意味をあらわし、バナナなどがたべ頃に「熟した」ときの状態をあらわす omu に対比されることばである。(pa) kohu というと動詞形で「火熱を加えない料理をつくる」あるいは「生でたべる」という意味になる。いっぽう「火熱を加えて料理したもの」を osa とよぶ。

　gohu とよばれるのは火熱を使用しない生魚の料理である。筆者の知る Galela 族の料理のなかで火を使用しない料理としては、gohu のほかには、ナスを生食することと、のちにのべる dabu-dabu というソースのみである。

　gohu は leanga とよばれる回遊魚である小形のサバを材料としてつくるのがふつうである。皮つきの魚肉を3～4cm の大きさのサイの目に切り、水洗いしたのち、手でしぼって汁をだし、魚肉をしめておく。ついで、塩少量をまぶしてからライムあるいはレモンの汁をかけて生のトウガラシとタマネギの薄切り、ココナツ油少々をまぜてかきまわし、皿に盛ると、gohu はできあがる。

写真38　魚を燻製にする：屋外にもうけた枠台に横木を敷きつめ、その上に魚をならべバナナの葉でおおう。枠台の下で生乾きのバナナの幹など、煙のおおくでる燃料を燃やす

3) osu と dabu-dabu

　主食としての根栽作物の料理法でのべたように osu とは「直火で焼く」ことを意味する動詞である。根栽作物は炉の灰に埋めて焼くのにたいして、魚を焼くときには、おき火のうえで灰がつかないように焼く。そのためには串に刺したり、木の枝で簡単な枠をつくり、そこに横木をわたした魚網をつくったり、炉上の枠台から魚を吊して焼く、などの手段がこうじられる。こうしてできた焼魚を nao ya osu とよぶ。

　鮮魚の焼魚をつくる場合、焼くまえに塩をふることをせず、できあがった魚を盛った皿のはしに、塩をそえる。もしあったらレモンやライムをしぼってたべるのが望ましい、とされる。しかし、焼魚のたべかたとして、もっとも一般的なのは、ダブダブ dabu-dabu をつけてたべることである。

　dabu-dabu とは同じ名称でハルマヘラとその周辺部に知られている辛いソースであり、しばしばインドネシア語の sambal に対応される。インドネシア料理における辛いソースである sambal はふつう加熱して料理したものであるのにたいして、dabu-dabu は火を使用せずにつくる。ココナツの殻、あるいは小型の臼をもちいて、辛味のおおい赤トウガラシ rica とトマト tomate を図9のような石臼

でつぶし、これに塩をまぜたペースト状のソースが dabu-dabu である。タマネギがあったらいっしょにつぶしてつくることが望ましいとされ、つぶしたニンニクや柑橘類の汁を加えることもある。dabu-dabu をココナツミルクにまぜて副食物を煮ることもおこなわれるが、そのときには別の料理名となり、原則としては dabu-dabu という名称は、主材料の料理にそえられる加熱しない辛いソースをさすときに使用される。

4) paari と lema と ola-ola

　いずれも鮮魚、燻製魚、塩乾魚を材料として液体でゆでるあるいは煮る料理である。主食用根栽作物は、塩味をつけて煮ることはないし、水ゆでと、ココナツミルクでゆでることの区別をしないのにたいして、魚をふくむ副食料理では塩味をつけて煮るか、水のみでゆでるか、ココナツミルクを使用するかなどの区別点によって料理技法の名称がことなってくる。水だけでゆでるのが paari であり、ゆでた魚には dabu-dabu をそえることがおおい。

　lema とは「塩味で煮る」という意味の動詞にも、「塩味の煮つけ」という名詞形にももちいられる。名詞形をとくに lema-lema ということもある。paari と区別される点は塩を加えてゆでることにあり paari をした場合はゆで汁はすててできあがった魚だけを供することがふつうだが lema の場合にはゆで汁も皿に入れてスープ煮料理として供される。塩味だけではなく、dabu-dabu を入れたり、タマネギ、トマト tomate、トウガラシ、ネギ rau、ニラ goda などの香味蔬菜を細かく切って魚と煮る技法も lema という。

　lema は水で煮るが、水のかわりにココナツミルクを使用した場合には ola-ola とよばれる。

5) sinanga と tumisu

　sinanga とは鮮魚、塩乾魚、燻製魚、をとわず、魚をココナツ油で空揚げにすることをしめす動詞である。「揚げた魚」という場合には nao ya sosinanga とよぶ。空揚げにしてから、塩、柑橘類の汁、生のトウガラシなどをそえものにしてたべたり、dabu-dabu をつけて食べる。

空揚げした材料を dabu-dabu あるいは香味蔬菜類の細切りと塩煮にする、すなわち lema と sinanga の重複した料理法を tumisu とよぶ。これは、インドネシア語で menumis とよばれる料理法からとったものと、かんがえられる。

7. 肉の料理法

　ニワトリ、アヒル、ヤギの家畜、シカ、イノシシの野獣の肉の料理は osu、sinanga、lema、ola-ola、tumisu の料理法が適用されるのがふつうである。osu をのぞいたいずれの料理法でも、ショウガ、ターメリック、トウガラシをつぶしたものを加え、香辛料がきいて黄色く染めつけた、カレー風に仕上げることが好まれる。肉の料理は、魚や蔬菜、野草の料理よりもごちそうとされている。

8. 蔬菜、野草の料理

　トマト、タマネギ、ネギ、ニンニク、ニラ、トウガラシ、ショウガ、ウコンは調味料、香辛料として使用され、それ自体が料理の主材料となることはまずない。
　fofoki ya ola-ola ——「ナスのココナツミルク煮」といったふうに、料理の主材料としての地位をあらわす名称でよばれることがある蔬菜、野草類の主なものをあげてみる。
　ナス fofoki、ササゲ gaahu kakaku、カボチャ sambiki、ツルレイシ popare、ヒョウタン waru、サトウキビ dodilibu、ヒユ tona ma gaahu、カンコ kanko、パパイヤの葉 papaya ma soka、タケノコ jiburu、ゼンマイ若芽 godomu、キノコの一種（未同定）tona ma toroao。
　これらの蔬菜、野草類の料理法には、(pa) kohu、osu、paari、lema、ola-ola、sinanga、tumisu があり、魚の料理の項で、これらの料理法の基本については、すでにのべている。ここでは、魚料理にくらべて蔬菜、野草類の料理で留意すべき点を若干のべるだけとする。
　生魚を柑橘類の酸味で味つけした料理はとくに gohu とよばれたが、一般に生食用の料理は、(pa) kohu とよばれる。ナスを洗って、dabu-dabu をつけてたべるこ

とが食事のさいの kohu としておこなわれる。また、焼きナスをつくって、dabu-dabu をつけてたべる osu の料理法もある。

　副食の料理は、料理のさいに塩を加えるか、たべるときに塩をそえるか、塩の入った dabu-dabu をそえるかして、塩味のある料理であることが原則である。しかし、カボチャ料理の場合には、水ゆで paari をしただけで塩味をつけずにたべたり、主食用の根栽作物の項でのべたココナツミルクを使用した甘煮 kola の料理法がおこなわれる。これは、カボチャが副食 sihode としてばかりではなく、主食 ino にきわめて近い作物としてとりあつかわれていることをしめすものであろう。

　主食用根栽作物、魚の sinanga のさいには大量のココナツ油をもちいて、「空揚げ」ということばがふさわしい料理法であった。ナス、ニガウリなどの果実部の料理には「空揚げ」と意訳してもさしつかえないのだが、カンコ、パパイヤの葉、ゼンマイ若芽など、葉の部分を料理するときには、使用するココナツ油の量はきわめてすくなく、おなじ sinanga ということばでも「炊めつける」と意訳したほうが実態にそくしたこととなる。すなわち、日本語では「揚げる」と「炊める」と区別される二つの意味を sinanga ということばは兼ねているのである。

9. 料理の体系

1）料理の命名法

　さきに、サゴヤシ澱粉とコメ料理の分類体系を図示しておいたが、主食用根栽作物、コムギ粉料理、副食の料理の分類については、検討を保留していた。サゴヤシ澱粉とコメの料理は、他の料理の体系とことなる点がおおいので、それぞれ独立させて説明しておいたのである。ここでは、主食用根栽作物の料理と、副食の料理を一括した分類体系を図示することを試みよう。

　なお、コムギ粉料理については、食事の食物の料理よりも菓子類の料理との関連をかんがえねばならないが、菓子類の料理法についての手持ち資料がすくないので、ここでは省略しておく。コムギ粉料理が Limau 村でなされるようになったのは、ここ 10 年来くらいのことであり、その料理技術もすべて外来のものであること、パンや菓子類のコムギ粉料理は家庭の台所でつくるというよりは、専業の商人がつ

くったものを買うことがおおいこと、食事のさいの献立にのぼる頻度が低いこと、などを考慮に入れたさいには、コムギ粉料理の体系を省略したからといって、それほどの問題はなかろう。

　サゴヤシ澱粉の料理、コメの料理と、その他の料理において、料理の命名法にきわだった相違がある。サゴヤシ澱粉とコメの料理における sinyole、gunange、jaha、kupa……といった名称はいずれも、できあがった特定の料理名を一語でしめす名詞形であり、料理技術をしめす命名法ではない。原則として、特定の材料をもちいた料理と料理名が一対一対応している命名法である。

　それにたいして、主食用根栽作物や副食の料理は、基本的には料理技術のカテゴリーをあらわす動詞形で表現される。これらの料理を表現することばをあげると kohu ―「生のまま料理する」、osu ―「焼く」、paari ―「ゆでる」、kola ―「甘煮にする」lema ―「水煮にする」、ola-ola ―「ココナツミルク煮にする」、tumisu ―「炒め煮にする」、sinanga ―「揚げる、炒める」ということになる。

　現実にできあがった料理をどのようにしてよぶかというと、このような料理技術のカテゴリーをあらわす動詞の変化形と料理の主材料をあらわす名詞を組み合わせた名称をつかう。たとえば osu ―「焼く」というカテゴリーでいえば nao ya osu は「魚を焼いたもの ― 焼魚」、nasibiu ya osu は「マニオクを焼いたもの ― 焼きマニオク」というふうに材料名をあらわしている。複雑な料理の例として、dabu-dabu を炒めたなかに、あらかじめつくっておいた魚の空揚げを入れて、そこに溶き卵を落して、玉子とじ風にした料理がある（それは、Galela 族の日常の料理としては手のこんだほうである）。この料理の名は nao i sosinanga de o boro というが、sosinanga とは動詞 sinanga の変化形で boro はタマゴという名詞であるので、直訳すると「魚の sinanga したものとタマゴ」ということになる。

2）主食用根栽作物と副食の料理の体系

　図17に主食用根栽作物と副食の料理の体系を記した。ここではマニオクの料理のうち、すりおろしたものをサゴヤシ澱粉と同様に焼く場合は、この体系からのぞいてある。それは、サゴヤシ澱粉の料理の技術を借用したものであり、サゴヤシ澱

粉料理の分類体系上にのせられるものだからである。

　まず、料理を火熱を使用するものと、しないものにわけることができる。生のままたべる料理は kohu とよばれる。kohu のなかで、魚を柑橘類の酸味のある果汁でしめる料理だけは、gohu という名でよばれる。料理技術のカテゴリーと主材料の複合した名称で料理名をよぶのが原則的な副食の料理の命名体系のなかで、gohu は例外的なものである。

　加熱の方法を直火と鍋を使用した間接加熱にわけることができる。直火で主材料を焼く料理技術は osu とよばれる。

　鍋を使用する料理は、水、ココナツミルクなどの水分で煮炊きする料理と、油で揚げたり、炊める料理にわかれる。煮炊きする系列（広義の paari）は塩味を加えて調理するものと、そうでないものにまず分類するのが有効である。副食の料理には塩味を加えるのがふつうである（ただし、魚の水煮のように paari ── ゆでることをしてから食卓で塩をつけてたべる副食もあるが）。それにたいして、主食用根栽類の料理には原則として塩味をつけない。

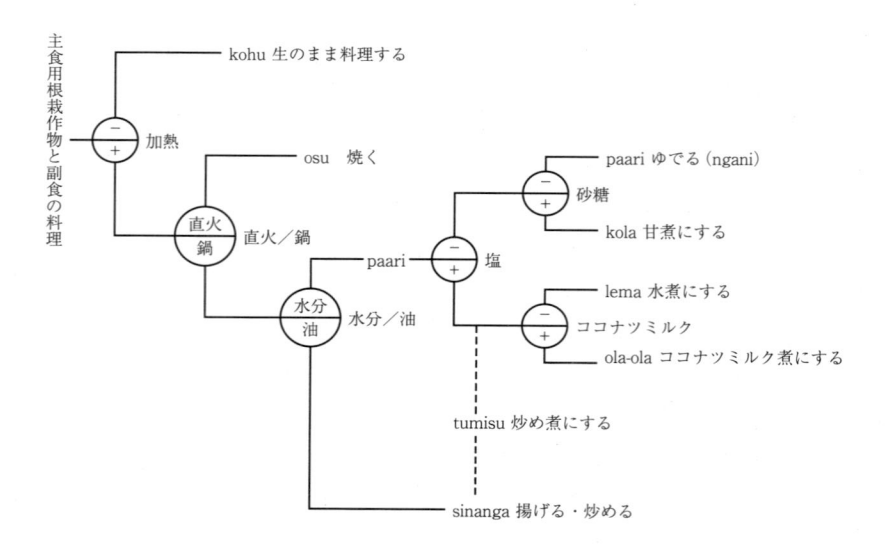

図17　主食用根栽作物と副食の料理の体系

塩味をつけない系列の料理では、水で煮炊きしても、ココナツミルクで煮炊きしてもよびかたに変わりはない。区別点は砂糖を入れて甘くするかどうかにかかわっている。マニオク、バナナ、サツマイモをサイの目に切ってココナツミルクと砂糖で甘煮にすることを kola とよぶ。kola は主食用根栽作物にかぎって適用される料理技術である。水またはココナツミルクのみで特別な味つけをせずに炊いた場合、paari ―「ゆでる」という。paari の特殊なものとして、主食用根栽作物を皮つきのままゆでるとき ngani という。

　塩味をつけるのは、すべて副食としての料理である。この場合は、水で煮炊きするか、ココナツミルクで煮炊きするかの区別が問題とされる。水で煮炊きした場合に lema、ココナツミルクで煮炊きした場合には ola-ola とよばれる。

　主材料の加工に熱した油を使用した料理は sinanga という。sinanga は主食用根栽作物にも副食にも適用される。副食の料理でいったん主材料を sinanga したのちに、水あるいはココナツミルクを加えて煮炊きする技術、すなわち sinanga と lema あるいは ola-ola の複合した料理法を tumisu とよぶ。

3）料理技術のまとめ

　Galela 語で「料理」あるいは「料理する」ことを sakahi という。料理することは、果物などを生で食べる ── da ohu de po odo と対比される。kohu という加熱をしない料理でも、魚なら gohu の料理にしたり、ナスの生食料理ならば、たべやすいように切って dabu-dabu をそえるなど、なんらかの加工をともなっている。

　さて、sakahi ということばの示す分野は料理技術や料理の名称を手がかりとしてみたときには、主としてサゴヤシ澱粉の料理の体系、コメ料理の体系、主食用根栽作物と副食の料理の体系の三つの料理体系の集合としてとらえることができるであろう（図18）。このうち、主食用根栽作物であるマニオク料理の一部はサゴヤシ澱粉の料理の体系にのっているし、アワ、ハトムギの料理はコメ料理の体系にのっている。歴史的な側面を考慮に入れるならば、前者はサゴヤシ地帯に有毒種のマニオクをすりおろしてたべる技術が入ったとき、それ以前からあったサゴヤシ澱粉料理技術を借用したことを意味する。後者は、ぎゃくに昔からあったアワ、ハトムギの料理が新来のコメ料理の体系に組み入れられることによって残存したことを意味するのであるが、ここでは、サゴヤシ澱粉とコメの料理が、ほかの料理とは別の体系をもっていることを確認するのにとどめて、その意義については後章でハルマヘラ島の農耕文化全体について考察するさいの問題として残しておこう。

　さて、いままであげた料理や料理技術をしめすことばのなかには、インドネシア語（マレー語）起源のことばがいくつかふくまれている。それらのことばのあらわす料理あるいは料理技術は、Galela 族本来のものではなく、外来のものとかんがえ

Galelra 族の料理の体系 ｛ サゴヤシ澱粉料理の体系（含、マニオク料理の一部）
コメ料理の体系（含、アワ・ハトムギ料理）
主食用根栽作物と副食の料理の体系
その他（コムギ粉、菓子料理など）

図18　Galelra 族の料理技術の主要な構成分野

てよいであろう。該当することばをひろうと、コメ料理のなかでの waji、gula、主食用根栽作物料理の kola、副食料理の tumisu である。waji、gula、kola はいずれも砂糖あるいは砂糖シロップを使用した料理である。砂糖を料理に使用することは、もともとなかった習慣であるとしてもよいであろう。

　油で揚げる、あるいは炒めることをしてから煮る、複合した技術である tumisu も、Galela 族のもともとの料理法ではなかったようである。今世紀に換金作物として植えるようになるまで、Galela 族のあいだでココヤシそのものがすくなかったのでココナツ油を使用する料理はあまり発達していなかったであろうことが想像される。これらの料理あるいは料理法がいつ Galela 族に採用されたかについては、わからない。waji、gula の名称は [Baarda, 1895] にあらわれるので、19 世紀末には Galela 族にとり入れられていたことがわかるだけである。

　また、現在、鍋を使用する料理は過去は土器を使って料理したものであり、土器使用の風習は第 2 次大戦のはじまる頃までは残っていたといわれる。

　そして、主食料理についていえば鍋や土器 gogunange をもちいて料理したものは、日常の食事であるのにたいして、これらの道具をもちいずに料理した食物は儀礼用の行事食か、野外料理として区別される、という特徴があることを指摘しておこう。

10. 飲物

　料理というカテゴリーとはちがう話題であるが、都合上ここで飲物についてのべておく。

　もともと、Galela 語では udo ―「飲む」という動詞はヤシ酒、水など個別的な名称をもつ飲物を目的語としてもっており、「飲物」という抽象的なカテゴリーがなかったのではないかと想像される。現在では飲物一般をしめすときには minuman というインドネシア語を使用する。Soa-sio の市場でビンに入ったジュース類を買って飲むことをのぞくと、Limau 村で飲まれる飲物の種類としては、湯ざまし ake da sahu、茶 teh、コーヒー kofi、ヤシ酒 saguere、ヤシ酒を原料とした蒸留酒 captikus（この名称は俗称らしい）、ココヤシの果汁 igo o dabu がある。

ake da sahu を湯ざましと訳したが、直訳すれば「熱い水」すなわち湯である。現実には熱湯を飲むことはなく、いったん煮沸した湯をさましたものが飲用にされる。鍋で湯をわかしたのち、そのまま放置した湯ざましの入った鍋が常時台所に置かれている。生水は原則として飲まない。

茶 teh はインドネシア語と共通のことばである。紅茶をもちい、ヤカンあるいは鍋で火にかけた熱湯に茶を入れる。砂糖を入れる場合は、ヤカン、鍋に直接入れるのであって、一人ずつつぎわけてから砂糖を入れることはない。砂糖入りの茶を teh gula、砂糖なしの茶を teh loa-loa という。teh gula にして飲むのが正式とされるが、砂糖

写真39 サトウヤシの樹液の採集：雄花柄からぶらさげた竹筒に樹液を採集する。地面から樹に立てかけたのは竹製のハシゴ

が買えずに teh loa-loa でがまんする場合もおおい。teh susu とよばれるコンデンスミルクの缶を買ってきてミルク入りの茶をつくる者は Limau 村にはいない。

コーヒー kopi を飲む者はすくない。粉末状に挽いたコーヒーのパックを買ってきて、砂糖を入れて煎じ、こさずにミルク飲みに入れて供する。

ヤシ酒 saguere はサトウヤシからつくる。サトウヤシの雄花柄を切りおとし、その端を孔をあけた竹筒のなかへさしこんで樹液を採集する（写真39）。ひとつの雄花柄から約1カ月間樹液が採集できる、という。雄花柄にぶらさげた竹筒は朝と夕方に変える。採集した樹液は、ヤシ酒作り用の太い竹筒にうつしかえる。ヤシ酒は朝晩、樹液をつぎたして、いつも同じ竹筒で酒をつくるので、竹筒には酵母菌が保存されており、なんの操作もしないで、ただこの竹筒に入れておくだけで自然醸酵する。朝に採集した樹液は、酒つくり用の竹筒に入れておいたら夕方には飲み頃になる。あたらしい酒つくり用の竹筒を最初に使うときには、町で売っているビール

をスターターとして使用する、という。飲み頃のヤシ酒は乳白色をして、さわやかな味のものであるが、ビールにくらべてもアルコール分は低いようである。

ヤシ酒を蒸留した焼酎を cap-tikus という。筆者はこの蒸留技術についての資料はもたない。saguere、cap-tikus ともに、イスラム教徒は飲まない。Limau 村では、キリスト教徒の村人の一人が saguere をつくっており、他のキリスト教徒の世帯のもとめに応じてジュース・ビン1本25ルピアで売る。

ココヤシの果汁 igo o dabu は、畑仕事のさいなど、野外でのどのかわきをおぼえたとき飲まれる。若いココヤシの実を落して、なかの果汁を飲み、汁がなくなったら実を割ってやわらかな肝乳を生でたべる。

V. 献立の分析

1. 資料について

いままでの記述は Galela 族の食品や料理にどのようなものがあるか、といったことを網羅する話であった。しかし、現実の食生活においては、当然のことながら、よくつくる料理やそうでないものがある。Limau 村の人々の食生活の実態を知るために、食事内容をしめす資料を得るための調査をおこなった。この章では、その調査結果の分析をおこなう。

この調査は、ことなる世帯に所属する11名の Galela 族の成人男性にノートを配布し、毎食の食事の内容を記入してもらったものである。サンプルの選択の基準としては村の各世帯のなかで文字が読み書きできる成人男性で調査に協力してもらえる者をえらびだしたところ、この11世帯に落ちついたのである。Limau 村における読み書き可能な成人男性のいる Galela 族の世帯のほとんどがこの11世帯にふくまれている、といってよい。ノートへの記入法は、1頁に1回の食事を書くこととし、毎回の食事について、

(1) 月日と曜日
(2) 朝食、昼食、晩食の別と食事時間

(3) 食事内容
(4) 飲物

の順に箇条書きに記入することとしてある。(1) 月日と曜日については、ノートを渡す前に、各頁の冒頭にあらかじめインドネシア語で記入しておいた。(2) では、あらかじめインドネシア語で朝食、昼食、晩食の別を記入しておき、被調査者は食事時間だけを記入したらよいようにしておいた。(3) 食事内容については、毎回の食事でたべたすべての食物を、食物の種類と料理法がわかるように、記入してもらうよう依頼し、同じ内容をGalela語とインドネシア語で並記してもらった。(4) 飲物については、とくに飲物が重要な位置を占める朝食を記入する頁にあたるところでは、インドネシア語で 1. 湯（湯ざまし） air panas、2. 砂糖なしの茶 teh loa-loa、3. 砂糖入りの茶 teh gula、4. コーヒー kopi とあらかじめ記入しておき、概当する飲物に印をつけるだけですむようにしておいた。

このようにして1976年10月から11月にかけての期間にLimau村の11世帯の食事内容に関する表12にしめした資料が得られた。すなわち105回の朝食、104回の昼食、102回の晩食に関する、合計311回の食事の内容について知ることができる。毎回の食事の献立の内容を主食 ino、副食 sihode、飲物 minomun の3つのカテゴリーに分類したときには、主食については、朝食132、昼食129、晩食124、合計385資料。副食については、朝食31、昼食109、晩食107、合計247資料。飲物については、朝食99、昼食23、晩食23、合計145資料。総計777の資料について検討することが可能なのである[9]。

777の献立のそれぞれを、料理の主材料となる食物の種類の別、料理法の別によって下位分類することができる。このように複雑な構成をもつ多量の資料を整理し分析するためには、もはや手計算では追いつかない。以下にのべる資料の分析にあたっては、国立民族学博物館第5研究部（執筆当時）の山本順人氏の協力を願い、電算機を使用して整理した結果にもとづくものである。

---

9 このうち、122回の食事はⅠ、Ⅱ章でのべたH家の献立の記録であり、他の10世帯については原則としては10月18日から10月23日までの6日間の献立の一斉調査を原則とする資料である。全資料のうち、H家の占める比重が高いが、H家の献立が他の世帯ととびぬけてことなる点はなく、H家を含めることによってほかの資料が大きな影響をうけることはないといえる。その検証手続きの記述は省略するが、むしろH家を含む全被調査世帯の献立に主要な主食、副食の種類や料理法に関する共通性が高いことが指摘される。

2. 献立の主材料

Galela 語における料理の命名法が、サゴヤシ澱粉とコメの料理の名称のように、使用する材料とその料理法を一語で限定した名称になっているか、根栽作物や副食料理のように主要な材料名と料理法を組み合わせた表現法をとるかの

表12　献立調査の資料

食事＼資料数	食事数	主食数	副食数	飲物数	主食副食飲物合計
朝　食	105	132	31		262
昼　食	104	129	109	23	261
晩　食	102	124	107	23	254
三食合計	311	385	247	145	777

いずれかの原則をもっているために、ノートに記入してもらった主食、副食の献立に使用されている主要な食物の種類がなんであるかを容易に知ることができる。

主食の料理、副食の料理の別をとわずに、311回の食事にあらわれた飲物を除外した632例の献立における料理の主材料とされる食物を使用回数の順にならべたのが表13である。すなわち、飲物と調味料の材料をのぞくと、632例の料理も主食および副食の料理の主要な材料として使用された食物の種類としてみるときには、表13にあらわれた22種類にすぎない、という結果になっている。

この表を作製するにあたって、料理の材料の食物の種類を分類したときの方法について、魚料理を例にとって説明しておこう。

魚 nao は、魚という大きなカテゴリーにおける食物の種類でとりあげているので、料理の材料としていちばんおおくもちいられる食物であるという結果になっている。これを、魚の種類別に分類したらば、別の結果になるはずである、という疑問が読者の側としては発せられるであろう。

結論からさきにのべれば、いちいちの魚の種類をあげずに、魚を一括して表のようにひとつのカテゴリーにまとめてしまっておいてさしつかえないのである。

この表にあげた食物の分類法は、筆者が勝手につくりあげたものではない。ノートに記入した11人の村人たちが、記入した料理の材料の分類法にほぼ忠実にしたがっているのである。ノートを渡したときに、主食と副食の記入にあたって、筆者は「なにを、どうやって料理したかがわかるように記入してほしい」という注文をつけただけで、記載の方法については記入者の自由にまかせておいた。そうしてお

表13　料理の主材類の種類とその出現回数

食　物　の　種　類		回数
魚	nao	169
バナナ	bole	111
サゴヤシ澱粉	peda	106
コメ	tamo	68
マニオク	nasibiu	45
サツマイモ	gumi	33
ナス	fofoki	24
コムギ粉	trigu	16
カンコ	kangko	13
燻製魚	nao i dodopo	8
ニワトリ	toko	6
パパイヤの若葉	papaya ma soka	4
ドディリブ	dodilibu	4
タロイモ (Colocasia antiquoram)	dilago	4
シダの若葉	godomu	3
野ブタ	titi	2
パンノキ	amo	2
タケノコ	jiburu	1
塩乾魚	nao gasi	1
ヒユ	tona ma gaahu	1
シカ	manjanga	1
イカ	udi	1
ダブダブ	dabu-dabu	8
不明		1
合　　　計		632

いても、結果をみると、記入者たち全員に共通する食物の分類法で統一された資料となってかえってきている。たとえば、副食としてつかわれる植物性の食物は全員が、ナス、カンコ、パパイヤの葉──というふうに個別的に記載し、ばくぜんと野菜 gaahu（gaahu とは栽培植物か野生植物かを問わず一般に「青物」といった意味）という上位の分類のカテゴリーで記入した者はいない。60品種もあるバナナについては、個々の品種名で分類して記入することはなしに、バナナ bole という単語で記述している（たとえばサガテという品種名を Galela 語でのべるとしたら、bole ma sangate と記さなくてはならない）など、料理の材料としての食物をのべるにあたっての共通した認識があることがわかる。

魚についていえば、鮮魚を材料とした場合 nao、燻製魚を材料としたときには nao i dodopo、塩乾魚を材料としたときに nao gasi という3通りの区別でもって記入し、魚の種類をいちいち言及しないのがふつうである。1人だけ、魚の種類についてまで記入した回答者がある。この場合も、nao leanga、nao ido…というふうに魚 nao ということばをさきにつけてから、サバ leanga、カツオ ido という種類をあげている。leanga、ido…というそれぞれの

魚の種類をしめす名詞をあげるだけでも、Galela 語としては意味が通じるのだが、そのまえに魚 nao ということばをいったんつけなくては気がすまないのである。「バナナをたべた」、「ナスをたべた」というのとおなじレベルで食物を分類したときには、「カツオをたべた」ことが問題となるのではなく、「魚をたべた」ということに意味があるのだ。すなわち Galela 族の料理の材料としての食物の分類のやりかたにしたがうかぎり、表13では魚の種類を細分せずにおいてさしつかえないのである。なお、イカ udi は Galela 族では nao 魚のカテゴリーには入れられていないので、それは表でも別項の食物としてとりあつかわれている。

表13において、調味用のソースであるダブダブ dabu-dabu が8回登場する。dabu-dabu は本来は魚料理を中心とする副食料理の味つけ用のソースとして、副食料理のそえものとして位置する。そこで、副食料理の主材料はあくまでも、魚、ナスなどであり、それにともなうわき役の dabu-dabu は表には記入しない原則をとっている。ただ、この8例については主食にたいする副食がなく、主食と dabu-dabu だけが記入されていた例である。この場合は、主食を dabu-dabu につけてたべているのであり、dabu-dabu は副食料理そのもののとりあつかいをうけているのである。そして、dabu-dabu をトマトとトウガラシという材料名に分解して表に記入するのも意味がないので、とりあえず dabu-dabu という分類項目をたてて8例を記入しておいた。

表13にあらわれた主な食物の種類ごとに、その材料を使用した献立の回数が、献立の合計数に占める率を百分比にして、グラフ化したのが図19である。こうしてみると、Galela 族の献立の大半が主食用の食物の料理によって占められていることがわかる。それは、料理というものの主力が副食物の料

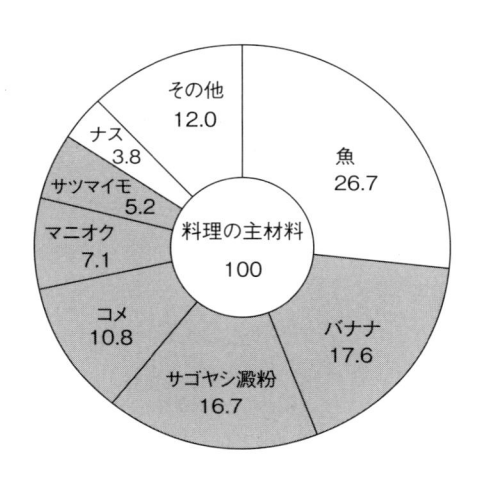

図19　料理の主材料（632事例、単位：%）

理に置かれている現在の日本人の料理とは、ことなるパターンのものである。

3. 主食とその料理法

　主食 ino の料理の主材料となる食物の種類別に、朝食、昼食、晩食のそれぞれの食事でどのような料理法によって加工されたかがわかるように整理したのが、表14である。表14のいちばん右の欄では、それぞれの主食用食物を主食とする献立が合計何回出現したかをしめしている。

　311回の食事についての調査資料のなかで、主食の献立は385回あらわれる。すなわち、1回の食事にたとえばバナナを焼いた主食と、サゴヤシ澱粉のケーキ ― サゴレンペン ― の両方が供されるといったふうに、複数の主食がたべられることがあるのだ。総計385事例の主食の献立のなかで、それぞれの種類の主食用食物が占める割合を百分比で図示したのが、図20の円グラフである。

　図20をみてわかることは、Limau 村の食生活において、バナナとサゴヤシ澱粉がもっとも重要な主食となっていることである。このふたつの食物を合計すると主食用献立の大半を占めてしまっている。それについで、コメがよくたべられるが、調査期間はコメの端境期にあたり、消費されたコメのおおくは自家生産米ではなく、購入してきたものである。Limau 村におけるコメの作付面積などを考えると、コメの収穫直後の自家生産米が豊富な5～6月頃でも、コメをそれほどたべることはなく、人々の話でも、バナナやサゴヤシ澱粉よりもコメの献立がおおくなることはない、という。

　こうしてみると、Limau 村での主食用食物の消費順位は、1位 バ

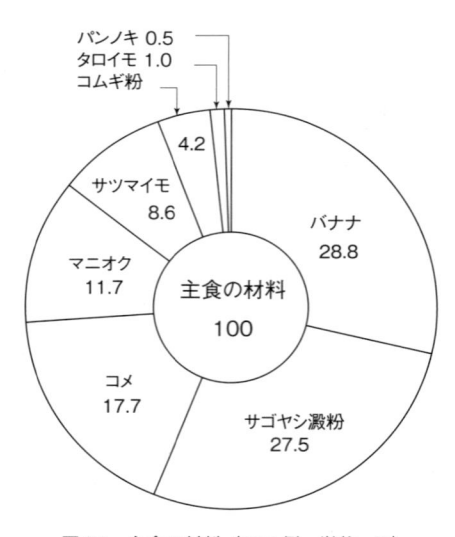

図20　主食の材料（385例、単位：%）

表 14　主食材料と料理法

食物の種類		調理法	朝食	昼食	晩食	合計	総計
バナナ	bole	sinanga	34	16	1	51	111
		paari	20		22	42	
		osu	9	3	3	15	
		kola	2			2	
		不明	1			1	
サゴヤシ澱粉	peda	gunange	6	43	34	83	106
		gunange de ma igo	9	1	1	11	
		soru		6	5	11	
		boboko		1		1	
コメ	tamo	tamo（gulu-gulu）	1	25	27	53	68
		dulu-dulu	7	1	1	9	
		jaha	3			3	
		gurati			1	1	
		不明		2		2	
マニオク	nasibiu	paari	2	17	14	33	45
		sinanga	7			7	
		osu	1			1	
		不明		1	3	4	
サツマイモ	gumi	paari	2	9	11	22	33
		sinanga	8	1		9	
		不明		2		2	
コムギ粉	trigu	roti	6			6	16
		（sinanga）	2			2	
		（paari）	1			1	
		panci	3			3	
		apang	3			3	
		kue	1			1	
タロイモ（*Colocasia antiquorum*）	dilago	sinanga	2			2	4
		不明	1		1	2	
パンノキ	amo	sinanga	1			1	2
		paari	1			1	

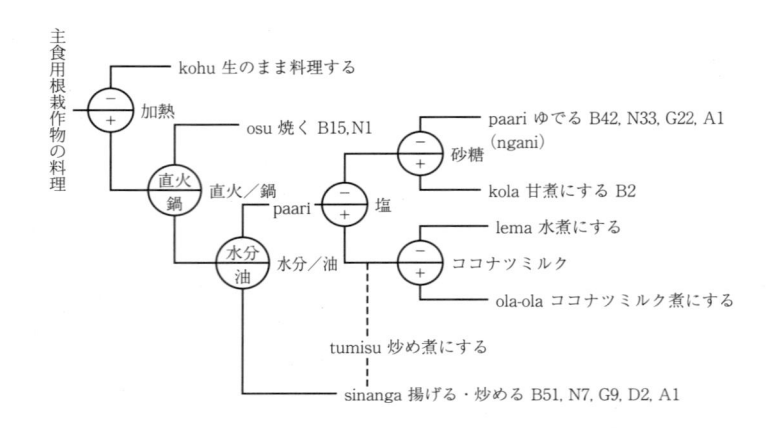

```
主食用根栽作物の料理 ─┬─ kohu 生のまま料理する
         加熱 ─┤
              └─ 直火/鍋 ─┬─ osu 焼く B15, N1
                    直火/鍋 ─┤
                         └─ 水分/油 ─┬─ paari ─┬─ 砂糖 ─┬─ paari ゆでる B42, N33, G22, A1 (ngani)
                              水分/油 ─┤       │      └─ kola 甘煮にする B2
                                   │       └─ 塩 ─┬─ ココナツミルク ─┬─ lema 水煮にする
                                   │            │             └─ ola-ola ココナツミルク煮にする
                                   │            └─ tumisu 炒め煮にする
                                   └─ sinanga 揚げる・炒める B51, N7, G9, D2, A1
```

図21-1 主食用根栽作物の料理

B: バナナ、N: マニオク、G: サツマイモ
D: タロイモ (*Colocasia antiquorum*)、A: パンノキ

ナナとサゴヤシ澱粉、2位 コメ、3位 マニオク、4位 サツマイモということになる。現金でコメを買うことがすくなかった1950年代頃でいえば、コメの順位はもっと下位に位置していたであろう。ただし、サゴヤシ林から遠い内陸部の Galela 族の村では、サゴヤシ澱粉の順位がさがることになる。

表14をながめながら、それぞれの主食用食物の献立の細部について簡単に解説しよう。

バナナの料理法では、ココナツ油で空揚げにした sinanga とゆでた paari の調理法がよくもちいられる。paari の技術をさらに細かく検討すると、paari をした献立42例のうち、水でゆでるのはなく、ココナツミルクでゆでた事例が11例を占めている。ココナツミルクゆではその味の重厚さが好まれるが、栄養学的にも澱粉質の食品に油脂を補給する意味をもっている。

バナナ料理の分析結果をみて、筆者にとって意外であったのは、焼く osu の料理が案外すくなかったことである。バナナを焼いてたべることが、Galela族のバナナ

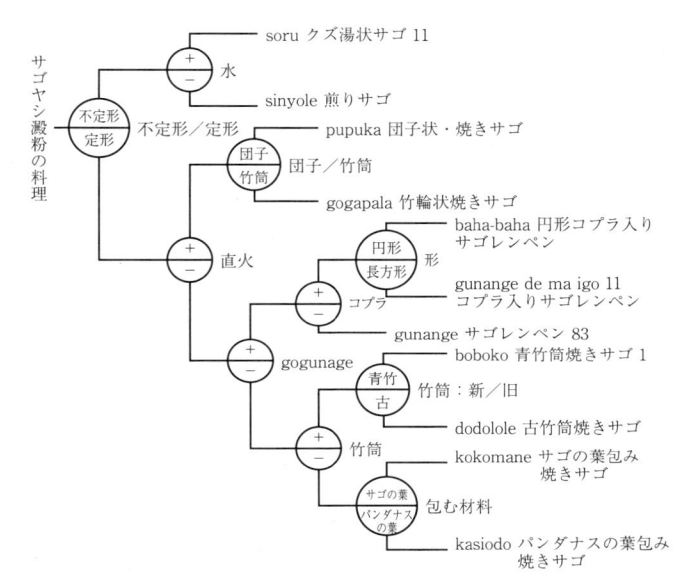

図21-2 サゴヤシ澱粉の料理

```
サゴヤシ澱粉の料理 ─┬─[不定形/定形]─┬─(+)水 ── soru クズ湯状サゴ 11
                │              └─(−)   ── sinyole 煎りサゴ
                │
                └─[直火]─┬─(+)[団子/竹筒]─┬─ pupuka 団子状・焼きサゴ
                        │                └─ gogapala 竹輪状焼きサゴ
                        │
                        └─(−)gogunange ─┬─(+)[円形/長方形] 形 ─┬─ baha-baha 円形コプラ入りサゴレンペン
                                        │  コプラ              ├─ gunange de ma igo 11 コプラ入りサゴレンペン
                                        │                      └─ gunange サゴレンペン 83
                                        │
                                        └─(−)[青竹/古] 竹筒:新/旧 ─┬─ boboko 青竹筒焼きサゴ 1
                                                                  ├─ dodolole 古竹筒焼きサゴ
                                                                  └─[サゴの葉/パンダナスの葉] 包む材料 ─┬─ kokomane サゴの葉包み焼きサゴ
                                                                                                      └─ kasiodo パンダナスの葉包み焼きサゴ
```

のたべかたの基本である、といった意味のことを人々からよく聞かされていたからである。また、どの台所にも小型の臼 lusu と小型の竪杵 dudutu、シャモジ sasadu が置かれ、その主要な用途は、焼いたバナナをつぶし、それをよそうことにあるからである。金属製の鍋の普及とともに、バナナを焼いてたべることがすくなくなってきたものと、かんがえられる。バナナ料理が朝食におおくもちいられることにも留意されたい。

　サゴヤシ澱粉の料理では、なんといっても gunange で焼くことが基本である。ついで、gunange にコプラをまぜた gunange de maigo、クズ湯状の料理である soru がつくられる。ほかの料理法としては、行事食につくられる boboko が1例だけあらわれる。

　コメの料理では、日本のふつうの飯とおなじ tamo（gulu-gulu）がいちばんよくつくられ53例であるが、そのうちココナツミルクで炊いた飯をさがすと7例である。ついで、カユ dulu-dulu と、比較的細い竹筒で炊いた行事食の食事である

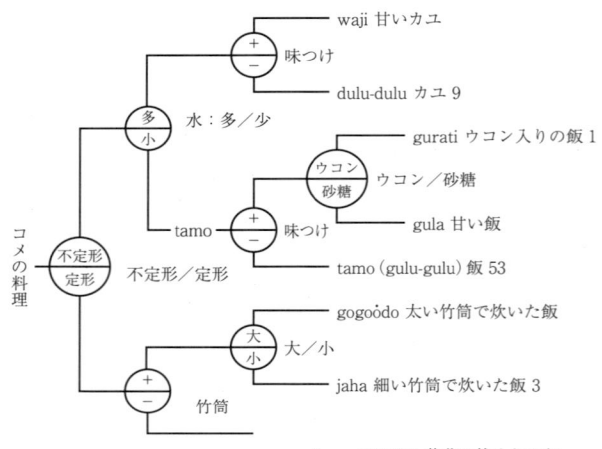

```
                                    ┌── waji 甘いカユ
                              ┌─ +/− 味つけ
                       ┌─ 多  ─┤
                       │  小   └── dulu-dulu カユ 9
                       │水：多/少
                       │                    ┌── gurati ウコン入りの飯 1
                       │              ┌─ ウコン ウコン／砂糖
         ┌─ 不定形  ───┤        ┌─ +/− 砂糖
         │   定形      │        │    味つけ └── gula 甘い飯
コメの料理─┤            └─ tamo ─┤
         │ 不定形／定形            └── tamo (gulu-gulu) 飯 53
         │
         │                       ┌── gogoòdo 太い竹筒で炊いた飯
         │                 ┌─ 大 ┤  大／小
         └─ +/−           │  小 └── jaha 細い竹筒で炊いた飯 3
            竹筒 ─────────┤
                           └── kupa ココヤシ若葉の籠入りの飯
```

図21-3　コメの料理

jaha が2回、ウコン入りの飯が1回登場し、材料名に tamo と書いてあるだけで料理法が不明のもの1回という結果である。

　マニオク料理では paari が33回のうち、ココナツミルクでゆでた事例が7回である。

　空揚げ sinanga の7例はバナナの場合とおなじく朝食用である。osu 焼いたのが1回で、料理法不明が1回あらわれる。サゴヤシ料理とおなじ技法をもちいた料理は出現していない。このことは Limau 村では有毒種のマニオクの作付がすくないからであろう。コムギ粉料理16回のうち、家庭の台所でつくったことがわかっているのは、揚げパンである roti（sinanga）、蒸しパンの roti（paari）と記載した3例だけである。ほかの小麦粉料理のほとんどは、自家製ではなく既製品を店から買ってきたものと推定される。

　タロイモでは *Colocasia antiquorum*（L.）Schott をゆでた paari 料理が2回あらわれ、あと2回の献立の料理法は不明である。

　パンノキでは、果実を空揚げ sinanga したものとゆでた paari 料理が各1回出現する。

こうしてみると、前章の料理の体系でのべたさまざまな料理のなかで、家庭の台所でつくる料理の種類はかぎられていることがわかる。さきにあげた料理の体系の図示のうち、主食の料理に関係するものをふたたびあげて、そのなかで、筆者の献立調査にあらわれたものだけを太字で表記し、その出現回数を並記しておく（図21-1、2、3）。この太字で書かれたものが、Galela族に日常的料理としてつくられるものをほぼあらわしていると、かんがえてよいであろう。

4. 副食とその料理法

主食の献立の場合にならって、表15では副食 sihode の種類とその料理法をしめし、図22では副食の主材料とされた食物の出現頻度の比率をあらわしている。

円グラフをながめて、まず目につくことは魚を主とする動物性の食物の献立が、植物性の食物の献立にくらべて、圧倒的におおいことである。すなわち、動物性食物の献立188例にたいして、植物性食物の献立59で、約3：1の割合となっている。

表13を参照しながら動物性食物の中心である魚の料理について検討しよう。調査資料での魚の料理法としては、焼く osu、ココナツミルク煮 ola-ola、水煮 lema、揚げる sinanga、炒め煮 tumisu があげられ、生食 gohu をのぞいては副食の料理法

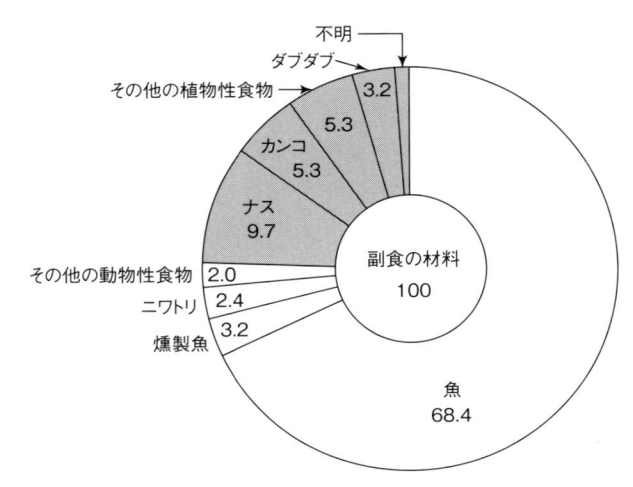

図22　副食の材料（247事例、単位：%）

表15 副食の材料と料理法（カッコ内の数字は dabu-dabu をともなった回数をしめす。）

食物の種類		調理法別の回数					総計
		調理法	朝食	昼食	晩食	合計	
魚	nao	osu (dabu-dabu)	25(15)	22(12)	28(16)	75(43)	169
		ola-ola	1	19	14	34	
		lema		16	15	31	
		sinanga (dabu-dabu)	1	6(2)	9(1)	16(3)	
		paari (dabu-dabu)		3(1)	1(1)	4(2)	
		tumisu		3	1	4	
		不明		3	2	5	
ナス	fofoki	ola-ola		10	7	17	24
		sinanga			3	3	
		paari			1	1	
		tumisu		1		1	
		不明		1	1	2	
カンコ	kanko	sinanga		6	1	7	13
		ola-ola		1	3	4	
		tumisu			2	2	
燻製魚	nao i dodopo	osu			3	3	8
		sinanga	1		1	2	
		lema		1		1	
		不明		2		2	
ニワトリ	toko	sinanga (dabu-dabu)		3(1)		3(1)	6
		ola-ola		1	1	2	
		lema			1	1	
パパイヤの若葉	papaya ma soka	sinanga		1	1	2	4
		ola-ola		1	1	2	
ドディリブ	dodilibu	ola-ola		1	1	2	4
		不明			2	2	
シダの若葉	godomu	ola-ola		1	2	3	3
野ブタ	titi	lema		2		2	2
タケノコ	jiburu	不明		1		1	1
塩乾魚	nao gasi	osu			1	1	1
ヒユ	tona ma gaahu	ola-ola		1		1	1
シカ	manjanga	lema			1	1	1
イカ	udi	sinanga			1	1	1
ダブダブ	dabu-dabu	dabu-dabu	3	3	2	8	8
不明（不明の植物名が記入されている）					1	1	1

がひととおり出そろっている。

　魚の料理法のなかでいちばんおおく適用される技術は、焼魚にすることであり、魚の献立169例のうち焼魚が75例を占めている。インドネシア文化圏では一般に魚は空揚げ（インドネシア語でいえばikan goreng）料理にするのがふつうで、焼魚にはあまり料理しないのにたいして、ハルマヘラを含むマルク諸島では焼魚が魚料理の基本になっている点がことなっている。Galela族の場合でも、焼魚がすべての副食料理のなかで、いちばん普遍的な献立となっているのである。

　表15で料理にトマト、トウガラシ、塩をまぜた調味料ソースであるダブダブdabu-dabuをともなっているときには、カッコ内にしめしてある。たとえば、魚料理のosuの項の合計は75（43）と記されている。これは、三食の合計で魚のosu、すなわち焼魚の献立が75回登場し、そのうちでダブダブをともなった回数が43回あったことをしめしている。ほかにdabu-dabuをともなう料理をさがしてみると、魚料理では、空揚げsinanga、ゆで魚paariにともなうことがあり、ニワトリ料理に1回ともなった例がある。いずれも、味つけをせずに、焼く、揚げる、ゆでることをした主材料の料理法にそえられている。焼魚とダブダブというとりあわせが、献立調査資料にあらわれた副食のいちばんポピュラーなたべかたということになる。

　なお、表14に8例だけdabu-dabuが独立して表記されている。さきにのべたように、独立したひとつの副食としてとりあつかわれている場合である。その内訳は、バナナの空揚げとdabu-dabuのみの献立が2回、バナナをゆでたものとdabu-dabuのみの献立が2回、バナナを焼いたものとdabu-dabuのみの献立が1回、マニオクをゆでたものとdabu-dabuのみの献立が1回、サゴレンペンとdabu-dabuのみの献立が1回である。これらの場合には、dabu-dabuは主食にたいするオカズとしての役割をになっている。そこで、独立させて副食として表ではとりあつかっておいたのであるが、これは例外的な献立であるとかんがえてよい。

　鮮魚以外の動物性食物使用頻度の順に燻製魚、ニワトリ、野ブタ、塩乾魚、シカ、イカということになる。このうちで、ニワトリはごちそうとして、客のあった場合などにつぶすものである。いずれにしろ、動物性蛋白質のほとんどは魚に依存した食生活である、といえる。

植物性の食物で料理の主材料としていちばんよく使用されるのは、ナスである。表にでてこない調味料として使用される作物を入れても、日常的な料理の材料として使用される作物は、ナス、ココヤシ、トウガラシ、トマト、サトウキビ、パパイヤにかぎられ、副食用の蔬菜類の貧困さがめだつ。ほかに副食用の植物性の食物としては、カンコ、ヒユの半栽培の植物と、シダの若芽、タケノコの野生植物があらわれるだけである。

5. 食事と食物、飲物

　ここでは、朝食、昼食、晩食のそれぞれの食事の献立の内容について検討を試みる。
　まず、飲物を3食別に分類した表16について解説をする。この表の数字で意義ある内容のものは、朝食の欄についてだけである。すなわち、献立調査資料にのっている合計朝食105回のうち飲物の内容がわかる100事例があるのにたいして、104回の昼食にたいして飲物については23事例、102回の晩食にたいして飲物について記入のあるのは23事例しかないのである。このようなかたよりがでた理由は、献立を記入してもらうノートを渡すとき、飲物が重要な役割を占める朝食を記入する頁には、あらかじめ、飲物の種類を記入する欄をつくっておいたことが誤解され、朝食の場合のみ飲物を記入したらよいと受けとられたためである。また、昼食、晩食には、湯ざましを飲むのがふつうであり、茶やコーヒーを飲むことはすくないので、とりたてて湯ざましを飲料として記入する必要はあるまいということで、記入しなかったとのべる者もいる。そこで、昼食、晩食の飲物について記入してあるのは2世帯にかぎられ、その記入もすべての昼食、晩食についてなされているものではない。
　朝食の飲物についてみると、砂糖入りの紅茶がいちばんおおく飲まれ、ついで湯ざまし、コーヒー（コーヒーを砂糖なしで飲むことはない）、砂糖なしの茶は例外的な飲物という順序になる。人々も、できるなら朝食には砂糖入りの茶を飲むことが望ましいという。湯ざましは茶や砂糖がないときに飲まれるものである。
　それにたいして、昼食、晩食でのもっとも一般的な飲物は湯ざましであり、茶を飲むときにも、砂糖なしの茶をいれることもおおい。昼食、晩食では副食物の料理

表16 食事にともなう飲物の種類

飲物の種類		朝食	昼食	晩食
湯ざまし	ake da sahu	27	13	14
紅茶（砂糖入り）	teh(gula)	70	3	3
（砂糖なし）	teh(loa-loa)	1	7	5
コーヒー	kofi	2		
ヤシ酒	saguer			1
合　計		100	23	23

表17 食事ごとの品数数の平均値

食事	主　食	副　食
朝　食	1.26	0.29
昼　食	1.24	1.04
晩　食	1.22	1.05

で主食を食べるのがふつうで、飲物はかわきをいやすだけのはたらきがあったらよいのにたいして、朝食は甘い紅茶で主食をたべ、そのかわり副食物はなしでもよい、という献立の構成をとるのである。

　食事ごとの主食、副食の品数の平均値をもとめてみる。すなわち、朝、昼、晩それぞれの食事の回数の合計で、主食献立数の合計、副食献立数の合計を割ってみるのである。表17にしめした結果をみると、各食事ともに、主食の平均値は1.2～1.3のあいだで、それほどのひらきはない。1回の食事に複数の主食をとることがあるので、主食の品数の平均値は1よりも高くなるのである。

　副食の場合、昼食、晩食は1よりもすこし高い値をしめすのにたいして、朝食は0.29というたいへん低い値となっている。すなわち、昼食、晩食では副食の料理が一品そえられるのがふつうであるのにたいして、朝食では、むしろ副食がそえられないことがふつうなのである。表15にたちもどって朝食に副食がそえられる場合を調べると、それは魚料理とdabu-dabuにかぎられていることがわかる。

　ついで、朝、昼、晩における主食の材料の種類を検討してみよう。図23-1、2、3は、それぞれの食事を構成する主食の材料とされる食物の種類別の百分率をとって表現したものである。3つのグラフを比較すると、昼食、晩食は共通したパターンをしめしているのにたいして、朝食は独特な型をしている。すなわち、昼食、晩食にくらべて、朝食においてはバナナの比率がおおきく、コムギ粉料理は朝食にのみたべられている。そして朝食では、サゴヤシ澱粉とコメの比率がすくない。

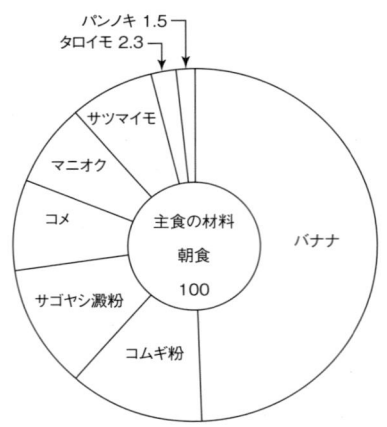

図23-1 主食の材料—朝食（133事例、単位：%）

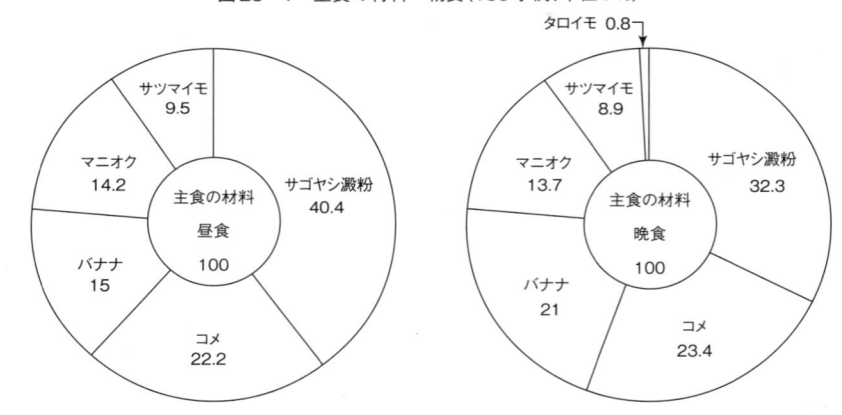

パンノキ 1.5
タロイモ 2.3
サツマイモ
マニオク
コメ
サゴヤシ澱粉
コムギ粉
バナナ
主食の材料 朝食 100

図23-2 主食の材料—昼食（126事例、単位：%）

サツマイモ 9.5
マニオク 14.2
バナナ 15
コメ 22.2
サゴヤシ澱粉 40.4
主食の材料 昼食 100

図23-3 主食の材料—晩食（124事例、単位：%）

タロイモ 0.8
サツマイモ 8.9
マニオク 13.7
バナナ 21
コメ 23.4
サゴヤシ澱粉 32.3
主食の材料 晩食 100

　表15にたちもどってバナナの料理法をみると、朝食に特徴的なのはヤシ油で揚げる sinanga の料理法がおおい点であり、サツマイモ、マニオクのイモ類でも、朝食には sinanga がよくもちいられる。揚げたバナナやイモ類は、砂糖をふったら菓子になる料理でもある。コムギ粉でつくったパンや甘い料理である kola が朝食に出現することなどからみても、朝食は、副食なしで甘い紅茶とともに食べる、日本でいえばオヤツに近い性格の献立であることがわかる。

以上の事柄を総合してみると、主食 ino と副食 sihode がセットとなった食事である odo が構成されるのは、昼食 wange po odo と晩食 puputu po odo の２食である。朝食 langi-langi po odo は正式の食事というよりも、昼食までの腹の虫おさえという性格がつよい、ということになる。現在では、砂糖入りの紅茶、ココナツ油で揚げたバナナやイモ類、パンなどの朝食用の食物、飲物がととのっているが、茶を飲む習慣、砂糖を使用する習慣、コムギ粉製品の料理、ココナツ油を使用した料理は今世紀になってから Galela 族で一般化したものである。その以前を考えると、朝食の主力は焼いたり、ゆでたバナナを湯ざましといっしょにたべることくらいの、あまり食事らしからぬものになってしまう。そのような過去を推定すると、インドネシア各地でかつてそうであったように、Galela 族においても朝食は正式の食事ではなく、一日のはじまりにあたって、一時の腹おさえに食物をとるという性格のものであったろうとかんがえられる。

VI. 食生活と農業文化の復元

1. 伝統的作物と家畜の種類

　この章では Galela 族の現在の食生活を手がかりに、ひろくハルマヘラ島の生業文化の文化層の復元を試みることとする。
　前章の献立の分析からもわかったように、バナナとサゴヤシ澱粉の主食と、魚の副食が現在の Galela 族の食生活の基本である、といえる。この基本的献立が過去においても食生活の基本であったのか、また、その他のおおくの主食、副食の献立のなかで、過去をたどったときに、それらの食物がいかなる農業文化の層に所属するかをかんがえてみたい。
　現在の Galela 族自身は、過去何世紀にもおよぶ自分たちの過去の歴史を物語る時代性の明確な伝承や記述された資料をもっていない。そこで、ひろく東南アジア、ニューギニアの文化史を考慮に入れながら、Galela 族の現在の食生活で得た資料のなかから、歴史のあたらしい作物や料理法を消去法によって除外していくこと

によって、過去の姿を推定していくこととする。

まず、表2にあげたLimau村の畑で栽培されている作物を中心に、これらの植物のGalela語名称を、他の言語における名称との関係において整理してみる。ここでは表2の作物のほかに野生植物ではあるが食生活にとって重要なサゴヤシと、現在Limau村では栽培されず忘れられた作物となっているguwapoというモロコシ Sorghum sccharatum（L.）Moench.、タロイモの仲間ではdilago gogomoとよばれる Xanthosoma violaceum Schott.、ヤムイモではkapupuとよばれる Dioscorea bulbifera L.、totopoとよばれる D. nummularia L. とgusuoという名称の D. alata L. を追加しておく。これでLimau村ばかりではなく、Galela族全体の食生活に重要な植物がほぼ出そろったとみてよい[10]。

これらの植物を追記した表18では主として、[HEYNE, 1950]を参照して、インドネシア各地における栽培植物名のなかから言語学的にGalela語名称と関係あるとかんがえられるものをひろいあげ、右欄に記入した。そのさい穀類の民族名称についてはHeyneにないものを[鹿野,1946]から若干の補強をおこなってみた。この表をながめるときに注意しなくてはならないのは、表に記入されていない地域や民族は、すべて別の語彙を使用しているとはかぎらないことである。原資料であるHeyneの記載は、地域、民族名称のおおいものでも、ひとつの植物に100個たらずのものであり、全インドネシアの民族の名称をあげた資料ではない。この表にないからといって、同様の名称を使用する民族が表に記入されているものだけには限定されないのである。そこでこの表は一応の目やすをしめすものとして利用されたい。

表18をながめて、まず気のつくことは、Galela族の栽培作物の名称のなかには、Austronesia語系の名称がかなりとり入れられていることである。それは、語族のちがいをこえて、作物とそれにともなう名称が、歴史的に伝播したことを物語っている。

このうちで、Galela語名称と関係する他の民族名称をさがすことのできなかった植物としては、サゴヤシ、イネ、若干の種類のタロイモ、ヤムイモ、ヒユ、ネギが

---

10 ほかにタロイモの仲間でbeloという名称のものがGalela族によって栽培されるというが、その学名はわからない。

ある。サゴヤシ、イネという重要な栽培植物名がなぜGalela族だけに独自な名称となっているのかについて、はっきりした解釈をくだすことはできない。

ついで、北ハルマヘラ諸語をはなすグループだけ共通の名称をもつ作物名として、バナナ、タロイモ類、サトウヤシ、サトウキビ、ウコン、ナス、サツマイモがあげられる。

北ハルマヘラは、地理的にスラウェシ島東北部にきわめて近いが、この両地域に共通な名称をもつ作物は、ショウガ、ニラである。

ハルマヘラを含むマルク諸島、スラウェシ、タンニバル諸島、カイ諸島、チモール島、ロチ島、ビアク島によって構成される東部インドネシア一帯に共通する名称の作物には、アワ、ハトムギ、マニオク、トウモロコシ、トウガラシがある。

ひろく、インドネシア全域に共通する名称の作物としては、タロイモ（*Alocasia*）、ヤムイモ（*D. alata*）、ニガウリ、スイカ、タマネギ、トマト、パパイヤ、パイナップル、カンコがみられる。

共通名称の分布について、はっきりしたことをのべられない作物は、ヒョウタン、ササゲ、カボチャである。

このような共通名称の分布域は、共通する名称をもつ作物の伝播に関係する側面をもっている。しかしながら、インドネシア世界における作物の伝播についての編年的研究は、一部の主要作物についてしかなされていない現状では、上記の資料から早急に論をたてることはできない。

これらの植物のなかで、時代的な上限がわかっているのは新大陸原産の作物についてである。すなわち、マニオク、サツマイモ、タロイモのうちの*Xanthsoma*、トウモロコシ、トマト、トウガラシ、カボチャ、パパイヤ、パイナップルは16世紀初頭以後にインドネシア世界にもたらされたものである。

新大陸原産の作物についていえば、香料貿易でポルトガル人とはやくから接触をしたマルク諸島は、アジア、太平洋地域でははやくから新大陸の作物が伝播した場所にあたる。たとえば、ポルトガル人によって伝えられたサツマイモの移入経路でいえば、アンボンがアジア、太平洋地域のなかで最初にもたらされた場所といわれる。ちなみに、テルナーテ島にポルトガル人が最初にやってきたのは1513年のことである。

表 18 Galela 族の食用作物と関係する民族名称

植 物 名	Galela 語名称	Galela 語名称に関連する民族名称
サゴヤシ *Metroxylon Sagus* Rottboel *Metroxylon rumpfii* Martius	tano	関連する名称なし
栽培バナナ cultivated bananas	bole	bole, pele（sahu）：北ハルマヘラ
イネ *Oryza sativa* L.	tamo	関連する名称なし
＊マニオク *Manihot utilissima* Pohl.	nasibiu	kasoebi（Padoe）：トラジヤ kasbi（Piroe）, kasabi（Saperewa）, kasbing（Elpapoeti），kaspini（Waraka）：西セラム kasbi（Amahai）, kasipi（Noeaoeloe）, kasebi（Sepa）：南セラム kasbi：アンボン、アルフール族 kasbi：ブル Asbii（Boeli, Weda）：南ハルマヘラ koesbin（Sawe）：北ニューギニア nahibi（Tob.）, tahoebi（Mod）, nahibi（Loda）, nahibi（Pagoe）：北ハルマヘラ kasibi：テルナーテ kasibi：ティドレ
＊サツマイモ *Ipomea batatas*（L.）Lemark	gumi	goemini（Tob. Mod.）, kahitela o goemini（Tob. Boen-dial）, kaste la i goegoemini（Loda）：北ハルマヘラ
タロイモ *Colocasia esculenta*（L.）Schott	dilago	dilago（Tob., Loda, Pagoe）：北ハルマヘラ
タロイモ *Alocasia macrorrhiza*（L.）Schott	kiha	kiha：メナドのインドネシア語 biha：バンジャルマシンのインドネシア語 bira：アンボンのインドネシア語 スンダ列島でsénté 系の名称が使用されることをのぞくと、kiha、biha、bira 系の名称が一般である。 ほかに、kiha 系は kiwawa（Tob., Pagoe）：北ハルマヘラ kiha：テルナーテ
＊タロイモ *Xanthosoma violaceum* Schott	dilago gogomo	関係する名称なし
ヤムイモ *Dioscorea esculenta* Burkill	siapu	sajawoe：メナドのインドネシア語 siawoe：バリ sajawoe, siaboe, sajapoe：北スラウェシのアルフール族 siahoe：アンボンのアルフール族 sahoe（Haroekoe）, siahoel（Noesa-laoet）, siahoelo（Saparoea）, hiahoe（Tob.）, siahoe（Loda）：北ハルマヘラ siahoe：テルナーテ
ヤムイモ *Dioscorea alata* L.	ubi	ほとんど全域において ubi 系の名称

ヤムイモ *Dioscorea alata* L.	gusuo	関係する名称なし
ヤムイモ *Dioscorea bulbifera* L.	kapupu	kamboeboe（Mod.）: 北ハルマヘラ ahoehoe, ohoehoe: ウェリス
ヤムイモ *Dioscorea nummularia* Lamk.	totopo	関係する名称なし
ヤムイモ *Dioscorea pentaphylla* L.	nunuta	関係する名称なし
アワ *Setaria italica* Beauv.	bobotene	botai: メナドのインドネシア語 botoh: チモールのインドネシア語 hotong: アンボンのインドネシア語 botan: タンニバル[鹿野, 1946: 284] hetang: ウェタール[鹿野, 1946: 283] batoeng: タラウド bote, wotei: ミナハサのアルフール族 boetomo: グル batang: マカッサル botang: カイ atong: アンボンのアルフール族 batung: タラウド、マセンレンプル[鹿野, 1946: 284] hotono: ウェリス beten, feten: ブル boteme（Mod., Loda, Pagoe）: 北ハルマヘラ foetoe: テナーテ、ティドレ
ハトムギ *Coix lachryma-jobi* Subsp. *nayuen* T. Koyama	rore	dele: ロチ dele: チモール sore: 南セラムののアルフール族 lale: セレベス、ブオル族[鹿野, 1946: 289] lore（Tob.）: 北ハルマヘラ rore: テルナーテ
モロコシ *Sorghum saccharatum*(L.) Moench.	guwapo	guwapo（Tob.）[鹿野, 1946: 288]
*トウモロコシ *Zea mays* L.	ngoko または kahitela	kastela: アロール kasitela, kakatela: カイ ara kastera, barakastera: 西セラム hala kastera: 南セラム kastela: ウェリス pastela, kestjela: ブル kasera: ビアク kahitela, goko（Tob.）, gokota, kasitela i gogota（Loda）: 北ハルマヘラ kastela: テルナーテ tela: ティドレ
パンノキ *Artocarpus communis* G. Forst.	amo	namo: 北スラウェシのアルフール族 amo: ブル amo: 北ハルマヘラおよびテルナーテ

ナス Solanum melongena L.	fofoki	woki-woki（Tob.） wowoki（Mod.） woki-woki（Pagoe）：北ハルマヘラ fofoki: テルナーテ、ティドレ
ショウガ Zingiber officinale Rosc.	goraka、 または gisoro	goroka: メナド gihoro（Tob.,Mod.,Pagoe,Lodo）：北ハルマヘラ goroka: テルナーテ roka: ティドレ
ウコン Curcuma domestica Valeton	gurati	goelati（Pagoe）：北ハルマヘラ goeratji: テルナーテ、ティドレ
ネギ Allium fistulosum L.	rau	関係する名称なし
ニラ Allium tuberosum Rottiler	goda	ganda, landa: ミナハサのアルフール族 gada（Loda）：北ハルマヘラ ganda: テルナーテ
ヒョウタン Lagenaria siceraria(Moliu) Standley	walu	waloeh kenti: ジャワ
サトウキビ Saccharum officinarum L.	uga	oegaka（Tob. Tabaru, Loda） oegaa（Mod.）, oesak（Pagoe）：北ハルマヘラ oega: テルナーテ、ティドレ
タマネギ Allium cepa L.	bawang Sasawala	標準インドネシア語で bawang、バリ、北スラウェシのアルフール族、ブル、マカッサル、ロチ、チモールをのぞく全域が bawang 系の名称
ササゲ Vigna sinensis Savi ex Hassk	gaahu kakaku	名称の記述なし
ツルレイ Momordica charantia L.	popare	標準インドネシア語で pepari、各地で pepari あるいは paria 系の名称が使用される
スイカ Citrullus vulgaris Schrad	samanka	標準インドネシア語で samangka、各地で samangka 系の名称が使用される
*トマト Lycopersicon esculentum Mill.	tomate	標準インドネシア語で tomate、各地で tomate 系の名称を使用
*パパイヤ Carica papaya L.	papaya	標準インドシネア語で papaya、papaya 系の名称と、別系譜の名称もあるが、マルク諸島では papaya 系の名称が使用される
*パイナップル Ananas comosus Merr.	nanas	標準インドネシア語で ananas、ananas 系の名称と、別系統の名称があるが、マルク諸島では ananas 系の名称が使用される。
*カボチャ Cucurbita pepo L.		関係する名称なし

*トウガラシ Capsicum annuum L.	rica	ritja: メナドのインドネシア語 risa: タラウド hisa: サンギール hisa, marisa: 北スラウェシ malita: ブル malisa: 西セラム ritja: スールー ritja (sarmi)：北ニューギニア ritja (Tob. Loda, Pagoe), riha (Mod.)： 北ハルマヘラ ritja lamo: テルナーテ、ティドレ
ココヤシ Cocos nucifera L.	igo	igono (Tob.Mod.Loda.Pagoe)：北ハルマヘラ
サトウヤシ Arenga pinnata Merr.	seho または lebeno	seho: テルナーテ
カンコン Ipomea aquatica Forsk.	kanko または takako	標準インドネシア語で kang kung、各地で同系統の名称が使用される
ヒユ Amaranthus sp.	tonama gaahu	関係する名称なし

民族名称欄の表記法は原典にしたがう
　Tob:Tobelo 語 (Boen-dial とは Tobelo 語の方言のひとつ)
　Mod:Modole 語
　Loda:Loloda 語　　　　　　　　　　　　　　　　　いずれも北ハルマヘラ語の Non-Austronesia 語
　Pagoe:Pagu 語
＊は新大陸原産作物をしめす

　新大陸産の作物以外にも、比較的あたらしい時期に導入された可能性をもつ作物としては、タマネギ、ササゲ、ネギ、ニラがある。タマネギの bawang という名称は標準インドネシア語（マレー語）からきているし、ササゲの gaahu kakaku という名称のうち kakaku は兄あるいは姉をしめす標準インドネシア語 kakak に由来し、gaahu は野菜をしめす一般名称の Galela 語である。一般に Galela 語において、標準インドネシア語名称がつけられた事物はあたらしい時期に導入されたものがおおいということのほかに、タマネギ、ササゲ、ニラ、ネギについては、Baarda の辞典に記載がない点が気になるのである [Baarda, 1895]。前世紀後半、Galela 族のなかに長期間滞在した宣教師 M. J. van Baarda は博物学者でもあり、その辞典のなかで Galela 族の主要な有用植物については、学名まで付して記述をし、インドネシア語（マレー語）起源の名称をもつ植物にまでその記載はおよんでいるにもかかわらず、上記の4作物については記載がないのである。ただし、これは傍証にしか

すぎず、前世紀後半以後にこれらの作物がGalela族のあいだに導入されたのである、ということをしめす直接的な証拠はない。

さて、作物と同様に家畜の名称について検討すると、ヤギkabiは標準インドネシア語のkambingに、アヒルbebeは標準インドネシア語のbebekに、それぞれ由来する。これらの家畜の飼育頭数もまだすくなく、新来のものであるとかんがえてよいであろう。すると、Galela族の伝統的家畜はニワトリtokoとイヌkasoだけであるということになる。ただし、イスラム化する以前はブタを飼育していたであろう。そのうちイヌは食用ではなく狩猟犬としての用途を主として飼育する家畜である。

2. 創世神話における作物

吉田集而が採集したGalela族の創世神話のなかから栽培植物の起源に関する部分を引用する［吉田, 1978］。

「むかし、世界は海で満たされていた。ふたりの人間がその海を漂っていた。ニッパヤシの船にのって、何日もあちらこちらと漂っていた。ふたりの人間は一組の男女であり、男の名をバオゴンBaongon、女の名をヌルゴンNurungonという。ある日、ふと船の下をみると小石ほどの陸地があることに気づいた。バオゴンは、その小さな陸地にむかって言った。

『陸地よ、現れよ！　海よ、乾け！』

すると、海は引きはじめ、小石ほどしかなかった小さな陸地は、徐々に大きくなりはじめた。彼らはこの陸地におり立った。彼らがはじめて足跡を印したその陸地を、Galela族の人々は、ティアボTiabo川の上流にある高山ルクンLukun山の頂であるという。

この乾上った陸地に、まずはじめに生えた植物はカワシkawasiとよばれる野生バナナであった。そして、次にモラmoraとよばれる栽培バナナが生えてきた。3番目にはサガテsangateという栽培バナナが生えた。4番目にパパイヤ。5番にタバコ。そして最後にイネが生えてきた。

海の水位は、さらに下がり、そしてついにそれが止ったとき、ヌルゴンは子供を

みごもった」。

　こうして、乾上がった大地はハルマヘラ島になり、バオゴンとヌルゴンの子供たちが村をつくり、現在にいたることになる。

　この創世神話によれば、5つの植物はGalela族の土地に起源することになり、世界の重要な作物の起源地のひとつとなるわけだが……。現実には、おそらくは神話に出てくる2種の栽培バナナも、その栽培化の起源地がハルマヘラ島であることの可能性はないとはいえないが、その立証はむずかしい。パパイヤ、タバコは新大陸から伝播してきた作物、イネも伝播の具体的経路については現在のところ不明であるが、スンダ諸島方面から伝播してきた作物である。

　しかし、ハルマヘラ島に生えた最初の植物とされる野生バナナのカワシ kawasi は、Galela族がこの地に住みだした頃から生えていたにちがいない。しかし、現在ではカワシを食用にする風習はないようである。神話のなかでカワシについてのべられるモラとサガテの2種の栽培バナナはGalela族の栽培するバナナのなかでも重要な品種であり、このモラ、サガテは、野生バナナのカワシから生じたものとGalela族にかんがえられている。植物学的にも、カワシは栽培バナナの重要な母種である *Musaacuminata* Colla. であり、モラやサガテにもこの系統が入っている。いずれにしろ、神話にのべられた植物6種類のうちの3種類までがバナナであることは、Galela族におけるバナナの重要性を象徴しているといえよう。

　さて、神話によれば新大陸原産のパパイヤ、タバコのあとでイネが出現する。これをGalela族への栽培植物の伝播の順序とうけとる場合には、問題のあるところである。

　1513年にマルク諸島を訪れたトメ・ピレス［トメ・ピレス, 1966: 363］はハルマヘラ西海岸の属島であるティドレ Tidore 島の王（サルタン）は、その南のモティ Moti 島の半分を従え、その国にはコメがたくさんある、とのべている。

　1521年にマゼランの航海に随行してハルマヘラ島の西海岸を含むマルク諸島を訪れたアントニオ・ビガフェッタは、マルク諸島の全域にコメが産出することをのべているし、コメを burax と記載しているが、これは現在のインドネシア語の beras に対応する［ビガフェッタ, 1965: 631, 635］。1547年にハルマヘラ島を訪ねた聖フランシスコ・デ・ザビエルは、おそらくはハルマヘラ島の西海岸と推定される

地方でイネが栽培されていることをのべている［ザビエル，1949: 258］。

これらの報告を総合すると、ポルトガル人たちがハルマヘラ島周辺にやってきたときには、すでにハルマヘラ西海岸の属島と、ハルマヘラ本島の西岸の一部の地方ではすでにイネの栽培をおこなっていたことになる。新大陸原産の作物は、ポルトガル人の渡来以後にこの地方に伝播したものであるので、ハルマヘラ西海岸についてはイネのほうが新大陸原産作物よりも歴史が古いといえる。

ただし、問題となるのは当時ハルマヘラ西海岸地方は香料貿易を経済的基盤として、サルタン王国までつくりあげた文明の先進地帯であったのにたいして、内陸部や東海岸は後進地帯としてとり残され、蛮族の居住地とかんがえられていたことである。そこで、イネや新大陸原産作物が東海岸の Galela 族のあいだに伝播するのは、のちの時代のことであり、そのときは新大陸原産作物とイネのどちらが早く伝わったのかわからない、という可能性を残していることである。Galela 族がテルナーテ島のサルタンの支配下に編成されたのが、いつ頃であるかもわからないので、作物の移入をも含めた外部からの文明の移入の年代的問題については、いまのところ実証する資料をもたない、といわざるを得ない。

3. 主食食料についての歴史的検討

1）サゴヤシ澱粉

サゴヤシには、ホンサゴ *Metroxylon sagus* とトゲサゴ *M. rumpfti* があるが、その両方がハルマヘラ島には自生していたものと、かんがえられる。吉田集而の調査によると Galela 族はサゴヤシを8種類に分類しており、そのうちの2種類がトゲサゴである［吉田，1977b］。トゲサゴはマルク諸島、ニューギニアが原産地とかんがえられているので、Galela 族はむかしからサゴヤシ澱粉を利用していたものとかんがえられる。

表19にみるように、日常のサゴヤシ澱粉料理のほとんどは、gogunange とよばれるサゴヤシ澱粉を焼くための専用の土器を使用する。この土器を利用した gunange と gunange de maigo の献立がサゴヤシ澱粉料理の 88.7% を占めているのである。しかし、Galela 族は土器を製造する技術をもたずに、西海岸の Mare

島、Moti 島で製作した gogunange を使用してきた。このような土器がいつ頃から Galela 族のあいだに入ってくるようになったのかはわからない。しかし、西海岸方面との交易が盛んになるのは、テルナーテのサルタンの支配下に Galela 族が組みこまれるようになってからの、15 世紀以後のことであるとかんがえられる。

　gunange、soru、sinyole の 3 種類の料理には、gogunange や鍋あるいは土器を必要とする。これらの道具なしの時代にはサゴヤシ料理の主力となる料理法はどうであったか。それを kusuri 族の生活にもとめてみよう。

　kusuri 族とよばれるのは、ハルマヘラ島中央部に分布する Togutil 族の一派である。Togutil 族は、Non-Austronesia 語系の Tobelo 語に近い言語をはなし、内陸部に居住するノーマッドであり、ほとんどが農業をおこなわず、野生のサゴヤシの澱粉の利用と野ブタ、シカの狩猟に生活の主力を置いていた。Kusuri とは、Togutil 族の一派が、1930 年代に定着して村を形成した人々である。筆者は、短期間 Kusuri の村を調査した経験をもつ。

　Kusuri 族は野生のトゲサゴをおおく利用していたようである。現在の村に定着するまで、gogunange にあたるサゴヤシ澱粉を焼く道具も鍋にあたる土器ももっていなかった。竹筒を利用して、澱粉を焼く Galela 族の boboko にあたる yohaka という料理と、horu とよばれるクズ湯状に加工した Galela 族の soru にあたる料理がサゴヤシ料理の主力であった、という。soru にあたる料理をつくるときは、Kusuri 語で loba というサゴヤシの葉鞘でつくった箱状の容器にサゴヤシ澱粉を入れておき、水を入れた竹筒を火にかけてわかした熱湯を loba にそそいで、棒ですばやくかきまぜた、という。これはサゴヤシ澱粉料理の古い技術を伝えるものであり、Galela 族も土器の移入以前には、同様な料理法をおこなっていたのではないかとかんがえられる。

2) 根栽作物
a. バナナ

　Galela 族の食生活において、主食としてのバナナの占める比重は高い。それだけに、他の作物にくらべてバナナの品種もおおく、吉田集而の調査によると、Galela 族は約 60 品種を区別している。野生バナナとして、ハルマヘラ島に自生してい

表19 献立にあらわれたサゴヤシ澱粉の料理の種類と回数

回数 料理名	朝食	昼食	晩食	合計 (%)
gunange	6	43	34	83 (78.3%)
gunange de maigo	9	1	1	11 (10.4%)
baha-baha				0
sinyole				0
kokomane				0
soru		6	5	11 (10.4%)
boboko		1		1 (0.9%)

たのは Galela 語でカワシ kawasi とゴポ ngopo とよばれる2種類である。このうち、カワシを食用にする風習は現在ほとんどないが、筆者がハルマヘラ中央部の Wasile 地区の Lolobata で、この地区の内陸部に住む Togutil 族の生活をよく知る老人から聞いたところでは、Togutil 族は野生バナナを焼いてたべるという。野生バナナのうちゴポは種子のまわりのパルプ質を生食するものであるのにたいして、カワシは生食はできず、焼いて澱粉をアルファ化して食用にするほか利用しようがない。そこで、Togutil 族がカワシにあたるバナナを焼いて食用に利用していた可能性はある。なお、おなじ Togutil 族でも Kusuri 族は定着化がはやかったせいか、野生バナナを利用することはないとのことであった。

　Galela 族のバナナの分類については [吉田, 1978] にくわしいが、約60品種のうち、三分の二ちかくの品種は、すでに来歴不明のものとして、昔から人々が栽培していたもので Galela 族には在来種のものとかんがえられている。これらのバナナのうち、生食専用の品種は3品種にすぎず、作付面積もすくない。また、生食用バナナの2品種は新来のもので、在来種としては生食専用のものは1品種しかなかった。その3種をのぞくと生食可能な品種でも、青いうちにもぎとって料理にまわすのである。すなわち、バナナは果物ではなく主食料理の材料として栽培されているのである。

　バナナは、頭の栄養物になる食物としてかんがえられているし、在来種のバナナのうち bole ma nau Galela ―「雄のバナナ」とよばれるグループのものは、女から男への儀礼的贈物にされるなど、他の栽培植物よりも重要な作物としてとりあつかわれている。

b. 他の根栽作物

　Galela 族の老人のはなしによると、第 2 次大戦の勃発前には、タロイモ、ヤムイモは現在にくらべたら作付面積がおおかったが、その当時でも、マニオク、サツマイモの作付のほうがおおかったそうだ。タロイモはまだ植えられるが、現在ではヤムイモを植える者はほとんどいない。

　Galela 族に知られているタロイモの仲間は、dilago — *Colocasia esculenta* (L.) Schott.、dilago gogomo — *Xanthosoma violaceum* Schoott、kiha — *Alocasia macrorrhiza* (L.) Schott. と学名不明の belo の 4 種類である。このうちの dilago gogomo は新大陸原産のものであり、在来種の dilago に「球形をした」という意味の gogomo をつけて「球形をした dilago」とよばれる。

　いっぽう、ヤムイモは、Siapu — *Dioscorea esculenta* Burkill、ubi — *D. alata* L.、gusuo — *D. alata* L.、kukupa — *D. bulbifera* L.、totopo — *D. nummularia* Lamk.、nunuta — *D. pentaphylla* L. の 6 種類が知られている（タロイモ、ヤムイモの種類については吉田集而の同定したものと [Heyne, 1950] による）。いずれにしろ、バナナのほう大な品種分化にくらべると種類はすくなく、在来作物のなかでタロイモ、ヤムイモの栽培にはあまり熱心ではなかったことがうかがわれる。

　過去にはタロイモ、ヤムイモがもっと栽培されていたとしても、それは新大陸原産のマニオク、サツマイモにとってかわられてきた経過をたどったものであろう。現在でも、マルク諸島のなかでタロイモが重要な作物となっているのは南方のセラム島方面である。

　パンノキは太平洋の原産の栽培植物とかんがえられているが、これはニューギニア方面からマルク諸島に移入されたものである可能性もある。パンノキの数もすくなく、主食としては重要なものではない。

　バナナをのぞくと、これらの根栽作物が儀礼に関連した贈物や、儀礼の行事食としてもちいられることもない。

3）雑穀類とコメ

　第 2 次大戦以前には、Galela 族のあいだでアワの作付は現在よりももっとおおかったという。その頃は、イネを植えた周辺をとりかこむようにアワを植えた。当

時ハトムギも現在よりはおおく播いたそうだ。それでも、イネにくらべたら、作付はすくなかった。

現在では、アワ、ハトムギは焼畑の一隅に 10 株以下がかたまって植えられ、おしるしにつくるだけで、どの世帯でも 1～2 回の食事に足りるかどうかの収量しか得ることはできない。ただし、そんなに少量であっても、かならず畑にアワ、ハトムギが植えられることに意味がある。

料理法の項でのべたようにアワ、ハトムギは主として waji に料理する。アワ、ハトムギの waji は結婚式、葬式、イスラム教の Hari Raya Haji の祝日など、儀礼のさいの食事に欠かすことができないので、おしるしにでも栽培をしなくてはならないのである。おなじ事情は、オストロネシア語族に所属するハルマヘラ中央部 Wasile 地区における Maba 族のあいだにも共通し、こんにちでも儀礼の食事用にアワ、ハトムギを栽培しているという。昔は、waji のほかにアワを炊いてたべることもおこなわれたし、アワ、ハトムギをカユにすることもおこなわれた記憶を老人たちは残している。

鹿野忠雄は、インドネシアにおける雑穀類の農業とコメの農業の先後関係を論じた研究のなかで、「球根類の文化層と稲米の文化層の間に粟類を主とする文化層が挟って居た事が想像される……今日複雑なるインドネシアの稲米儀礼は粟を主とする農耕儀礼を基礎として発展したものではないかと考えられるのである」[鹿野, 1946: 239] とのべている。Galela 族においては、複雑な稲米儀礼の発達はみられないが、コメとならんでアワ、ハトムギが儀礼用の食事とされるのは、かつてそれらが重要な作物であったことの名残りを推定させる。

鹿野はまた、インドネシアの穀類の東南方における分布限界をしめす分布地図を作成している [鹿野, 1946: 291-293]。それによれば、アワおよびモロコシの分布は台湾ならびにフィリピンの東側を南下し、ハルマヘラ島とニューギニアの中間をぬけ、セラム島の東を画し、アル諸島とカイ島の中間をぬけてタンニバル島の東側を通る境界線の西側にある、とされる。Limau 村ではモロコシの栽培はおこなわれていないが、他の Galela 族の村では jagun Timor すなわち「チモールのトウモロコシ」というインドネシア名称で知られており、それは在来種の作物ではないとされている。Wasile 地区の Maba 族でもモロコシはチモール島から近年に伝播したものとされている。いっぽう Galela 語で guwapo とよばれる名称のモロコシ

がある。これを鹿野はヒエと記載しているが、それはあやまりでモロコシ *Sorghum saccharatum*（L.）Moench. のことである「鹿野　1946: 289」。 guwapo は在来種のモロコシであるとかんがえてよい。

　鹿野は、ジュズダマは穀類でもっとも早期に進出したもので、ニューギニア方面にまで分布する、という。そして鹿野の分布図（図24）ではメラネシア方面にまで分布がのびることになっている。しかし、ジュズダマのなかで栽培種化したハトムギ *Coix lachrymajobi Subsp. nayuen* T. Koyama の食用種としてかんがえた場合には、アワとおなじく、東限はハルマヘラ島とカイ島の東を通る線で画されるであろう。すなわち、ニューギニア、メラネシアではふつうジュズダマは装飾用の植物であり、食用にはしないのがふつうであり、まれにニューギニアで食用にする例があるがそれは野生種のものである [Barrau, 1958: 49]。

　カイ諸島については、ハトムギ、アワ、モロコシ、ヤムイモ、タロイモ、バナナ、サゴヤシ、コメ（陸稲）が主食用食物となっているが、コメがもっともうまい作物として評価され、ハトムギ、アワは儀礼用の食事のさい waji として供されるのみになっている、という事例をアンボンの Patti Mura 大学の農学部教官たちとの談話で筆者は聞いている。

　ヒエについては、北ハルマヘラ語系の Galela 族、Tobelo 族、オストロネシア語系の Weda 族の名称をあげながら、なぜか鹿野はヒエの分布の東限をハルマヘラ島とスラウェシ島の中間に引いている。さきにのべたように鹿野のいうヒエはモロコシである可能性がおおきいし、筆者たちはハルマヘラ島でヒエの栽培を見ていないので、ハルマヘラ島の伝統的農業の作物からはヒエを除外しておくべきであろう。

　鹿野はのべていないが、コメもまたハルマヘラ島が分布の東限にあたる、とかんがえてよく、その分布境界線はアワ、ハトムギ、モロコシと一致するであろう [馬淵, 1974a]。すなわち、ハルマヘラ島はアワ、ハトムギ、コメの分布の東限の場所となっており、ここから東方にはもはや栽培植物としての穀物を栽培する農業はなく、根栽農業の世界になるのである。

　これらの新知見を加えて、鹿野忠雄の作成したインドネシアにおける穀類の東方分布限界線 [鹿野, 1946: 60 図] を修正したのが、図24 である。

　ところで Galela 族には、イネとコメ、メシを区別することばがないこと、稲魂

に関する信仰がないことなどが他のインドネシア文化におけるコメの位置とことなる点が注目される。さきにのべたようにGalela語でinoとは主食をあらわすことばであるがinoがイネあるいはコメ、メシの意味として使用される場合がある。すなわちsaaaliといって、特定の情況下で使用される忌みことばがあるが、コメ、イネ、メシをしめすtamoを使用してはならないときに、かわりにinoがその意味でつかわれるのである。現実の献立の分析では、コメは日常の食事ではバナナ、サゴヤシほどたべられないが、観念としては日本でメシが主食をあらわすのと同様に主食の代表とされるのである。竹筒で炊いたり、ウコンを入れたコメ料理が行事食としてもちいられるのも、おなじ観念によるものであろう。そして、コメの導入以前は、おそらくアワ、ハトムギが行事食として重要なものであり、それがコメ料理の系列においてココナツミルク、砂糖を使用することからかんがえて、近代になってからとり入れられた料理法であるwajiに生かされているのであろう。

　なお、いままで記述をおこなわなかった作物にトウモロコシがある。この作物はgokoあるいはkahitelaとよばれるが、kahitelaは日本の菓子のカステラとおなじくポルトガル人によって導入されたことをあらわす。現在Galela族のあいだでトウモロコシは主食としてはほとんど意味をもたないくらいしか栽培されていない。焼く、ゆでるのほかのたべかたを筆者は知らないが、Baarda [Baarda, 1895: 195-196]によれば、トウモロコシを念入りにつきくだき、ココナツミルクと少量の砂糖シロップで混ぜ、植物の葉にくるんで蒸したkokooroという料理、kokooroに似た料理とされてサゴヤシ澱粉料理のkasiodoに対応するとかんがえられる名称kasidoという料理が記載されている。いずれも、菓子に近い性格の料理であり、日常の主食ではなさそうだ。つきくだいたトウモロコシをカユ状にしてたべたこともあるだろうと想像するが、トウモロコシ料理については聞きとりをおこたったのでなんともいえない。また、聞くのを忘れるくらい小数派の作物である。

　馬淵東一は18世紀後半にトウモロコシはインドネシアに急速に普及した作物で、東スラウェシなどでは従来からあったハトムギの地位にトウモロコシがとってかわったことを紹介している [馬淵, 1974b: 548-550]。現在のトウモロコシの作付や利用から推定すれば、Galela族においてはトウモロコシは、それほど普及をみなかった作物である、とかんがえられる。

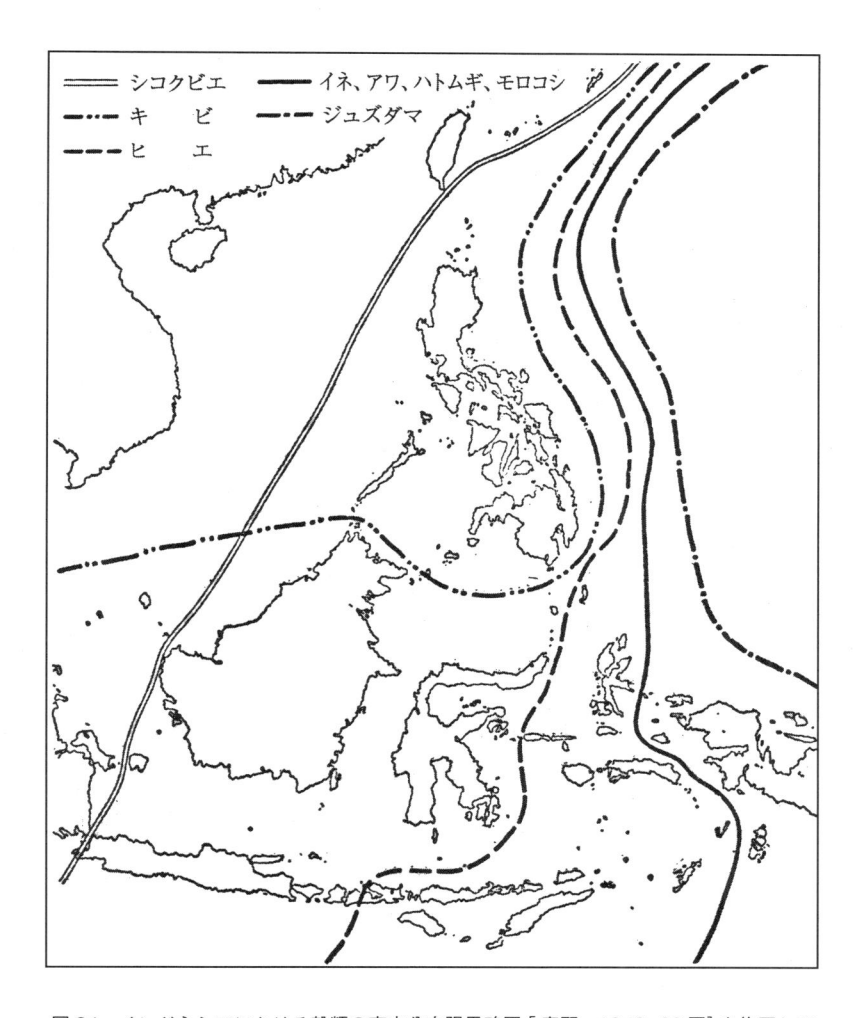

図24 インドネシアにおける穀類の東方分布限界略図「鹿野 1946: 60 図] を修正して作成。ヒエの分布はコメ、アワ、ハトムギと同じ東限をもつのではないかという疑問が残るが、ここでは鹿野の原図にしたがっておく

4. ハルマヘラ島の食生活の歴史

1) 農業文化の類型から

　東南アジアにおける最古層の農耕文化はタロイモ、ヤムイモ、バナナなどの栄養繁殖によって増殖する一連の作物の栽培をおこなう根栽農耕文化である。ついで、この古い根栽農耕文化のうえに、アワ、ヒエ、モロコシ、シコクビエを中心とする雑穀栽培文化がおおい、さらにそのなかから稲米文化が分化し、東南アジア文化の中心部は水田農耕を主とする生業経済によって占められることになったというのが東南アジアの農耕文化の層序の積み重なりの大略といってよい[11]。

　Spencer は東南アジアの焼畑の研究 [Spencer, 1966: 111-117] のなかで、インドネシア世界においてはタロイモ、ヤムイモを主作物とする根栽農業は、のちに西北方から進出してきた雑穀、豆類、陸稲の農業に置きかえられていったとして、紀元後 1500 年当時にはボルネオ島の西を南下し、バリ島とロンボク島の間を区切る境界線の東はタロイモが主作物の世界であったものが、1950 年までにはタロイモを主作物とする地域はニューギニア島よりも東の世界にしか見られなくなったという。ヤムイモについては 1500 年当時はスラウェシ島以西はヤムイモを主作物とする世界であったが、1950 年になるとヤムイモを主作物とする地帯はニューギニア島以東になったことをしめしている。現在ではタロイモ、ヤムイモを主作物とするのは穀物の文化のとどかなかったオセアニアに残っていることになる。

　ハルマヘラで歴史的にタロイモ、ヤムイモが主作物としての地位を保っていたかどうかは疑問であるが、Spencer のタロイモ、ヤムイモの農耕を、バナナも含む根栽農耕文化と読みかえるならば、ハルマヘラは 16 世紀までは根栽農業が主流であった、ということになる。いずれにせよ、ハルマヘラ周辺も、かつては根栽農耕地帯であったが、のちにやってきた穀物の農業をうけいれた場所であることにはまちがいない。しかし、穀物の農業の東限にあたるハルマヘラ島ではバナナを主作物とする根栽農耕がいまだ根強く残存しているのである。

　水田農耕出現以前の東南アジアの農業は焼畑耕作である。佐々木高明は、東南ア

11　東南アジアにおける農耕文化の先後関係については [佐々木, 1970b] に手ぎわよく紹介されている。

ジアの焼畑の輪作様式を比較研究し、

  a）インドシナ山地からマライシア（含インドネシア）の島嶼部の熱帯、亜熱帯林地域に分布する陸稲への依存度のきわめてつよい≪陸稲卓越型≫
  b）主としてマライシアの島嶼部の熱帯降雨林地域に分布する≪陸稲・根栽型≫があり、これは≪根栽型≫の焼畑から≪陸稲卓越型≫へ移行する中間的な形態
  c）東南アジア大陸部の亜熱帯から暖帯の森林地帯は≪陸稲雑穀栽培型≫
  d）上記のa）、b）、c）の外縁部をとりまくように分布する≪雑穀栽培型≫
の5つの類型に分類している［佐々木,1970a］。

この分類にしたがえば、Galela族の事例ばかりではなく、ハルマヘラ島全体の農業は≪陸稲・根栽型≫である、といえる。ただし、≪陸稲・根栽型≫のなかでも、タロイモ、ヤムイモよりもバナナの占める比重が高いこと[12]、小量ながらもアワ・雑穀がふくまれること、栽培作物のほかにサゴヤシ澱粉の採集が並行していることが特色である。ハルマヘラへのイネの導入が雑穀よりもあたらしいとしたならば、過去には≪雑穀・根栽型≫というべき焼畑農業があったのではないかと推定され、さらに歴史をさかのぼると雑穀農耕開始以前の≪根栽型≫にたどりつくであろう。このような、ハルマヘラ島の農業の歴史において、常に量的に重要であった作物はバナナであったとかんがえられ、また食生活のうえから農業とサゴヤシ澱粉採集と漁撈、狩猟は常に相補的な役割をはたしていたであろう。このような筋書にたって、以下の節で過去の食生活の復元を試みてみよう。ハルマヘラ島において考古学的調査がすすんでいないこと、筆者の利用可能な歴史的文献資料がないことにより、それは年代的な指標を欠く、生業経済の文化層の相対的な先後関係の復元ということになる。

---

12 主食としてのバナナの比重がこれほど高い場所を筆者は東南アジアではほかに知らない。これにくらべられるものをメラネシアでひろうと、Barrauのあげたパプアニューギニアの Mekeo 地区でバナナが植物性食物のうち35%を占めることと、ニューカレドニアの Ateu 村でおなじく25%を占めることがあげられる。ただし、Barrauは植物性食物の比率をなにをもって計っているのかを明記してない［Barrau, 1958: 61 – 63］。

2) 食生活の復元に関する仮説

　ボルネオのノーマッドである Punun 族は、農業をおこなわず、野生サゴヤシ澱粉の採集と狩猟に食生活を依存するボルネオにおける最古の生活様式をもつことが知られている。ハルマヘラ島の Togutil 族も、もともとは同様な生活様式であった。この Togutil 族の生活様式をハルマヘラ島における最古の生業経済をしめすものとしてうけとるのか、あるいは農業民が退化して農業という生業経済を脱落した人々としてとらえるのかについては問題がある。

　さきに Togutil 族の言語は、Tobelo 語に近いものであることをのべた。Galela 族の分布域の南部に居住する Tobelo 族は農業民であり、Galela 族とほとんどおなじ形態の農業を営んでいる。Tobelo 族の一派が農業を捨てて森林のなかへ入ったのが、Togutil 族になった、という可能性がかんがえられないこともない。筆者は、Togutil 族の起源問題について論じるための資料はいっさいもたないので、そのような可能性もある、という指摘をするだけにとどまる。

　Togutil 族がハルマヘラ島における最古層の文化を継承している人々かどうかは別としても、もしハルマヘラ島で農業以前の生活様式がかつて存在したとすれば、その食生活は Togutil 族のものに近いことが想像される。すなわち、植物性の食物としては野生サゴヤシの澱粉の採集を主とし、おそらくは野生バナナの *Musa accuminata* を焼いてたべ *Musa lolodeusis* を生食に供したであろう。狩猟獣としては現在では野ブタとシカが主な対象となっているが、ワーレスによればマルク諸島のシカは人間の手で移入された可能性があるという［ワーレス，1942: 450］。もしそうだとすると、ハルマヘラ島にやってきた最初の人々の狩猟対象からシカを除外しなければならないであろう。現在の Togutil 族は内陸部に居住するので、海における漁撈活動はしないが、過去においてもおなじであったかどうかはわからない。

　ところで、複雑な手続きを要するサゴヤシ澱粉の採集技術が、東南アジアの狩猟採集民によって発明されたのか、それとも農業民に起源するサゴヤシ澱粉採集技術がのちに狩猟採集民に伝播したのか、といった東南アジアの古層文化の復元に関する根本的問題がからんでいる。そこで Togutil 族と同様の生活様式がかつてハルマヘラ島に存在したとしたら、そのサゴヤシ澱粉採集技術はどこから伝えられたのか

を問題にしなければならないのだが、その課題に筆者は答える準備はできていない。

ハルマヘラ島における最古層の農業は、根栽作物を焼畑で栽培するものである。その主要作物はバナナであり、生食用ではなく料理用の主食食物としてのバナナの品種を歴史的に分化させたり、外部からもとり入れてきた。それにたいして、おなじく根栽作物として穀類導入以前の東南アジアおよび現在のオセアニアで重要な主食作物であるタロイモ、ヤムイモの栽培に関しては、品種のすくない点からみても、あまり熱心ではなかったようである。

バナナを主要作物とする農業形態は現在にいたるまでひきつがれている。焼畑の造成までは男の仕事であり、作物の栽培や収穫に関する作業は原則として女の仕事とされる、農作業における男女の分業もまた、現在のニューギニア、メラネシア各地の根栽農業に残る農事労働に共通する。すなわち、のちに雑穀やイネの農業をとり入れても、ハルマヘラの農業の根幹は根栽農業によって形成されている、といえる。

ニューギニアやメラネシアにまで伝播した根栽農業にともなう作物を考慮にいれると、バナナ、タロイモ、ヤムイモのほかに、サトウキビ、ドディリブという花穂を食用とするサトウキビ（Galela 語名称 dodilibu、— *Saccharum edule* Hasskarl）、ショウガ、ウコン、ヒョウタン、パンノキ、ココヤシがハルマヘラ島の根栽農業にともなう作物であった可能性をもつ。ただし、それらは根栽農業の段階での作物群を構成する可能性をもっているというだけで、実際に Galela 族などの農作物としてとり入れられた時期は、案外あたらしいものであったかもしれないのである。たとえば、オセアニア原産のパンノキはニューギニア経由で早い時期からハルマヘラ島に持ちこまれていたものか、あるいは西欧人があたらしい時期にオセアニアから導入したものかといった問題が残っている。

現在では積極的に作物として栽培してはいないが、かつて人間が食用植物として持ちこんだものとかんがえられるものにヒユ *Amaranthus* spp. とカンコ *Ipomea aquatica* Forsk. がある。これらの Galela 族の半栽培食用植物とおなじものが、ニューギニアの根栽農業にともなっていることをみると [Barrau, 1958]、これらもまた根栽農業段階の作物群を構成するものとかんがえてよかろう。

家畜についていえば、ハルマヘラ島に狩猟、採集の段階があったとしたならば、

そのときにすでにイヌは連れられてきていたとかんがえられよう。一般にブタ、ニワトリは根栽農業にともなう家畜とされている。しかし、ブタの飼養は、のちにイスラム教の普及によってやんでしまった。

　根栽農業の段階で、人々が土器を使用して料理をしたのか、どうかについても知るよしがない。オセアニアの土器を使用しない地域で広くおこなわれる料理法である石むし料理の技術は、ハルマヘラ島民の現在には伝わっていない。

　現在の村落の分布からしても、根栽農業の時代にも人々は海辺あるいは川辺に村落をつくることがふつうで、漁撈活動と海岸近くの低地あるいは川辺に発達する野生サゴ林の利用をおこなっていたにちがいない。

　つぎの段階として、ハトムギ、アワのモロコシを主作物とする雑穀農業の導入をかんがえる。雑穀とイネの栽培がセットになって移入されたとはかんがえない。その理由は、この半世紀のあいだにも雑穀の作付が減少し、イネにとってかわられつつあること、雑穀がコメとならんで儀礼用の食事の材料として残存することがイネ導入以前にそれが重要な穀類として存在したのではないかという仮説をになっていること、他のインドネシアの地方でもイネ以前に雑穀農業が存在した痕跡が報告されていること、である。

　ジュズダマは根栽農業にともなう植物であるという意見もあるが、さきにのべた理由で、ハルマヘラ島は食用栽培作物としてのハトムギの分布の東限にあたり、それは雑穀農業にともなった作物である、とかんがえる。

　雑穀には、ハトムギ、アワ、モロコシがあるが、その移入の先後関係については jagun Timor とよばれるモロコシはおそらく今世紀になって導入された作物であろう、としかいえない。

　雑穀の料理には、土器の使用をともなうものであり、この段階では交易による土器が Galela 族のなかにも入ってきていたであろう。コメ料理で竹筒を使用する例から、土器導入以前に竹筒で穀類を料理したのではないかという想像をすることも可能であるが、東南アジア各地の民族例では、竹筒によるコメ料理は料理法の原始形をしめすものではなく、非日常的な行事食としての特別な料理法として存在し、それはモチ種のコメ料理に関係をもつものである。土器を使用するようになったときには、サゴヤシ澱粉の料理にも gogunange を使って、サゴレンペンをつくるよ

うになったであろう。

　イネの導入の時期についても不明である。ハルマヘラ島は穀類の分布の東限となっている場所で、しかもコメは穀類のなかでもいちばんあたらしく導入された作物であることを指摘するにとどまる。さきにのべたように、16世紀にはハルマヘラ島の全体ではないにしろ、その一部ではイネが栽培されていた記録があるので、ここでは新大陸原産の作物が普及する以前にGalela族のあいだにもイネが移入されていた、とかんがえておく。人々がコメをたべるようになると、それは主食のなかでいちばん価値の高いものとされ、儀礼用の食事の材料となり、しだいに雑穀類にとってかわってゆく。

　新大陸原産のマニオク、サツマイモが導入されると、タロイモ、ヤムイモに置きかえられるようになる。マニオク、サツマイモには従来からあった主食用根栽作物の料理法が適用されたが、マニオクにはすりつぶしてサゴヤシ澱粉の料理法も応用される。

　新大陸原産のトウガラシ、トマトの蔬菜はダブダブdabu-dabuの材料として、副食の調味法に一大変化をもたらしたものである。

　オランダ植民地のもとで、Galela族に現金経済が浸透していくのは、おそらく前世紀末頃からであろう。この時期になって金属の鍋が普及しはじめる。人々はコムギ粉、茶、コーヒー、砂糖、塩などを商店から購入して使用するようになる。

　ココヤシは、昔からあった作物であるが、日常の料理にココナツ油やココナツミルクを使用するようになったのも、最近のことである。1940年代のLimau村では、まだ換金作物としてココヤシを植える者はいなかったし、自家消費用の作物としてのココヤシを1本も持たぬ世帯もあった、という。前世紀末のBaardaの辞書には、ココナツ油やココナツミルクを使用する料理の名称はいくつか出ているが、それがGalela村の家庭の料理に普及しはじめたのは、1950年代になってからではなかろうか。sinanga, tumisu, ola-olaなどの料理法が日常的になったのは最近のことなのである。

　以上、Limau村のGalela族の事例を中心にハルマヘラ島の食生活の過去をふりかえってみた。Limau村は、他のハルマヘラの村々にくらべたら、村民の現金収入がとぼしく、村民の購売力があまりない。農業でもイネの作付がすくなく、栽培

法も粗放であるし、サゴヤシ澱粉への依存度も他の村よりは高い。ハルマヘラ島のなかでは後進的な村といわれるかもしれない。しかし、だからこそ、過去の姿を見るには絶好の場所であった、といえる。そして、Limau 村で観察した事例は、大筋としては Galela 族ばかりではなく、他のハルマヘラ島に住む人々にもあてはまることと、うけとってよい。

謝辞

　本稿の執筆にあたっては、調査をともにした隊員の佐々木高明教授（執筆当時。以下同様）、和田祐一教授、松沢員子助教授、吉田集而助手、大胡修助手、Patti Mura 大学の A. F. Sukotta 氏に資料の提供と教示をあおいでいる。また献立資料の分析にあたっては、第5研究部山本順人助手に電算機のプログラムをつくっていただき、資料を整理していただいた。せっかくの山本氏のご協力の結果を筆者の力不足でじゅうぶん生かしきっていない点があることをくやむものである。LIPI をはじめとするインドネシアの各政府機関、Limau 村の皆さんの協力を得て、わたしたちのハルマヘラ島での調査は円滑に進めることができた。記して、感謝の意を表したい。

文献

Baarda, j. van 1895 *Woordenlijst. Galelareesh-Hollandsch. Met ethnologische aanteekeningen, op de woorden, die daartoe aanleiding gaven*, Martinus Nihoff.

Barrau, J. 1958 *Subsistance Agriculture in Melanesia*. B. P. Bishop Museum Bulletin 219.

Heyne. K. 1950 *De Nuttige Planten van Indonesia* 2vol., 3rd ed. H. Veenman & Zonen, Wageningen.

石毛直道　　1973a「台所文化の比較研究」石毛直道編『世界の食事文化』ドメス出版、pp. 207-264。
　　　　　　1973b「食事文化研究の視野」石毛直道編『世界の食事文化』ドメス出版、pp. 5-10。
　　　　　　1977「国立民族学博物館ハルマヘラ調査隊概報」『国立民族学博物館研究報告』2(2): 423-429。

泉　靖一　　1972「サゴ椰子の生み出す文化 ― ニューギニアの民族植物学 ―」『泉靖一著作集』2 読売新聞社（初出　1949『民族学研究』）。

鹿野忠雄　　1946「インドネシアに於ける穀類」『東南亜細亜民族学考古学研究Ⅰ』矢島書房。

馬淵東一　　1974a「稲米語彙分布図の説明」『馬淵東一著作集』2　社会思想社（初出　盛永俊太郎 1957『第二稲の日本史』筑摩書房）。
　　　　　　1974b「インドネシアの食物文化」『馬淵東一著作集』2　社会思想社（初出　1942『東亜　問題』4: 1）。

松原正毅　　1976「トルコの村の食事体系」『国立民族学博物館研究報告』1 (2): 219-271。

Ohtsuka, R. 1977 The Sago Eaters: An Echological Discussion with Special Reference to the Oriomo Papuans. Allen J., Golson, J. &Jones R. ed. *Sunda and Sahul: Prehistoric Studies in Southeast Asia, Melanesia and Australia*, Academic Press, pp. 445-492.

ピガフェッタ 1965「マガリャンイス最初の世界一周航海」　長南実、増田義郎訳『コロンブス、ア

メリゴ、ガマ、バルボア　マゼラン航海の記録』大航海時代叢書Ⅰ　岩波書店。

佐々木高明　1970a「東南アジアの焼畑の輪栽様式と人口支持力」『熱帯の焼畑 ― その文化地理学的比較研究 ― 』古今書院。
　　　　　　1970b「焼畑におけるイモ栽培の比較研究」『熱帯の焼畑 ― その文化地理学的比較研究 ― 』古今書院。

Spencer, J. 1966 *Shifting Cultivation in Southeastern Asia*, University of California Press.

トメ・ピレス　1966『東方諸国記』生田滋、池上岑夫、加藤栄一、長岡新治郎訳　大航海時代叢書Ⅴ　岩波書店。

ワーレス　　　1942『馬来諸島』内田嘉吉訳（改訂版）　南洋協会。

吉田集而　　　1977a「ハルマヘラ島における民俗方位の構造」『国立民族学博物館研究報告』2(3): 437-497.
　　　　　　1977b「サゴヤシの民俗分類について」『植物と文化』20: 50-57.
　　　　　　1978「北ハルマヘラ・ガレラ族の栽培バナナ」『季刊民族学』2(1)、民族学振興会千里事務局。

ザビエル　　　1949『聖フランシスコ・デ・ザビエル書翰抄』（上）アルベール神父、井上郁二訳、岩波書店。

押しだし麺の系譜
―河漏・ビーフン・スパゲッティ

　1991年から5年間、わたしは京都大学人文科学研究所で田中淡教授の主催する共同研究「中国技術史の研究」に参加した。この共同研究の報告書『中国技術史の研究』（田中淡編　京都大学人文科学研究所　1998年）に掲載された論文である。

　1987−1900年の間、わたしは麺類の調査をおこなった。麺類の料理法について書いたクッキングブックは各国で出版されているが、麺類の起源や伝播に関する文化史的研究は未開拓である。また、中国、日本、イタリアをのぞくと、麺類の歴史的記録もとぼしい。そこで、文献的研究だけではなく、現地調査を欠かすわけにはいかない。そんなことで、中央アジアや東南アジアなど、ユーラシア各地での麺類の現地調査をおこなった。

　その結果をまとめて、『文化麺類学ことはじめ』という本を出版した。この本では、麺類は中国にルーツをもつ食品であり、それが各地に伝播した経路についての論考を展開している。一般の読者を対象とした著作ではあるが、学問的な検討にもたえるよう、この本での論拠の出典はすべて明記しておいた[1]。

　『文化麺類学ことはじめ』では、世界の伝統的な麺つくりの技術を、手延ベラーメン系列、そうめん系列、切り麺系列、押しだし麺系列、河粉系列の5系列に分類して、論をすすめている。そのなかの押しだし麺系列に特化して考察を試みたのが、この論文である。

　『文化麺類学ことはじめ』執筆後に訪れた陳西省北部の黄土高原、内蒙古自治区などで得た資料も利用している。また、歴史的文献の操作の不得意なわたしにはめずらしく、河漏についての考証学的論議もおこなってみた。

---

[1]　石毛直道『文化麺類学ことはじめ』フーディアム・コミュニケーション 1991年（1995年　講談社文庫版刊行、2006年 『麺の文化史』と改題し講談社学術文庫から再刊）

1. 河漏とそば切り

(1)『農書』の河漏

　河漏ということばが、元代の王禎の『農書』にでてくる。すなわち、『農書』七・百穀譜二の蕎麥の項で、ソバの栽培法を簡単に解説したのち、つぎのような記述がある。

　　　　北方山後諸郡多種。治去皮殻、磨而爲麺、攤作煎餅、配蒜而食、或作湯餅、
　　　　謂之河漏、滑細如粉、亜於麥麺、風俗所尚、供爲常食。

「現在の山西・河北省の長城地帯にあたる北方の地方にはソバの種類がおおい。殻をとりさって、挽いて粉にし、ひろげて煎餅（チェンビン）につくって、ニンニクといっしょに食べたり、あるいは麺につくり、これを河漏というが、ハルサメのように滑らかで細く、ムギでつくった麺についで、人びとが好み、常食に供している」とでもいった意味の記載である。

　まず、本論で使用する麺ということばについての、ことわりをしておこう。中国ではコムギ粉を麺（ミエン）という。コムギ粉でつくった食品は餅（ビン）という。コムギ粉をひも状、あるいは糸状に加工した食品——すなわち日本でいう麺類——は、古くはスープにして食べる餅である湯餅の一種とされていた。うどん状の麺類を食べることが普及するにつれて、湯餅ということばを使用することがすくなくなり、宋代以降は麺、あるいは麺条（ミエンティァオ）、麺条児（ミエンティァオル）ということばで、うどん状の食品をよぶのが主流になった。おおまかにいえば、うどん状の食品を、北方の粉食地帯では麺条児、南方の稲作をおこなう粒食地帯では麺とよんでいる[2]。本論で使用する麺という文字は、日本でいう麺類をさすことばとしてもちいることにする。

　さて、『農書』の河漏は湯餅であるので、麺の一種にちがいない。ただし、ソバ粉から、どのようにして河漏をつくるのかは説明されていない。わたしの知るかぎりでは、清代以前の中国文献で、河漏の製麺法について具体的に記述したものはないのである。

---

[2]　北京大學中國語文學系語言學研究室（編）,1964,『漢語方言詞匯』文字改革出版社。

『農政全書』に引用された『農書』の蕎麦の項などをつうじて、江戸時代の知識人たちには、河漏ということばを知る者もいた。かれらは異国のソバ食品である河漏を、つぎのように解釈している。

　松岡玄達は明和6（1769）年刊の著書『食療正要』の黒児（そばきり）の項で、河漏に「ソバネリ」というふりがなをつけ、ソバ粉に白糖、少量の湯をまぜて、棒でかきまぜてつくった食べ物と説明している。すなわち、現在のそばがきと解釈したのである[3]。

　菊岡沾凉は享保19（1734）年刊の『本朝世事談綺』の蕎麦切の項で、「もろこし河漏津（「カロンシン」とふりがな）と云船着物の湊の名物、茶店に多これを造る。よって河漏（「カロン」とふりがな）と云、是日本のそば切の事也」といっている[4]。

　村瀬之熙は文政2（1819）年初刊、安政6（1859）年補刻の『秇苑日渉』で、松岡説に反対して、河漏は蘇泊畿利（ソバキリとふりがな）であるとする。その論拠として、『皇明文範』に應炎が紙を糸のように細く切って盂にいれて、河漏になぞらえた記事があることを引用している。また、中国の山東でソバでつくった麺を河洛というが、これは河漏とおなじことばであると紹介している[5]。

河漏をそばがきとする松岡説は、おそらく、湯餅ということばから、湯を使用してつくった日本のモチ状の食品という連想がはたらいたものと想像される。いっぽう、江戸時代になると、ソバ粉を切り麺に加工した蕎麦切りが普及する。そこで、ソバを原料とする麺条食品である河漏イコールそば切りと解釈する菊岡・村瀬説がつくられたのであろう。

中国にも、日本のそば切りにあたる食品がある。わたしは内蒙古自治区赤峰市郊外の土城子の街道筋の食堂で、そば切りをつくるのを見たことがある。水でソバ粉を練り、つなぎを使用せずに、麺棒でひろげたのち、生地をたたんで、包丁で細く切るのである。こうしてできた、そば切りを蒸籠にのせ、蒸してから食器にいれて、熱いスープをか

3　「食療正要」上野益三（監修）・吉井始子（編）,1980,『食物本草本大成』第11巻（所収）,臨川書店,331頁。
4　「本朝世事談綺」日本随筆大成編集部（編）,1974,『日本随筆大成』第2巻・第6巻,吉川弘文館,446頁。
5　「秇苑日渉」国民図書株式会社（編）,1927,『日本随筆全集』国民図書部株式会社,640 - 642頁。

けて食べる。これを蕎麦麺といい、のちに述べるソバ粉を原料とする押しだし麺である餄餎麺とは区別した名称でよんでいる。

　コムギ粉には粘弾性をもつグルテンがふくまれているので、生地を容易にのばすことができるし、ぐらぐら沸騰した湯でゆでてもちぎれない。コムギ粉で麺をつくるさいには、塩を混ぜ、練った生地を寝かせるのが普通だが、それはコムギ粉のグルテンをひきだすためにおこなわれる処置である。ソバ粉や雑穀の粉にはグルテンがないので、つなぎなしで生地をのばしたり、うまく切ることがむずかしい。また、つなぎなしのソバ切りを、ちぎれずに、ゆであげることもむずかしい。したがって、わが国ではつなぎなしのソバ切り、すなわち正真正銘の「生そば」をつくるのは、名人芸とされており、素人には無理な作業である。赤峰の食堂の職人も熟達した腕の持ち主であったのだろう。

　ソバ粉だけでは麺状に加工することがむずかしいことに原因をもつのであろう。コムギ粉を原料としたそうめんやうどんにくらべると、わが国におけるそば切りの歴史はあたらしい。状況証拠による推定はべつとして、確実な史料でさかのぼることができる最古の記録は、長野県木曽郡大桑村の『定勝寺文書』天正2（1574）年の頃にソバキリと記されているものである[6]。それまでは、「そば飯」とか「そば米」といわれる、炊いたり、雑炊にして食べる粒食と、粉食としては「そばがき」や「そば餅」にして食べていた。

　江戸時代初期の『料理物語』の「そば切り」の記事には、「めしのとりゆ」、豆腐をすったものをつなぎにしてソバ粉をこねることが書かれている。また、ヤマイモや海草をつなぎにもちいる民俗例などを考慮にいれると、江戸時代初期のそば切りが「生そば」だけであったとはいえない。しかし、当時の都市で売られたそば切りは、つなぎを使用しないものが主流であったと考えられる。ちぎれることをふせぐためであろう、ゆでるのではなくて、蒸して食べていたのである。盛りそばやざるそばを蒸籠にのせて供するのは、その名残であろう。コムギ粉をつなぎにいれて、そば打ちをすることが普及するのは、18世紀初頭のことであると考えられる。そのことによって、蒸すのではなく、ゆでて食べるようになったし、より滑らかで、ツルツルとのどごしがよい食

6　新島繁・石毛直道（対談），「そば切り」石毛直道（編），1944,『石毛直道の文化麺類学・麺談』フーディアム・コミュニケーション,108頁．

べ物になったのである。

(2) 河漏は押しだし麺

　旧知の中国科学院自然科学史研究所で中国食品に関する科学技術史を研究している洪光住氏が「『河漏』名実源流考」という論考を発表している[7]。1頁にみたない小論文であるが、これがわたしの目にふれた河漏の歴史に関する唯一の文献である。

　このなかで洪氏は、河漏と、現在、饸饹とよばれるものは、おなじものであるとし、その初出は『農書』であり、つぎに『本草綱目』にソバ粉で「或作湯餅、謂之河漏」と記載されていることを指摘している。清代になると合絡という名称が河漏にとってかわったとし、1810年に成立した西清撰の『黒竜江外記』巻八に「黒竜江城でとれるソバ粉は最もよろしく、煎餅や河漏をつくるによく、甘滑潔白であることはよそに例をみない。河漏挂麺類を合絡と俗称する（挂麺とは干しうどん、乾麺のたぐい）」とある記事を引いている。

　また、洪氏は、1915に刊行された高潤生撰の『爾雅谷名考』巻二の以下の文章を引用している。

　　　「いま案ずるに、ソバの実は北方の農家の常食品である。河漏の
　　　製法は、粉に水をあわせて塊りにし、木製の道具で搾圧してつくる。
　　　この道具は牡、牝といわれる部分各一が軸によって連結され、手で
　　　上げ下げできる、台状をしたもので、釜の上に置いてもちいる。
　　　ソバの実の粉でつくった塊りを牝の部分にいれるが、牝の部分の底
　　　には細かい孔がぎっしりと穿たれた鉄片がはめ込まれている。（練っ
　　　た）粉を牝のなかにいれ、牡の部分を圧しさげると、孔を通じて、
　　　細い条になって釜のゆのなかに落ちる。これを煮て食べると、はな
　　　はだ滑らかである。この木製の道具を河漏床という」

　この記述は、現代の饸饹麺のつくりかたと完全に一致する。現代中国での事例にもとづくかぎり、河漏は、包丁で切って麺状にした食品ではなく、ところてんのよ

7　洪光住,1985「『河漏』名實源流考」『中國烹飪』1985 - 1,11 頁。

うに、押しだして麺状に加工した食品である。河漏という名称を使用する地方もあるが、現在ではこの食品を河漏に似た発音で飴餎、あるいは飴餎麺と表現することがおおい。

河漏を、ソバがきやそば切りと解釈した江戸時代の人びとの見解は、事実誤認といわざるをえない。

1992年刊の『中国烹飪辞典』の麺類について述べている部分から、飴餎、河漏、饠餺の項目を、おおまかに紹介してみよう[8]。

  [飴餎]河漏、饠餺、活絡ともいう。鍋のうえにしかけた床に練った粉をいれ、力をいれて麺状に押しだし、鍋の湯が沸騰したらとりだし、冷水にさらして、食用油にあえ、調味料や肉のみじん切りを加えて食べる。飴餎はソバ粉でつくるのが普通であるが、コムギ粉やマメの粉、ハダカエンバク（莜麦）の粉をもちいてもよい。山西一帯には短く粗い飴餎の一種があり、それを疙豆という。

[河漏]すなわち飴餎。と述べたあとで、本論の冒頭に引用した『農書』の文章をあげている。

[饠餺]すなわち、飴餎。としたのち、清の浦松齢の『日用俗字』から「饠餺壓如麻綫細」というくだりを引用している。

これにより、清初には押しだして河漏をつくっていたことがわかる。

これらの説明からわかるように、河漏＝飴餎とは、河漏床＝飴餎床を使用してつくる麺である。

2. 飴餎床を使用した麺つくり

陝西省北部の米脂県楊家溝村の農家で観察した飴餎麺のつくりかたを紹介しよう。

黄土高原の標高950～1200mに位置するこの村でのいちばん重要な主食作物はアワ

8　蕭帆（編），1992,『中國烹飪辞典』中國商業出版社,300－301頁。

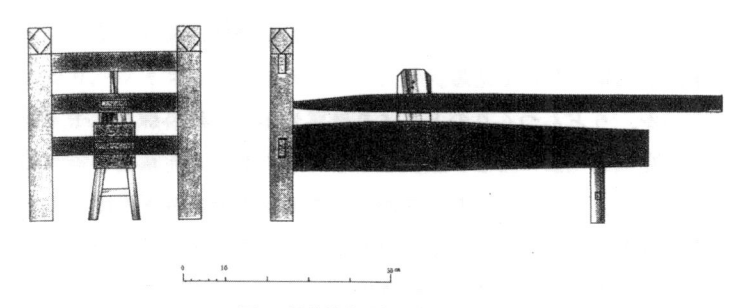

図1　饸饹床。陝西省米脂縣

であり、もっぱら小米稀飯という粥にして食べる。ほかに栽培される主食作物はジャガイモ、コウリャン、トウモロコシである。他の地方で麺に加工されることのおおいソバは現在栽培していない。かつては、麺をアワ、コウリャン、トウモロコシ、ソバの粉からつくっていたが、1987年頃から、もっぱら購入してきたコムギ粉を原料とするようになった。

この村では饸饹麺というのが一般的であるが、河漏麺という文字も通用する。饸饹＝河漏麺は饸饹床、あるいは饸饹床子という道具をもちいて製麺する。

伝統的な饸饹床は木製である（図1、写真1）。饸饹床は、床子という太い材木に円筒形のシリンダー（窩）をうがった部分と、窩にぴったりとはまるピストン（錘）の部分、錘を押すテコ（杆）の部分、床子と杆を支える枠（架子）の部分から構成される[9]。図1の饸饹床のシリンダーの直径は7.5cm、深さは12.2cmで、底には直径3mm程度の小孔を多数穿った鉄板がとりつけられている。

この村には専門の大工はいないが、木工をよくする村人で、依頼に応じて饸饹床をつくれる者がいる。饸饹床は、ナツメ、アンズ、リンゴ、ヤナギなどの堅い木材で製作し、孔をうがった鉄板は町から買ってきてとりつける。

製麺のさいには、湯を煮たぎらせた大鍋の上を床子がまたぐように、カマドに置か

9　周達生も河漏床についての記述をしている。それによると、シリンダーが牝、ピストンが牡と称され、性行為になぞらえた部分名称となっているが、楊家溝村の場合は、そのようにはいわないと聞いた。
　　周達生,1989,『中國の食文化』創元社,155 - 156頁。

写真1 飴餎床を使用してコムギ粉の麺をつくる。
陝西省米脂縣

写真2 金属製の飴餎床をもちいた麺つくり。陝西省米脂縣

ねばならない。図1の道具では、床子の端にとりつけた台と架子の下端にささえられて、床子本体が鍋をまたいで水平に設置される。しかし、おおくの道具は床子の端に台をとりつけない型式のものである。そこで、使用するときには、写真1のように、床子の端の下にに小形の腰かけを置く。この地方ではチャブ台状の低い食卓を土間に置き、日本の風呂屋の腰かけのような小形の木製の腰かけにすわって、食事をする。飴餎麺つくりのさいには、その腰かけを転用するのである。

　コムギ粉を、うどんつくりのときよりは、やわらかめに練り、手で筒形に成形し、先端を熱湯にちょっと浸けて固め、シリンダーにいれる。飴餎床はかまどの大鍋をまたぐように置かれ、シリンダーは湯が沸騰している鍋の直上に位置している。シリンダーにピストンをはめ、テコの先端に男が腰をかけて、体重をかけてテコを押す。すると、トコロテンを突いたときのように、孔から麺状になったコムギ粉が押し出され、下の鍋に落ちる。ときどき、突き出されてくる麺を包丁で切り、長さをそろえる。麺を押すには、かなりの力を要し、男の仕事とされる。男が押しだし、女が包丁で切ったり、フイゴを押してかまどの火熱の調節をするので、飴餎麺つくりは二人がかりの仕事である（写真1）。

　『中国烹飪辞典』では、ゆであがった麺を水洗いし、油、調味料等であえて食べるように書かれているが、陝西省北部ではそのような定型化した食べかたはないようである。農家では水洗いをせず、そのまま食器にいれ、ありあわせの野菜でつくったスープをかけて食べたりする。

　近頃では工場で造られた金属製の飴餎床を見かけるようになった。写真2がそれである。テコで直接ピストンを押す方式のほか、テコでチェーンを回転させて押す方式の道具もある（写真2）。

　この村では、飴餎麺をつくるときには近所から借りてくるという家庭もあり、木製、金属製の飴餎床を所有するのは数戸に1軒程度のようである。4～5日に1度は麺を食べる家庭がおおいというが、購入してきたコムギ粉で麺つくりをするので、麺棒で生地をのばしてから包丁で切る桿麺（切麺）に加工するのが普通である。飴餎麺つくりには二人の人手がいるのでめんどうなので敬遠されるという。食味のよいコムギ粉がでまわったら、グルテンを含有しない雑穀の粉でわざわざ麺をつくらなくともよいことになったのである。

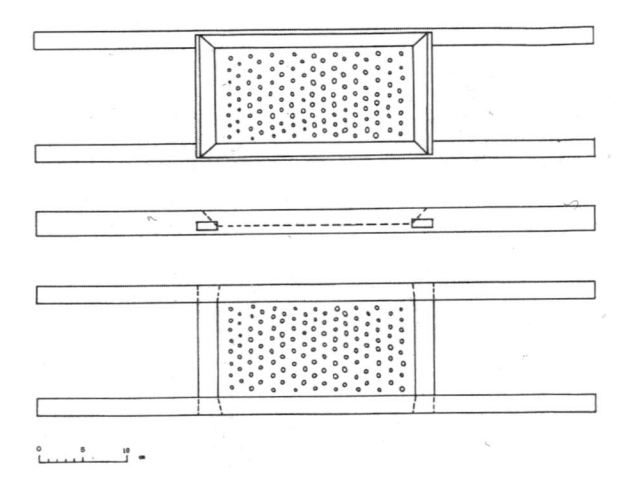

図2 挄架床。陝西省米脂縣

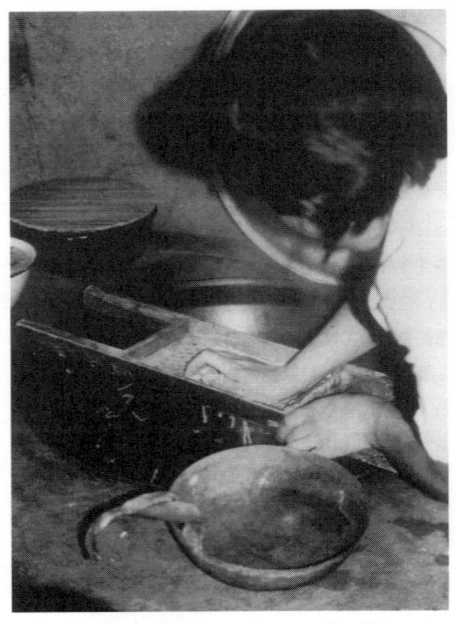

写真3 挄架床を使用してコウリャン粉の麺をつくる。陝西省米脂縣

この村で、雑穀の粉を麺状に加工するためのもう一つの道具をみた。トウモロコシ、コウリャン、ソバの粉を原料とする抿節（ミンチェ）、あるいは節麺（チェミエン）とよばれる短い麺をつくる道具を抿架床という。図2、写真3にみるように、長辺の長さ27センチの木製の枠の中央に小孔を多数もうけた金属板をとりつけた、おろし金状の道具である。釘状のものを打ちつけて孔をあけてあるので、金属板の裏面には多数のギザギザの突起がある。この裏面を、おろし金として使用し、お好み焼き状の料理のためにジャガイモをすりおろしたりする。

　コウリャンの粉で抿節をつくるのを観察した。沸騰した湯のはいった鍋のうえに抿架床をさしかけ、金属板に水を塗って、練り粉がこびりつかないようにしておく。コウリャンの粉を湯でこねたものを金属板のうえに置き、手のひらですりつけるようにして押す。すると、練り粉が小孔を通りぬけるときに細いひも状になって、湯のなかに落ちて、熱で固まる。金属板のうえに置ける練り粉は少量なので飴餎麺のように長い麺に成形することはできず、長さ6～7cm程度にちぎれたもので、力のかけ具合が均等ではないので節がたくさん刻まれたミミズのような外観をしめす麺である。さきに述べた赤峰郊外の食堂でも、まったくおなじ道具をみたが、これはハダカエンバクの粉の麺をつくるのに使用するという。

　わが国でもおなじような道具があり、島原半島ではロクベエ突きという。サツマイモの切り干しを粉に挽いたものを、湯でこね、蒸籠のうえにのせたロクベエ突きで麺状にして、蒸しあげる。これをうどんつゆで食べる。ロクベエという名称は、六兵衛という名の名主が考案した食べ物であるという伝承にもとづくという[10]。対馬でもおなじ道具を使用して、サツマイモの粉を麺状に加工した食品があり、ロクベーとよぶという[11]。

10　「日本の食生活全集長崎」編集委員会（編）, 1985, 『聞き書き　長崎の食事』農村漁村文化協会, 97 – 98 頁。
11　城田吉六, 1983, 『対馬の庶民史』華書房, 121 – 123 頁。

3. 餄餎麺の分布と伝播

(1) 中国における分布

　　1922年刊の『中華全国風俗志』の「下篇　巻一・京兆」に、賣餄酪（讀合落）とあり、また、蕎麥粉條食法として和餄の名称が記されている[12]。そこで北京で餄餎麺を売っていたことがわかる。しかし、現在の北京で餄餎麺は一般的な食べ物ではない。餄餎麺の本場は北京よりも西方に位置する。

　　1922年刊の『中華民族飲食風俗大観』に出てくる餄餎麺をあげてみよう[13]。

　　河北省では、燕山山地・大行山山地でトウモロコシ、コウリャンの粉から餄餎麺をつくる。

　　山西省では大原、欣定盆地とその周辺山地では餄餎麺を納鉢只といい、コウリャンの粉にニレの皮の粉（楡皮麺）を混ぜて練ったものを、納鉢床（餄餎床）で、熱湯のうえに押しだしてつくるが、コムギ粉やマメの粉でつくることもある。おなじく山西省の晋東南地区ではトウモロコシ粉を鍋に押しだして玉麺餄餎をつくるが、この地方では一般に餄餎といえばトウモロコシ粉でつくったものをさすと記されている。

　　陝西省北部の黄土高原ではソバ粉で餄餎をつくるが、地方によっては麺状ではなく、そばがき状の食べ物を蕎麺餄餎とよぶことがあると述べている。

　　陝西省北部に接する甘粛省の東部では、床子麺、あるいは餄餎麺とよぶ押しだし麺をつくるが、ソバ粉を原料とし、少量の麦粉と鹹水か灰水を加えるのが一般的であるという。

　　中国北部で何人かに聞いた話では、餄餎麺がよくつくられるのは山西省、陝西省と、内蒙古自治区の漢族においてであり、ソバ粉を原料とすることがおおいそうである。また、赤峰郊外の食堂にもどると、ここではソバ粉の餄餎麺のほかに、金属製の餄餎床をもちいてハダカエンバクの麺もつくるが、これは莜麺とよび、内蒙古自治区で餄餎麺といえば、一般にソバ粉でつくったものをさすという。

　　中国食物史研究の第一人者であり、中国各地の食生活にもくわしい黒竜江商学院副

12　胡樸安, 1988,『中華風俗誌』（影印本）上海文藝出版社, 42, 46頁。
13　魯克才（編）, 1992,『中華民族飲食風俗大観』世界知識出版社, 61, 73-74, 84, 92頁。

教授の趙栄光氏の教示によれば、飴餎麺は本来、ソバ、コウリャン、アワ、トウモロコシの雑穀の粉でつくるもので、労働大衆の食品であった。これをつくる地域は中国北部の無霜期間が短い場所であるという。

こうしてみると、飴餎麺は黄土高原を中心として分布する食品である。黄土高原はコムギの栽培には適さず、産額はすくない。麺は本来コムギ粉を原料としてつくられた食品である。コムギ栽培のセンターである華北平野に接する黄土高原で、グルテンをふくまない雑穀類を原料として、なんとか麺つくりをしようということで開発された技術が、飴餎床や挋架床をもちいる製麺法であると考えられる。

(2) 朝鮮半島への伝播

朝鮮半島の伝統的な麺類は、製麺法のちがいにより、カルクッスとネンミョンに大別される。カルクッスはコムギ粉生地を麺棒でひろげ、包丁で切ったうどんである。「カル」は包丁、「クッス」は麺ということばなので、カルクッスは包丁麺、すなわち切り麺という意味になる。ネンミョンの「ネン」は冷たいということばで、「ミョン」は中国語の麺に起源をもつ単語なので、冷麺という料理名をしめすのがネンミョンである。ネンミョンは、平壌冷麺など、朝鮮半島の麺料理をしめす名称であると同時に、冷麺料理用に製麺された麺そのものをしめす名称でもある。

ネンミョンは飴餎麺とおなじ押しだし麺である。使用される原料としては、ソバ粉を主体として、それにデンプンを混ぜたものが一般的である。ジャガイモ、リョクトウなど、混合するデンプンの種類は地方によって異なっている。デンプンを加えることによって、煮くずれをふせぎ、弾力的なテクスチャーをもつようになる。

現在では、電動式の機械の底にあけた多数の小孔を通して、ソバ粉とデンプンの混合物を、熱湯のたぎる鍋のなかにトコロテン式に押しだして、ネンミョンがつくられる。かつてはクッストゥルという木製の道具が使用されていたが、現在の韓国では消滅している。写真4にしめしたのは、1988年にソウルで開催された「韓国飲食文化五千年展」に展示されたクッストゥルである。図1にあげた飴餎床とまったくおなじ原理の製麺道具である。シリンダー部の底も木製であり、メッシュ状の小孔が多数あけられている。

ネンミョンの歴史について言及した論考はない。そこで、東アジアの食文化史研究

写真4　クッストゥル。「韓国飲食文化五千年展」展示品

の第一人者で漢陽大学教授であった故李盛雨博士に依頼して、朝鮮半島の麺つくりの歴史的文献を整理してもらい、一緒に討議する機会をもったことがある[14]。

　リョクトウを原料とする麺がまずあり、それが発展して、ソバ粉も加える麺がつくられるようになり、現在のネンミョンが成立したというのが、李博士の考えである。16世紀前半に成立した『需雲雑方』の湿麺法の項に、リョクトウのデンプンに水を加えて加熱し、くず湯状にしたものを、孔をうがったヒョウタンの殻にいれ、熱湯のなかに流下させて、春雨状にした食品が記録されている。この春雨系の食品にソバ粉を加えるようになって、ネンミョンになったというのである。1766年の『増補山林経済』の木麦麺の項に、ソバ粉にリョクトウを混ぜて、板で圧して麺をつくったと解釈できそうな記事があるが、具体的な製法は不明である。本稿の主題である飴餎麺とおなじ製法の麺つくりの歴史について知ることができる記録はなく、18～19世紀になって普及した製麺法であろうというのが、李博士の推測である。

14　注6文献, 23-30頁。

飴餎床とおなじ道具であるクッストゥルが、朝鮮半島で独立発生したとは考えづらい。中国から伝播したものと考えるべきであろう。黒竜江省で河漏がつくられることは、さきに述べた。1934年に刊行された『奉天通志』礼俗三・飲食の項に、アワの粉を「飴餎床」を使用して、「飴餎」に加工する記載がある。また、遼寧省の遼河の河口付近の解放前の旧俗を記録した『東北風物漫憶』には、黒麺とよぶソバ粉を原料として「河漏床子」をもちいて、「河漏麺」、あるいは省略して「河漏」とよぶ麺をつくったことが記されている[15]。

　こうしてみると、内蒙古自治区から東北地区を経由して、朝鮮半島に飴餎麺が伝播して、ネンミョンになったという推論が成立する。内蒙古自治区や東北地区への漢族の進出時期を考慮にいれたとき、飴餎麺が朝鮮半島に到達するのは清代後期の18～19世紀にかけてのことであろう。

　朝鮮半島で押しだし技術によるソバの製麺が導入されたころ、日本ではすでに、つなぎを使用したそば切りが普及していた。そこで、日本には飴餎麺の技術がはいってくる余地がなかったものと考えられる。

(3) ブータンへの伝播

　ブータンの標高2,600～2,800mの地帯では、ほかの主穀作物ができず、近年道路網が整備され低地で栽培する赤米が出回るようになるまでは、ソバを主食としていた。2,500m以上の高度になると、普通のソバではなく、苦味があるが耐寒性にすぐれたダッタンソバが栽培される。ソバの主要な食べかたは、日本のそばがきにあたるテンゴ、鉄板の上でホットケーキ状に焼くクレと、つぎに述べるプッタの3種類である。

　プッタputtaとは、ソバ粉を押しだしてつくった麺の名称であり、それをつくる道具もプッタという。写真5、6にしめしたように、飴餎床と原理的にはおなじ道具である。写真の道具はクルミの木でつくり、分厚い横木を箱形にくりぬいてシリンダー部分をつくり、その底には小孔が多数あけられている。箱の部分におさまる形のピストンがテコに取り付けられている。中国、朝鮮半島の同様の道具とちがうのは、鍋の上

15　丙公, 1978, 『東北風物漫憶』上海書房, 74-76頁。

写真5　プッタ。ブータン

写真6　プッタを使用してソバ粉の麺をつくる。ブータン

に置いて使用することができない構造になっている点である。

　ソバ粉を水でこねたものをシリンダーにいれて、ピストンをはめて、テコで押しだし、下に置いたザルにうける。湯のなかに押しだして、熱で凝固させることをしないし、つなぎなしのソバ粉 100 パーセントなので、15cm くらいの長さになると、麺がプツプツ切れてしまう。ザルにうけた麺を台所にもっていき、ゆでる。

　現在、プッタをつくるのはソバをよく食べる東部ブータンにかぎられているが、中央ブータンの旧家にはプッタつくりの道具が残っているので、かつては中央ブータンでもプッタつくりがおこなわれていたと考えてよい。

　どのような経路で、ブータンのプッタは伝えられたものであろうか。いまのところ、それをあきらかにする証拠はない。チベットのブータンよりの地方で、おなじような道具を見たという話を聞いたが、チベット高原での分布についての確認はできない。もし、伝統的にチベットでおなじような道具を使用する麺つくりをしていたとすれば、甘粛省から青海省を経由して、チベット高原に伝播し、さらにブータンに伝えられたというルートが考えられよう。いっぽう、のちに述べる中国南部の稲作地帯のコメを原料とする押しだし麺つくりの道具が、ブータンでソバの麺つくりに転用されたものである可能性も考えられる。そのさいは、雲貴高原から伝えられた技術であるということになる[16]。

4. 麺つくりの分類

　ここで回り道をして、主要な製麺法についての検討をすることにしよう。そのことによって、押しだし麺の特性を浮かびあがらせたいのである。

　現在の世界には、食品産業が機械を使用して工場生産をする各種の麺類が出回っている。工業化される以前の各地の伝統的な製麺法は以下の 5 種類に大分類される。これは世界の伝統的な麺類を、巨視的に比較するための基準として、わたしがつくった

16　石毛直道，1995，『文化麺類学ことはじめ』講談社文庫（1991 年にフーディアム・コミュニケーション刊の再録），220－236 頁。

分類である。したがって、この分類のなかにはいらない麺も各地でつくられているが、主要な麺類はこの分類でカバーされるはずである[17]。

(1) 手延べラーメン系列

　道具をいっさい使用せずに、練り粉を手で線状にのばす製麺法である。練り粉を手のひらのなかでもんだり、台の上で転がしたり、棒状に成形した練り粉を引っぱったりして、線状に加工することは、麺類の分布圏の各地でおこなわれる。『斉民要術』に具体的な製法が記されている水引餅のような初原的な製麺法から、熟達した技術で細い麺にしあげる手延べラーメンにいたるまで、この類型にはさまざまなヴァリエーションがある。一本のコムギ粉のひもを手でひっぱって長くのばしていくのが一根麺である。ループ状にしたコムギ粉のひもをあやとりのように両手にかけて引っぱり、2本が4本、4本が8本になるというふうに2の2乗で本数を増やして、細くのばしてゆくのが、現代の中国で、拉麺、押(挧)麺、摔麺、甩麺、竜髭麺とよばれる手延べラーメンである。

(2) そうめん系列

　コムギ粉を練って、1本の長いひもをつくり、乾燥をふせぐために植物油をひもに塗りつけ、二本の棒のあいだに巻きつける。棒の一本を固定しておき、もう1本の棒を引っぱると、巻きつけたひも全体がいっぺんにのびて、糸状になる。これが手延べそうめんの製法である。油を使用して「索麺」をつくる技術は『居家必用事類全集』にあらわれるが、その前身は「索餅」である。索餅は、『釈名』に初出し、それが中国における最初の麺の記録であろうと思われる。後漢代の索餅は道具を使用せずにつくった麺であるかもしれないが、わが国に伝わった索餅の製法を『延喜式』の記事から推定すると、油のかわりにコメの粉を使用して、棒にかけてのばした麺であると考えられる。

　現在の中国で、そうめん系列の麺をよくつくるのは福建省であり、麺線、あるいは線麺とよばれる。中国の南部から海路でわが国に伝えられた麺であると考えられ、朝鮮半島の伝統的な麺つくりにはみられない技術である。

17　注16文献, 56-98頁。

(3) 切り麺系列

うどんやそば切りのように、麺棒で生地をのばし、包丁で線状に切ってつくる麺である。唐代に普及した製麺法で、現在コムギ粉を使用した麺つくりをする、すべての地域でおこなわれる。

(4) 押しだし麺系列

本稿で論じている麺類である。

(5) 河粉系列

ウルチ米を水に浸け吸水させてから、石臼にかけ、湿式製粉をすると、ゆるいペースト状をしたシトギになる。これを底の平らな容器に、薄く流しこみ、蒸すか、湯煎にかけると、コメ粉がアルファ化して、粘りけのある半透明の膜状になる。この皮膜を刃物で細く切ると、コメを原料とした切り麺ができる。これを広東省では河粉（ホーフェン）とよび、福建語では粿条（グアチャオ）、あるいは貴刁（クイジャオ）という。中国南部の稲作地帯の食品であるが、華僑の進出とともに東南アジアに分布し、カンボジアではクイチュウ、マレーシアではクオイ・チャオ、タイではコイ・ティオとよばれる。この系列の麺の歴史については不明である。

以上の5系列の麺のうち、(1) 手延べラーメン系列、(2) そうめん系列、(3) 切り麺系列、はいずれもコムギ粉を原料としてつくられる。さきに述べたように、つなぎなしに、そば切りをつくる例もあるが、それは例外であり、一般的には上記の3系列はコムギ粉でつくられる麺であるといってよい。グルテンをふくまない原料では、これらの3系列の技術を適用して麺をつくることは困難である。

ここで論証するいとまはないが、麺は中国で成立したコムギ粉食品である[18]。華北平野を中心として、コムギの耕作や製粉が発展する過程のなかで、コムギを麺に加工して食べることが普及していったのである。

---

18 注16文献でその論証を試みている。

(4)押しだし麺系列と、(5)河粉系列は、中国のなかでコムギの耕作に適しない地域で、コムギ以外の作物から麺をつくろうとして考案された技術である。すなわち、北方の雑穀地帯では飴餎が、南方の稲作地帯では河粉とつぎに述べるビーフンの仲間が案出されたのである。切り麺が唐代に普及してから、麺を食べることが一般化したと考えられるので、これらの技術が成立するのは唐代以降のことであろう。

5、コメの押しだし麺

(1) ハルサメ

ここで、ふたたび押しだし麺にたちもどることとする。ソバに代表される雑穀を原料とする飴餎麺のほかに、押しだし麺の大物として、コメを原料とする麺があるのだが、そのまえにリョクトウの押しだし麺について簡単にふれておこう。

リョクトウの粉を溶いて、小孔から押しだして熱湯に流しこんだら半透明の麺状食品になる。これがハルサメ（春雨）であり、現代の中国では豆麺、粉糸、粉条、線粉などといわれる。もっとも、現在ではサツマイモのデンプンなど安価な原料からもつくられる。

じつのところ、主食というよりは、副食の料理材料として利用されるハルサメを麺の仲間としてとりあつかうか、どうかについては、ためらいがある。中国でハルサメを汁ソバのようにして食べる例もあるし、タイの麺食店ではハルサメを他の麺とおなじように料理して供する、さきに述べた朝鮮半島のネンミョンのルーツにハルサメがあるという意見や、つぎに述べるコメの押しだし麺との関係においてハルサメを無視できないので記しておくのである。

ハルサメの具体的な製法が最初に出てくるのは『斉民要術』で、粉餅という名称で記されている。そのつくりかたを要約してみよう。

> ウシの角を匙面くらいの大きさに割りとったものに、太目の麻糸がわずかに通る程度の小孔を6〜7個あける。水引（餅）という麺のような形の製品にするときには、ニラの葉がようやく通るくらいの孔を4〜5

個あけておく[19]。織り目の細かい布の中央をくりぬき、そこにウシの角をとじつけ、現在のケーキつくりのときに、クリームを押しだして飾りをつけるのに使用する道具に似たものをつくっておく。

　肉のスープでゆるめにこねたリョクトウの粉を布につつみ、四隅をまとめて、沸騰した湯のなかに押しだして、よく煮る。これにスープをそそいで食べる。酪（ヨーグルト）や、ゴマだれのなかにいれるならば、玉のような色合いで、歯ざわりがよく、上等の麺とことならない。

(2) カノム・チーン

　タイでは『斉民要術』の粉餅とおなじ原理の道具をもちいて、コメ粉の押しだし麺がつくられている。これは、カノム・チーン khanom chin という、発酵させたコメを原料とする押しだし麺をつくるさいに使われる。

　インディカ種のウルチ米を精白したものを、3時間ほど吸水させてから、水切りをし、バナナの葉や布を敷いた竹籠にひろげ、朝夕に水をかけて湿り気をあたえながら、3日間以上放置する。すると、米粒が黄色やオレンジ色になり、臭気が生じる。微生物が繁殖し乳酸発酵がおこった結果である。発酵により、コメのなかの蛋白質成分が減少するし、発酵させたコメでつくった麺は、発酵させないコメの麺よりは、弾力が増し、独特のにおいがあり、長期間の保存が可能になるという。

　発酵させたコメをよく水洗いしてから、回転式の石臼で挽き、シトギ状にする。これを、桶のような容器にいれて、塩水を加えてかきまわし、底にデンプンを沈殿させる。この作業を、日に2〜3回くりかえすことを3〜4日間おこなう。

　ついで、水分をふくんだデンプンを布袋にいれ、重石をかけて水切りをする。デンプンを塊状にこねて、沸騰した湯でゆで、塊の表面は熱がとおり、なかは生の状態にしてから、米搗き臼にいれて搗き、粘りをだす。臼からとりだして80度位の湯をかけながら練りあげてから、工場生産の場合は、底部に小孔を多数あけたシリンダーにい

19　水引とは、索餅となんで、中国最古の麺である水引餅のことである。水引のつくりかたは『斉民要術』に記載されている。肉のスープでコムギ粉をこね、箸ほどの太さにし、1尺ずつの長さに切って、水に浸しておく。これを両手の指でもみながら、ニラの葉くらいに薄くして、鍋でゆでた麺である。水引餅の再現実験をしたところ、きしめんに似た麺ができた。
　　注16 文献 , 39－45頁。

れて、熱湯のなかに電動の機械で押しだして、カノム・チーンがつくられる。
　家庭でカノム・チーンをつくるときには、いくつもの小孔をあけた金具を取り付けた布袋に練りあげたデンプンをいれて、熱湯のなかに絞り出すという。バンコク市内にあるスアン・パッカード宮殿博物館に展示されている18世紀頃のアユタヤ王朝の壁画には、このような道具を使用してカノム・チーンをつくっている情景が描かれている（写真7）。『斉民要術』の粉餅つくりとおなじ原理の押しだし法である。
　バンコクの製麺業者に聞いた話では、電動式の機械の導入以前には木製の押しだし機が使用されていたという。カンボジアのウドンで、かつてタイでもちいられたのとおなじ木製の押しだし機を使用してナムポンチョク（numponchok）とよぶコメ粉の麺を押しだしているところを観察した。ナムポンチョクつくりでは、コメを発酵さ

写真7　18世紀の壁画に描かれたカノム・チーンつくり。バンコク。スアン・パッカード宮殿博物館

る工程がないが、あとはカノム・チーンとおなじつくりかたである。営業用の麺つくりに使用する道具なので、大形ではあるが、河漏＝飴餎床とまったくおなじ原理の道具である。

　カノム・チーンの語源を「加熱したもの」という意味のモン語に起源するという解釈もあるが、現代のタイ語では「中国の菓子」という意味のことばである。タイ文化の専門家である国立民族学博物館教授の田辺繁治博士によると、雲南省、ラオス、東北タイのタイ系民族のあいだでは、カノム・チーンとおなじような麺をカオ・プン khao pun という名称でよぶという。カオは「コメ」プンは「孔から押しだした」という意味である。北タイでは「長いひも状の菓子」という意味のカノム・セン khanom sen とよぶ[20]。

(3) ビーフン

　コメを発酵させずに湿式製粉をして、熱湯に押しだしたものを、タイではセン・ミー sen mi という。カノム・チーンよりも太く、カノム・チーンが生麺であるのにたいして、セン・ミーは乾麺で、ビーフンとおなじものである。セン・ミーは20世紀初頭に華僑によって伝えた食品と考えられ、マレーシアに近い南タイでは潮州語をそのままつかって、ビーフン（米粉）とよばれる。

　ビーフンは中国では南方の稲作地帯である福建、台湾、広東、広西、江西、貴州、湖南、雲南省でつくられる。米粉とよぶ地方がおおいようであるが、雲南省では米線という。

　湿式製粉したコメの粉を加熱して、粘りけをだしてから、小孔をあけたシリンダーから熱湯のなかにトコロテン式に押しだして、ゆで、冷水にうちあげ、長い箸でさばき、もつれをほぐし、水切りをして、乾燥させたものがビーフンである。現在では機械で製造したものを購入する食品となっているので、伝統的な押しだし機はみることができない。図3は台湾で、むかし使用した押しだし機の絵であるが、押しだし法の原理はいままで述べたものとおなじである。この図の場合熱湯に押し出すのではなく、大きなザルの上に押しだしている[21]。ザルごと蒸し器にいれて加熱する製造法である。現

20　注16文献, 256-261頁。
21　下記の文献から図を引用した。頼恵鳳・蕭恵明・翁翠華, 1983,「風興水—談新竹興埔里的米粉製造」『漢聲』14-45頁。

図3 かつて台湾で使用されたビーフンの押しだし機。注21 文献から引用

在の台湾では、ザルで蒸しあげたものを、半日ほど干して、生乾きで出荷するものを蒸粉とよぶ。蒸粉はゆでる時間がみじかくてすみ、舌触りがよいというので、料理屋むけの商品となっている。

(4) 米苔目

　台湾では、さきに述べた抿節やロクベエつくりにもちいられるものとおなじ道具を使用して、米苔目というコメの粉の麺をつくる。米苔目板という多数の小孔をあけたおろし金状の道具を沸騰した湯の鍋の上に置き、湯溶きしてペースト状にしたコメの粉をのせて、手のひらでさすると、孔を通して麺状に成形されて、湯のなかに落ちてかたまる。一般のビーフンよりも太めの麺であり、乾燥させることなく、生麺の状態で、

スープにいれたり、炒めて食べる。

（5） コメの押しだし麺の歴史

『齊民要術』に粲、一名を乱積という食品が記されている。モチ米の粉を、水に蜜を加えたもので、ゆるめに溶き、底の節に小孔をあけた竹杓子にいれ、したたるしずくを鍋に落として、ラードやヘッドで煮つめた食べ物である。麺状の形態をしているが、これは麺というよりは菓子である。

時代はとんで、宋代の樓鑰の『攻媿集』に「陳表道恵米纜」という詩のなかで、つぎのような米纜の描写があることを、邱龐同氏の小論文「米線漫談」で知った[22]。

　　自分は湯餅がだいすきであったのに、病気をわずらってから口にすることができなくなってしまった。たまたま、江西の米纜をもらったが、鏡のように輝く銀色の糸で、如来の縮髪の毛を一本抜いたようなかたちをしていて、異国の都の人の髪のように巻いている。……よく煮て、ネギと豉で味つけすると、たいそうおいしい。

邱氏は、おなじく宋代の陳造の『江湖長翁集』の「徐南卿招飯」に「江西米檗糸窩」というくだりがあることを紹介している。

16世紀初頭の『竹嶼山房雑部』養生部二麺食制に米瀾（檗、纜、瀾は音通である）、という食品のつくりかたの方法が2種類記されている。

(1) ジャポニカ種のコメの粉を湯でこねてから、鍋で煮て、麺棒でのばし、細く切り、天日乾燥する。

(2) コメ粉に米漿（コメを煮た汁を米漿ということもあるが、ここでいう米漿は湿式製粉をしたシトギのことであろう）を混ぜてこね、リョクトウのハルサメつくりのように湯のわいた釜にいれて、とりだす。

(1)の方法はコメを原料とした切り麺という点では河粉に似ているが、麺棒でのばすことがちがっている。現在の中国で、この技術が残っているか、どうかについては、わたしは情報をもたない。

(2)の技術的な細部については記されていないが、ハルサメつくりのように沸騰し

---

22 『攻媿集』と、つぎの『江湖長翁集』からの引用は、下記の文献からの孫引きである。
　邱龐同, 1987,「米線漫談」『中國烹飪』1987-10, 9頁。

た湯にいれて固めることから推定すると、押しだし麺の系統と考えてよいであろう。

　以上のような断片的な記録から推定すると、宋代にはコメを原料とした押しだし麺が成立していたものと考えられる。さきに述べたように、グルテンをふくまない原料で製麺するとなると、押しだし麺にするか、河粉にするのが常道である。米纜（粟）がきわめて細く、渦巻き状をして、鳥の窩のかたちをしていると記述されているが、このような形状は河粉ではなく、押しだし麺を連想させるものである。

　また、宋代では江西がこの種のコメの麺の産地とされていることに注目される。『東京夢華録』、『夢梁録』に記録されているように、宋代の都市では麺食専門店が繁盛し、麺を食べることが大衆化した時代である。このような社会的背景のもとで、コムギの栽培に適さない南方の稲作地帯で、コメで麺をつくるようになったのである。

　現在に残る伝統的なコメの押しだし麺をつくる技術としては、小孔をあけた口金を取り付けた袋から絞り出す方法、米苔目板のようなおろし金状の道具を使用する方法、河漏＝飴餎床と同様な道具を使用する方法がある。これら3種類の道具が、いつ、どこで成立したのかについて、あきらかにする資料はみつけていない。また、おろし金状の道具と、本稿の主題である河漏＝飴餎床型の木製の押しだし機は、雑穀の麺つくりにも、コメの麺つくりにも使用されるが、中国の雑穀地帯と稲作地帯のそれぞれで独立に考案されたものか、どちらかに起源をもち、伝播したものかもわからない。

6 イタリアの押しだし麺

　現在のイタリアで製造されるスパゲッティ類やマカロニは、押しだし麺である。

　イタリアの伝統的な製麺法は、生麺であるタリアテッレのように麺棒で生地をのばして包丁で切って麺状にする切り麺系列と、スパゲッティやマカロニの仲間である押しだしてつくる乾麺の2種類である。生麺には普通のコムギに、しばしばタマゴをあわせた生地がもちいられる。乾麺つくりには、硬質でグルテンの含有量のおおいデューラムコムギの粉であるセモリナが使用される。

　シリンダーのなかで回転するスクリュー板に連続的に生地が供給され、シリンダー

写真8　1650年製作のトルキオ。アネージ・スパゲッティ博物館展示品、イタリア

の底に取り付けられた小孔から押し出すのが、現在のスパゲッティの製法である。マカロニの場合は小孔のなかに、ピアノ線で3点を支持した棒が置かれ、そこを通過することによって麺に孔があく。グルテンの粘弾性がある原料を使用しているので、熱で固める操作は不要で、そのまま乾燥する[23]。

ヨーロッパの麺状食品は、近代になってイタリアからひろがったものである。そこで、イタリアの押しだし麺と中国の押しだし麺のあいだに、系譜関係は認められるか、どうか、が問題となる。

そのことを検討するためには、イタリアでの麺の起源と歴史についての説明が必要である。その考証はすでに記したことがあるので、ここではごく簡単に述べるにとど

23　中世のマカロニは短い棒状の製品であったり、芯棒に生地を巻き付けて抜き中空にした製品であった。

めておく[24]。

　パンやケーキをのぞく、コムギ粉を練って、薄く加工した食品の総称をパスタという。幅広い板状に加工したラザーニャが古代ローマでもつくられていることからわかるように、パスタの歴史は古い。ただし、麺状に加工したパスタが記録に初出するのは12世紀のことである。

　アル・イドリーシの地理書にシチリア島で、イットリーヤ（itriyah）を製造し、各地に輸出している記事がある。イットリーヤという名称はアラビア語であり、中世のアラブ文献からイットリーヤはコムギ粉を原料とした切り麺、あるいは練り粉を平面のうえで両手で転がしてのばした麺であることがわかる。注目されるのは、アビセンナの名で西欧に知られたイスラーム哲学と医学の学者であるイブン・シーナ（980 − 1034）が、彼の故国である中央アジアのブハラでは、イットリーヤはペルシャ語で糸をあらわすリシュタという名称でよばれていると記録していることである。

　現在の中央アジアからカスピ海東岸にいたる地域では、手延べラーメン系列と切り麺系列の麺つくりがおこなわれており、それは東方から伝わった食品であるとされている。その歴史をたどる資料はないが、東西交渉史からみて、10世紀の中央アジアには中国起源の麺が存在していた可能性はたかい。もしそうであるとするならば、麺つくりが中国から中央アジアを経由して、ペルシャ、アラブ世界に伝わり、シチリア島に伝播したという仮説が成立する。

　押しだし機を使用したパスタつくりは17世紀以前には知られていなかったようである。中世の農業史と食物史の第一人者であるボローニャ大学のマッシモ・モンタナーリ（Massimo Montanari）教授によると、17世紀のナポリで乾燥パスタを産業的につくりはじめ、そのときに押しだし機が採用されたという[25]。写真8はアネージ・スパゲティ博物館に展示されている1650年の押しだし機である。木製で、横木をえぐって、円筒形の空洞部に雌ネジをきざみ、それにはまる雄ネジをきざんだ円柱部分から構成された道具である。下の横木の空洞部の底に孔を多数もうけた金属板を取り付けてある。下の横木の空洞部に練り粉をいれ、円柱を回転させて押し出す[26]。

24　注16 文献，306 − 372 頁。
25　下記の文献と、同教授の談話による。
　　Montanali M. 1989. " Note sur L'histoit des Pête en Italie " *Médiévals* 16-17 頁。
26　写真提供　日清食品株式会社。

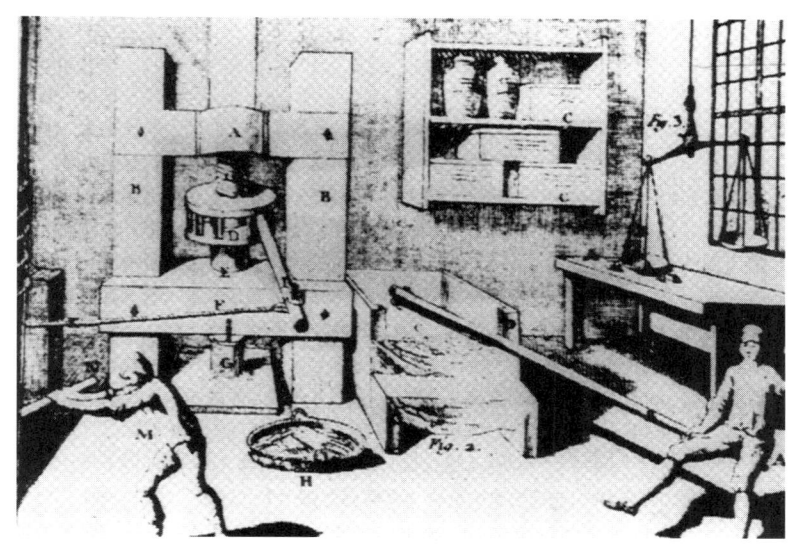

押しだし麺の系譜――河漏・ビーフン・スパゲッティ

図4　トルキオをもちいた製麺

　図4はさらに大がかりな道具で、1767年に刊行された百科事典の挿し絵である。ナポリで、ヴェルミチェッリという細いスパゲッティ状の麺をつくる情景を描いたものである。長い棒に腰かけた右側の男は、体重をかけて練り粉をおさえつけて、生地をこねている。中国でも、大量の麺をつくるときには、おなじ方法がおこなわれる。左側の男がロープをひっぱると、テコが動き、ネジが回転し、麺が押し出される。

　モンタナーリ教授によると、トルキオ（torchio）という押しだし機は、パスタつくりのために考案されたものではなく、従来からあったワイン用のブドウ絞りやオリーブ油を絞る道具を応用したものであるという。したがって、イタリアの押しだし機は中国との直接的な系譜関係をもたず、独自に開発されたものと考えてよいであろう。

　イタリアの伝統的な押しだし機には、テコでピストンを押す方式のものはみあたらないし、中国の伝統的な押しだし機にはネジの回転運動を利用したものはない。ユーラシアの東西の技術のちがいが、麺の押しだし機にも反映されているのである[27]。

27　マレーシアのペナン島の華人が経営する製麺所で、ラクサとよばれるコメの麺をつくるのに、かつてもちいられていた、ネジの回転運動による押し出し機を見たことがある。自転車の空気入れのような金属製の

写真9 ケニア・ラム島の麺を切る道具（国立民族学博物館蔵）

　最後に未解決の問題を提示しておく。写真9にしめしたのは、国立民族学博物館所蔵のケニアのラム島で採集された「麺を切る道具」とされているものである。横木にシリンダーがうがたれ、その底には小孔を多数あけた金属板が取り付けられ、鎖でつながれたテコにもうけられたピストンで押す、押しだし機である。50〜60年前に使用されたというものを、収集者が古道具屋で購入した。なにを、原料に、どんな食品をつくったのかさだかでない。10世紀頃からラム島はアラブの貿易商人の植民地であり、インド洋交易によって、中東やインド、東アフリカがむすばれていた。もし、これが本当に麺つくりの道具ならば、この道具の系譜がどうつながるのか興味あるところである。しかし、他の場所での、おなじような道具の存在を、わたしは知らないのである。

円筒に雌ネジがきざまれ、そのなかにコメ粉を練ったものをいれ、雄ネジをきざんだピストン部分の上部に取り付けたハンドルを手で回転させて、底の孔から押し出された麺を、沸騰した鍋に落とす仕掛けである。これはイギリス植民地時代につくられるようになったもので、伝統的なものではない。ビゴロ bigolo という同様の製麺機がイタリアのヴェネト州やロンバルディア州で、家庭での麺つくりにもちいられる。注16 文献, 272-274頁。

謝辞

　図1、2は筆者の採集した道具を元京都文教短期大学助教授の植田啓司氏に作図していただいたものである。黒竜江商学院の趙榮光副教授と京都大学人文科学研究所の田中淡教授には資料の教示をうけた。記して感謝したい。

第2部 飲む

文明の飲みものとしての茶とコーヒー

　1979－80 年、わたしは当時助教授であった故守屋毅さんが主催した国立民族学博物館の共同研究「茶の文化に関する総合的研究」に参加した。その研究報告書である、梅棹忠夫監修・守屋毅編『茶の文化 ― その総合的研究　第二部』（淡交社　1981 年）に収録された論文である。

　東アジアで飲まれていた茶と、エチオピアからアラビア半島にかけての地帯の飲み物であったコーヒーが、世界に普及していった経過を比較文明論的にとらえようと試みた作品である。そのためには民族誌的資料をもちいて、世界各地における茶やコーヒーの伝統的な飲用慣習を類型化し、それぞれの類型の分布をあきらかにする作業が必要であった。

　全世界を対象にして、茶とコーヒーの飲み方を分類した業績は、わたしの知るかぎりでは存在しない。そこで、わたしなりの見取り図を作成してみたのである。

　［追記］に書いたように、いわゆる先進諸国での茶やコーヒーに関する書物はおおいが、巨大文明の周辺地帯での歴史や発展途上国での現状について得られる情報はきわめてすくない。そこで国立民族学博物館所蔵のHRAF（244 頁の注 11 参照）の民族誌資料を駆使して、情報の欠落地帯をうめる努力をしてみた。

　それでも、「この論文は筆者の考え方の大筋の枠組を提示したものにとどまっており、決定稿とはいいがたい。将来、機会があれば資料の増加に伴って増補、訂正をしたく考えている」、と述べざるをえない荒削りの論考である。

　その後、モンゴル、ヒマラヤ、中東、東南アジア山地など、文献だけにたよって執筆した地域に出かける機会があり、現地での茶やコーヒーを体験し、いくつかの新知見が得られた。しかし、本論文の大筋としての枠組みを変更する必要はなさそうである。

　本文の最後に、現代日本でコーヒーが常用品化しつつあることを指摘しているが、4 分

の1世紀の時間を経過した現在では、もはや常用品として定着したとみなしてよいであろう[1]。

一　はじめに

「お茶にしますか？　それともコーヒー？」日本でこうたずねられたときの茶とは、むろん紅茶を示している。緑茶の入った茶碗は黙っていても運ばれることになっている。そのことは、わが国において紅茶、コーヒーは嗜好品としての性格を保っているのにたいして、緑茶のうちの煎茶、番茶は常用品として定着してしまっていることを物語っている。常用品とは、欧米におけるパンや日本におけるコメの飯のように、それが存在することが当然のこととして日常生活のなかにくみこまれた品物のことである。

のちの章でのべるように、茶とコーヒーは薬品→嗜好品→常用品という過程をたどりながら世界の諸民族の飲みものとして伝播していったものである。現在の世界では、茶やコーヒーに薬効を求める飲料としての性格を期待して飲むことは少なくなった。多くの民族の間で、少なくとも嗜好品としての定着をみているし、茶、コーヒーのいずれかが常用品化している国々も多い。それに対して、世界の三大飲みもののうちココアは常用品化することなしに嗜好品段階でとどまってしまったものといえる。

世界各地で旅行者に対して「お茶にしますか？　それともコーヒー？」という質問が発せられることは、茶とコーヒーがこんにちの世界の文明における主流をなす飲みものとなっていること、この二つの飲みものは互換性をもつ同質的な飲みものとして認識されていること、それにもかかわらず、個人的な次元では茶愛好者とコーヒー愛好者という二つのグループが存在することを意味している。

しょっちゅう紅茶を飲んでいるイギリス人も、晩食の終った直後の飲みものとしてはコーヒーを飲むことが習慣化していることからわかるように、時と場合によっては、

1　石毛直道　1994年「日本の茶とコーヒーの重層構造」UCCコーヒー博物館編『コーヒーという文化―国際コーヒー文化会議からの報告』柴田書店　1994年

茶愛好者、コーヒー愛好者の別にかかわらず、どちらの飲みものを選択するべきかが習慣的に定められていることもある。しかし、日常の飲みものとしては、茶を主に飲むか、コーヒーを主に飲むかは、それぞれの個人の習慣として一定しているのが普通である。すなわち、人々は自分が「お茶党」であるか、「コーヒー党」であるかを自覚して、自分の常用の飲みものとしているのである。

　茶を好むか、コーヒーを好むか、といった嗜好の問題は本質的には個人的な次元のことがらである。だが、それぞれに異なる性癖をもつ個人を集積したときに、生活様式の共有という点に関しての最大公約数をもってくることのできる集団単位として民族（より限定すれば部族程度の集団単位もふくめた ethnic group ということになるが、ここではそれも民族ということばに代表させておく）がある。インスタント・コーヒーの普及によってコーヒー愛好者がずいぶん増加したといっても、世界的視野において整理すれば、日本民族は全体としては茶の愛好民族のなかに分類してもよいであろう。このようにして、世界の諸民族を、主として茶を飲む民族、主としてコーヒーを飲む民族、茶もコーヒーも日常的飲みものとはしない民族に大別することができる。

　世界にはぼう大な数にのぼる民族があり、それらの民族のひとつひとつにあたって、使用される飲みものを調べることはほとんど不可能であるし、そのような作業に使用可能な資料の集積もない。しかし、さいわいなことに、茶とコーヒーは文明の軌道のうえに乗って伝播した飲みものである。文化と文明ということばを区別して使用するとき、ここでは文化とはそれぞれの種族集団——その集団の最大範囲が民族である——に固有な性格の強いもの、文明とはそれらの個別的な文化をおおって伝播する普及的な性格をもつものと考えておこう。

　長い間、茶は東アジアに、コーヒーはエチオピアからアラビア半島にかけて産地が限られており、それらの産地において成立したこの二つの飲みものの飲用の習慣は、世界に影響を与えたいくつかの文明によって運ばれていったのである。たとえば、日本の飲茶の習慣は中国文明の影響下に成立したものであるし、トルコ・コーヒーはオスマン帝国のイスラーム文明と切り離すことはできない。このように、多くの民族文化を包括した世界の巨大文明の歴史的なあり方を背後に考えておくことによって、世界をいくつかの茶とコーヒーの文明圏に類型化することが可能となり、世界での茶とコーヒーの飲用の習慣について概観をすることができよう。

いわば比較文明論の立場からなされる本稿でとり扱う問題は次のとおりである。
（ⅰ） 主として民族誌的資料にもとづいて、世界における伝統的な茶とコーヒーの飲み方についての類型的な分布を考える。
（ⅱ） 現代の世界各国の茶、コーヒーの消費統計にもとづいて、茶常用地帯とコーヒー常用地帯の分布を検討する。
（ⅲ） 上記の二点の結果をあわせて検討することによって、茶とコーヒーのナルコチックスとしての性格と、その飲用の変遷についての仮説を提出する[2]。

二　飲茶の文明圏

1　対象の限定

　この章では、世界における飲茶の風習を類型化したときに主要な類型となる地域での茶の飲み方についての記述をおこなう。
　茶を飲むという行為には、茶の生産、流通、入手方法、茶のたて方、飲み方、作法、食事との関連などさまざまな行動がかかわっている。日本の茶の湯のように、飲茶という行為が作法、インテリア・デザイン、器物、書画、文学、料理にいたる分野にまで深い影響をおよぼす総合芸術となり、茶の湯をもって日本の美学や人生観を語ることができるほどの特殊発達をとげた文化さえもある。だが、本稿の目的とするのは個別的文化について語ることではなく、飲茶の文明としての普遍的側面についての比較なおこなうことである。そこで、おのずから比較可能な記述対象とすべきことがらが限定されてくる。多くの民族において、茶は輸入品であることを考えると、茶の生産に関する記述は本稿でとりあげなくてよい問題となるし、個別的文化のなかでの伝統的価値観やふるまい方に深く結びついた作法や美学と関連したことがらも、比較することが困難な問題として深入りすることを避けることとなる。そうしてみると、記述

---

[2] 石毛直道　1980年「ティー？オア・コーヒー？」『季刊消費と流通』4巻3号。これは本稿の習作として書かれたものであり、大筋については変わりないが、民族誌的記述が省略されていること、消費統計が古いものを使用していることなど、細部においてのちがいがある。これは本稿のレジメ的な性格の小論としてうけとられたい。

の中心となるべきことは、茶のたて方と飲み方についてである、ということになる。
　ばくぜんと、茶のたて方、飲み方についてというだけではなく、比較すべき主題をさらに次の四点に集約しておこう。
　（ⅰ）　日常的に飲用とする茶の種類についてのべる。
　（ⅱ）　茶のたて方の技術を使用する道具に関連してのべる。
　（ⅲ）　砂糖、ミルク、塩など茶にまぜる材料について。
　（ⅳ）　茶を飲む器について。
　すなわち、飲茶にまつわる行為のなかから、価値観と密接な関係をもつことがらをなるべく排除して、いわばモノとしての側面から飲茶の習慣をながめてみよう、という立場をとるのである。文明の伝播にさいして、物質文化は個別的な文化に受容されるさいに、あまり変形をしないで伝わることが多いという性格を考慮に入れたとき、飲茶という行為をモノに表現される側面からとらえることが、地域的類型化をするために有効であると考えられる。

　ここで注意しておかねばならぬことは、本稿でいう茶は、植物学的に *Camellia sinensis* に分類されるものに限っていることである。世界には葉を利用して茶のように煎じて飲むさまざまな植物がある。たとえば、新大陸でいえば、北米大陸南東部の先住民であるネイティブ・アメリカン諸部族がブラック・ドリンクあるいは yaupon とよばれる飲みものを先史時代から愛用していたことが知られているが、これは *Ilex vomitaria* Ati. の葉を炒ってから煮出した液体である[3]。また、西欧人がやってくる以前にインカ文明によって開発されたマテ茶がある。これは *Ilex paraguariensis* A. st Hil. ほか *Ilex* 属の数種の木の葉を利用して、茶のように煎じ、現在では砂糖を加え、特別なストローを使用して飲む飲みものである。現在ブラジル、パラグアイ、アルゼンチンで多く飲用され、1950 年におけるマテ茶の産額は乾燥した葉の重量で 200 万トンに達し、飲用人口は 2 千万人におよぶと推定されている[4]。
　旧大陸ではコーヒーをのぞくと、マテ茶ほどの巨大な人口に受け入れられた茶類似植物は開発されなかったが、民俗的段階おいて飲用にされる植物の葉を利用した

3　Hudson,C. (ed) 1979 *Black Drink* The University of Georgia.
4　Porter,H 1950 "Mate-South American or Paraguay Tea" *Economic Botany* 4 (1).

茶類似品は枚挙にいとまがないほどである。茶の普及以前から各地に薬用あるいは嗜好用のいわゆるハーブ・ティーにあたるものがあったし、その飲み方が茶の受容にあたって影響を与えていることが考えられる[5]。また、茶が普及したのちになると、経済的理由などで茶の葉が入手できない人々の間で、土着の植物を使って各種の代用茶が開発された[6]。

これらの茶類似飲料や代用茶についての考察は興味ある問題ではあるが、マテ茶をのぞくと文明のうえに乗った飲みものとはならず、地方的な飲みものの段階にとどまっているし、その資料もあまり入手できなかったので、本稿から除外しておく。

もう一点、但し書きをつけておかねばならぬことは、本稿においては、日本、中国、欧米の飲茶の風習についてはごく簡単にしかふれていないことである。これらの地域における茶の飲み方については、比較的よく知られているし、研究もなされている。われわれ日本人は日本における茶の飲み方を知るばかりではなく、紅茶についても一応の知識をもっているし、日本において紅茶に関する書物も何冊も出版されている。中国の茶の飲み方についての知識はあまり普及しているとはいえないが、それでも他の国民よりも知ることが多く、研究もなされている[7]。

実は、茶の飲み方の歴史的変遷にいたるまでわかっているのは、この三地域にしかすぎない。茶に関するすべてのことがらを集大成したといわれる古典的研究書である『オール・アバウト・ティー』でも、世界各地の茶の生産や流通については書かれてい

---

[5] ヨーロッパのハーブ・ティーについては本書(監修・梅棹忠夫 編集・守屋 毅『茶の文化—その総合的研究』淡交社 1981年)第1部206頁を参照されたい。

[6] a) たとえば、豊後水道のなかの日振島では大正時代には茶を飲むのは網元など裕富な者にかぎられ、一般の村人たちはエノキの新芽とシャシャブの新芽を混ぜて蒸したものを飲用にしたという。エノキが茶の色をだし、シャシャブは茶の香りをだしたそうだ。
　　石毛直道 1979年 「愛媛県宇和島市日振島」 農林省農蚕園芸局普及部生活改善課編『村の歴史とくらしⅡ』 社団法人農山漁家生活改善研究会
　　b) 海外で筆者の体験した例としては、フィリピンのマニラ郊外の農家でアボカドの葉を乾燥したものを煮出して飲まされた。百姓は紅茶を買わずに、庭先のアボカドの葉あるいはマンゴーの葉を乾燥させたもので代用したのだ、との主人の言である。また、同じ家で、精白した米粒を茶色く炒ったものを煮出した代用コーヒーを飲まされた。このときはふつうのウルチ米を使用していたが、フィリピンではモチ米を炒って使用することもおおい。

[7] たとえば中国の飲茶の歴史についての基本文献としてはつぎのものがある。
　　矢野仁一 1916年「茶の歴史に就て」史学研究会編『続史的研究』冨山房
　　青木正児 1926年『中華茶書』 春秋社
　　諸岡存 1941年『茶とその文化』 大東出版社

るが、茶の飲み方についてのべているのは、日本、中国、欧米、ロシアについてだけである[8]。本稿ではこれらの地域についての記述はごく簡単にしておいて、従来あまり知られることがなかったが、独自の類型の飲茶の方法を発達させたアジア、アフリカ地域について、民族誌的情報にもとづいて紹介することに主力をおくのである。

と、いうのは口実でもあり、実はこれらの三地域に深入りすると身動きがとれなくなってしまうので、なるべくふれたくないという事情がある。茶の文明の中心地であった中国、特色のある茶の文化を発展させた日本、世界に紅茶を普及させたヨーロッパは、それぞれに飲茶に関する歴史の蓄積があり、とうてい一筋縄では片づかない問題をはらんでいるのである。

これらの限定を加えたうえで、以下の論を進めるにあたって、茶とコーヒーを同じ比重でとり扱うわけではない。もともと、「茶の文化の研究」から生まれた論考なのでおのずから主流をなすのは茶についてである。しかし、茶の強大なライバルとして登場したコーヒーにふれないで、茶の文化や文明を語るわけにはいかない。茶を語るためにはコーヒーについても語らねばならない、という宿命に従ってコーヒーについてものべるのである。

2 中国

茶葉の利用の習慣は東南アジア山地に起源するであろうが、それを世界的な飲料になるまで発展させたのは漢民族である。その過程においては、さまざまな茶の飲み方の変遷がみられ、英国系紅茶を別にすると世界の茶の飲み方のほとんどは、原理的には同様の飲み方が中国においてかつて試みられたことがあるのではないかとさえ想像されるほどである。

本書（守屋毅編『茶の文化―その総合的研究 第二部』淡交社 1981年）48頁に林左馬衛作成の製茶の展望が表解されている（以下、茶の種類についてのべる場合は、この表の分類に従うこととする）。この表には現在では消滅した唐、宋代の茶まで含めて、多くの種類の茶が記載されているが、その大半は中国において開発されたもので

---

8 Uker,W.1935 *All About Tea* vol Ⅰ , Ⅱ , Ⅲ . The Tea and Coffee Trade Journal Company.

図1 バター茶のつくり方（柳本杏美『ヒマラヤの村―シェルパ族とくらす』より）

ある。現在の中国においても、さまざまな種類の茶が使用されるが、その主流となっているのは烏龍茶、茉莉花茶を含む半発酵茶と竜井茶を含む釜炒り系緑茶である。その飲み方は茶碗に茶葉を入れたうえにヤカン等でわかした湯をそそぐことがおおいが、急須を使用することもある。急須使用の飲み方で有名なものには、福建省の工夫茶（コンフー）（茶の種類でいう工夫紅茶ではなく、飲み方の名称）は、日本の玉露をいれるさいと同じく、小型の急須に茶葉を入れてだしたものを、杯のように小さな茶碗にそそいで飲む習慣もある。

かつては、茶に塩で調味したり、ショウガなどの香辛料やクルミや塩漬のタケノコなどの乾物や堅果を茶に入れて飲むこともおこなわれた[9]。しかし、現在の中国での茶の飲み方の特色は、日本と同じく、塩や砂糖で味つけをしたり、ミルクなどの混ぜものをすることなく、純粋に茶そのものの味と香りだけを賞味する飲み方になっている点である。

---

9 筆者が知る茶にいちばんおおくの種類のものを混ぜた例は『金瓶梅』第72回に記されている。「火のそばでは玉蓋の花のはいった茶が煮えたぎり……春梅がきれいな茶碗を持って出ると、女は改めて碗の縁のしずくをしなやかな手で拭い、胡麻、塩漬の筍、栗、西瓜の仁、それに回春不老の海青を入れ、黒豆と木樨（もくせい）と玫瑰で苦みを消した、こってりとおいしい六安産の上等の芽茶を一杯いれました」（小野忍、千田九一訳 1972年『金瓶梅』下巻81頁　平凡社から引用）。

モンゴルのティー・ポット
(高さ30.9cm　国立民族学博物館蔵)

モンゴルの茶碗
(銀製・直径11.3cm　国立民族学博物館蔵)

3　日本

　嬉野茶、青柳茶の釜炒り系緑茶も一部では使用されるが、主流は蒸煮系緑茶によってしめられている。いずれも不発酵の緑茶であり、英国系紅茶が入るまでは発酵茶はほとんど使用されなかったことが特色である。茶の湯には抹茶が用いられる。茶の飲み方の具体的なことがらについては記す必要もないであろう。

4　チベット・モンゴル

　チベットにおける茶（ja）の飲用の歴史は古く、すでに唐代には各種の中国産の名茶がチベットの王のもとに集められていたことが文献に記されている[10]。しかし、チベット人の間で茶の飲用が一般的になったのはサキャパ（sakya-pa）派のチベット仏教（ラマ教）が元の王朝と関係を深めた1260年代以後のこととされる[11]。

10　矢野仁一　1926年「茶の歴史に就て」史学研究会編『続史的研究』　252-253頁　冨山房
11　HRAF Files, AJI Tibet, 9 Das: 159

明代に中国の北方、西方の民族への茶の供給を官がコントロールするいわゆる茶馬貿易において、四川省の茶馬司が廃されたのち、一時は甘粛省経由でチベット方面への茶が運ばれたこともあったが[12]、19世紀後半から20世紀前半のチベットに関する民族誌的文献にあらわれる茶は主として四川省から供給されたものである。

　キャラバンによって輸送されてチベットに入ってくる茶は、すべて運搬の便がよいようレンガ状につきかためた緑磚茶である[13]。

　チベットの茶のつくり方、飲み方についてはおおくの旅行家が記述しているが、ここでは主して、チャールズ・ベルの記録によって記すこととする[14]。茶をナイフでけずったり、つきくだいたのち、鍋に入れて、水とともに煮立たせる。このさいに天然産のソーダを加える。ソーダを入れると茶の色が薄くなるといわれる。ソーダがないときには木灰で代用してもよい。煮立ったら、真鍮あるいは銅製のひしゃくですくい、日本の味噌漉し状の形をした竹の茶漉しを通して、ヨーロッパではバターつくりに用いられるものとほぼ同様の形をした木製のチャーン（chadongという攪拌器）に移し、塩とバターを入れてチャーナーで攪拌する。茶と塩、バターがよく混ざるとミルク・コーヒー状の色になる。このさいバターではなく、インドでギーとよばれるバターオイルかミルクを混ぜることもある。こうしてできた茶を土器製の壺（dzama）に貯えたり、直接ティー・ポット（ko-til）に移しかえる。茶がさめたらティー・ポットを火にかけて加熱することもある。

　茶のつくり方のプロセスの細部にはチベット文明圏のなかでも地方差があるので、ここで記した方法とは多少異なるものではあるが、ネパールのシェルパ族の現在の茶

　　　以後 HRAF Files からの引用がおおいので、ここで引用方法について記しておく。この（注11）を例にとると、HRAF Files とは国立民族学博物館所蔵の Human Relations Area Files の略である。AJ1 はこのファイルでの地域分類をしめす OWC コード・ナンバーをしめす。Tibet にあたる部分は該当する社会名、9 はその地域分類のなかに収められた文献のソース・ナンバーをしめす。Das はそのソース・ナンバーを付した文献の著者名であり、つぎの数字 159 は、その文献の 159 頁に引用事項が記されていることを意味する。

12　注10 文献　282頁
13　英語で brick tea といわれるものは松下智によればむしろ中国でいう籠茶にあたるものがおおいようであるが、慣例にしたがってここでは磚茶の文字を使用する。この数十トンの強圧を加えてレンガ状に圧縮して完全に水分を去って乾燥した茶は、輸送に便利であるとともに変質のおそれがないので、茶をキャラバンで運んでいたモンゴル、北および東シベリア、チベットで一般的に使用されてきた。
　　松下智　1978年　『日本茶の伝来―ティー・ロードを探る』　36-37頁　淡交社
14　HRAF Files, AJ1 Tibet, 3 Bell: 236-238

のつくり方を図解したものを参考にあげておく[15]（図1）。

　上流の者は玉製、銀製の碗で蓋つきのものを使用し、天目台状の茶托をも使用する[16]。庶民は木製の椀（batáng）に茶を入れて飲む。椀のなかの茶が少なくなったところに主食のムギコガシを入れてこねて食べることがおこなわれる。そこで、「チベットの茶はスープでもあり、食事でもある」とよくいわれる。

　茶の消費量はいちじるしくおおく、「ひまさえあれば茶を飲んでいる」といった記録がおおく、「英国の婦人がアフタヌーン・ティーで用いるカップの量で一日に40～50杯の茶を飲む」などと書かれている[17]。

　カンバ（Kamba）族は茶と天然ソーダを長時間煮立てたのち、茶漉しでこしたものに塩を入れただけの〈ブラック・ティー〉を飲む習慣である[18]。しかし、カンバ族の例をのぞくと、チベットの茶に共通する特色としては、緑磚茶を使用し、（おおくの場合天然ソーダを加え）煮立て、バター、バターオイル、ミルクのいずれかと塩を加えてチャーンで攪拌する、ハダカオオムギのムギコガシであるツアンパを茶で練って食べることがあげられる。

　このようなチベット流の茶の飲み方がおこなわれている地域は、チベット高原部ばかりではなく、ブータン、シッキム、フンザ、ネパール、ラダックのチベット系の住民に共通し、英国紅茶系の茶産地のダージリンでさえ、チベット系の住民は中国からの磚茶を使用して、チベット流に茶をたてるを好む、という。

　19世紀末の記録では、カシミールには、チベットのラサ経由の中国緑茶（緑磚茶であろう）、ボンベイ経由の中国産紅茶、パンジャブから入ってくるインド紅茶の三種の茶があり、いずれもサモワールで長時間煮出してから、ミルクを混ぜて飲むという。調味には砂糖を入れる方法と、塩味をつける方法の二種類があり、シナモン、カルダモンのような香料を混ぜることもおおい[19]。こうなると、塩を入れるチベット系の茶と砂糖を入れる英国紅茶系の両方の系統（ミルクはどちらの系統も入れる）に、シナモン、カルダモンを入れる中東のコーヒーの飲み方（それはインドでの紅茶の飲み方にもう

15　柳本杏美　1976年　『ヒマラヤの村―シェルパ族とくらす』　111頁　現代教養文庫
16　HRAF Files, AJ1 Tibet, 2 MacDonald: 169-170
17　注13文献　235頁
18　HRAF Files, AJ1 Tibet, 12 Comb: 132
19　HRAF Files, AV4 Kashimir, 1 Lawrence: 254

けつがれている）と、サモワールを使用するロシア紅茶のたて方が混交していることになる。

　まさしく文明の十字路にあたる土地柄を反映しているというべきか。この事情は現在のカシミールでもあまりかわりなさそうである。

　マルコポーロの旅行記に茶に関する記録がないことが不可解である、とはよくいわれることである。かれの所属した元の宮廷には被征服民である漢民族の飲茶の風習が入りこまなかったからであるとも説明される。モンゴル人が中国を支配した時代に茶の味を覚えなかったとは考えられないことであるが、文献には元代のモンゴル人の飲茶についての記事はほとんどあらわれない。いずれにしろ、モンゴル人が茶を飲みだしたのは元代以後のことであり、それはチベットからチベット仏教（ラマ教）とともに伝播したものであると推定される[20]。事実、チベットとモンゴルの飲茶はほとんど同系のものであると考えてよい。

　第二次大戦前の資料によると、モンゴルで一般的に使用されるのは緑磚茶であるが、ブリヤート・モンゴルには紅磚茶が供給されていた[21]。

　磚茶を使用する部分だけ斧で欠いて、これを斧の柄で打ちくだく、小型の木臼に入れて打ちくだく、着物の裾をひろげた上に磚茶を置いてナイフでけずる、などの方法で粉末状にしたのち、金属製の鍋に入れて煮立てる。さらに鍋のなかにウシやヒツジのミルクあるいはバター、またはヒツジの脂肪と小量の塩あるいは天然のソーダを入れる。できあがった茶はそのまま椀に移すか、あるいは銅製の円筒状をしたティー・ポットに移しかえてから、椀につぐ。

　モンゴルにおいては、ヨーロッパのバターつくりのチャーナーと同じ形をした攪拌器は、主として乳酒をつくる作業に使用するための道具である。しかし、茶をつくるために用いることもある。すなわち、鍋で煮出した茶を攪拌器に入れて長い柄をしたチャーナーを上下させて塩、ミルクあるいはバターと混ぜるのである。攪拌したのち、

---

[20] 注8 文献 277-293、321-322頁。ただし、中尾佐助博士はチベットにおけるバター茶の名称「スッチャ」が、モンゴル語の「スウティ・チャイ」（Sūteicāi ― 乳茶）に由来すると考えられることから、逆にモンゴルからチベットにバターやミルクを入れた茶の飲み方が伝播したものと推定している。
　中尾佐助　1976年　『栽培植物の世界』196-198頁　中央公論社
[21] 後藤十三雄　1942年　『蒙古の遊牧社会』158-159頁　生活社

トルコのサモワール（高さ75cm　国立民族学博物館蔵）　　トルコの茶器セット（盆の直径33cm　国立民族学博物館蔵）

ふたたび鍋に戻して熱してから椀にそそぐ。

　椀は木椀であることが普通で、縁に銀製の飾り金具がつけられることもよくある。

　炒ったアワを茶に混ぜて食べることもよくおこなわれ、茶は軽食としての性格ももつ[22]。

　茶はつねに熱い状態で供されなくてはならない。飲む量も多く、一日に何回となく茶をわかし、チベット人と同じくひまさえあれば茶を飲んでいるとは、おおくの記事にあらわれることである[23]。

22　モンゴルの茶のいれ方を記述するにあたって主として参照した文献には、注20文献のほかに下記のものがある。
　　a）HRAF Files, AH7 Outer Mongolia, 4 Maiskii: 112-113
　　b）徳広桂浜　1939年　『蒙古の実態を探る』92-93頁　98-99頁
　　c）周達生　1979年　「蒙古のお茶――スーティーチャイ」東京アド・バンク編『紅茶のはなし』93頁　東京アド・バンク
23　梅棹忠夫　1952年　「モンゴルの飲みものについて」　ユーラシア学会編『遊牧民族の社会と文化』　184-185頁　自然史学会

5　ロシア・シベリア・西アジア・北アフリカ

　1618年にモスクワの宮廷に中国の使節団が茶をもたらしたのが、ロシアへの茶の導入の最初の記録となっている。しかしそれが契機となってロシアでの飲茶の風習をひきおこしたというわけではない。1689年のネルチンスク条約以来、陸路のキャラバンによって中国から運ばれる品物のなかでしめる茶の比重がしだいに大きくなり、ロシア人のあいだに飲茶の風習がひろまったものと考えられる[24]。18世紀になると中国からの茶の輸入量が拡大し、ロシア人のあいだで茶が一般的な飲みものとなる。18世紀に飲まれた茶の種類についてはわからないが、中国からヨーロッパへの輸出茶を考えに入れると、緑茶系茶葉と磚茶であったであろうと推定される。茶をいれるための独特の湯沸器であるサモワールも18世紀になって出現し、普及したものである[25]。

　1814年にはクリミア半島において茶の栽培が試みられたが失敗し、1847年にグルジアで茶園経営に成功して以来、アゼルバイジャンなどソ連邦の各地で茶が生産され、輸入茶ばかりでなく、国産の茶も普及している。現在のヨーロッパ・ロシアで飲まれる茶は英国系紅茶が主流である。19世紀初頭からテンサイ糖の工業的生産が盛んとなり、第一次大戦当時ではドイツとロシアがヨーロッパにおける砂糖生産の双璧となっていたが、これはロシアにおける茶の飲用の普及と関係をもつことであろう。

　現在ではガスや電力の家庭への導入によってサモワールが生活必需品ではなくなりつつあるが、今世紀の初めにおけるサモワールを使用したロシア式紅茶の飲み方の記録を紹介しておこう[26]。

　サモワールの上部の受皿のうえに置かれたティー・ポットの湯に紅茶を入れてしばらく放置しておくと、茶はなかば煮出した状態の濃い茶となる。把手のついた金属製

---

[24]　注8文献　1巻　29頁。
　　　ただし、注10文献301-302頁に引かれている説および国立民族学博物館助手の伊東一郎氏がソ連の百科事典等から調べてくれた結果では、1638年にイェニセイ川源流付近に根拠地をもっていたモンゴルのアルティン汗が、ロシア皇帝ミハイル・フィオドロヴッチに茶の葉を贈物にしたのがロシアへの茶の導入のはじまりである、とされる。
[25]　同僚の伊東一郎氏の教示によると、オート・ボイラーを意味するサモワール（Samovar　オートをあらわすSamiとボイルをあらわすVaritの結合語）はトルコ語からの借用語という説もあるが、定説としてはロシア語起源のもので、それがトルコ系諸民族に伝播したものである、とされているとのことである。なお、18世紀初頭から、19世紀にかけて英国と米国において、巨大なヤカンのなかに熱源をしかけたサモワール状の湯沸器が各種考案されたが、普及にはいたらなかった。注6文献　2巻　439-442頁
[26]　注8文献　2巻　426-429頁

のグラスホルダーにいれたガラス製のグラスに茶をそそぐ。グラスの4分の1量だけ茶を入れて、あとの4分の3はサモワールの蛇口から熱湯をそそいで薄める。ロシア式紅茶というとレモンの輪切りを浮かべたものが連想されるが、レモンは茶につきものというわけではない。北国ではレモンはどちらかというと貴重品の部類の果物である。ティー・スプーンでジャムを茶に混ぜて飲むこともおこなわれるが、ミルクやクリームを混ぜて飲むことはない。テンサイ糖の堅い塊状の砂糖は、砂糖つぶしの道具で小片にくだく。砂糖をグラスに入れて溶かして飲むことよりも、砂糖の小片を口に含んでしゃぶっては、茶を一口飲むことが一般的である。冬季にはカゼの予防と称して、茶にラム酒やウォッカを混ぜて飲むこともおこなわれる。ロシア式の茶の飲み方は、ポーランド、ユーゴスラビアなどの東欧のスラブ諸国へも受けつがれている。

　サモエード族 (Samoyed)[27]、チュクチー族 (Chukchee)[28]、ギリヤーク族 (Giliyak)[29]、ヤクート族 (Yakut)[30]、エベンキ族 (Evenki)[31] などの北方シベリアの諸民族の記録では、一般に磚茶をサモワールを使用して濃く煮出して飲む。松下智によるとチベット、モンゴルの磚茶が緑茶系のものであるのに対して、シベリア方面における磚茶は発酵茶である紅磚茶である[32]。砂糖なしで飲むこともあるが、入手さえできれば砂糖をかじって飲むロシア式の茶の飲み方が好まれる。南シベリアの民族がミルク、穀物を茶に入れて飲む（注28文献、これはブリヤート・モンゴル族などモンゴル系の茶の飲み方をする民族をさすと考えられる）のに対して、北シベリアの民族は茶には砂糖がつきものとなるだけで他の混ぜものはしない。それはロシア人の影響で飲茶の習慣が導入されたことによるものであるし、またシベリアのおおくの民族は伝統的に家畜の乳しぼりをしなかった地帯に含まれることにも原因するであろう[33]。北および東シベリアにお

27　a) HRAF Files, Ru4 Samoyed, 1 Hajdú: 14
　　b) HRAF Files, Ru4 Samoyed, 24 Benard: 165
　　c) HRAF Files, Ru4 Samoyed, 4 Donner: 120 − 121
28　HRAF Files, Chukchee, 1 Bogoras: 60, 199 − 200
29　HRAF Files, Giliyak, 13 Seeland: 15
30　HRAF Files, Yakut, 44 Gilder: 180
31　HRAF Files, Ru5 Evenki, 2 Vasilevich: 637
32　注13文献　222頁
33　注30文献によると、ヤクート族はミルク入り（家畜の種類不明）の茶を飲むことがあるし、注31文献によると、エベンキ族はときにはトナカイのミルクを茶に入れる、という。しかし、ふつう北、東シベリアではミルク入りの茶は一般的ではない。

ける飲茶の習慣がひろまったのは、19世紀後半以後のことであり[34]、サモワールの使用からもわかるようにロシアからの伝播であると考えられる。

『オール・アバウト・ティー』によると1633-40年にホルスタイン公国の公使に従ってモスクワ大公国とペルシャ王の宮廷に行ったドイツ人旅行者のMandelsloは、「毎日会見のさいには、全インド圏諸国で一般的な飲料とされ、オランダと英国では薬品とされているthe（茶）を飲んだ。ペルシャ人はtheのかわりにkahwa（コーヒー）を飲む」とのべている。また、1638年にOleariusはペルシャ王の宮廷において茶を供されたが、それは「水に苦味が煎じだされ、黒色になるまで煮出したものに、ウイキョウ、アニスシードまたはシナモンと砂糖を加える」とのべている[35]。

古くから中国との交易があった西アジアでは、ヨーロッパよりも古い時代から茶は知られていたに違いないが、その飲用の実態について物語る資料は集められなかった。過去においてはコーヒーのほうが一般的な飲みものであり、茶が民衆の飲みものとして普及するのはごく新しい時期のことであると推定される。

現在ではしょっちゅう紅茶を飲むトルコの田舎では、19世紀後半に鉄道がつくられるまで茶もコーヒーも飲まなかったという[36]。クルジスタンに飲茶の風習が流行するのは、19世紀末からのことであり[37]、アフガニスタンにおいて民衆が茶を飲み出すのも同時期のことである[38]。

19世紀になってから西アジアで流行するようになった飲茶の風習の特徴は、サモワールを使用したロシア式のたて方にある。トルコ[39]、イラン[40]、アフガニスタン[41]において

34　注28文献　60頁
35　注8文献　1巻　30-31頁
36　HRAF Files, MB1 Turky, 6 Yasa: 178
37　HRAF Files, MA1 Iran, 16 Leach: 30
38　HRAF Files, AU1 Afghanistan, 22 Bell: 48-49
39　トルコの南西アナトリアの村の事例ではサモワールを用いず、2個のヤカンを上下に重ね、火にかけた下のヤカンにすっぽりとはまる小さなヤカンに茶を入れて茶をたてることもあるが、原理はサモワールとおなじであるし、ここでも小型のガラスのグラスで茶を飲む。
　　松原正毅　1976年　「トルコの村の食事体系」『国立民族学博物館研究報告』　1巻2号　255頁
40　注36文献および
　　a) HRAF Files, MA11 Kurud, 2 Master: 235
　　b) HRAF Files, MA1 Iran, 8, Lambto: 387
41　国立民族学博物館助教授藤井智昭氏の教示によると、トルコ、イラン、アフガニスタンにおいて使用されるサモワールはソ連製のものがおおい。トルコ、イランでとくにサモワールがよく利用されるが、イラン

サモワールの利用が一般的であるし、トルコ、イランにおいてはガラス製のグラスとスプーンで茶を飲むこともロシアと共通するし、アフガニスタンの一部での飲み方を別とすれば、ミルクやクリームを入れないこともおなじである。ただし、塊状の砂糖をかじりながら茶を飲むのではなく、グラスに多量の砂糖を入れておいたうえに、茶をそそぐことのほうが普通である。使用する茶の種類は現在では紅茶が一般的であるが、過去には釜炒り系緑茶もおおく使用されていたと考えられる[42]。

アフガニスタンにおいては、ガラス製のグラスではなく、ソ連からの輸入品の陶器で把手つきのティー・カップと受皿、ティー・ポットの陶磁製茶器のセットが一般的である（ティー・スプーンは必ずしも必要ではなく、スプーンを使用しないこともある）。茶を入れたカップを高く持ち上げ、下においた別のカップに茶をそそぎこむ風習が報告されている（注38文献）。また、アフガニスタンにおいて chir chai とよばれる儀礼的なミルク・ティーの飲み方がある。それは、鍋を二個用意し、そのひとつを火にかけ沸騰したところに緑茶、ビンロウジ、ベグ阿仙薬を投じてから、煮えくりかえらぬよう冷水を入れて煎じたのち、重曹（アフガニスタンにおいて重曹は19世紀後半になってから知られたもので、その以前は特別の植物灰を利用したという）を入れて火からおろす。ついで液体の入った鍋をなるべく高く持ち上げ、別の鍋に液体を滝のようにそそぎこむ。この作業をくりかえし泡立てたのち、好みによって砂糖あるいは塩を加える。モーニング・カップのような形をした把手つきのカップに熱したクリームをあらかじめ入れたものに茶をそそいで飲む。鍋底に沈殿した茶の葉を集めて食べることもある[43]。塩、クリーム、ビンロウジを入れる点は東方のチベット茶の影響下に成立したカシミール地方との関連を思わせるし、二つの器の間で交互に茶をそそぐことは、後にのべる北アフリカのリビアの茶のたて方に共通する。いずれにしろ、これはロシア式の茶の普及以前における西アジアの茶の飲み方のひとつのあり方を伝える

でも南部ではサモワールの利用は減少する。イラクではサモワールの使用はあまり見かけなくなる。アフガニスタンではウズベク族、トルクメン族のあいだではサモワールがよく使用されるが、パシュトーン系の遊牧民では十数軒のテントのうちサモワールをもつのは2～3軒であり、サモワールを持たぬ家庭では深底の鍋で茶をたてる、という。

42 　文献　82巻　433頁によると1930年代におけるイランでは緑茶が主流であるし、藤井智昭氏によると現在のアフガニスタンでは紅茶が主流となっているそうだが、文献38によると1910年代では緑茶を使用している。

43 　HRAF Files, AU1 Afganistan, 14 Hachin & Kohzad: 516-159

ものと考えてよいであろう。

　元来はコーヒー地帯であったアラビア半島でも、茶を飲む習慣が浸透し、サウジアラビアのベドウィン族の儀礼的なコーヒーの飲用の最後は砂糖入りの茶でしめくくられる。緑茶、紅茶の両方が使われるが、ホウロウびきの小さなティー・ポット（以前は真鍮または銅製のものを使用）を火にかけ、茶と多量の砂糖を煮出す。ハッカの葉、シナモンなどの香料を加えることもおこなわれる。できあがった茶は、小型のガラス製のグラスあるいは把手のない杯状の陶製の小杯にそそいで飲む[44]。

　いっぽう、1930年代のシリア、レバノンでは上流階級の者によって英国式紅茶が飲まれていた、との報告がある[45]。

　北アフリカにおける飲茶の普及は新しい。19世紀初頭のカイロ市民の生活を克明に描写したレインの『エジプト風俗誌』には、コーヒーについての記述はくわしく、当時カイロには千軒以上のコーヒー店があったことなどがのべられているが、茶については何も記録されていない[46]。エジプトの農民たちのあいだで茶を飲むことが一般的になるのは、第一次大戦の頃からであり、それはトリポリ（トリポリという都市はシリアとリビアにあるがこの場合はおそらくリビアの首都トリポリをさす）から伝わったファッションであるという。1945年の記録ではコーヒーはカイロ市民のあいだでは一般的な飲みものであるのにたいして、農民は茶を飲むのが普通で、コーヒーは市場へ行ったさいなどに店で飲む飲みものであるとされる[47]。

　のちにみるようにリビア人は北アフリカでいちばん茶を消費する国民であるが、いつ頃からリビア人の間で茶を飲むことが一般的になったのかを明らかにする資料は集められなかった。リビアのイスラーム教徒の多くはセヌシ派に属するが、セヌシ派の戒律ではコーヒーの飲用が禁じられたので、リビア人は茶を飲むようになったのだという説がある[48]。もしそうだとすれば、セヌシ派の教団活動が盛んになった19世紀中

44　a) Kay S., 1975 *The Bedouin* p. 20 Crave, Russak
　　b) HRAF Files, MJ1 Saudi Arabia, 3 Twitchell: 84
45　注7文献　2巻　433頁
46　ウイリアム・レイン・大場正史訳　1977年　『エジプト風俗誌』　101－103頁、217－219頁　桃源社
47　HRAF Files, MR13 Fellahin, 3 Ayrout: 90
48　a) HRAF Files, MR14 Siwans, 5 Steindorff: 10
　　b) HRAF Files, MR14 Siwans, 1 Clin: 216

頃以後になってリビア人のあいだに茶が普及したことになるが、セヌシ派の教義ではコーヒーの飲用を禁じてはいなかったという説もある[49]。

いっぽう、モロッコにおける飲茶の風習は19世紀になってから英国の貿易商によって茶が導入されてから始まったものである、とされている[50]。

トアレグ（Tuareg）族などサハラ砂漠の民族の間に茶が入ったのは20世紀初頭のことと推定される[51]。

紅茶も使用されるが、北アフリカで一般的なのは中国産の釜炒り緑茶である[52]。

エジプト、リビアでは金属製（庶民はホウロウびきのものを使うことがおおい）の火にかけて湯わかしにもなるティー・ポットの熱湯に緑茶と大量の砂糖を入れて、煮つめて褐色になり茶の苦味が出たものを飲む。一種の茶の点前があるが、それはティー・ポットを二つ用意しておき、座ったまま砂糖入りの茶の入ったポットを目の高さまでさしあげて、床に置いた空のポットに滝のように流しこむことを数回くりかえした後、また火にかけた後、同じ作業をくりかえす。こうすると溶けこんだ大量の砂糖で粘性をおびた茶の泡がたつ。これをガラスのウイスキー・グラス状のカップに入れて飲む[53]。このさい茶と一緒にハッカの葉を入れて煎じることもあるが、茶と砂糖だけのほうが一般的である。

北部にはイスラーム教徒のおおいスーダンでは、茶をホウロウ製のポットなどに入れて濃く煮出したものを、砂糖を入れた小型のガラス製カップにそそいで飲む。このさい使用する茶は現在では紅茶の使用が一般的であるが、過去には緑茶が使用されたのではないか、と考えられる。エジプト、リビアにおいても、現在では緑茶にかわって紅茶を使用することが普及しはじめているようである。

チュニジア、アルジェリア、モロッコのマグレブ諸国では緑茶に生のハッカの葉を入れたミント・ティーが一般的となり、このさい茶を煮出すことはあまりしないよう

49　HRAF Files, MT9 Libyan Bedouin, Evans Prichard: 6
50　Wolfert P., 1973 *Couscous and Other Good Food from Morocco* p. 328, Harper & Raw
51　a) HRAF Files, MS25 Tuareg, Blanguernon: 95
　　b) HRAF Files, MS25 Tuareg, 4 Benhazera: 26
　　c) HRAF Files, MS25 Tuareg, 1 Lihote: 179
52　注48文献a・bではリビア国境近くのエジプトのシワン族は緑茶、紅茶の両方を好みによって使いわけたり、両方を混ぜて使用することがある、という。また注8文献 434頁によればチュニジアでは紅茶が好まれる、という。いずれも今世紀はじめの記録である。
53　石毛直道　1973年『リビア砂漠探検記』67-69頁　講談社

である。すなわち、錫や洋銀でつくった小型のティー・ポットで茶をいれるが、このポットは火にかけないことが普通である。ポットのなかに緑茶、生のハッカの葉、多量の砂糖を入れておき、そこにヤカンの熱湯をそそぎこんでしばらく置いて茶をだす。ガラス製のグラスに入れて飲むが、ウイスキー・グラスよりも大きく、水飲み用のコップよりは小さく、縁にエナメルで文様がつけられたものが好まれる[54]。

煮出すか、そうでないか、ハッカの葉を入れることが一般的であるか、どうか、の違いはあるが、緑茶に砂糖を入れて飲むこと（ミルクは入れない）、ガラス製のグラスを使用すること（ティー・スプーンは原則として使用しない）が北アフリカの茶の飲み方の共通点である、といえよう。

6　イギリス

1610年オランダの東インド会社が、日本の平戸から買った緑茶をヨーロッパに送ったのが、ヨーロッパにおける茶の本格的輸入の始まりである[55]。1640年頃にはハーグの社交界で茶を飲むことがファッションとなった。これをさきがけとして17世紀じゅうにヨーロッパ各国の上・中流階級に舶来の飲みものである茶を飲むことが流行する。しかし日常に茶を飲む習慣が定着したのは、オランダとイギリスであり、それはこの両国の東インド会社がヨーロッパへの茶の輸入をほとんど独占したこと、後にイギリスがインド、セイロンにおいて、オランダがジャワにおいて茶のプランテーション経営をはじめたことにも原因をもつことがらである。ヨーロッパにおける茶の導入とその展開については、よく知られていることであるので、ここで記すことはしない[56]。

注意せねばならぬことは、ややもすると紅茶を飲む文化がすべて英国で発達したもののように受けとられがちであるが、のちにイギリスにおいて定着し独自の発展をと

54　注49文献と筆者のチュニジア・モロッコでの観察例による。
55　注8文献　28-29頁
56　ヨーロッパ大陸、イギリスでの初期の茶の歴史についての基本的資料をまとめてあるのは、なんといっても注8の文献である。本書第一部のシンポジウム「世界の飲みものと茶の文化　その一」とならんで、角山栄の文献b、cも紅茶の歴史を独自の見解にもとづいてまとめたものとして興味ぶかい。
　　a）注8文献　1巻　23-48頁
　　b）角山栄　1975年『産業革命と民衆』（生活の世界歴史10）　81-94頁　河出書房新社
　　c）角山栄　1980年「茶の文化と国際交流」（『淡交』1980年増刊号）　186-195頁

げた紅茶の飲み方のその起源は、ヨーロッパの大陸部にもとめられるものもおおく、それがイギリスで集大成したものと考えられる。たとえば、緑茶よりものちの紅茶に近い烏竜（ウーロン）茶などのいわゆるボヘア・ティーへの嗜好はオランダにはじまるものである。また、茶に砂糖を入れる習慣も大陸部に起源するものであろう[57]。ヨーロッパにおける茶にミルクを入れて飲んだ最初の記録はフランスでのことである[58]。ヨーロッパの初期の茶器としては中国から輸入した小型の茶碗を使用したものであり、ついでそれの「うつし」をヨーロッパで焼いたものになり、さらにヨーロッパ独自の形態をした把手つきのティー・カップと受皿とティー・ポットとティー・スプーンの茶器セットに発展する。このような茶器の発達にはマイセン窯をはじめとするヨーロッパの磁器生産技術の進歩が関連している[59]。

　18世紀末にはすでに現在の習慣と同じ紅茶の飲み方がイギリスで成立し、それが世界各地にひろまっていくのであるが、その英国系紅茶の特色を簡単にあげておこう。使用する茶の種類はいわゆる英国紅茶であり、茶の葉をブレンドすることがおこなわれる。茶のいれ方としては、煮出すことはせずにティー・ポットに入れて出したのち、ティー・カップの中でミルク（あるいはクリーム）と砂糖を混ぜて飲む。飲用の器としては把手のついたティー・カップと受皿、ティー・スプーンが使用される。

　この英国系紅茶の世界各地への伝播についてはのちにのべることとする。

7　伝統的飲茶の類型

　以上のべてきた旧世界における飲茶の代表的類型を整理したものが表1である。すなわち、中国圏、日本圏、チベット・モンゴル圏、ロシア圏（シベリアはロシアの飲

57　中国から帰ったフランス人宣教師が、1667年に発表した茶の飲み方に、砂糖と卵の黄味を混ぜる方法が書かれている（注8文献　35頁）。アメリカ大陸における茶の飲用は17世紀中頃のニュー・アムステルダムにおけるオランダ人社会にはじまるが、そこでの茶の飲み方は、ミルクやクリームを入れることはしないが（それはのちにフランスからアメリカに伝えられた習慣であるという）、砂糖を入れていたという（注8文献　1巻　49頁）。

58　1680年の文献にMmn de la Sablièreが茶にミルクを入れて飲むことを最初に考案した人物であることが記されている、という（注8文献　1巻　35頁）。

59　a) 注8文献　1巻　447-448頁
　　b) 由水常雄　1979年　「紅茶道具のうつりかわり」　東アド・バンク編　『紅茶のはなし』　東京アド・バンク

表1 世界の茶の飲み方の類型

茶の文明圏\飲み方	茶の種類	茶のたてかた	茶に加えるもの	茶を飲む器	備考
中国圏	主として半発酵茶―烏竜茶・包種茶・茉莉花茶など 釜炒系緑茶―竜井茶など	茶碗に葉を入れて湯をそそぐ 急須に葉を入れて湯をそそぐ	なし	陶磁製茶器	
日本圏	主として蒸煮系緑茶―玉露・煎茶など	急須に葉を入れて湯をそそぐ	なし	陶磁製茶器	抹茶をもちいる茶の湯の飲みかたもある
チベット・モンゴル圏	緑磚茶	煮出す―鍋使用	ソーダ・塩・ミルク・バター・脂肪・ムギコガシ・炒った粟	木製椀・陶磁製椀	
ロシア圏	紅茶 シベリアは紅磚茶	煮出す―サモワール使用	砂糖・ジャム・レモン	ガラス製グラス(金属製の把手つきのホルダーがつく) ティー・スプーン	シベリア、西アジアに亜類型を発生させた
北アフリカ圏	釜炒系緑茶 紅茶	煮出す―ティー・ポット使用 マグレブでは金属製ティー・ポットに葉を入れて湯をそそぐ	砂糖	ガラス製グラス	ハッカなどの香料を入れることもある
イギリス圏	紅茶	ティー・ポットに葉を入れて湯をそそぐ	砂糖・ミルク(クリーム)	陶磁製カップ―ティー・スプーン	

茶が伝播した地帯として、古くから茶を知っていたと考えられる。西アジアもその多くの地域では、現在常用する飲茶の風習はサモワール使用の風習からわかるように、ロシアの影響下に成立したものと考えられる)、北アフリカ圏、イギリス圏の6類型を設定してみたのである。これらの類型は、
（ⅰ）イギリス圏のいわゆる英国紅茶が世界各地に影響を与える以前に成立したものであり、
（ⅱ）いずれの類型も現在にいたるまでその伝統が受けつがれて機能しているものであり、
（ⅲ）それらの類型の中心地帯では茶が日常の飲みものとして常用されているものである。

この6類型には旧大陸の文明を考えるにあたって重要な地域である朝鮮半島、甘粛省から東トルキスタンにかけてのいわゆるシルクロードの天山南路にあたる地帯、東南アジア、インドが欠落していることについて簡単に説明しておこう。

　朝鮮半島では日本よりも古くから飲茶の風習が成立していたが、飲茶の風習が民衆のものとして成熟するまでにはいたらず李朝時代におとろえてしまった[60]。現在茶が常用の飲みものとなっていない地域であるし、過去の飲茶の風習が朝鮮半島以外の地域の茶の飲み方に重大な影響を与えたとも考えづらいので（もし、影響を与えたとすればそれは日本に対してである）、本稿ではとり扱わないのである。

　中央アジアの天山南路を中心とする地域は、唐代から回紇との茶馬貿易があったことからわかるように、古くから茶の伝播したところである。しかし、この地域での過去の飲茶の実態がどうであったかを知る資料をえることができなかった。またHRAF（注11参照）その他にあらわれる現代の飲茶の習慣について得られた資料はいずれも断片的なものであり、また地域や民族によって使用する茶の種類が異なったり、砂糖を入れたり、塩を入れたり、なにも調味料を加えないなどの変異があり、ひとつの類型としてはとらえられなかった。地理的に中国、チベット・モンゴル、ロシアの類型が影響をおよぼした場所であろうが、その実情について明らかにすることは現在の筆者の手にあまることである。

　本書の姉妹編である『茶の文化——その総合的研究　第一部』のシンポジウムの「茶樹の起源」にみるように雲南省に接する地帯から、アッサムにかけての東南アジア山地は、茶の起源を論ずるにあたっては重要な地域である。この山地部に分布する住民の間では噛み茶をはじめとするさまざまの製法がある[61]。これらの茶の飲み方

60　a) 諸岡存・家入一雄　1939年　『朝鮮の茶と禅』　日本茶道社
　　b) 一般に李朝時代における仏教弾圧とともに朝鮮半島での飲茶の習慣が滅びたとされるが、かならずしもそうではないようである。
　　熊倉功夫　1976年　「煎茶史序考——日本と朝鮮」『風俗』　14巻3号　15-19頁
61　噛み茶については文献a、東南アジア山地での各民族の茶については文献bを参照されたい。
　　a) 守屋毅　1980年　「たべるお茶　ミエン——北部タイの山村をたずねて」『季刊民族学』11号　58-67頁

左：トルコのコーヒーセット
（盆の直径 34.5cm　国立民族学博物館蔵）
上：エチオピアのコーヒー炒り
（国立民族学博物館蔵）

を分析し、系統立てて整理することは飲茶の起源に関しての研究にさいしてはきわめて重要な意義をもつが、資料不足で筆者にはそのような試みをする準備ができていない。また、それは少数民族の個別的な文化のレベルにおける論となり、本稿の目的とする巨視的な文明のはなしとはなりがたい性格のものであろう。茶の文明を考えるにあたって重要なのは山地の少数民族よりも、むしろ平野部での大きな人口をもつ住民たちの飲茶のはなしであるが、半島部のベトナム、ラオス、カンボジア、タイで飲茶は近世になってから中国人から伝えられたものではないかと推定され、常用の飲みものとしての普及もそれほど進行していないようである[62]。マレーシア、インドネシア、フィリッピンにおいては、中国系住民をのぞくと茶は伝統的な飲みものではなく、英国系紅茶が進出

---

b) 注13文献　50-81頁、201-215頁
62　第二次大戦前の記録によると、中国ともっとも密接な関係にあり、茶産地でもあるベトナムでさえも、この国に居住する中国人は輸入品の中国茶を飲み、国内産の茶は品質が劣るとされた。ベトナム人は茶を煮出し、茶碗に入れてそのまま、あるいは砂糖を入れて飲むという。しかし、農民にとっての常用飲みものは茶と異なる植物からつくる tra-huê とよばれる代用茶であった。
　a) HRAF Files, AM11 Vietnamese, 110 Dutreuil de Rhins: 110
　b) HRAF Files, AM11 Vietnamese, 28 Crawfurd: 264-265
　　1955年の中部タイにおける調査では、 c) 文献によると住民の4分の3は茶をほとんど飲まず、茶を常用しているのは調査者のうちの7パーセントである、という結果になっている。
　c) HRAF Files, A07 Central Thai, 2 Huck etal: 30

しつつある地帯としてとらえられる。

　チベットに接した地帯をのぞくとインドにおける飲茶の習慣は英国統治時代にはじまることであり、それもインド・セイロンにおける茶のプランテーションが繁栄するようになってから以後でないと民衆のあいだにはひろがらなかったので、基本的には英国紅茶圏の類型に入れてさしつかえないであろう。

三　コーヒーの文明圏

1　アラビア・トルコ

　茶にくらべてコーヒー飲用の歴史は新しい。エチオピア原産のコーヒーが対岸のアラビア半島において飲みものとして流行するようになるのは、15世紀後半においてであり、その中心地はメッカであった[63]。このイスラーム教の聖地から、中近東のイスラム教圏にコーヒーは第一次の伝播をとげたものである。

　アラビア半島のベドウィン族の間でおこなわれる客を供するさいの儀礼的なコーヒーのいれ方を紹介しよう[64]。まず、生のコーヒー豆を柄の長いフライパン状の浅鍋に入れて鉄製の棒状の道具でかきまわしながら炒る。炒った豆を木製の盆にひろげてさましたのち、木製、あるいは真鍮製の小型の臼に入れ、石あるいは真鍮の手杵でもってつきくだいて粉末状にする。真鍮あるいは銅製で蓋つきのコーヒー・ポットを火にかけ湯をわかしておく。ポットの湯のなかにコーヒー粉を入れて火にかけ、沸騰の寸前に火から遠ざけ、ふきこぼれないようにする。火にかけたり、火から遠ざけることを3回くりかえしたのち、臼でついて粉末状にしたカルダモンをポットのなかに入れて、火から遠ざける。

63　コーヒーの歴史の概説については以下の二書を参照されたい。
　　a) 井上誠　1961年　『珈琲物語』　井上書房
　　b) 春山行夫　1975年　「コーヒー」『食卓のフォークロア』柴田書店
64　ベドウィン族のコーヒーのいれ方については主として以下の2文献を参照した。
　　a) HRAF Files, MJ4 Bedouins, 1 Pickson: 195-201
　　b) HRAF Files, MD4 Rwala, 2 Musil: 100-102

このさい3個のポットを使用して、沸騰寸前に次から次へポットのなかの液体を移して、ふたたび火にかける方法もある。できあがったコーヒーはポットのそそぎ口にヤシの繊維をつめて即席のフィルターとして、エッグ・スタンド状の形をした把手のない小型の陶製のカップにそそいで飲む。この正式にたてたコーヒーを供するさいには砂糖やミルクはけっして入れない。

今世紀前半の中近東の、エジプト、シリア、レバノン、ヨルダンなどのトルコと西欧の文明の影響を強く受けた地帯の都市では、砂糖を入れたコーヒーを西欧の把手のついたカップと受皿のついた容器で飲むことが浸透し、これをトルコ・コーヒーとよんだ。それに対して、イラク、アラビア半島南部、北アフリカ各地のベドウィン系諸族は、砂糖を入れぬコーヒーを把手のないカップで飲むのが普通で、これをアラビア・コーヒーとよんだ、という[65]。

エチオピアでの民族調査に従った国立民族学博物館助教授福井勝義博士によれば、エチオピアで一般的なコーヒーの飲み方は、ローストした後、手臼でつきくだいたコーヒー粉を、素焼きあるいは釉薬をかけたポットに水とともに入れて煮出し、これを小型の杯状の陶製のカップに入れて飲むが、砂糖やスパイスを入れることはない（塩や少量のバターを入れることがある）、とのことである。このエチオピアの飲み方は基本的にはアラビア・コーヒーの類型に含ませてよいであろう。

15世紀末にはイエメンのスーフィ教徒によって、エジプトにコーヒーがもたらされた[66]。コーヒーに砂糖を入れて飲むことは17世紀前半のカイロの町ではじまったことのようである[67]。

オスマン帝国の首都イスタンブールにコーヒー店ができたのは16世紀中頃のことといわれる。以後、オスマン帝国の版図に入った北アフリカや東欧の都市にコーヒー飲用の習慣が浸透する。

いわゆるトルコ・コーヒーは、長い柄のついた小型の蓋つきの深鍋、あるいは金属

65　a）注63 a）文献 195頁
　　b）HRAF Files, MG1 Jordan, 23 Haddad: 283
66　HRAF Files, MR13 Fellahin, 3 Ayrout: 90
67　a）注63 文献 a）50頁
　　b）注63 文献 b）134頁

製のコーヒー・ポットに砂糖、コーヒー粉、水を入れて火にかけ、沸騰寸前に火からおろし、さし水をしてからまた火にかけることをくりかえしてから、粉ごと小型の陶製のカップ(把手つきの金属製のカップ受けにおさめられる)にそそぎ、しばらくおいて粉が底に沈むのを待って、上澄みを飲むのである[68]。

　もともとはアラビア・コーヒー地帯であった場所にもトルコ・コーヒーが浸透したし、トルコ・コーヒーと称して砂糖を入れない場合もあったりして、現実にはトルコ・コーヒーとアラビア・コーヒーの区別はつきづらいものになっている。

2　ヨーロッパ

　イタリア、フランス、オランダ、イギリスでコーヒーを飲みだすようになったのは17世紀の中頃からのことである。その後のロンドンのコーヒー・ハウスの繁栄などコーヒーの普及についてはよく知られていることなので、ここでのべることはしない。ヨーロッパへコーヒーがもたらされた最初はトルコ・コーヒーであり、しかも砂糖は加えぬ飲み方であった。これが茶と足なみをそろえて砂糖を加えて飲むようになり、1685年以後フランスからミルクを入れてコーヒーを飲むことが普及する。18世紀中頃にフランス式コーヒー・ポットが発達し、ネルの袋にコーヒーの粉を入れて、ポットの煮湯に入れて振りだすことがおこなわれるようになり、コーヒー粉と液体を分離することが一般的になった。その後さまざまな器具が考案され、サイフォン式、パーコレーター式、エスプレッソ・マシーンなど茶とはくらべものにならぬほどコーヒー抽出の技術は多様化した。

　ヨーロッパで発達したコーヒーの飲み方の特徴をあげると、
　（ⅰ）コーヒー豆をミックスし、ブレンドすることがおこなわれる。
　（ⅱ）抽出した後の液体と粉を完全に分離する。
　（ⅲ）把手のついた陶製のカップと受皿、スプーンのセットが用いられる。
　（ⅳ）カップにコーヒーを入れた後に、砂糖、ミルク、あるいはクリームを加える。
　という4点があげられる。

68　柄沢和雄 1976年『コーヒー抽出技術』 117-119頁　柴田書店

四　茶国民とコーヒー国民
1　1人あたり消費量の算定

　はじめにことわったように、茶やコーヒーを常用するか、どうか、ということを考えるさいの意味をもつ基本的集団単位は民族である。しかし、世界の民族別の統計資料を集めることは不可能である。世界じゅうを比較検討することが可能な統計というものは国家単位にしか存在しない。もっとも、生活様式の共有単位が民族文化から国民文化へとかわる道すじをたどってきた現代の世界を巨視的に考えるときには、おおくの国々にとって輸入品としてもたらされる茶とコーヒーについて語るためには国家単位の比較をしたほうが実用的ですらある。そこで、現代の世界を茶愛好国民とコーヒー愛好国民に類別する表2を作成してみた。

　この表をつくるにあたって基本的な資料としたのは、1977年版の『国際統計年鑑』の茶およびコーヒーの各国別消費統計である[69]。これには、1970～76年の間の各国の1人あたりの茶とコーヒーの年間消費量が重量で記されている（ローストしたコーヒー豆やインスタント・コーヒーについては生コーヒー豆の重量に換算して記載されている）。『国際統計年鑑』に記載のない国で茶およびコーヒー非生産国については世界食糧機構（FAO）の1977年版貿易年鑑に記載されている1975～77年の統計を使用した[70]。いずれも、ある特定の年度を対象とはせずに記載されている年間における1人あたり消費の平均値を算出してみた（『貿易年鑑』を使用したときには、3年間の総輸入重量から総輸出重量を引いたものを3で割り、これを人口で割ったものを1人あたりの年間消費量とした。これは粗い数値のものであるが、一応の目やすにはなろう。『貿易年鑑』から算定した部分は表2では*をつけてある）[71]。

　さて、それぞれの国民が茶とコーヒーのいずれをおおく飲むか、ということを論ずるためには重量でなく、飲用とするさいの液体量に換算しなくてはならない。ところが、先にのべたように世界での茶とコーヒーのいれ方はさまざまであり、湯と茶の比

69　国連統計局　1977年　『国際統計年鑑』　624-626頁
70　FAO, 1970, *Fao Trade Year Book* Vol. 31, FAO
71　人口は万人単位で記載されている右の資料によった。平凡社　1977年『百科年鑑』

表2 各国別の茶とコーヒーの1人あたりの年間消費量（単位はカップ）

国　名	茶	コーヒー	合　計
カナダ	474	422	896
アメリカ	179	588	767
アルゼンチン	179	＊ 158	337
チリー	437	＊ 95	532
スイス	125	598	723
フィンランド	＊ 90	1,404	1,494
ノルウェー	＊ 106	989	1,095
スウェーデン	142	1,356	1,498
デンマーク	194	1,250	1,444
オランダ	325	794	1,119
東ドイツ	56	＊ 209	265
西ドイツ	81	528	609
ベルギー	＊ 99	715	814
イギリス	1,809	210	2,019
アイルランド	1,917	80	1,997
オーストリア	＊ 57	424	481
フランス	44	517	561
イタリア	28	356	384
ポルトガル	＊ 17	213	230
スペイン	＊ 14	231	245
ギリシャ	＊ 14	＊ 92	106
ソ連	214	＊ 17	231
ポーランド	173	＊ 105	278
チェコスロバキア	56	＊ 122	178
ユーゴスラビア	＊ 169	＊ 175	344
モロッコ	395	＊ 77	472
アルジェリア	123	＊ 153	376
チュニジア	529	＊ 62	591
リビア	＊ 2,903	＊ 61	2,964
エジプト	230		
スーダン	500		
ケニア	260		
ウガンダ	74		
タンザニア	84		
南アフリカ	376		
トルコ	384	＊ 17	401

国　名	茶	コーヒー	合　計
シリア	254	＊ 14	268
イスラエル	＊ 420	279	699
ヨルダン	518	＊ 103	621
サウジアラビア	＊ 725	＊ 944	1,669
イラク	1,034	＊ 2	1,036
イラン	465	＊ 2	467
アフガニスタン	418		
パキスタン	326		
キプロス	＊ 233	427	660
インド	213		
スリランカ	754		
タイ	14		
香港	775		
日本	519	＊ 83	602
オーストラリア	1,016	190	1,206
ニュージーランド	1,284	174	1,458

表3 19世紀末における各国別の茶とコーヒーの1人あたりの年間消費量（単位はカップ）

国　名	茶	コーヒー	合　計
アメリカ	324	417	741
イギリス	1,293	31	1,324
ロシア	168		
ドイツ	24	244	268
オランダ	300	851	1,151
フランス	9	194	203
オーストラリア	1,602	24	1,626
ニュージーランド	1,428	17	1,445
カナダ	987	35	1,022
ベルギー		395	
オーストリー・ハンガリー		87	

率に応じて薄くなったり、濃くなったりする。日本や中国のように二番、三番煎じをすることもある。同じヨーロッパ系のコーヒーでも、濃いエスプレッソも薄いアメリカン・コーヒーもある。東南アジア諸国で飲まれる現地産のコーヒーのように、コーヒー豆の成分以外にコーヒー類似の味や香りを出す多量の混ぜものをして増量をしたコーヒーを飲む場合もある。

ここでは、蛮勇をふるって茶を1杯いれるには緑茶、紅茶の区別なしに2グラムの茶の葉を消費し、コーヒー1杯をいれるには生コーヒー豆10グラムを消費するという計算方法をとる。それは160〜120ccの容量のヨーロッパ風の紅茶やコーヒーのカップに、紅茶やコーヒーをいれるさいの標準値として統計的に使用される数値である[72]。

このようにして作成された表2は、出典の異なる資料を含み、比較年次も異なるものであるし、また原統計自体がかならずしも正確ではないようであるので、表の数値の信頼には自信のもてない点がある。それでも、1970年代前半の世界において、茶とコーヒーの飲まれる量の大まかな傾向を示すものとしては使用することができよう。

比較のために、1912年のわが国の農商務省農務局刊の『茶業ニ関スル調査』のなかに世界の主要国で1人あたりの茶とコーヒーの消費量の1895〜77年の3ヶ年の平均値を重量で記した表がある[73]。これを表2と同じ算定方法によりカップ数に換算して表3に、まとめておく。

2 消費の国際比較

a 茶

表2・3では赤ん坊も含めたすべての国民の消費量があらわされているので、若年の

---

[72] たとえば、文献a)にはInternational Tea Comittee の1977年の統計を使用して、世界の37ヶ国の1人あたりの茶の消費量を杯数で算出しているが、そのさい1杯あたり2グラムで計算している。また文献b)では15ヶ国のコーヒーの消費量を杯数で算出しているが、1杯10グラムで計算している。なお、a)、b)の結果を表2と比較してみると、だいたい一致している。
 a) 荒木安正　1978年　『紅茶技術講座Ⅱ　市場別商品管理と抽出法』　123頁　柴田書店
 b) 農林水産省食品流通局食品油脂課編　1978年　『コーヒー関係統計』　50-51頁　農林水産省
[73] 農商務省農務局　1912年　『茶業ニ関スル調査』237頁　243-244頁　農商務省　これは米国商務省の統計にもとづいて作成されたものである。

茶をふだん飲まぬ年齢層をさし引いて考える必要がある。まず表2から500杯以上の国をあげてみよう。紅茶のカップにして国民1人あたり年間500杯という数値は、平均すると成人のすべてが1日に1杯は必ず茶を飲むものと見当をつけてもよいであろう。それは、ごく日常の飲みものとして茶を欠かすことができない国民——すなわち茶を常用している国民であるといってさしつかえないであろう。

上位から順にあげるとリビア、アイルランド、イギリス、ニュージーランド、オーストラリア、イラク、スリランカ、サウジアラビア、香港、チュニジア、日本、ヨルダン、スーダンということになる。このうち、リビアの年間2,903杯という数値が実態をあらわしたものであるか、どうかについては疑問の余地があるが、筆者の現地体験でもリビア人が多量に茶を消費することはたしかで、世界のなかでも上位にランクされる国民であることには間違いない[74]。また、香港は観光客による消費がおおいことに留意する必要がある。

資料がえられなかった地域で問題となるのは中国である。最近の中国への旅行者や、中国人の知人たちの話では、中国本土での家庭生活において1人が1日1杯以上の茶を飲むことはごく普通のことである、とのことだ。しかし、印象的な観察と統計的数値にあらわれる現実のかけ離れていることはしばしばあるので、中国人全体の平均値としたときにどうなるかはわからない。平均値として常用のレベルに達しているかどうかは不明として、常用に近い飲茶の習慣を持つ国民であるといってもさしつかえないであろう。四川省にあるチベット人自治州の調査によれば半農半牧民は1年1人あたり磚茶を3,250グラム（葉茶と同じ計算をすれば1,625杯ぶん）、遊牧民は4,250グラム（2,125杯）消費する、という報告がある[75]。

年間消費500杯をもって茶の常用国民とするのはまったくの恣意的な目やすにしかすぎない。400杯前後まで枠をひろげでみると、モンゴル、チベット、アフガニスタン、イラン、イラク、ヨルダン、サウジアラビア、リビア、チュニジア、モロッコといった中央アジアからサハラ砂漠にいたる一連の乾燥ベルトで、牧畜的生活様式の濃厚な

---

74 リビアから陸路民間のトラック・キャラバンによってスーダン、エジプト、チャド、ナイジェリア、チュニジア、アルジェリアに茶が運ばれることがあるが、筆者の滞在した1968年当時でいえば、このような民間の輸出商品は統計にかからないのがふつうである。したがって、統計に記された消費量にはリビア以外の国に再輸出される茶も含んでいる可能性がたかい。
75 陳杉藩　1964年　「辺茶今昔」『民族団結』1964-4　44頁

地帯に茶の多用地帯が位置することに気づく。野菜を食用とすることの少ない牧畜民にとって、茶はビタミンＣの摂取源として重要であるし、また肉をおおく食べる食生活ではそのままでは酸性化する血液を中和する手段として有効である、ということがよくいわれる。そのような生理学的必然性でか、それとも乾燥した場所ではのどがかわきがちである、というためであるかは別としても、牧畜的生活様式と茶の飲用の結合に注意される。

　いうまでもなく、旧英領植民地のオーストラリア、ニュージーランド、カナダ、スリランカにおける茶は英国紅茶の飲み方をするものである。表３の19世紀末の状態と比較したとき、これらの地帯ではヨーロッパ流にいれるコーヒーの比率が増加していることに注目される。とくにカナダでは、現在においてはコーヒーと紅茶の比率はほとんど同じになってしまった。英国紅茶圏で南アフリカはコーヒーの消費が比較的おおいので、おそらくそのぶん茶が少ないものと考えられる。東アフリカの旧英領植民地であったケニア、ウガンダ、タンザニアにおいては、今世紀中頃になってから英国人による紅茶のプランテーションが盛んとなった余波をうけて、現在茶の消費がのびつつある。東アフリカでは都市をのぞくと砂糖入りの紅茶をミルクなしで飲むことが一般的である。英国紅茶圏のインド、パキスタンではミルク・ティーに香料を入れた紅茶の土俗的飲み方も盛んである。茶の大生産国であるにもかかわらず、インドはその巨大な人口に原因し、飲茶の習慣は常用化している社会階層と、そうでないものにわかれ、全国民の平均をとった場合は、まだ常用国民にいたっていない。

　コーヒー飲用国民のおおい南米で、チリーとアルゼンチンで比較的英国紅茶の飲用がおおいのは、他の南米諸国と違って、コーヒーの産出国ではないがアルゼンチンは産茶国であること、チリーにはアングロサクソン系の移民が比較的おおいことに原因するものであろうか。

　第二次大戦中、英国民の戦意高揚のために連合国はイギリスへの紅茶の補給を確保したので、イギリス人は紅茶国民として現在でも健在であるのにたいして、インドネシアの茶産地からの紅茶の供給を絶たれたオランダは戦時中の空白で嗜好をかえてしまい、戦後紅茶国民からコーヒー国民にかわってしまった、とは何冊かの紅茶読本に書かれていることである。しかし、表３の数値を信用する限り、19世紀末にすでにオランダ人はコーヒー国民になっていた、といえる。

b　コーヒー

　表2で1人あたりの年間消費量が500杯以上の国名を上位から順にあげると、フィンランド、スウェーデン、デンマーク、ノルウェー、サウジアラビア、オランダ、ベルギー、ルクセンブルグ、スイス、アメリカ、西ドイツ、フランスということになる。アラビア・コーヒーの本場のサウジアラビアをのぞくと、いずれもヨーロッパ流のコーヒーのいれ方をする国々である。

　それにしても、北ヨーロッパの高緯度の国ほどコーヒーの消費量が多い、という現象はどう説明したらよいものか。寒い地帯では、体を温めるためにひんぱんに温かい飲みものを必要とするためか、それともウェーバー流にいえばブドウ酒をよく飲む享楽型のカトリック諸国と勤労を重んじるプロテスタントの諸国の違いがアルコール飲料と非アルコール飲料の摂取量の比率の違いとして数値に反映されているものか。鯖田豊之は欧米のなかでブドウ酒を多飲するフランス、イタリアでは第一次産業の就業人口がおおいのにたいして、工業化が進行しているイギリス、西ドイツ、アメリカのプロテスタント諸国では飲酒量が比較的少ないことに注目して、昼間からアルコール漬けになるか、どうか、といった飲酒にたいする態度が、近代化イコール工業化のテンポを決定している、とのべている[76]。

　表3に記載のある国々についてみると、この80年間にいずれの国々でもコーヒーの消費量はのびている。アメリカでは、以前はコーヒーの消費は茶の1.2倍にすぎなかったものが、3.3倍にまでなり、完全にコーヒー国民となってしまった。イギリス、オーストラリア、ニュージーランド、カナダの紅茶愛好国民のあいだでも、コーヒーのしめる比率がのびている。ドイツの場合、西ドイツにおけるコーヒーの消費は80年前の2倍以上に増加しているにもかかわらず、東ドイツは80年前の状態にまで回復していないことは、民族的な生活様式も国家の社会経済体制に左右されることが大きいことを示す例である。

　統計資料がえられなかった国々で、問題となるのはアフリカ諸国と中南米諸国である。アフリカにおいてコーヒーの主要な生産国は、ケニア、タンザニア、ウガンダ、

---

[76]　鯖田豊之　1971年『世界のなかの日本』71-102頁　研究社

エチオピアである。このうち、ケニア、タンザニア、ウガンダはコーヒーの国内需要は少なくほとんどは輸出にまわされ、民衆の飲むのは紅茶となっている。コーヒーの原産地のエチオピアの事情については、福井勝義博士によると部族民まで含めた全国民が1日1杯以上コーヒーを飲んでいると考えて、さしつかえないのにたいし、茶の消費量はいちじるしく少ない、とのことである。

　表3によれは、飲茶地帯の北アフリカのなかでアルジェリアだけが茶よりもコーヒーをおおく飲むことになっている。それは、この国がフランスの徹底した植民地統治下におかれたことと関係をもつことであろう。アルジェリアにおけるコーヒーの飲み方には、トルコ・コーヒーの系統もあるが、むしろ都市の住民たちによるフランス流のミルク・コーヒーの飲み方のほうが主流であろう。西・中央アフリカの旧フランス領、ベルギー領植民地でもおそらく同じ事情によってコーヒーの飲用は旧宗主国から伝播したものが主流であると考えてさしつかえなかろうが、これらの国々では茶やコーヒーを日常の飲みものとして常用するにはいたっていないであろう、と推定される。

　中南米にはコーヒー産出国がおおく、都市では常用の飲みものとなっている、と考えてさしつかえなかろう。

　ここで、茶もコーヒーも日常の飲みものとして常用化するにいたっていない国々について簡単にふれておこう。表2で、茶とコーヒーの消費量合計が100杯に達しない国々は、茶やコーヒーが全国民に普及した飲みものとはいえないかもしれない、だが、発展途上国ほど資料がとぼしく、また茶とコーヒー両方の数値がえられないので、表2においてこのような国々を確定することはできない。チェコスロバキアの消費量が少ないことからわかるように、西欧諸国にくらべて東欧では茶、コーヒーの消費は少ないが、これは社会経済の問題に帰することであろう。ギリシャの消費量の少ないことも、国家の経済体制の問題であろう。

　経済的事情に加えて、茶やコーヒーが導入された歴史が新しく、現代になってようやく常用化への道をたどりはじめた諸国がある。それは欧米人が植民地化するようになってから茶やコーヒーを知った地帯であり、サハラ砂漠以南のアフリカ諸国、東南アジア半島部、島嶼部、オセアニアの島々である。

五　文明のうえにのった飲みもの

1　飲み方の類型とその分布

　まず、現在の世界の各国のそれぞれが、茶愛好国であるか、コーヒー愛好国であるかを示す地図をつくってみる。このさい、一応の目やすとして表2から1人1年200杯以上の飲用をしている国民を対象として地図上に記入した。表2に数値のあらわれない国でも、中国、チベット、モンゴルは茶を常用するものとして、中南米諸国はコーヒー国民として扱っておいた。この地図のうえに、二章、三章でのべた茶とコーヒーの飲み方の類型の地理的分布を重ねてみた。こうしてできたのが、図2である。

　現在の世界を対象に空間的なひろがりで画いたこの図をながめながら、それぞれの類型の成立に関する歴史的ないきさつについて、手短に整理してみよう。

　いうまでもなく、茶を文明の飲みものにしたてあげたのは、中国においてであった。その起源はあるいは東南アジアの山地部にもとめられるにせよ、最初は土俗的な飲みものであった茶にたいして茶樹の栽培、製茶法、飲み方などの一連の技術を開発したのは主として漢民族によってであった。この中国文明の飲みものとしての茶を早い時代からとり入れて、特色ある飲み方を発展させて現在にいたるまで茶を飲む習慣を続けてきたのが、チベット・モンゴル圏と日本圏の2類型である。16世紀になってヨーロッパ人が東アジアへやってきてはじめて茶を知った頃、世界において茶を日常的な飲みものとして使用していたのは、中国圏、チベット・モンゴル圏、日本圏に限られる。この3類型を茶の〈第一次分布圏〉と名づけておく。

　17世紀はじめ、茶がヨーロッパにもたらされるが、ほぼ同時期に中東からのコーヒーが入ってきた。その後、およそ150年ほどの歴史の経過のうちに西ヨーロッパにおいて茶とコーヒーが日常の飲みものとして定着した。大陸がコーヒー国民に落ち着いたのにたいして、茶はイギリス人を代表する飲みものとなった。オランダとのアジア貿易の競争に勝ったイギリスは中国茶の輸入を独占するようになり、ついにはインド、セイロンにおける茶のプランテーションをはじめ、紅茶の生産国となったのである。そして、いわゆる英国紅茶の飲み方は大英帝国の版図にひろがっていった。イギリス系移民とならんで、茶を愛好する歴史の古いオランダ系移民の勢力の強かったアメリ

図2 茶とコーヒーの文化圏

カは、カナダと同じように紅茶愛好国となる可能性をもっていたのだが、〈ボストン茶会事件〉を契機としてコーヒー愛好国への道をたどってしまった。

　ヨーロッパが海路による中国茶の輸入に依存したのと異なり、ロシア圏は中国からの陸路のキャラバンによる茶の飲用から出発した。紅茶が出まわる以前、運搬に効率のよい紅磚茶からおそらくロシアの茶の飲み方ははじまったものと思われる。煮出すといってもよいくらい濃い茶を出すロシア式の紅茶の飲み方は、磚茶を煮出す伝統を残しているものかもしれない。ヨーロッパのようにミルクを入れて飲むことをせず、サモワールとガラスのグラスを使用する独自の茶の飲み方を発達させたが、それはシベリア経営に伴って、紅磚茶をロシア式に飲む、ロシア圏のなかの変異形としてのシベリアでの飲茶を発達させた。また、19世紀におけるロシアの南下政策に伴い、常用品の段階までは到達していなかったにしろ、古い時代から茶を知っていたと推定される西アジアの諸民族が本格的に茶を飲みだすようになったときの飲茶の風習に影響を与えずにはおかなかった。

　西アジアがロシアの類型におおわれ、アラビア半島を中心とする伝統的にはコーヒー飲用地帯で分断されていたサハラ砂漠以北の北アフリカでは、19世紀以後になって茶を飲むことが一般的になったものと考えてよい。ここでは、おそらくトルコ・コーヒーの代替物として安価な茶がとり入れられたのではないか、と筆者は想像する。ヨーロッパ風の紅茶にミルクを入れる飲み方ではないが、砂糖をはじめから入れて煮たり、地方によっては金属製のティー・ポットを火に直接かけしばしば煮出すこと、茶をグラスで飲むことなどにその片鱗がうかがえるのだが、いまのところ実証をする手だてはない。

　飲用の歴史の比較的新しいコーヒーについては2類型を設定するにとどまる。歴史的にいえばアラビア・コーヒーののちにトルコ・コーヒーがでてくるのだが、現在では純粋のアラビア・コーヒーはアラビア半島のベドウィン系遊牧民のあいだなどに残るが、そのいっぽう、ときによっては砂糖を入れるコーヒーも飲まれており、この2つの飲み方の地理的分布を整然とわけることがむずかしい。ヨーロッパでの特色あるコーヒーの飲み方が成立する以前におけるコーヒーの〈第一次分布圏〉をまとめてアラブ・トルコ圏としてくくっておくこととする。このアラブ・トルコ圏の中心はトルコ、アラビア半島、エジプトにかけてであるが、その影響はオスマントルコ帝国の版図に

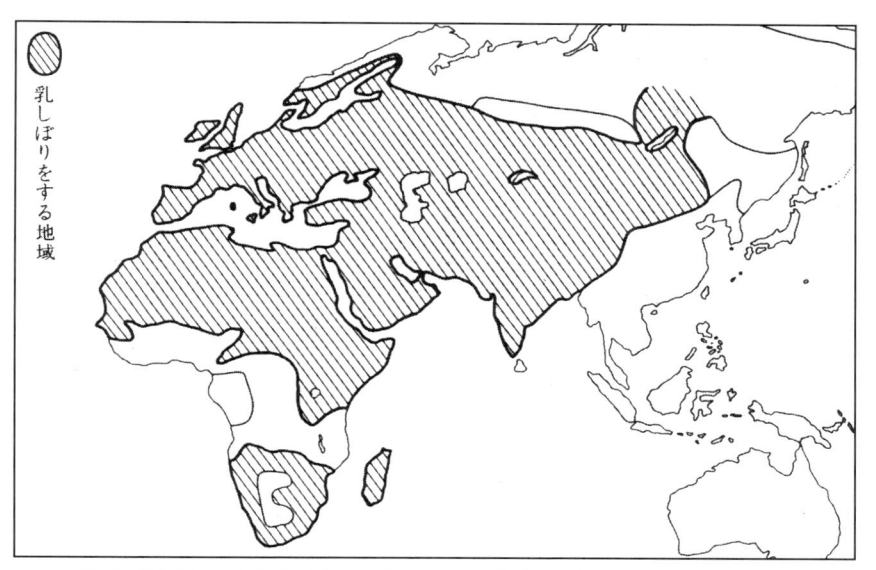

図3 乳しぼりの分布（本図は15世紀における世界での分布をしめすものである）

重なる北アフリカの都市、ユーゴスラビアやギリシャにまでおよぶし、イラン、イラク、アフガニスタンにもおよぶ。しかしながら、19世紀後半から安価な茶が普及するようになると、日常の飲みものとしては茶のほうが主流となってしまった場所がおおい。

今日の世界におけるコーヒーの分布は西アジア、北アフリカをのぞくと、第一次分布圏からではなく、ヨーロッパを起点として伝播したものである。

紅茶とコーヒーの飲み方がヨーロッパで平行して発達したために、両方に共通する飲み方ができあがった。すなわち、カップのなかでミルク（クリーム）を混ぜる、砂糖を加える、把手のついた陶製のカップと受皿とティー・スプーンを使用する習慣である。

コーヒーのアラブ・トルコ圏を媒介にしてこれらの諸類型のいくつかが交流した可能性をもっている。先にのべた北アフリカ圏の茶に砂糖を入れる習慣とならんで、歴史上の人物に帰せられるエピソードは別として、ヨーロッパで茶やコーヒーに砂糖を入れる習慣ができあがったのは、トルコ・コーヒーを媒介にしてである可能性がある

し、ロシア圏での茶に砂糖を入れる習慣が、ヨーロッパから入ったものと考えるほかに、トルコから北上したものと推定する可能性も残されていよう。

なお、茶やコーヒーにミルクや乳製品を混ぜて飲用とすることは、家畜の乳しぼりをおこなう牧畜文化と関連をもつことである。参考のために15世紀の世界における乳しぼり分布圏をしめす図3をあげておく[77]。こうしてみると、茶の第一次分布圏における乳しぼり分布圏に属するチベット・モンゴルでは茶とミルク、乳製品を混ぜて飲むのにたいして、乳しぼり分布圏外の中国、日本では茶にミルク、乳製品を混ぜることはない、という点では意味をもつ相関があらわれる。しかし、茶の第二次分布圏では、乳しぼり分布圏にありながら、西アジア、北アフリカやロシアでは茶と乳の結合はみられない。同様にコーヒーの第一次分布圏も乳しぼり圏にありながら、乳とコーヒーの結合はみられず、それはコーヒーの第二次分布圏において成立したことである。すなわち、とうぜんのことながら茶やコーヒーと乳の結合は、乳しぼり分布圏においておこったことであるが、乳しぼりをしている場所でも乳と茶やコーヒーの飲用が結合しなかった地域もおおいのである。

2 宗教との関連

茶とコーヒーの飲用の普及については宗教との関係がよくいわれる。すなわち、仏教でも、イスラーム教でも聖職者は飲酒を禁じられているので、酒の代替物として茶やコーヒーが用いられたとか、聖職者の修行の目ざましの効用をもつ飲みものとして宗教と結びついた、といわれるのである[78]。わが国における飲茶の普及の経過を考えてみても、仏教寺院のはたした役割は大きいことはいうまでもない[79]。

朝鮮半島において飲茶の風習がすたれるのは李朝の仏教の弾圧と関係をもつところがあったであろうし、コーヒー飲用の初期の歴史ではメッカにおいてコーヒーがイスラーム教の教義に矛盾するものとして、弾圧を受けたことがある。

モルモン教徒は、茶・コーヒーの飲用が禁じられている等々の事例をおもい浮かべ

---

77 石毛直道編　1973年　『世界の食事文化』　巻末折り込み図　ドメス出版
78 加藤秀俊　1978年　『食の社会学』　242-255頁
79 仏教については
　　梅棹忠夫監修・守屋　毅編　1981年『茶の文化―その総合的研究　第一部』淡交社　109頁

るとき、茶やコーヒーの飲用と宗教のある程度の関係は否定できないであろう。しかし、カトリックのミサにおけるブドウ酒の役割などにくらべたらば、一般に茶とコーヒーはその普及のひろさにくらべておどろくほど宗教との内的関連が少ないのである。仏前への献茶などといった瑣末なことを除外すれば、茶やコーヒーがなくては本質的に成立不可能な宗教儀礼というものを、大宗教において筆者はおもいつくことができないのである。それは、茶やコーヒーの普及よりも、おおくの宗教の成立年代のほうがはるかに古い出来事であったからである、と説明できよう。特定の宗教と内的結合関係をもたずにすんだから、宗教の違いをのり越えて普遍的な飲みものとしてひろまることができたともいえよう。

　茶やコーヒーそのものは特定の宗教にとらわれない中立的性格をおびているが、図2にしめしたその飲み方の類型的分布圏をながめるとき、いくつかの大宗教の分布と密接な関連をもっていることに気づく。茶の第一次分布圏はいわゆる大乗仏教の地域に成立している。中国圏は中国仏教ばかりでなく道教の分布圏にも一致する。禅宗と関係をもちながら日本で茶は普及していったが、仏教そのものが日本仏教圏とでもいうべきものになった地域でもある。注意すべきことは日本の土俗信仰である神道系の宗教と茶の結合はほとんど認められない点である。チベット・モンゴル圏はチベット仏教の分布圏と一致している。後にセイロンが英国紅茶圏に含まれるようになるまでは、小乗仏教圏には茶は普及しなかった。ヒンズー教の分布圏も、英国紅茶の到来まで飲茶の風習をもたなかった。

　ロシア圏の中心部となった地帯はロシア正教の分布地域であった。北アフリカ圏は、スンニー派のイスラーム教地帯であるが、そこでの飲茶の普及にはセヌシ教徒が一役買っている。

　コーヒーについてみれば、イスラーム教の聖地であるメッカから飲用が普及したものであり、アラビア・トルコ圏の中心地帯はいうまでもなくイスラーム教によっておおわれていた。

　ヨーロッパでの茶とコーヒーの分布になると、カトリック、プロテスタントの別とは、あまり関係をもたぬこととなる。しかし、カトリックとプロテスタントをあわせて考えれば、ヨーロッパで成立した紅茶とコーヒーの飲み方は、アフリカの一部、オセアニア、アメリカ大陸においてはキリスト教の伝播した場所に定着したといえる。

このような茶、コーヒーの飲み方と大宗教の分布圏の一致は、宗教と飲みものの直接的な因果関係によって説明するべきものではない。大宗教というものは文明の統合原理としての性格をもっている。過去においては大宗教の分布域がある文明の分布圏と一致することがおおかったのである。普遍的な飲みものとしての性格を備えていた茶とコーヒーは、それぞれの文明ごとに特色ある飲み方がつくられ、その文明の分布する地理的範囲のほとんど境界地帯までひろがっていったのである。すなわち、茶とコーヒーは文明の飲みものとして分布したのである。

3　薬品から常用品へ

　茶、コーヒーとならんで文明の飲みものとして世界にひろまる可能性をもつかのように考えられたのが、新世界原産のココアであった。ココアがヨーロッパに入ったのが1528年、茶が1610年、コーヒーが1615年といわれる。17世紀後半のヨーロッパは、この3つの新しい飲みものを嗜好品としてとり入れはじめたときであり、この頃ではどれが各国の常用の飲みものになるかといった運命がまだ決まらなかった時期にあたる。

　砂糖、ミルク（クリーム）を加えて同じような形のカップで飲む風習など、この3種の飲物は相互に影響しながら、ヨーロッパ型の飲みものともいうべきパターンをつくりだしてきた。

　18世紀初頭のイギリスでは、この3種の飲みもののうち、ココアがまず脱落する。ココアはスペインとフランスに輸入の主導権をにぎられ、イギリスではココアがコーヒーや茶の倍近い値段であったために、一般的な飲みものとしての座をしめることができなかった。ついで、フランス、オランダに輸入の主導権をにぎられていたコーヒーも輸入関税が高くなるにつれて、イギリスの東インド会社が中国から直接輸入をしていた茶にくらべて高値の飲みものとなって、戦線から脱落し、ついにはイギリスは紅茶国となった[80]。

　このことからわかるように、どの飲みものが国民的飲料になるかについては、経済

---

[80]　斉藤禎　1979年　「紅茶の文化史」　東京アド・バンク編　『紅茶のはなし』　100－101頁　東京アド・バンク

的要因が強く作用することは、いうまでもない。ただしそれだけではない。その普及については飲みものをつくるための水の問題（イギリスで紅茶が普及した原因のひとつに軟水の多いこの国の水だと硬水よりもうまく紅茶がいれられることがあげられている[81]）、食事との関連、以前から存在していた類似の飲みものとの関連など[82]、さまざまな要因があげられるが、飲みもの自身の備えている性格も大いに作用している。

　ココアを直接輸入していたスペインやフランスですらも、ココアは常用の飲みものにまで発展しなかったし、世界的にココアは常用の飲みものの戦列から脱落し、嗜好品としての段階にとどまっている原因は、ココアそのもの自体にももとめられる。

　茶、コーヒーに含まれるカフェインには興奮作用があり、そのために飲用したときに眠気をさましたり、気分を転換させることができる。それにたいして、ココアに含まれるテオブロミンの興奮作用はカフェインにくらべたら弱く、おだやかな効果しかあげない。カフェイン飲料にくらべて精神にたいする刺激性が少ないことが、ココアが気分転換剤としての常用の飲みもの化しなかったことの一因であろう。

　また、カカオ豆には脂肪分が50パーセント以上含まれている（コーヒー豆は13パーセント前後）ので、水やミルクに溶けづらい。そこで豆をつぶして練ってから湯に溶かしたり、コーヒーのように豆をくだいてポットで煮出すなどして飲まなければならなかった。脂肪がおおいので重い味となり、常用の飲みものとして何杯もガブ飲みするわけにはいかないのである[83]。1828年にオランダのバン・ホーテンが、脂肪を減らして水に溶けやすい粉末ココアを開発したが、この粉末ココアが普及するまでの間に、ヨーロッパはコーヒーと茶の時代になってしまったのである。

　本書の第一部「飲みものとナルコチックス」の章にのべられているように、カフェイン飲料である茶、コーヒーは多少なりとも、ナルコチックスとしての効果をもっている[84]。

81　注80文献　101頁
82　梅棹忠夫監修・守屋　毅編『茶の文化―その総合的研究　第一部』淡交社 1981年　192頁
83　筆者はカカオ産地の西サモアで、生産者たちが飲む方法でのココアを試飲したことがある。乾燥したカカオ豆をローストしたのち、木臼にいれてつきくだいたものを、湯と砂糖で練ったものに熱湯をそそぐ。脂肪がギラギラと浮きあがり、重厚だがしつこい味のものであった。
84　筆者もまた茶、コーヒー、酒、タバコをナルコチックス論の立場から検討したことがある。
　　石毛直道　1976年　「食品と料理」、「食事と酒」　梅棹忠夫編『講座・比較文化　第四巻　日本人の生活』

ナルコチックスの本流はいうまでもなく、麻酔薬類であり、それは精神を非日常的な世界に旅立たせる作用をもっている。麻酔薬ということばからもわかるように、それら一群のナルコチックスは本来、薬としての効果を期待されているものである。また非日常的状態へ精神を導くことから、非日常な世界で遭遇することのできる存在である神との交流の機会をつくりだすものとして、宗教行事とも密接な関係をもつものであった。その使用の初期には、薬効および宗教的体験を期待しての手段として利用された麻酔薬は、そのような目的から離れ、麻酔の精神状態そのものを楽しむために使用するものとして一種の嗜好品化をする。すなわち、手段であったものが目的化する性質をもつのである。麻酔薬の嗜好品化を続けていくうちに、ついにはそれを常用するようになり、麻酔薬への依存状態――麻薬中毒がおこり、それなしでは生活できないようになる。

　すなわち、薬品あるいは宗教儀礼の道具→嗜好品→常用品という過程をたどる傾向がいちじるしい。それは、1人の人間の人生のなかでおこる過程ばかりではなく、さまざまな社会の歴史のなかでもおこりうることである。しかし、強烈な効果をもつ麻酔薬を社会全体が常用したら社会活動は破滅してしまうので、阿片やマリファナの常用者は社会のなかでの一部の人々に限られてきた。社会全体の人々が使用するにはいたらない段階を「嗜好品の段階」、社会全体の人々がいつも使用するようになった段階を「常用品の段階」とするならば、どの社会でも本格的な麻酔薬は嗜好品の段階以上までは普及しなかった、といえよう。

　酒、タバコ、茶、コーヒーも麻酔薬と同じ経過をたどる性格のものであるが、麻酔薬にくらべたらナルコチックス効果が弱く、おおくの社会で常用品の段階まで突入してしまった。

　唐代に茶のプロパガンダをして、飲茶の普及に一役買った陸羽の『茶経』には、茶のさまざまの薬効が説かれている。明代における中国の茶馬司は「西番人は乳酪を飲むから、茶が無ければ消化が出来ず、腹にもたれるから、病気になり、非常に困る」ので、茶の貿易を管理することが「番人の死命を制し」中国の立場を強くする、という意義をもつものとしてとらえられた[85]。すなわち、牧畜民の生活にとっては茶がきわ

　　研究社　49-53頁　71-77頁
85　注10文献　282頁

めて強い薬効をもつ品物であるとして中国人は考えていたのである。
　日本においても、飲茶の初期においては僧院で修行中の僧侶の目ざましの薬用飲料であったし、栄西は『喫茶養生記』の冒頭に「茶は養生の仙薬、延齢の妙術なり」と保健薬としての薬効をのべている。
　ヨーロッパでも、茶はまず薬として採用された。ヨーロッパにおける最初の茶の宣伝文として残っているロンドンのあるコーヒー・ハウスが茶を売りだしたときのチラシにも、茶が万病の薬であることがうたわれている[86]。
　17世紀後半から18世紀にかけて、ロンドンにコーヒー・ハウスが流行する。コーヒー・ハウスはコーヒー、茶、ココアを飲ませる喫茶店であるばかりではなく、そこで人々が新聞を読んだり、時事問題や文学を論ずる情報交換の場でもあった。コーヒー・ハウスに集まって茶やコーヒーを飲む段階では、それは都市の市民の嗜好品としての飲みものではあったが、庶民が家庭で日常的に飲むものではなかった。18世紀後半に「地球の東の端からもちこまれた茶に、西の端の西インド諸島からもたらされた砂糖を入れて、運賃や保険料まで支払って飲むにしても、国内産のビールより安あがりなのだ！」、といわれる状態になって、はじめて茶がイギリスの中流の市民階層の嗜好品から、庶民の常用の飲みものとなったのである[87]。
　日本では室町時代には薬効を期待しての飲みものとしての性格を脱していたであろうが、たてるのがわずらわしい茶の湯は庶民のものとはならず、裕福な人々の嗜好品にとどまっていた。江戸時代のはじめに、葉茶を煎じて飲むことが普及することによって、茶が日常茶飯事の常用品化したのである。
　ヨーロッパにおけるコーヒーの歴史をひもとくと、茶と同じように導入期には薬効が宣伝され、ついで上・中流の市民階層の嗜好品化がおこり、さらにその使用が一般的になると習慣性が生じて、なくては物たりないということになって、庶民にいたる

86　1660年にロンドンのコーヒー・ハウス Garaway の発行した1枚もののチラシであるが、それによると茶の効用として、〈身体強壮、頭痛、目まいをやわらげる。肝臓障害治療、腎臓結石、尿石の除去。呼吸等障害の治療。消化促進、食欲増進、肥満体質の改善。深い夢を見ないようになる。頭脳を休める。記憶増進。眠気を去る。オコリ、高熱、暴飲暴食に効果をもつ。腹痛を治療し、腸を強壮にする。カゼ、水腫、壊血病の治療によい。血液、尿、肝汁を浄化する〉とあり、最後に「これらの薬効はフランス、イタリー、オランダその他のキリスト教国の医師および学者によって証明されている」という文句で結んでいる。まさに茶は万病の薬であることが強調されている。注8文献　1巻39頁による。

87　注56 b) 文献　118-119頁から引用。

まで常用化され、大衆の飲みものとしての地位をゆるがすことのできないものにいたる道すじをたどっている。

　常用品化したときには、なんとはなしに1日に何回も飲むことになる。日常的な飲みものとしての茶やコーヒーをいれて飲用するたびに、儀礼的なものものしい手続きをしてはいられない。いれる技術も簡略化されたものでなくては常用化しない。また、濃い茶やコーヒーをつくって、カフェインの強い薬効を飲用のたびに受けていたのでは、1日に何回も飲むわけにはいかない。気分転換——本書の姉妹編である『茶の文化——その総合的研究　第一部』218頁でいうトニックの効果——のために気軽に常用する飲みものとして使用するためには、薄い液体にしたてて、ガブ飲みが可能なものにしなくてほならない。

　儀礼性の脱落、いれたり、飲用のための技術と作法の簡略化、よりマイルドなものにしたてあげるようになることが、茶やコーヒーの常用化に伴って発生するできごとである。そこで茶の湯で使われる抹茶ではなく、番茶においてわが国の茶は常用品化した、といえる。それにたいして朝鮮半島ではまだ嗜好品の段階にまでしかいたっていない時期において、茶の飲用にたいする社会的反対が生じたために飲茶の歴史が中絶してしまったもの、と説明できよう。

　わが国のコーヒーの歴史をかいつまんでのべてみよう。それは、家庭からではなく都市の商業施設からはじまる。明治から大正にかけて、東京に「メゾン鴻の巣」、「カフェー・プランタン」、「カフェー・パウリスタ」などといったコーヒーと洋食を供するカフェーが出現し、芸術家たちの巣となる。かれらはヨーロッパの世紀末の「コーヒー店文学」にあこがれ、隅田川をセーヌ川になぞらえ、自分たちの巣となった店をパリのカフェーにみたてたのだ。そこで飲む「悪魔のように黒い」コーヒーは、カフェインの作用の薬効よりもさらに精神的効果をもつもので、1杯のコーヒーからヨーロッパの町並みや芸術のイメージを連想させる、いわば幻覚剤としての作用をもつものであった。

　関東大震災後、コーヒーは近代主義者の異国情緒をしのぶ飲みものとしての位置を失い、大正デモクラシーをになった市民たちの飲みものとなりはじめる。文化住宅の建てられた郊外の新しい町にも喫茶店が建てられるようになる。しかし、日中戦争がはじまって以来コーヒーの輸入はがた落ちになり、コーヒーは没落する。それは常用

の飲みものとしての定着をみず、いまだ嗜好品の段階にあったので、ぜいたく品とみなされて輸入量を減らされたのである。

　コーヒーが日本人の日常生活に本格的に組みこまれだしたのは、昭和20年代終り頃の喫茶店の大流行からである。日本の喫茶店のコーヒーのいれ方は芸術的といえるほどのものになっている。喫茶店での主流は、フランス式の深炒りで濃くだしたものを時間をかけてすするものになっている。それは、茶の湯の伝統をうけつぐ、抹茶的なコーヒーの飲み方といえる。

　昭和30年代にインスタント・コーヒーが発売され、家庭で手軽にコーヒーが飲めるようになった。大型のカップでインスタント・コーヒーをガブ飲みするようになって、番茶的にコーヒーが扱われるようになり、コーヒーが常用化しはじめたのである。また、喫茶店でも、浅炒りでやや酸味のある薄いいれ方のアメリカ式コーヒーを供するようになった。これも日本におけるコーヒーの常用品化の傾向を示すものであろう[88]。

4　茶とコーヒーの相互乗りかえ

　同じような効果なもつカフェイン飲料であるからには、茶かコーヒーか、どちらかがあったらことたりる。常用の飲みものとして茶をえらぶか、コーヒーをえらぶか、といった二者択一の原則をもちながら、茶とコーヒーは世界各地に伝播していった。

　そこで、世界に登場した歴史の新しい飲みものであったコーヒーは、すでに茶を常用化していた東方の茶の第一次分布圏には進出できず、西まわりの伝播ルートをとらなくてはならなかった。また、ヨーロッパでコーヒーが足ぶみしているうちに、独自の茶の文明圏を形成してしまったロシア圏にもコーヒーが進出することができなかったのである。しかし、まだ常用の国民的飲みものが成立していなかった地帯にはヨーロッパとイギリスのコーヒーと紅茶が勢力をきそいあいながら浸透していくことができた。その結果、旧イギリス植民地は紅茶、その他の国々はコーヒー愛好国となってゆく。例外として、どちらかというと茶を飲んでいたアメリカが〈ボストン茶会事件〉以後、コーヒー

---

[88]　この日本におけるコーヒーの歴史は、以前に筆者が書いた注84文献　51-52頁からとった。

国になったのは、この時期にはアメリカではまだ茶が常用段階にいたっていなかったからである、と解釈される。同じく、本来はコーヒー地帯であった中近東や北アフリカ諸国が常用の飲みものとして茶を採用するにいたったのは、この地帯ではコーヒーがまだ都市民の嗜好品としての段階にとどまっており、国民的常用の飲みものにいたっていなかった時期に、より安価な茶が大衆の飲みものとしてとり入れられたからであろう。

　おそらく近年の現象であろうと考えられるが、表2にみるようにコーヒーの第一次分布圏の中心地帯にあたるサウジアラビアに茶が進出したのはどう説明したらよいものであろうか。コーヒー常用国に茶が進出する現象をみせるのはこの国だけのことである。産油国として経済的に豊かなこの国においては、茶がコーヒーより安価な飲みものである、という理由では説明がつかない。立証すべき材料はないが、それはアラビア・コーヒーの飲み方そのものに原因をもつのではないか、と筆者は推測する。アラビア・コーヒーのいれ方には余りにも手間ひまがかかりすぎ、儀礼的な側面が強すぎる。この国が近代化路線をあゆみだすにつれて、より手軽にいれられて、儀礼性の希薄な茶が日常的飲みものとしての比重を高めてきたのではなかろうか。近代的生活様式というものは生活のテンポがはやく、時間をかけてコーヒーをたてるようなことを許さないのである。

　ついでながら、北アフリカの茶を飲用する地帯では、官庁での折衝や商談の席にも必ず茶を供する習慣がある。筆者の体験ではこのような席においいては紅茶のティーバッグを使用することが普通である（ティーバッグの茶でも伝統的な飲み方に従って、ミルクなしで砂糖のみを加え、ガラスの大きなグラスで供する）。すなわち、テンポのはやいビジネスの場においては、伝統的な茶のたて方は余りにも悠長なものでありすぎるのだ。

　サウジアラビアを例外とすると、コーヒーの常用が確立した国民に茶が進出することがないのにたいして、茶の常用国民にコーヒーが進出する傾向があることは、表2と表3の比較においてのべた。だいたいにおいて、それは第二次大戦後に進行し、先進国の茶愛好国民にみられる現象である。その例となるのはイギリス、カナダ、オーストラリア、ニュージーランド、日本である。

　それを世界的なアメリカ的生活様式の進出によって説明することもあるが、飲みもの自体のもつ性格からも、ある程度理由づけすることも可能である。麻酔薬系のナル

コチックスの常用者はある薬品を長く常用しているうちに、それがきかなくなり、より強力な薬品にのりかえることが知られている。それに通じることが飲みものにもおこるのではなかろうか。

　常用化した飲みものはもはや薬効や嗜好品としての性格を失ってしまっている。気分転換剤としての効力も薄れてしまったものになっている。このような段階に達したとき、茶よりも強烈な香り、色、味をもつ、より刺激的な飲みものであるコーヒーが茶愛好国民にも進出可能なものとなる。それを受入れることが可能なのは、経済的に豊かな社会であること、生活様式が多様化した社会であることを条件とすることのようだ。現代の世界においてコーヒーは都会的な飲みものとして進出する傾向をもつのも、このような社会的条件を背景に考慮に入れるとわかりそうである。

　いっぽう、コーヒー国民であるアメリカからコーラ系の飲料が流行したことは、それが常用化して効力を失ってきたコーヒーにたいして新しい刺激剤としての意味をもつものであるからだ、という解釈もできよう。

　カナダではコーヒーが紅茶にとってかわりそうなほどの情勢をみせるほど浸透していることからみると、イギリス紅茶圏におけるコーヒーの進出はさらに進むであろう。それは、ヨーロッパ系のコーヒーと紅茶がほぼ同じ飲み方をする飲みものとして平行して発達してきたので、乗りかえが容易であるということにも原因するのかもしれない。

　日本においてコーヒーは常用化の道をたどりはじめたが、紅茶はこれ以上の進出は望めなさそうである。現代の日本人の１人１年あたりの紅茶消費量は35杯程度にとどまっている[89]。飲み方は異なっても、しょせん茶は茶であり、より強力な刺激はもとめられない、ということであろう。

　茶の第一次分布圏のなかで、長い歴史のすえにたどりついた日本と中国の茶の飲み方は、茶の葉と水だけで液体をつくるということであった。それは単純きわまりない飲み方であるが、茶の飲み方の純化したきわみでもある。進化のすえにいわば袋小路に入ってしまい、それ以上の発展も望めないが、滅びることもないであろう。それは

89　注72 文献 a)　123 頁

文明の飲みものとしての茶の終着点の姿を示すものである。

〔追記〕

　いわゆる先進国における茶やコーヒーの飲用に関する趣味的な書物はおおいが、巨大文明の周辺地帯での歴史的変遷や発展途上国での現状について知ろうと思うと、たちまち資料不足につきあたってしまう。このような資料的な制約のほかに、筆者が海外出張を目前にしたあわただしい時期に本稿を執筆しなければならなかったという事情もあり、この論文は筆者の考え方の大筋の枠組を提示したものにとどまっており、決定稿とはいいがたい。将来、機会があれば資料の増加に伴って増補、訂正をしたく考えている。その手はじめとして、本稿を提出したのち印刷に付するまでの期間に知りえた事柄をいくつか追記しておく。

1　脱稿後になって、茶における『オール・アバウト・ティー』とならんでコーヒーに関する基本文献である『オール・アバウト・コーヒー』（Uker W., 1935, *All about Coffee*, The Tea and Coffee Trade Journal Company, 2nd edition.）を入手した。念のために関係ある部分を通読してみたが、それによって本稿を訂正すべき個所はなさそうである。

2　脱稿後にいわゆる ASEAN 諸国に旅行する機会があった。このさい、各国における茶、コーヒーの消費統計を入手しようと努めたが、統計の不備な国がおおく入手不可能であったし、つてを求めて政府機関から統計を入手できた国でも、FAO から刊行されている *FAO Production Year Book*, *FAO Trado Year Book* などから、その国における生産額、輸入額、輸出額の差引きをして筆者の試算してみた数値といちじるしくかけはなれたものであり、信用できる数値とはいいがたい。また FAO の上記2書における統計の数値も、ASEAN 諸国においては信頼できるものではないようだ。国によっては生産額と輸入額を加えたものから、輸出額を差引くとマイナスになったりするのである。ということで、東南アジアでの各国民が1人あたり茶、コーヒーを何杯飲んでいるかということを示す信頼できる資料はえられなかったが、

この旅行においてえられた若干の資料を記しておく。

(a) タイ

茶、コーヒーを毎日飲む家庭はバンコクでもたいへん少ない。食事のときは湯ざましを飲むことがおおい。ほかにビン詰の清涼飲料水がよく飲まれる。北部タイではコーヒーを煮立てて、こさずに多量の砂糖を入れてガラス製コップに入れて飲むことがおこなわれるが、家庭での飲みものではなく、店で飲むものである。――バンコクでの知識人からの聞書き――タイでは茶が普及していないことは（注62文献c）でもあきらかである。

(b) マレー半島部

多民族国家のこの国では、インド系住民は主としてミルク・ティーを、中国系住民は中国茶、マレー系住民はミルク・ティーあるいはミルクなしの紅茶またはミルクなしで、おりをこさないコーヒーを飲むことがおおい。ミルク・ティーのミルクにはコンデンスミルクがよく使われる。紅茶、コーヒーはガラス製のコップを使用するのがふつうであり、陶製のカップは受皿のうえに置かれる。カップから受皿にミルク・ティーをうつして、受皿に口をつけて飲むことがしばしばなされる、この飲み方はインド各地においてもおこなわれている。英国植民地であったことにも原因するためか、東南アジア諸国のなかでは紅茶をよく飲用する国である。ただし、1940年代までは家庭で紅茶やコーヒーを飲むマレー人は裕福な階層にかぎられていたという。現代になって茶、コーヒーが国民的飲みものとして普及しつつある段階にある。ちなみにFAOの前記2書における推計を操作してえられた1976年におけるマレー半島部での消費量は1人あたり茶210杯、コーヒー56杯になる。

(c) シンガポール

若い世代で朝食のさいパンとともにコーヒー（砂糖入り、ミルクは入れないことがおおい、インスタント・コーヒーがふつう）を飲むことが現在流行しつつある。常用の飲みものとしては中国茶がしめる比率がおおきいようである。

(d) インドネシア

　茶、コーヒーともに産出国であるが、国民全体でいえば常用の飲みものにまでは普及していない。地方差があるが、国全体でいえば紅茶の需要のほうがコーヒーよりもずっとおおいようである。紅茶、コーヒーの両方を飲むときには、コーヒーは朝に飲むことがおおい、紅茶、コーヒーの双方とも多量の砂糖を溶かしこんでミルクなしで、ガラス製のコップで飲む。コーヒーは煮出すことがおおく、おりをこすことはない。ジャワ島では貧乏人でも1日1回は茶あるいはコーヒーを飲むであろうとのことであるが、スラウェシ島のように日常生活には茶、コーヒーを飲むことが普及していない地方もある。

　ふだんは茶、コーヒーを飲まない家庭でも、断食月の日没のあとにとる最初の食事にはコーヒー、茶が供されることがおおいことが、マレー半島のイスラーム教徒と共通する。イスラーム圏では、断食後の食事は、甘い飲みもの — シャーベット類（ただし氷菓子のシャーベットではなく、シャーベットの原義である甘く味つけをした飲料のことである） — をとるのがふつうであるが、そのさい砂糖を多量に入れた茶やコーヒー — とくにコーヒー — がインドネシア、マレーシアでは好まれる。

(e) フィリッピン

　スペイン、ついでアメリカの統治領になったという歴史を反映して、紅茶よりもコーヒーを愛好する国民となっている。都市の中流以上の生活をする市民にとっては、コーヒーは常用の飲みものとなっているが、貧富の差の大きいこの国では、一般の農民の家庭の日常の飲みものにまではいたっていない。現在、都市においてはインスタント・コーヒーがもっとも飲まれている。喫茶店、上流家庭ではパーコレーターやサイフォンを使用したコーヒーをいれることがおこなわれる。都市では、欧米と同じカップを使用して、コーヒーや紅茶を飲む。砂糖は入れるがミルクを使用しないほうが一般的のようだが、水牛のミルクを愛好する人々もいる。田舎の家庭でコーヒーをふるまわれた経験では、鍋でコーヒーの粉を煮立てて、上澄みをすくってガラス製のコップにそそぎ、別にそえられた砂糖をティー・スプーンで入れてかきまぜる方式であった。インスタント・コーヒー普及以前は、田舎では煮立てたコーヒーをこさずに飲むこと

が一般的であったようである。
　食生活におけるスペインの影響の強いこの国では、ココアを飲用することがおおいことが特色となっている。

　以上のべた東南アジア諸国においては、茶は西欧による植民地化以前から中国人によって伝えられた。たとえば、1600年頃マラッカ在住の中国人が茶を飲んでいたことが知られている。しかし、中国茶を飲むのは、中国人が主となっている国家であるシンガポールをのぞくと、現在にいたるまで華僑の風習にとどまり、現地の民衆のものとはならなかった。植民地体制下になってプランテーション作物として茶、コーヒーの栽培が各地でおこなわれたが、それらは輸出用の作物であり、民衆の飲みものとはならず、民衆が日常の飲みものとして茶やコーヒーを飲みはじめたのは20世紀になってからのことであり、とくに第二次大戦後になってからの現在、国民飲料としての地位を獲得しつつある過程にあるといえよう。
　西欧から伝わった飲みものとして普及したにもかかわらず、ミルクを茶、コーヒーにいれることが盛んではないのは、この地域が乳しぼりの伝統をもたなかったことにも関係することであろう。また、ガラス製のコップで飲むことがおおいことは、コップで紅茶を飲むインドの影響も考えられるが、むしろ窯業が発達しなかったこの地域において、植民地時代に輸入品のガラス製コップが飲みもの一般の容器として普及した事情によるものではなかろうか。
　現在、マレーシア、インドネシア、フィリピンでは紅茶よりもむしろコーヒーにたいする嗜好が高いようである。それにもかかわらず、インドネシア、マレーシアでは紅茶のほうが普及しているのは、紅茶のほうが安価であることに原因をもつことであろう。
　洗練されたコーヒーの飲み方を開発しなかったこの地域では、現在一般にインスタント・コーヒーのほうが、地方産のコーヒーよりも上等のものとする評価がなされている。喫茶店などでの値段でいっても輸入品のインスタント・コーヒーがいちばん高く、ついで国産インスタント・コーヒーであり、土地産のコーヒー豆を煮出したものがいちばん安価で供されている。

酒造と飲酒の文化

　石毛直道編『論集　酒造と飲酒の文化』（平凡社　1998年）に収録した論文である。この本は国立民族学博物館の共同研究「酒と飲酒の文化」の研究報告書として編集され、共同研究者18人の論文をのせている。

　「世界の主要な酒造法を類型化し、その分布および系譜論的考察をする。また、各地の飲酒に関する慣習の民族誌的検討をつうじて、飲酒や酩酊にたいする観念の比較文化論的研究をおこなう。これらの研究はひろく世界を対象としているが、とくに東アジアを重視することによって、日本の酒つくりと飲酒の文化的位置づけを試みる」、というのが、この共同研究の趣旨であった。

　館内外の研究者25名が参加し、1992－1995年の間に24回の共同研究会を開催し、30の研究発表がおこなわれた。共同研究者の専攻分野は多彩である。学問分野でいえば、民族学＝文化人類学のほかに、民俗学、文化心理学、調理学、醸造学、栽培植物学、日本文化史、中国文化史、情報科学の専門家などが参加している。大学や研究所に所属する研究者のほかに、企業の現場で日本酒やワインの醸造に従事する研究者もふくまれている。

　共同研究者で酒に関する著書のある者 — すなわちプロの酒の研究者と認められるのは9名である。ほかはアマチュアである。従来の酒に関する研究では、あまり取り扱われることのない事柄を研究対象としたために、プロの出番がすくなく、この共同研究ではじめて酒について本格的にとりくむことをはじめた人がおおい。研究代表者のわたしもアマチュアの1人である。酒好きのわたしではあるが、醸造を論じるには自然科学の知識が必要で、文科系出身のわたしにの手にあまることと、酒の研究は敬して遠ざけていたのである。

　酒造技術については、ぼう大な研究の蓄積がある。しかし、それらはビール、ワイン、日本酒など商品価値のたかい酒の醸造に関する自然科学的な研究である。アフリカや東南アジアの家庭で醸造する地酒となると、報告はきわめてすくなくなる。世界各地の酒造法

を、系統分類するといった通文化的な考察をするための基礎作業もろくになされていない。

本文でも述べていることであるが、飲酒に関わる民族学＝文化人類学からの研究といえば、個別的な民族誌的報告にとどまり、体系的に飲酒文化論を考察する試みはすくない。社会学や医学の立場から、飲酒慣行と社会の関係を考察することがなされるが、そのおおくはアルコール依存症という社会問題を念頭においた研究領域に集中する。

といったように、酒造に関しても、飲酒に関しても、その文化としての研究には未開拓の事柄がおおい。そのような領域に挑んだ共同研究なので、問題のありかをあきらかにし、わたしなりのいくつかの仮説を提唱し、そのなかで共同研究者たちの個々の論文を位置づけるための「序論」として執筆したのがこの論文である。

酒の文化的研究を志す人の参考になるかと思い、本書に再録することにした[1]。

一、酒つくりの文化

1. 世界における伝統的酒造の類型

酒を知らない人びと

ヨーロッパ人が新大陸やオセアニアに進出したときに、各地で酒造技術をもたない民族に遭遇し、これらの人びとに白人が酒をもたらしたことにより、飲酒に原因するさまざまな社会問題がおこったことが知られている。このことからもわかるように、世界には酒つくりの伝統をもたなかった社会も数おおく存在した。ヨーロッパ人が新大陸に進出する前の、15世紀を念頭において、その頃の世界における酒つくりをしなかった地域の分布をおおまかに推定してみよう。

ユーラシア大陸においては、気候的に酒造原料にとぼしい極北の狩猟民は酒造をしなかったと考えてよい。イヌイットのような極北狩猟民の分布域の南には、狩猟、漁労、植物性食料の採集にしたがう民族が分布する。アメリカ大陸側の北西インディアンは漿果類を重要な食料資源として利用し、漿果類の保存食をつくる技術も発達している

---

1 報告書にわたしが執筆した「まえがき」のなかから抜粋して、この文章をつくった。

が、漿果類の酒つくりは知られていなかった。アジア側のシベリア北部の民族に漿果類の酒つくりをするものがあるが、それはロシア人やコサック人から習ったものだとされる。

　中央アジアからモンゴルにつながる遊牧地帯では乳酒がつくられたが、シベリアのトナカイ遊牧民は搾乳をしない伝統であったので、トナカイの乳酒はなかった。

　アメリカ大陸で酒つくりの伝統があったのは、中南米の農耕地帯である。カナダ、アラスカの民族と、現在の合衆国のネイティブ・アメリカン（インディアン）の大部分は酒造をしなかった。南米では農耕地帯の南限をこえた、チリとアルゼンチンの南部でも酒造はされていなかったと考えられる。

　オセアニアにおいては、ミクロネシア西部とメラネシアの一部の地方でヤシ酒がつくられたと推定されるが、これは東南アジアからもたらされた技術であろう。ニューギニア内陸部、オーストラリア、ポリネシアの民族は酒つくりをしなかった。

　アフリカ大陸では、コンゴの森林地帯と東アフリカ、南アフリカに分布する狩猟採集民は酒造技術をもたなかった。

　いっぽう、北アフリカから西アジア、中央アジアにつづくイスラーム教地帯と、インド亜大陸のヒンドゥー教地帯では、禁酒の習慣をまもる人びとが優勢であった。この地域では古くから酒造技術が存在したが、宗教上の理由で酒造をしないようになったのである。

醸造酒・蒸留酒・混成酒

　酒を製造法から大別すると、醸造酒、蒸留酒、混成酒の３種類に分類される。

　原理的にいえば、蒸留酒は醸造酒を蒸留して得られる。ブドウ酒などの果実の醸造酒を蒸留したのがブランデーで、ビールを蒸留させたものがウイスキー、コメや雑穀を麹で発酵させた中国の醸造酒を蒸留したものが白酒（パイチュウ）である。

　といっても、蒸留原料としては、そのままで飲める状態の醸造酒にまで仕立てる必要はない。日本のイモ焼酎はサツマイモを麹で発酵させたモロミを蒸留してつくるが、サツマイモの醸造酒というものは存在しない。清酒をしぼった粕を蒸留して粕とり焼酎がつくられるし、ブドウ酒つくりのさい得られるブドウの粕を蒸留したブランデーもある。現実には醸造酒から蒸留酒を製造するというわけではなく、アルコール発酵

をしたモロミを直接蒸留したり、醸造酒つくりのさいの副産物からも蒸留酒が製造される。しかし、蒸留原料の製造にあたっては、それぞれの文化における醸造酒つくりの技術が適用されているので、ひろい意味では、醸造酒をもとに蒸留酒がつくられるとしてさしつかえない。

　日本の味醂や梅酒、中国の薬酒、ヨーロッパのリキュール類が、混成酒の例である。醸造酒と蒸留酒を混ぜたり、これらの酒に薬用の草根木皮や、ハーブやスパイス類、果実や果汁、ハチミツ、香料などを混ぜてつくった酒のことである。したがって、混成酒は醸造酒や蒸留酒をベースに二次的加工をした酒である。

　こうしてみると、醸造酒をもととして、蒸留酒や混成酒がつくられたといってよい。世界における伝統的な酒造技術を考察するためには、各地の醸造酒のつくりかたを検討することが基本となるゆえんである。

糖分の酒

　酒に含まれるエチルアルコールは、糖類が酵母の作用で発酵することによって生成される。現代の企業化した酒造法では、人工的に選択し、培養した酵母を糖液に加えることがなされる。ただし、酵母は自然界にいくらでも存在するので、適当な濃度の糖分を含んだ液体を用意して、発酵に適当な環境をととのえておけば、自然酵母の作用で酒ができる。そこで、糖分を含む原料からは、比較的簡単に酒をつくることができる。このような原料として、蜂蜜、果実、樹液、乳がある。

[蜂蜜酒]　筆者が調査したタンザニアのダトーガ人は、蜂蜜に約3倍の水を加えてうすめたものと、酒の風味をよくするという、乾燥した多孔質の木の根を大形のヒョウタンにいれて蜂蜜酒をつくる。屋内の焚き火のそばにヒョウタンをおき、火に近づけたり、遠ざけりして温度を調節し、一昼夜すると酒ができあがる。木の根はくりかえして使用されるので、それに酵母が付着しているものと考えられる。ビールが普及する以前からゲルマン系の民族は蜂蜜酒をよく飲んでいたし、東欧やロシアでも現在製造されている。中東から、エチオピア、マダガスカルを含むアフリカにかけての地帯

に蜂蜜酒が点在している[2]。新大陸においても、中米からブラジルにかけての地帯に蜂蜜酒が点在する[3]。すなわち、旧世界の西側の地帯と、新大陸で蜂蜜酒がつくられるが、この両者に系譜的関係をもとめるのは困難であろう。単純な製法の酒であるので、旧大陸と新大陸の間で関係なしに、独立発生したものと考えてよいだろう。栽培植物とちがって、蜂蜜は各地で入手できるので、古代にはより広い分布圏をもっていた可能性があるが、現在では大量に原料が確保される他の酒におされて、点在する分布をとるようになったのかもしれない。

[果実酒]　果実の汁を発酵させてつくる酒の原料としては、ブドウ、リンゴ、バナナ、ナシ、モモ、プラム、サクランボ、アンズ、イチゴ、ザクロ、クロスグリが主要なものであるが、そのほかにも地方的な果実酒生産にさまざまな果実が使用される。ブドウ果汁は適度の酸をふくむので、雑菌による汚染を防止しながら、良質の酒をつくることができる。ブドウ属の野生の果実の利用は古くからおこなわれていたであろうが、ブドウの栽培化は、紀元前3000年頃カフカスから東地中海にかけての地帯にはじまるとされる。紀元前2000年紀の古代バビロニアの楔形文書である「ギルガメッシュ叙事詩」に記載されているのが最初のブドウ酒の記録である。熱帯アフリカでバナナ酒がつくられるが、ほかの伝統的果実酒のおおくは、西アジア、ヨーロッパ、北アフリカでつくられてきた。すなわち、ブドウ酒地帯の外縁部で果実酒がよくつくられるのであり、そのことはブドウ酒の製法が他の果実に応用されたものである可能性を示唆するように思える。

[樹液の酒]　糖分を含んだ甘い樹液を発酵させてつくる酒の原料の代表はヤシとリュウゼツランである。ヤシの花軸を切って、そこから滴る樹液を容器に採集し、発酵させて、ヤシ酒がつくられる。アフリカからインドにかけての乾燥地帯では、ナツメヤシの樹液の酒が分布する。熱帯アフリカでは、ラフィアヤシ、アブラヤシなど、さまざまな種類のヤシが酒つくりに利用される。インドから東南アジア、ミクロネシアとメラネシアの一部にかけては、ココヤシ、ニッパヤシ、サトウヤシが主要な原料

2　Cambell-Platt　1987:127
3　Cooper　1949:539 – 540

とされる[4]。ココヤシを栽培しているにもかかわらず、ポリネシアでヤシ酒は製造されなかった。このことは、東南アジアでヤシ酒が知られる以前に、ポリネシアへの民族移動がおこなわれたことをしめす。現在の中南米でココヤシの酒をつくるところがあるが、それは後の時代になってからの導入の結果であり、アメリカ大陸の伝統的な酒にはヤシ酒がなかったと考えられる。ヤシ酒の起源については、現在のところ不明である。それについて論じるときには、ヤシのなかで、もっとも重要な栽培作物である、東側のココヤシと西側のナツメヤシのはたした役割を考察することが欠かせないであろう。

　中米の伝統的な酒にプルケがある。これはリュウゼツラン属の植物であるマゲイの樹液からつくる酒で、アステカ帝国では神への捧げものの酒としてもちいられた[5]。メスカルあるいはテキーラという名称で知られているメキシコの蒸留酒は、プルケの原料とはことなるリュウゼツランの塊茎を原料として工業的につくったものである。塊茎を加熱処理して、樹液ばかりではなく、パルプ質を形成している多糖類が分解してできた糖分を搾汁した、人為的につくった「樹液」を発酵、蒸留させたものである。蒸留技術はアメリカ大陸にはなかったので、ヨーロッパ人がやってきてから誕生した酒である。

　ほかに樹液の酒としては、ヨーロッパ、シベリアから北米にかけての地帯にシラカバやカエデの樹皮に傷をつけ、樹液を採集してつくる酒が点在する。これは樹液を甘いシロップとして利用することに起源がもとめられる酒である。この種の酒が、それぞれの地域で独立発生したものか、伝播によるものかは、いまのところ資料不足で、考察を保留しておくことにする[6]。砂糖生産地でサトウキビの樹液を発酵させた酒がつくられるが、それは製糖技術の成立以後のことと考えてよい。

[乳酒]　乳酒をつくるのは、モンゴルからカスピ海に連なる中央アジアの遊牧文化においてである。ウシやウマ、ヒツジの乳を撹拌して、乳糖を発酵させたものである。全乳を原料とするほか、各種の乳製品を製造する過程で得られるスキムミルクやホエー

4　Cambell-Platt　1987:149 - 150　ヴェルト　1968:310
5　山本　1995:14
6　ヴェルト　1968:308、311、324 - 325

からもつくられる。牛乳からも乳酒をつくるが、馬乳酒の名がたかいのは、牛乳にくらべて馬乳のほうが乳糖含有量がたかいためであろう。モンゴルの場合、牛乳の乳糖含有量が4.3パーセントに対して馬乳は6.6パーセントである。それにしても、馬乳酒のアルコール含有量は1.66パーセントとひくく、致酔飲料というよりは清涼飲料の一種である[7]。これを蒸留して、モンゴル語でアルヒという焼酎に加工して、はじめて酒らしくなる。

でんぷんの酒

　酒造原料として、穀物、イモ類の大量のでんぷんを含む作物が世界各地で使用される。でんぷんは多糖類、すなわち糖がくっつきあってできた物質である。そこで、くっつきあった糖を切りはなして単糖類に変化させる処置——糖化——をすれば、でんぷんをアルコールにすることができる。したがって、でんぷんを原料とした場合には、糖化のための発酵と、酵母によるアルコール発酵の二重の発酵プロセスが必要であるので複発酵という。それにたいして、さきに述べた直接に糖分からアルコールを発酵させる酒つくりを単発酵という。

　糖化のためには、酒造原料にでんぷんの分解酵素を加えなくてはならない。世界のでんぷんを原料とする酒つくり技術を、でんぷん分解酵素の種類によってわけると、唾液中の酵素を利用する方法、種子の発芽のさいにつくられる酵素を利用する方法、カビの酵素を利用する方法の3種に大別される。

[口噛み酒]　唾液の酵素を利用してつくった酒を、口噛み酒という。生のまま、あるいは加熱したでんぷん質の原料を噛み、唾液をまぜて、それを容器に吐きだして放置すると、唾液の酵素で糖化がおこり、やがてアルコールに変わる。アジアの口噛み酒については、山崎百治の報告と、それをひきついだ凌純声の研究がある。それによると、わが国でコメを原料とする口噛み酒が『大隅国風土記逸文』にでてくるし、沖縄、奄美諸島でもつくっていた。一例だけではあるが、アイヌが口噛み酒をつくっていた報告がある。中国の史書に女真、韃靼が口噛み酒をつくっていたことの記録があ

7　利光　1989:43 – 47

るので、アイヌの口噛み酒は大陸の北方民族とつながる系譜のものである可能性をもつが、原料にコメを利用していることが気にかかる。これらの民族にとって、コメは伝統的な作物ではないからである。台湾の先住民はコメ、あるいはモチアワを原料とした口噛み酒をつくった。中国では福建省の閩での口噛み酒の記録があり、13世紀のカンボジアの記録である『真臘風土記』にもでてくる[8]。

　このようなアジアにおける口噛み酒の分布は、文明の周辺地帯に古い技術として残存していることをうかがわせる。すなわち、カビの酵素（麹）を使用して酒造をする地域の周辺部や、現在ではカビを利用して酒造をしている場所の過去の時代に、口噛みの酒つくりがおこなわれたものと解釈される。

　口噛み酒が分布するもうひとつの地域は、ホンジュラス以南の中南米である。ここでは、トウモロコシ、あるいはマニオクを原料とする口噛み酒がつくられてきたが、詳細は本書所収の山本紀夫の論文「チチャ酒の系譜――アンデスにおける酒づくりの方法をめぐって」を参照されたい。

　ユーラシアの東部と中南米の口噛み酒のあいだでの交流関係を考えることは困難である。単純な技術であるので、それぞれの地域で独立発生したものと思われる。北欧神話にビール醸造のさいに唾液を加える伝承があることから、でんぷん質の食物をよく噛むと甘くなる唾液の糖化作用は古くから知られていたはずである。

　前出の山崎百治、凌純声をはじめとして、太平洋諸島に口噛み酒が存在したように書かれている文献がいくつもあるが、これは誤りである。コショウ科の木の根からつくる飲料であるカヴァは麻酔作用をもつメスティシンを含有するので、一種の酔い心地を経験することができる。しかし、カヴァの製造過程には発酵は関与していないし、できあがった飲料にもアルコールは含まれていない。現在はカヴァの根を石で叩きつぶすが、古法では根を噛んで飲料につくった。カヴァをアルコール性飲料と誤解した文献を、山崎百治が南太平洋の口噛み酒として引用して論じたために、誤りがひろまったのである。

　本書収録の吉田集而の論文「口噛み酒の恍惚剤起源説」では、シャーマニズムにおいて幻覚作用をもつ植物を口で噛み恍惚状態になることに、酒の起源をもとめるユニー

8　山崎　1945:34、238 – 239、329 – 337、344　凌　1979:795 – 831

クな説が展開されている。

[モヤシ酒]　穀物の種子が発芽したものをモヤシという。そこで発芽のさいの糖化酵素の作用を利用してつくる酒をモヤシ酒とよんでおこう。いうまでもなく、モヤシ酒の代表はヨーロッパのビールである。

　コムギを原料としたビールもあるが、ほとんどのビールはオオムギの麦芽からつくる。それは、コムギとくらべると、オオムギの麦芽の糖化力がはるかにたかいためである。また、コムギの普及以前には西アジアから地中海にかけての麦作地帯では、オオムギが主要作物であり、古代に開発されたビールの製造原料としては当然オオムギが選択されたこと、常食がコムギのパンにとってかわると主食と競合しないオオムギが酒つくり専用作物の位置を占めたことを考慮にいれる必要がある。

　紀元前3000～2000年には、メソポタミアとエジプトで原始的なビールの製造がおこなわれていたといわれる。

　熱帯アフリカにも、さまざまな雑穀を原料とするモヤシ酒が存在するが、もっともおおく利用されるのはアフリカ原産の栽培植物であるシコクビエとモロコシである。エジプトのビールつくりの技術が南下して、熱帯アフリカで雑穀のモヤシ酒になったものであろう。西アジアからインドにかけての地域は、宗教上の理由で酒つくりをしない地域になったので、モヤシ酒の東方への伝播について知ることができる資料が欠落している。紀元前8世紀頃のインドの記録に、発芽させたものと、オオムギの麦芽を使用した酒つくりがあらわれるという[9]。

[カビ酒]　でんぷんにカビが繁殖すると、カビの生育過程ででんぷん分解酵素がつくられ、その作用で、でんぷんの糖化がおこる。発酵食品をつくる目的のため、でんぷんにカビを生やして発酵のスターターとして使用するものを麹という。ただし、東南アジアなどでは、日本での麹の概念とはことなるカビの利用法もあるので、ここでは、さまざまな種類の糸状菌の糖化力を利用してつくった酒を、カビの酒とよぶことにする。

9　吉田　1993:210－213

酒造と飲酒の文化

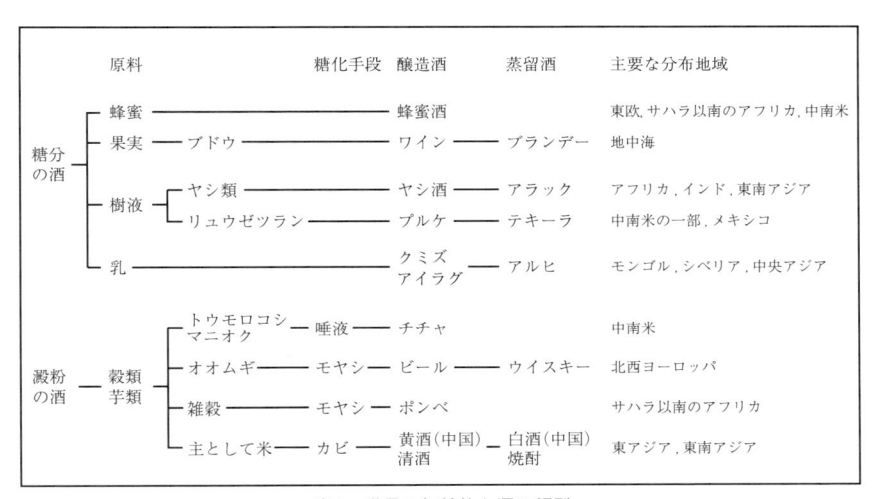

原料		糖化手段	醸造酒	蒸留酒	主要な分布地域
糖分の酒	蜂蜜		蜂蜜酒		東欧, サハラ以南のアフリカ, 中南米
	果実―ブドウ		ワイン	ブランデー	地中海
	樹液―ヤシ類		ヤシ酒	アラック	アフリカ, インド, 東南アジア
	リュウゼツラン		プルケ	テキーラ	中南米の一部, メキシコ
	乳		クミズ アイラグ	アルヒ	モンゴル, シベリア, 中央アジア
澱粉の酒	穀類芋類―トウモロコシ マニオク	唾液	チチャ		中南米
	オオムギ	モヤシ	ビール	ウイスキー	北西ヨーロッパ
	雑穀	モヤシ	ポンベ		サハラ以南のアフリカ
	主として米	カビ	黄酒(中国) 清酒	白酒(中国) 焼酎	東アジア, 東南アジア

表1　世界の伝統的な酒の類型

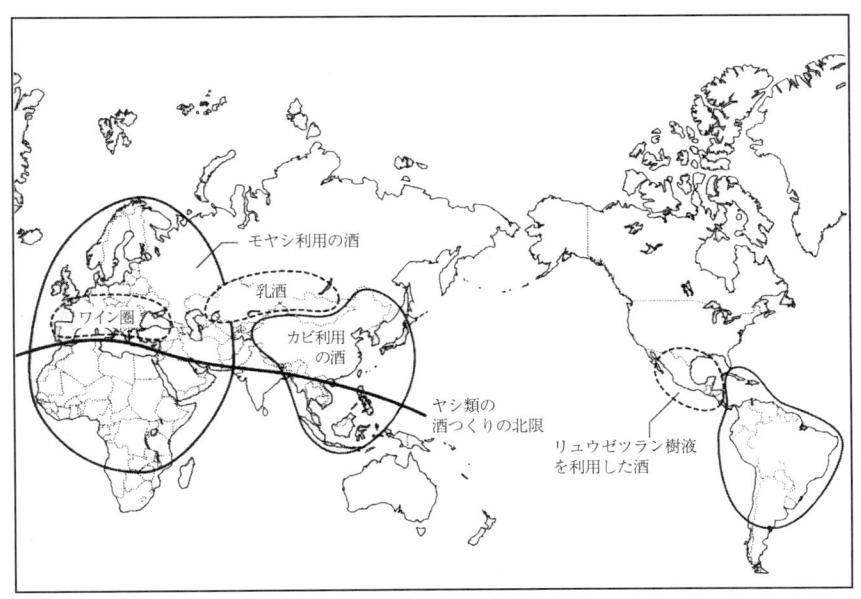

図1　伝統的酒つくりの分布模式図

カビの酒は、ヒマラヤ山麓から中国、朝鮮半島、日本にかけての地域と東南アジアに分布する。ユーラシアの西側がモヤシの酒の地帯であるのと対照的に、東側はカビの酒の地帯となっているのである。カビの酒の歴史については、のちに議論することとする。

　いままで述べてきた世界の伝統的な酒造法を代表する醸造酒と、その延長線上につくられる蒸留酒の例をしめしたのが表1である。図1は、世界地図に伝統的な酒造技術の類型の分布をえがいたものである。ヨーロッパでのワイン圏とビール圏の地理的分布のように明確な分布図がえがけるのは、世界の酒造類型としては例外である。他の類型については分布の境界線を引くには資料不足であるし、また、とりあつかう時代によってもことなる分布をとるはずである。工場生産による近代的酒造法の普及する直前あたりの時代を念頭においての、おおまかな模式図としての表現をしたのが同図である。

蒸留技術の伝播

　蒸留することによってアルコール度数がたかくなる。醸造酒にくらべたら少量で酔うことができるので、短時間に酔いをもとめることを第一義とする飲酒の場合には蒸留酒のほうが効率的であるし、運搬にも効率がよい。また醸造酒は長期間保存すると変質するが、アルコール分がおおい蒸留酒は長期間の保存にたえる。

　醸造酒の保存法として、低温で殺菌する技術が工夫されたのは比較的あたらしい時代になってからのことである。中国では、すでに12世紀はじめの『北山酒経』に低温殺菌の技術が述べられている。ただし、この技術は中国では普及しなかったようである。日本では16世紀中頃の『多聞院日記』に酒の火入れが記録され、江戸時代になるとこの技術が普及する。ヨーロッパでは、パストゥールが低温殺菌によるワインの保存法であるパストゥリゼーションを発見してからのことである。それまでは、長期間の航海などには蒸留酒を積み込むことが欠かせなかった。

　定説にしたがえば、蒸留技術が成立したのは古代西アジアにおいてである。紀元前3500年頃の土器製の蒸留用の道具が発見されているが、これらは香水製造用の精油をつくるために使用されたものと考えられている。アリストテレスは、塩水を蒸留すれ

ば真水になるように、ワインを蒸留して、ふたたび液体に凝縮することができると述べているが、古代ギリシアで実際に蒸留酒が製造された形跡はない。中尾佐助は、糖分をふくむ花の花弁を乾燥させたものを原料として蒸留酒をつくる方法が4世紀のインド文献に記載されていることを指摘し、インドで成立した蒸留酒製造技術がアラビアに伝わった可能性があると述べている[10]。

　ヘレニズム文明を継承したイスラーム文明の影響によって、蒸留技術がヨーロッパに伝えられるが、それは錬金術師の実験室から外へ出ることがなく、西欧における蒸留酒の記録があらわれるのは13世紀頃からのことである。初期の蒸留酒は薬品としてのイメージがつよく、「生命の水」を意味するオー・ド・ヴィ eau de vie とよばれた。北欧のアクアヴィット aqavit、ウイスキーの語源であるゲール語のウシュクボー uisgebaugh、ロシアのウオトカ vodka もおなじ意味の名称である。西欧での蒸留酒の普及はおそく、コニャックやスコッチウイスキーの名産地が形成されるのは17～18世紀になってからである。

　いっぽう、東方への蒸留酒製造技術もイスラーム文明とともに伝播したと考えられている。中国が蒸留酒をつくるようになったのは、元代にミャンマーから技術が伝播してからであるというのが従来の定説であった。ただし、その以前から中国に蒸留酒があったという意見もいくつかある。そのおもな理由は、①元代以前の文献に「焼酒」、「蒸酒」という名称があらわれるが、それを蒸留酒と解釈する、②蒸留器とおもわれる元代以前の考古学的遺物が発見されていることに論拠をもつものである。

　最近、中国における蒸留酒の起源について考察した劉廣定は、

　①　「焼酒」、「蒸酒」等の文字資料を再検討した結果、これらの名称が蒸留酒を表現したものとは解釈できないとの結論を提出している。

　②　古代の蒸留器と思われるものには、上海博物館所蔵の後漢代の青銅器と安徽省発見の漢代の青銅器、および承徳発見の金代の蒸し鍋がある。上海博物館所蔵の青銅器が蒸留酒つくりの道具であるとの説は、本論文の筆者も参加したケンブリッジ大学における第6回中国科学史国際会議において、上海博物館長が発表した。同様の道具を制作して実験してみたところ蒸留酒の製造に成功したとのことであるが、それが酒

10　中尾　1983：54

つくりに使用されたのか、あるいは香水や薬品の蒸留に使用されたのかを確定する証拠はない[11]。劉廣定は、これらの青銅器が本当に漢代のものであるかどうかを疑っているし、冷却装置がないことから蒸留器としての用途以外の道具であろうと考えている。また、漢代にすでに蒸留酒が存在したのなら、それが古代文献に記録されてしかるべきであるというのが筆者の感想である。

金代の蒸し鍋については、冷却装置があるので、蒸留装置であることにはちがいないが、それが酒造りの道具として使用されたものであるか、どうかを立証することはできないというのが劉廣定の意見である。ただし、『遼史』に中央アジアの大食と遼のひんぱんな交渉関係が記載されていることから、中央アジアをつうじて遼に蒸留技術が伝播し、それが金にうけつがれた可能性はあると述べている。

結局、元代以前にさかのぼる中国での蒸留酒の存在を確証するものはなく、アラビア語で蒸留酒をしめすアラックの音訳に語源をもつ「哈剌基」、「阿里乞」、「阿吉剌」、「軋頼機」という名称が元代の記録に記されているのが中国における蒸留酒の初出であるというのが劉廣定の結論である[12]。

日本の蒸留酒つくりは沖縄からはじまる。おそらく15世紀前半にタイから蒸留酒製造技術が琉球国に伝播して、泡盛の原型がつくられるようになったと考えられる。ついで九州に伝播し、鹿児島県の大口市郡山八幡社から発見された1559年の棟木札に「施主が一度も焼酎を飲ませてくれない」との落書きがあることから、南九州では16世紀中頃には焼酎の飲用が普及していたことがわかる。

中東方面から西方に伝播した蒸留器と、東方に伝播した蒸留器の形態は異なっている。ヨーロッパでは、フラスコ形の鍋の頭部にくちばし形の空冷用の帽子であるアランビックをとりつけた蒸留器である。東方では平鍋のうえに木製の甑（こしき）をかぶせ、そのうえに水をいれた金属の鍋を置き、鍋底にあたったアルコール蒸気が冷却されて、液状になったものを樋で外部にとりだす原理の蒸留器が主流である。ただし、東方にもアランビックというアラビア語源の名称は伝わり、わが国でも蒸留器がランビキとよばれた。

蒸留する原料の形状が東西で異なることに対応して、このような蒸留器の形態のち

---

11 馬 1992: 174
12 劉 1995

がいが生じたものと、浅井昭吾は論じている。すなわち、果実酒であるワインとモヤシ酒であるビールから西側の蒸留酒は製造されるのにたいして、東側では穀粒のカビ酒を蒸留する。果汁、麦芽汁という液体発酵した原料を相手にする蒸留と、穀粒のまま発酵した酒を蒸留するちがいが、蒸留器の形態のちがいになったという。

　19世紀前半に連続蒸留機が実用化される。この装置を利用すると、不純物のすくない、度数の高いアルコールを得ることができる。アルコールの純度が高いほど原料の風味の特性が失われ、没個性的にはなるが、ジャガイモ、糖蜜、トウモロコシなど安価な原料を利用したアルコール飲料の生産が可能になる。そのことによって、従来の単式蒸留によってつくられた蒸留酒が変貌したり、あたらしい酒が誕生した。ウオトカ、アクアビット、ホワイト・ラム、グレイン・ウイスキー、甲類焼酎などはその例である。

　ポット・スティルによる単式蒸留でつくられたモルト・ウイスキーは個性的な風味をもつ、手づくりの性格がつよい蒸留酒である。それに対して安価な原料を利用して、大量に工場生産ができるグレイン・ウイスキーは没個性的な蒸留酒である。この両者をブレンドすることによって、生産量を飛躍的に延ばすことができたので、スコッチ・ウイスキーは世界商品の地位を獲得できたのである。浅井によれば、連続蒸留機によって、「マニュファクチャー（手工業）からインダストリー（産業）への転換がなされた」のである[13]。

　別の表現をすれば、単式蒸留の酒は、それぞれの地方の原料や嗜好にささえられた個別的「文化の酒」であるのに対して、原料を選ばず高濃度のアルコールをつくって、それに水や風味を加えて、どのような嗜好にも適合する酒に仕立てようとする連続蒸留機による酒造は「文明の酒」つくりの性格をもつものといえる。

13　浅井　1983

2. 酒の起源

旧石器時代

　わが国にサル酒の伝承がある。サルが果実や木の実を、樹木のうつろな場所に貯えておくと、それが自然に発酵して酒になり、猟師がそれを発見して飲むという。同様な説話は中国にもある[14]。おなじような説話に、ミサゴ鮓がある。ミサゴが、岩のはざまに魚を貯めておいたものが乳酸発酵して、なれ鮓になったと説明するのである。

　現在の霊長学では、野生のサルが食物を貯蔵する習性はないとされている。したがってサル酒は存在しないと考えてよい。発酵という現象は自然のなりゆきでもおこるので、このような説話が成立するのであろう。

　しかし現実には、偶然にまかしておいては、飲食に耐える酒や鮓を製造するのは困難である。偶然のなりゆきにまかせるのではなく、人為的に管理した計画的な発酵をおこなうことによって、安定した発酵食品つくりが可能となる。偶然の産物として、たまたま食品がアルコール発酵したものを口にしただけでは、文化とはいえない。酒の文化は、持続して酒を生産するための技術的蓄積と、アルコール飲料にたいする嗜好をもつ社会を前提として成立する。そのような社会は、人類史のどの段階になって出現したものであろうか。

　まず問題となるのは、旧石器時代に酒が存在したか、どうかである。それを検討するさい、でんぷんの酒は除外してよいであろう。でんぷんの酒の原料は穀物やイモ類であり、それらは新石器時代以後に開発された栽培作物である。糖分の酒をつくったと想定する場合にも、その原料はきわめて限定されてくる。現在の果実酒は、ほとんどが栽培植物を原料としてつくられ、新石器時代以後の農業の産物である。栽培化したことによって、生食以外に発酵にまわされる余剰ができたのであり、旧石器時代における野生の果実の採集段階で酒つくりに利用していたか、どうかは、うたがわしい。唯一の可能性は、一時期に集中して大量に採集可能で、簡単につぶすことができる野生の漿果類であろう。

　樹液の酒でも、ヤシ酒の原料となるヤシ類のおおくは、新石器時代以後になって栽

14　山崎　1945: 9、37

培作物化してから、ひろく利用されるようになったので除外したほうがよい。シラカバやカエデ類の樹皮に傷をつけて、樹液を甘味料として利用することは、旧石器時代にもおこなわれた可能性はあるだろう。それが自然にアルコール発酵したものを利用したであろうか、どうか。

　家畜飼養と搾乳は、新石器時代に成立した牧畜文化以降のことなので、旧石器時代の乳酒の存在は考えられない。後期旧石器時代の絵画に蜂蜜採集の情景がえがかれている。水で割るだけで、あとは温度管理さえしておけば蜂蜜酒は容易につくれるので、旧石器時代の酒を想定するとしたならば、蜂蜜酒がいちばん可能性をもつものであろう。

　いっぽう、酒造は液体のもらない容器の存在を前提とする。古代の酒造容器として世界的によくもちいられたのは土器であるが、土器は新石器時代になってからつくられるようになった容器である。打製の旧石器をもちいていた時代の木工技術では、大木をえぐって酒槽をつくることは困難であると考えられる。

　現在の遊牧民は家畜の皮袋を液体の容器にもちいる。おなじように旧石器時代の人びとが、野生の大形獣の皮袋を容器とした可能性について検討する場合には、皮袋を作製するための縫針の問題にたどりつく。考古学で実証される最古の縫い針は、ヨーロッパの後期旧石器時代の最終期にあたるマドレーヌ文化から「めど」のある骨製の針が出土する例であるとされる。こうしてみると、旧石器時代に皮袋を酒つくりの容器に使用した可能性はすくない。

　さきに述べたダトーガ人の例のように、熱帯アフリカではヒョウタンを酒造容器に使用することがある。しかしながら、天然の容器として使用可能なヒョウタンが各地に普及するのは新石器時代以後のことである。

　旧石器時代の生活様式は狩猟採集である。最近まで世界各地に残存していた狩猟採集文化では、酒造をしないのが普通である。酒つくりをする狩猟採集文化の場合でも、それは周辺の農耕民と接触の結果、導入された技術であることがおおい。こうしてみると、酒造原料、酒造容器の問題からしても、旧石器時代の狩猟採集の生活様式は、酒の文化を欠如していたものと考えるのが妥当であろう。

糖分の酒の起源論

　新石器時代になると、農業と牧畜という食料生産に依存する生活様式が開始された。

このうち牧畜に生活を全面的に依存する遊牧民の移動的な生活様式のなかから成立した酒の文化は、中央アジアの乳酒だけである。乳酒はアルコール度数が２度以内で、致酔飲料としての性格がよわい。蒸留技術が適用されるようになって、はじめて酒らしくなったが、その以前はむしろ「飲む食料」としての乳製品の一種とみなされていたものかもしれない。
　定住生活をおくる農業社会のなかから酒は発生した。酒つくりは、世界のさまざまな地方で成立した技術である。世界中の酒が、どこか特定の地域で、ある特定の時代に発見された技術から派生したものであると想定する、酒の一元的起源論は成立しがたい。
　たとえば、もっとも単純な酒つくりの技術である蜂蜜酒を例に考えてみよう。さきに述べたように、蜂蜜酒をつくる伝統をもつ文化は、ヨーロッパからアフリカにかけての地帯と、アメリカ大陸の中米からブラジルにかけての地帯に分布する。その中間に位置するユーラシア大陸の中央部や東部には、蜂蜜酒をつくる伝統がみとめられない。禁酒を旨とするイスラーム、ヒンドゥー文明圏に蜂蜜酒がないことは、古代には存在したものが宗教上の理由で消滅したと解釈できないこともない。しかし、古代からの文字記録が豊富な中国文明圏で蜂蜜酒の記録は知られていない。また、酒にたいする忌避がない地域では、嗜好性がつよい酒のことであるので、かつて蜂蜜酒が存在したならば、簡単に消滅することはなく、現在まで伝承されてもよいはずである。中国文明圏では養蜂はさかんではなかったが、蜂蜜の利用を欠如していたわけではない。としてみると、少なくとも中国文明圏は伝統的に蜂蜜酒が知られていなかった地域であると考えられる。したがって、アフリカ＝ユーラシアとアメリカの蜂蜜酒分布地帯は連続するものではない。
　アメリカ大陸の先住民はアジアからベーリング海峡をこえて移住した人びとである。古代のシベリアで蜂蜜酒を知る民族がアメリカへ渡ったという仮定をしたところで、氷雪に閉ざされて蜂蜜を入手できない地域を長年かかって移動して、蜂蜜がふんだんに得られる地域に到達するまでの何世代かの時間を考慮にいれたら、そのあいだに蜂蜜酒つくりの技術伝承は消滅してしまうはずである。こうしてみると、ユーラシア西方＝アフリカと中南米の蜂蜜酒つくりは相互の関係なしに、それぞれが独立発生したものといわざるを得ないであろう。おなじように、アジアと中南米の口噛み酒も、そ

れぞれの地域で独立発生したものと考えるべきであろう。白人がやってくる以前のアメリカ大陸の伝統的な酒つくり技術は、すべて旧世界とは関係なしに独立発生したものである。

独立発生か、一元的起源にもとづく伝播かをめぐって問題となるのはヤシ酒の起源についてである。ヤシのなかでも、栽培化が古いとされるのは、主食作物としての性格をもつナツメヤシで紀元前3000年頃のメソポタミアで作物化したという。最初のヤシ酒はナツメヤシを原料とするもので、その技術が他の地方につぎつぎと伝播して、別種のヤシに適用されていったものであろうか。それとも、複数の地域で、それぞれの環境に適したヤシの樹液を利用した酒つくりの技術が発生したものか。このことを検討する資料を得るためには、ヤシ類の栽培化の歴史の研究の進展を待つほかなさそうである。

熱帯アフリカのバナナ酒をのぞくと、旧世界の果実酒は温帯性の果物を原料としてつくられてきた。菊池秋雄の果樹の原生種群の研究にもとづいて、中尾佐助は温帯果樹を2群に分類している。ひとつは東欧、西アジアに起源する果樹であり、それらは古代の西アジア、ギリシア、ローマ、西欧と文明の中心地が変遷することにともないながら、品種改良されてきたグループで、西部原生群といわれるものである。もうひとつは、中国に起源し、中国文明の影響圏にひろまった果樹のグループの東部原生群である[15]。ブドウ、リンゴ、プラム、サクランボなど、果実酒の原料として伝統的に重要なものは、すべて西部原生群の果樹である（現在では、東部原生群のもので後代にヨーロッパに導入されたモモ、アンズの果実酒もつくられる）。

このような原料の特性と、果実酒がヨーロッパを中心に西アジア、北アフリカでつくられてきたことをあわせて考えると、果実酒は西部原生群の果樹地帯で成立した酒であると推定される。それにたいして、東部原生群の果樹からは酒つくりがなされなかった。わが国をふくめて、東アジアには果実酒つくりの伝統がなかった、あるいは存在したとしてもきわめて希薄であったといえよう。わが国の近世の記録に、桑酒、梅酒、楊梅酒、蜜柑酒、龍眼酒など、一見したところ果実酒と思われそうな名称の酒があらわれる。しかし、その製法を検討すると、果実や果実の汁を酒、あるいは焼酎

15　中尾　1972: 200 – 201

にいれてつくる混成酒であり、果実を主原料として発酵させたものではない。

　中国の歴史的文献に石榴酒、楊梅酒など果実の名称が付された酒があらわれるが、それらは東南アジアなど異民族の酒を述べた記事に出現するものであるか、混成酒の場合であるのが普通である。中国の歴史に、漢族の飲用した果実酒としてあらわれるのはブドウ酒である。『史記』大宛伝に記されているように、前漢の武帝の時代に、漢族が西域に遠征してブドウ酒に遭遇したのである。シルクロードを通じて西方から伝わったブドウ酒が唐代に愛好されたことは唐詩などにみられるが、その後の中国の酒の文化に定着せず、近代になってヨーロッパからふたたびブドウ酒がもちこまれることになる[16]。

　篠田統は、古代の東アジアに果実酒が存在しなかったと述べている。その例として、果実酒をつくるためには、糖分をじゅうぶん保有し、かつ有機酸の含有量がすくない果物が必要であるが、日本の風土ではこのような条件にあう果物ができないと述べている[17]。別の見方をすると、東部原生群の果樹は、もともと果実酒つくりをしない地域で成立したので、果実酒むきの品種改良がおこなわれなかったので、当然、果実酒つくりには適さないものになっているともいえる。

　ただし、東アジアに果実酒が皆無であったと断定するわけにはいかない。さきに述べた西南中国、日本のサル酒の伝承は、果実から単発酵の酒ができる知識の存在を前提としており、それが複発酵の酒つくりにくらべて、原始的な酒造であるとの認識にもとづくものである。

　そこで問題となるのは、『日本書紀』の八岐大蛇退治の項で「一書に曰く……衆果（あまたのこのみ）を以て酒八甕を醸め（さけやはらかも）」という記事である[18]。これは、「さまざまな果実を集めてカメ8個分の酒をつくれ」という意味に読むことができよう。したがって、この酒つくりの話は、でんぷんの酒のつくりかたが確立していた時代において、太古の神代には果物を原料とした酒があったという想定で記されたものと思われる。いっぽう、「衆果」をクリ、ドングリなどの堅果類と解釈できないわけではない。その場合は果実酒ではなく、でんぷんの酒ということになり、モヤシ利用の酒造伝統がなかった日本ではカビ、す

16　花井　1992：250-283
17　篠田　1977：234-236
18　坂本・家永・井上・大野　1967：124

なわちコウジを利用した醸造酒であるということになる。ただし、日本の歴史的文献に堅果を材料とする酒造がみられないことから、その可能性はきわめてひくい。

　こうしてみると、東アジアにも果実酒つくりの痕跡はみとめられるが、栽培作物を原料とする本格的な果実酒の生産をおこなう伝統は成立しなかったものと考えてよい。

　東アジアで蜂蜜、樹液、野生果実の糖分を原料とする酒が狩猟採集段階から存在していたことを実証することはできないし、いっぽう否定するための積極的な証拠もないのが現状である。農耕の開始以前に酒があったとしても、その生産量は微々たるものであろう。これらの甘味のある食べ物や飲み物は、そのままで貴重な食品として飲食されたはずである。季節的に収穫が限定され、収量もわずかであり、手をかけずにも人類普遍の美味である甘味をそなえている、これらの食品を、わざわざ酒つくりにまわす理由を説明することは困難である。そこで、アルコールのもたらす精神作用が宗教的儀礼に必要であったとする、酒の宗教起源説がいわれるゆえんである。それは、いわば精神状態に関与する薬剤としての酒つくりである。このような、狩猟採集段階での酒の存在をみとめるとしても、それは全世界的な分布をとげたものではないであろう。飲酒というものが、世界にひろまっていくのは酒の原料となる栽培作物がつくられるようになる農耕段階になってからのことである。

カビ酒の起源

　ユーラシア大陸の東側では、伝統的にでんぷんにカビを作用させて酒をつくってきた。日本酒の起源を考えるための手助けとして、アジアのカビ酒つくりの方法を、カビの培養体—すなわちコウジ—に着目して、つぎの３地域にわけてみよう。

［草コウジ地域］　草コウジとは粉末にした穀類の粉に植物の葉や樹皮の粉を混ぜて、小さな団子や円盤状などの形にして、カビを生やしたものであり、これを発酵のスターターとしてもちいる[19]。植物の葉や樹皮はカビの繁殖を助けるために混ぜられる。団子の本体の原料としては、ヒマラヤ地帯などではシコクビエなどの雑穀ももちいられるが、コメを原料とすることがおおい。草コウジはヒマラヤ、東南アジア、長江以南

19　吉田　1985: 73-116

の中国での酒つくりのスターターである。ヒマラヤ地帯では草コウジが雑穀原料の酒つくりにもちいられるが、東南アジア、中国の華南ではコメの酒つくりが主流である。草コウジを中国では酒薬(しゅやく)とよんだ。中国では、つぎに述べる餅コウジが華中、華南でももちいられるようになるが、現在でも華中での酒造に餅コウジと併用されている。草コウジにはクモノスカビ、ケカビなど雑多なカビが繁殖する。

[餅コウジ地域]　典型的な餅コウジは、コムギを粗挽きにしたものを枠にいれて、レンガ状に固めたものに、クモノスカビやケカビを繁殖させたものである。現在は中国全域に普及し、さまざまな穀物原料の酒つくりにもちいられているが、もともとは麦作地帯の華北からひろまったもので、アワ、キビなどの雑穀の酒造スターターとして出発したものと考えられる。朝鮮半島では、ジャポニカ種のウルチ米の酒が主流であるが、発酵スターターには餅コウジをもちいている。

[バラコウジ地域]　粒状の蒸したコメにコウジカビだけを繁殖させたもので、ジャポニカ種のウルチ米を原料とする日本酒つくりにもちいられる。ながいあいだバラコウジで酒つくりをするのは日本だけだと考えられてきたが、アジア各地にバラコウジの酒造をする場所が点在することがわかってきた。すなわち、台湾先住民のあいだではアワ、コメのバラコウジが、インドネシアのトラジャ人は生米のバラコウジ、ネパールのネワール人はコムギのバラコウジをもちいて酒つくりをする[20]。つぎに述べる長江下流でもコメのバラコウジを利用した酒造が近年まで残存していたのである。

このようなカビ酒の類型の成立過程を論じるためには、アジアでのでんぷんを原料とする酒の歴史について考えておく必要がある。その前置きとして、まずモヤシ酒について検討しよう。
　中国にモヤシ酒があったか、どうか、をめぐって常に論じられるのは、『書経』に出てくる酒や甘酒をつくるさいにもちいるとされる麴糵(きくげつ)という文字の解釈をめぐっての事柄である。酒造史研究者に多大の影響をあたえた山崎百治が糵をバラコウジと解釈

20　吉田　1993: 41–43、75–76、171

したために混乱が生じたのであるが、篠田統が「日本酒の源流」という論文で考証しているように、蘗はモヤシであると考えてよい[21]。篠田は中国の酒の歴史の最古層にモヤシの酒を想定しているように読みとれるし、本共同研究のメンバーで『黄土に生まれた酒——中国酒、その技術と歴史』の著者である花井四郎も同様の意見である。黄河の中・下流流域を中心とする中国北部の古代文明をささえた栽培作物はアワ、キビである。したがって、アワやキビでつくったビールが飲まれたものと思われるが、これらの作物が発芽のさいの糖化酵素の作用は、現在のビール醸造にもちいられるオオムギにくらべてよわいので、アルコール度数の低い、うすい酒であったと推定される。中国におけるアワやキビのモヤシ酒の出現の年代を確定するための証拠はない。遺跡から発見される土器のなかに、酒造や飲酒にもちいられたと考古学者が推定するものがあることから、新石器時代のある時期から酒つくりがされていたはずである。

「麹」の文字が現れることから、紀元前1千年紀にはコウジを使用したカビ酒がつくられたことがわかる。コウジを使うとアルコール度数の高い酒がつくれるので、しだいにモヤシ酒にとってかわり、モヤシの利用は甘酒（醴）と飴つくりにかぎられるようになり、それも、紀元前後から華北平野でコムギ作が普及するにしたがって、従来のアワ、キビのモヤシよりもコムギのモヤシを利用するのが主流になっていく。

華北の新石器時代住居跡からは穀物貯蔵穴が発見される。この穀物をいれた穴ぐらに雨水が浸透してモヤシが生えたのが蘗の起源であり、モヤシつくりのために吸水させる工程で、穀物に生えたカビを酒つくりに利用するようになったのがコウジの起源であるというのが花井の説である[22]。花井の中国文明における酒の自生説にたいして、西方からの伝播説をとるのが吉田集而である。吉田は著書『東方アジアの酒の起源』で、ユーラシア大陸の西側に起源するオオムギのモヤシ酒、すなわち古代のビールの製法が東方に伝播して、東方アジアのでんぷんの酒が成立したという説を提唱している。

すなわち、麦芽を使用した酒つくり技術が東方に伝播し、稲作地帯のアッサムに伝わったとき、麦芽のかわりに稲モミを発芽させてモヤシ酒をつくる稲芽酒が成立し、さらに稲芽酒つくりのさい稲モミについたカビを酒造にもちいるようになったのが、コメのカビ酒の起源であるとする。また、吉田は華北の黄土地帯の新石器時代にアワ、

21　篠田　1977: 237-239
22　花井　1992: 38-62

キビのほかにオオムギも栽培されていたのではないかとの仮説にもとづき、華北の最初の酒はオオムギの麦芽酒であり、これが南方に伝えられ、黄河と長江にはさまれた雑穀・稲作地帯で、アッサムとは系譜を別にする稲芽酒が成立し、これをもとに長江流域でコメのカビ酒がつくられるようになり、中国でのコウジを利用する醸造文化のもとになったという[23]。

　自生説と伝播説のちがい、最初のカビ酒を雑穀であると推定するか、イネであると考えるかのちがいはあるが、花井説と吉田説に共通する事柄もある。すなわち、両者ともに、東アジアではカビ酒に先行してモヤシ酒があったと考えているし、東アジアにおける最初のコウジは粒状のバラコウジであったとしている点である（花井説では雑穀、吉田説ではコメのバラコウジ）。篠田も前述の論文で、餅コウジにくらべて、バラコウジのほうが原始的であるとして、製粉技術をともなう餅コウジは粉食を前提とするコムギが華北で食べられるようになる紀元前後以降につくられるようになったものとしている。

　本書所収の花井論文「日本酒のきた道」で、花井はコウジカビの起源についてのあたらしい見解を提出している。すなわち、長江下流地域でコウジカビの生えたバラコウジが近年まで使用されていた例をしめし、この地域に餅コウジや草コウジが普及する以前には、コメのバラコウジの利用がなされており、それは新石器時代以来の伝統であると考えている。

　いっぽう、おなじく本書所収の小泉武夫論文「米麹の発生と日本の酒造り——稲麹の周辺からの一考察」では、稲穂につくカビの塊り（菌叢）である「稲麹」の利用がコメのバラコウジの起源であり、その開発がわが国で積極的になされたことから、バラコウジの日本での独立発生説の可能性を指摘している。

　「稲麹」がバラコウジの起源であるとしても、日本への稲作伝播の起源地と考えられる長江下流のバラコウジが古代にまでさかのぼるものであると仮定したら、「稲麹」をもととするバラコウジの開発が長江下流地域でもおこり、稲作とともに日本に伝えられたと考えることも可能である。そこで、花井説を手がかりに、つぎのような仮説をたてることもできよう。

23　吉田：1993

ここではモヤシ酒とコウジの起源の関係についてはふれないでおく。前提となるのは、花井説にしたがって、新石器時代から稲作地帯であった長江下流域とその以南がコウジの起源地であると考えておくことである。出土品から、この地帯では新石器時代からコメを蒸して食べる、粒食がおこなわれていたことがわかる。蒸し米を放置しておいたら、モンスーン気候のこの地域では容易にカビが生じる。それがバラコウジの起源であり、これを利用したカビ酒つくりが中国の稲作地帯の新石器時代に開始された。その技術が北方の雑穀地帯に導入され、最初はアワ、キビのバラコウジ、のちにオオムギのバラコウジで酒がつくられるようになったと考える。

　いまのところ甲骨文字にコウジをしめす文字は発見されてないが、記録がないからといってコウジの存在を否定するわけにはいかないので、中原の文明でコウジ利用をはじめた年代は不明である。ただし、紀元前1千年紀にはコウジを使用した酒がつくられていたことには、まちがいない。

　戦国時代末にシルクロード経由で華北平野にコムギと回転式石臼が伝えられ、紀元前後に粉食が普及するにつれて、この地方で生のコムギを粗挽きにしたものを塊状に成形した餅コウジがつくられるようになる。餅コウジには、アルコール発酵性のクモノスカビや酵母が繁殖するので、これを大量にもちいると、アルコール発酵がさかんになり、辛口の酒をつくることができる。5世紀には成立していたと考えられる『方言』にはアワやオオムギのコウジもあらわれるが、この時代の華北ではコムギの餅コウジが主流であったと思われる。前述の論文で、篠田は『方言』にでてくるコウジの異称がおおいことは、華北でのコウジつくりが外来文化として導入された技術とみると理解しやすいと述べている。

　その後、中国文明の主流となった華北の文化が長江流域と、その南方に進出するとともに、北方の餅コウジの技術が華中、華南に導入され、バラコウジにとってかわっていく。餅コウジの原理を導入して、稲作地帯で成立したのが、コメの粉を使用する草コウジであった。このコウジは、東南アジアやヒマラヤ山麓にまで伝播した。

　この仮説を実証するための証拠はない。しかし、つぎに述べる日本酒の源流を考察するには合理的な説明が可能な仮説のひとつとして、あえて紹介してみたのである。

3. 日本酒のルーツ

　縄文農耕論はいまだ仮説であり、実証されてはいない。縄文時代の終わり頃には北九州を中心に局部的な稲作農耕がなされていたことは確かである。その以前にサトイモ、アワ、ヒエなどが焼畑耕作されていたと考えるのが縄文農耕論である。それでは、これらの作物を原料としての酒造がおこなわれたことを想定させる証拠が残存しているであろうか。

　サトイモを原料にして酒つくりをする記録はなさそうである。わが国でイモ類を原料にして酒つくりをするのは、近世にサツマイモのイモ焼酎が製造されるようになってからである。アワ、ヒエで酒つくりをしたと想定した場合、台湾先住民がアワの口噛み酒をつくっていたことを考慮にいれると、可能性があるのは口噛み酒である。伝統的にわが国ではコメコウジだけが利用され、アワ、ヒエのモヤシやカビを利用して発酵をおこなうことがなかったことを考えると、稲作以前にアワ、ヒエで酒つくりをしたとするなら口噛み酒であったろう。しかし、縄文時代にこれらの作物が栽培されていたかどうかが疑問であるので、これ以上たちいった考察はやめておこう。

　縄文時代後期・晩期の注口土器とよばれる土瓶形をしたそそぎ口のある土器には装飾がほどこされたものがおおく、特別な液体の容器であるとされ、酒器であることを想定する考古学者もすくなくない。ただし、これに酒をいれて注いだことをしめす証拠は発見されていない。

　八ケ岳周辺の縄文中期遺跡から、ちいさな孔を多数あけた鍔（つば）状の口縁部をしたカメである有孔鍔付土器というものがいくつも出土している。この型式の土器からヤマブドウの種子が発見されたことから、ヤマブドウ、ガマズミなどから果実酒をつくるためにもちいられたとする考古学者、醸造学者もいる[24]。ただし、この型式の土器は口に皮を張り、小孔に通したヒモで固定して太鼓として使用されたのであるとの説もある。

　小規模の農耕が存在したかどうかは別として、縄文時代のもっとも重要な植物性食料はドングリなどの堅果類であった。しかしながら、さきに述べたように、堅果の酒

24　加藤　1987：7-10

がつくられた可能性はあまりなさそうである。わが国に野生している果実、堅果類で酒が製造可能かどうかを、縄文時代の技術で追試してみることと、土器の脂肪酸分析などの方法で検証する手続きが今後なされることによって、縄文人が酒を飲んだか、どうか、があきらかにされるであろう。

　いまのところ、3世紀前半の日本について記述した『魏志倭人伝』に「歌舞飲酒す」、「人の性酒を嗜む」とあるのが、日本における酒の存在を物語る最初の文献資料である。ただし、日本へ稲作が導入されたときから、すでに酒つくりがなされていたと想定してよいであろう。宗教上の理由で酒つくりをしないようになった地域をのぞくと、アジアの稲作圏では、稲は主食作物であると同時に、酒造原料としてもっとも重要な作物である。日本に稲作が伝えられたとき、コメを主食として食べるだけではなく、コメで酒をつくる方法も同時にもたらされたと考えるのが自然であろう。

　日本への稲作の伝来はただ一度の出来事ではなく、長江下流地域や朝鮮半島南部からの、何度もくりかえした移民の波にともなって導入されたものである。朝鮮半島南部の稲作は、北九州よりもさきに開始されていたが、その起源地も長江下流地域であると考えられる[25]。酒器などの出土例から、長江下流域では新石器時代から酒造がなされている。歴史時代から現在にいたるまで、稲作地帯である長江下流域ではコメを原料として酒をつくってきた。したがって、日本や朝鮮半島南部には、稲作と一緒にコメのバラコウジを使用する酒造技術が長江下流域から伝来したと推定される。筆者は、この稲作文化にともなう酒つくりが、現在につながる日本酒のルーツであると考える。

　『大隅國風土記逸文』にあらわれる口噛み酒が日本におけるコメを原料とする最初の酒であり、のちの時代になってバラコウジを利用する技術が適用されるようになったと考えることもできよう。それは、単純な技術を古い時代に、複雑な技術をあたらしい時代に位置づける考えかたであって、一見自然な発想であるようにみえる。しかしながら、日本に稲作が導入された時期における中国や朝鮮半島における稲作地帯での酒つくりが、口噛み酒の段階にあったとは考えづらい。稲作にともなって、バラコウジで酒をつくる技術が最初から日本に伝えられたものと考えるべきであろう。

　大隅国は、近代まで口噛み酒の伝統をのこしてきた奄美、沖縄、台湾の先住民に連

25　石毛　1968

続する地理的位置にある。それは、稲作の導入時期が比較的おそい地帯である。沖縄と台湾先住民の場合は、コメのほかにアワが口噛み酒の原料とされてきた。そこで、アワを主作物とする中国南部から台湾にかけての古層の雑穀文化でアワの口噛み酒がつくられ、それがのちにコメに適用され、鹿児島県まで北上したと考えることも可能である。すなわち、北九州に伝えられた稲作文化の系譜とはことなる農耕文化の酒であるとする仮説である。

もうひとつの仮説としては、日本に導入された稲作の起源地では、バラコウジの本格的な酒つくりと、簡便な酒つくり法である口噛み酒が共存しており、この二つの酒つくりの方法が日本に伝えられたと考えるのである。その後、バラコウジの酒が主流になり、中央では消滅した口噛み酒が、辺境に残存していることを記録したのが『大隅國風土記逸文』であると考えるのである。ただし、この仮説にしたがうと、台湾先住民の口噛み酒は日本側からの伝播であるということになる。いいかえるなら、弥生文化の要素が台湾にまで南下したということになるが、それを歴史民族学的に説明するのは困難であろう。

いずれにせよ、現在にまでつながる日本の伝統的酒造は、コメのバラコウジを利用するものであり、果実酒や口噛み酒との技術的連続性は認められない。

結論から述べるとすると、現在まで連続する伝統的な日本酒のルーツは、紀元前1千年紀に長江下流の稲作地帯でつくられていたであろうと想定されるコメを原料とする酒にもとめられる。この酒はコウジカビを生やしたバラコウジを利用した酒であった。その後、華北で成立した餅コウジを使用した酒造法は朝鮮半島にまで伝えられるが、日本には導入されなかった。餅コウジの影響で中国の稲作地帯で成立した草コウジの酒つくりも日本では採用されず、バラコウジでの酒造技術を独自に洗練させてきたのが日本酒の歴史である。

バラコウジに蒸し米を混ぜ、コウジカビを増殖させたのち、蒸し米と水を加えて寝かせておくとアルコールが生成される。現在の酒造法では「掛け」と称して、原料の蒸し米と水を3度にわたって加えることがおおく、これを「三段仕込み」という。こうしてできた米粒混じりの酒を布袋にいれ、圧力を加えてしぼると、酒と酒粕が分離される。

弥生時代や古墳時代の酒の主流は「掛け」の技術なしで、布袋で絞ることもないも

のであったと想像される。アルコール度数の低い、濁った酒であったろう。粘稠性のたかい米を原料とした酒は、テコの原理を利用した圧搾機の出現以前は、液体と固形成分の分離がむつかしい。東南アジアの民俗例ではモロミをザルにいれて、したたり落ちる液体を集めたり、醸造しているカメのなかにザルをいれてしみだす液体を汲んだりする。また、液体を分離せずにモロミをそのまま食べてしまう「食べる酒」もある。大形の醸造用の容器が発達しない段階では、水をほとんど加えずに発酵させたほうが、容量あたりのアルコールの生産量の効率がよい。わが国の古代にも食べる酒があったと思われる痕跡がある。

　古人の食へしめたる吉備の酒　病めばすべなし貫簀賜らむ

『万葉集』巻四の丹生女王の歌である。「古の人の食こせる……」という読みかたもあるが、いずれにしろ酒を「食べる」という表現である。貫簀とは竹で編んだ簀で、手洗い鉢にかけて、水がとびちるのを防いだ道具である。この歌を、「昔の人が食べたという吉備の酒も、病気では口にいれることができないので、酒のかわりに貫簀を賜りたい」と従来は解釈されていた。しかし、「酒のかわりに貫簀を賜りたい」というのでは意味が通じない。ザルで漉す東南アジアの例を参考にしたら、この歌はつぎのように解釈されるであろう。

　「食べる酒」とされた吉備の酒は固形成分がおおいものであったろう。「病気で固形物が喉にとおらない状態なので、吉備の酒を漉して液体化して飲むための道具として、貫簀をください」ということである。

　ほかにも『古事記』、『万葉集』に「酒を食べる」という表現があるし、木の葉を綴じあわせて酒杯とする記述がある。木の葉に盛った酒は「食べる酒」であったろう。

　固形成分のおおい酒を「飲む」方法にストローを使用することがある。アルコール発酵したモロミをいれた容器に竹管のストローをさしこんで飲むのである。竹管の下端には節がついていて、節のちかくに細い切れ目をつける。モロミに湯や水をいれて、しみだしたアルコールを竹管で吸う。切れ目がフィルターの役目をし、穀粒は容器に残り、液体部分だけが口にはいる。液体がなくなると、湯や水をつぎたす。このようなストローで酒を飲む方法は、分布図（図2）にしめしたように、ヒマラヤ山麓から東

南アジアにいたるカビ酒地帯に点在する[26]。

　古墳時代から平安時代にかけての遺跡から出土する𤭯（はそう）とよばれる須恵器がある。横腹に小孔があけられた小形の壺で、孔に管をさしこんで使用したものと考えられている。これは、ジョウゴのように液体をつぐのにもちいられたという説もあるが、酒を吸う道具であった可能性もある。もし、そうであるとすると𤭯は朝鮮半島から伝えられた道具と考えられているので、古代の朝鮮半島にも酒を吸う風習があったということになる。

　水を加えずにモロミをつくる固体発酵でつくられたかもしれない「食べる酒」があったとしても、奈良時代に記録された文献では痕跡を残す程度のことであり、すでに、中国の醸造酒とおなじように原料に水を加えて醸造するのが主流となっていたであろう。平安時代になると、現在に連続する酒造法がほぼでそろう。こうして形成された日本酒の特徴や日本独自の酒造技術の発展については、本書収録の栗山一秀の論文「日本の酒づくりの特質とその背景」を参照されたい。また、明治時代になると、東アジアのなかで近代的な酒造業が日本に最初に確立し、日本酒は大規模な発酵工業に成長した。この日本の酒造業が、台湾、朝鮮半島、旧満州に進出し、伝統的な酒つくりを変容させてゆく。その事例を台湾にとって考察したのが、本書所収の吉田元の論文「台湾の酒（1895−1945）」である。

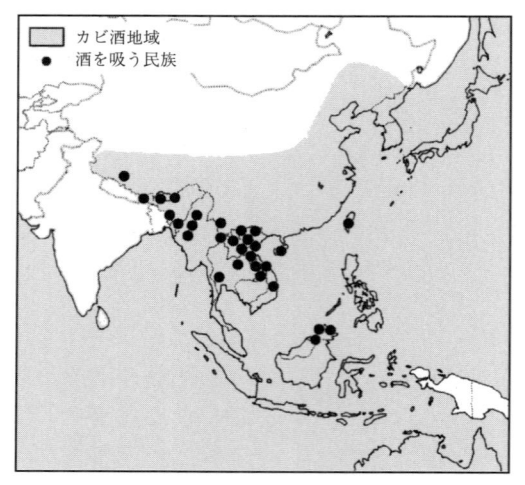

図2　ストローで酒を飲む民族の分布

26　石毛・吉田・吉本　1994

二、飲酒の文化

1. 通文化的研究をめぐって

　飲酒行動—すなわち酒の飲みかたに関する研究は、ながいあいだアルコール依存症—すなわちアルコール中毒という社会問題を念頭においてすすめられてきた。「問題のある飲酒」を解決するために、疫学、社会学、社会心理学などの研究者が中心になって飲酒行動の研究をしてきたのである。

　「文化の学」である民族学＝文化人類学の研究者が飲酒行動の研究をはじめたのは20世紀後半になってからのことである。その以前からも民族学者による飲酒行動の記述は数多くなされていた。それぞれの社会における酒の飲みかたの作法、儀礼における飲酒、食事と飲酒の関係など、飲酒をめぐる風俗習慣についての民族誌的記述は非常におおい。ただし、それらは研究対象とする社会を記述する描写の一環として飲酒がとりあげられているのであり、飲酒行動そのものが民族誌の主題としてとりあげられているのではないのが普通である。また、飲酒に焦点をあてた記述であっても、対象とする社会を説明する文脈のなかで語られた個別的事例であり、他の社会でもおなじ現象がみられるかどうかについての関心は希薄であった。

　近年になって開始された文化人類学的手法にもとづく飲酒行動の研究の特色は、通文化的研究の分野にみられる。その先駆的業績としてあげられるのが、1943年に刊行されたDonald Hortonの論文である[27]。彼は57のいわゆる＜未開社会＞における飲酒に関する記録を対象として比較分析をおこない、「人はなぜ酔いを求めるか」という命題に答えようとした。1961年にはChandler WashburneがHRAF[28]を主要な資料として利用し、16の＜未開社会＞の飲酒行動の比較研究を試みた著書『Primitive Drinking』を出版している[29]。1979年にはMac Marshalが世界各地の飲酒行動に関する論文を集めた『Beliefs, Behaviors & Alcoholic Beverages; A Cross-Cultural

---

27　Horton 1943
28　HRAFとはHuman Relations Area Filesの略である。世界諸民族の社会・文化に関する民族誌的情報をカード化したファイルで、わが国では国立民族学博物館と京都大学に所蔵されている。
29　Washburne 1961

Survey』[30]を編集刊行し、1987年には、やはり世界の飲酒行動に関する文化人類学者の論文集である『Constructive Drinking; Perspectives on Drink from Anthropology』がMary Douglas編で出版された[31]。

　このような文化人類学的な飲酒行動に関する通文化的研究の目的は、「ホモサピエンスという単一の生物が、エタノールという単一の薬物の作用に結果する、きわめて多様な行動」を解明することにある[32]。いいかえるなら、人体のメカニズムは世界中の人種にほぼ共通し、アルコールという致酔物質は世界の酒に共通しているにもかかわらず、飲酒にまつわる行動は文化的な多様性をしめす。この飲酒行動の文化的な側面を対象として、その多様性と普遍性を検討するのが、飲酒の通文化的研究の目的である、ということであろう。このような通文化的研究によってみちびきだされた仮説を簡単に紹介してみよう。

　人は酩酊したときには、しばしば覚醒時とは異なる行動をする。飲酒が日常的な行動規範の枠をはずし、非日常的行動を誘発することは通文化的現象であると認めてよいだろう。それはアルコールが脳に作用することによる生理的な現象に原因をもつことである。ただし、飲酒時における日常的規範の崩壊を説明するときに、生理学的側面を強調する立場と、社会心理学的側面を強調する立場のふたつがある。アルコールが脳に作用することによって、知的活動のブレーキが麻痺し、ふだんは抑圧されていた本能的衝動が表面化することによって、酔った人物は非日常的な行動をする、というのが生理学的立場である。いっぽう、社会心理学的な立場では、飲酒のさいには日常的規範と異なる行動規範が適用されると考える。酒を飲む場では、日常のルールとは異なるルールが作用するので、日常的な規範では許されない行動が、飲酒のさいには許容されると説明するのである[33]。

　Hortonは＜未開社会＞の飲酒は不安の解消のためになされるという仮説を提出した。さまざまな不安を酔いによって放出させ、攻撃的衝動（agression）を表面化することによって、緊張が解消されるという、生理学的立場から、「人はなぜ酔いを求めるか」を説明しようとしたのである。

30　Marshall　1979
31　Douglas　1987
32　Marshall　1979: 1
33　Washburne　1961: xviii

Washburneは、飲酒による攻撃的衝動の表面化によって、すべての不安や緊張が解消するわけではないし、飲酒によって不安や緊張が増大することもある、とHorton説を批判する。そして、アルコールが攻撃的衝動を解放する役割よりも、飲酒が社会的緊張の緩和に役立っている側面を重視すべきであるという説を提出した。すなわち、フラストレーションによって増大した緊張を緩和するために、人は酒を飲むのだと説明する。欧米社会では仕事が終わると、酒を飲んでリラックスすることがしばしばおこなわれるが、それは仕事によって蓄積した緊張を解消している行為であるという。また、＜未開社会＞では、ダンス、飛びはねる、おしゃべりなどの行為で、心理的緊張を直接的に放出することが認められるが、それらの行動に飲酒がともなうことがおおいという。そして、アルコールが社会的孤立の解消に機能し、友好関係の媒体となることは世界に共通した事柄であると述べている[34]。

　Marshallは彼の編著に収録された世界各地の飲酒行動に関する論文を比較検討することにより、以下の16項に要約される事柄を共通事項としてあげている[35]。

1. アルコールへの依存性がたかい、病理的な、個人的飲酒行動は近現代の複雑な産業社会における現象であり、前産業社会の小さなスケールの社会においてはまれである。
2. アルコール飲料が社会的問題をひきおこすと社会的に定義づけられることによって、社会的アルコール問題が発生する（酩酊が社会にとって害であるというような規範が成立する以前には、アルコールに原因する行動が社会的問題として顕在化しない）。
3. 飲酒と酩酊に関する価値観と社会的行動規範を確立するに足るじゅうぶんな時間の余裕があった社会では、大多数の人びとにとって飲酒が破滅的行動にむすびつくことはない。いっぽう、飲酒の導入の歴史が過去1世紀くらいにしかさかのぼらない社会においては、価値観や行動規範が成熟しないことによって、アルコール飲料による社会的、病理的問題がおこる。
4. アルコール飲料の度数と酩酊行動は無関係である。アルコール度の高い酒を常用

34　Washburne　1961: 252-273
35　Marshall　1979: 451-457

するからといって酩酊にともなう行動が必ずしもいちじるしいわけではなく、ビールのような度数の低い酒を常用する社会においても酩酊による反社会的行動がいちじるしいことがある。

5. すべての社会において、酩酊時の行動にたいしては、日常の覚醒時の行動にくらべての許容度がたかい。おなじ状況下でも、覚醒時には許されない行動が、酩酊時には大目にみられるのである（ある限度を越えたときは許容されないが）。
6. 通常、アルコール飲料は友情をふかめ、連帯を強化し、社会的孤立を解消するなどの社会的効果をもつものとみなされている。
7. 反社会的な飲酒行動は世俗的な場面で起こるものであり、神聖な、宗教的場面における飲酒は、破滅的な飲酒行動をひき起こすことがない（宗教儀礼にともなう反社会的な飲酒行動は別であるが）。
8. 祝祭、行事、宗教的な祝い事にアルコール飲料がともなうのは世界的現象である。
9. 他のリクリエーションの機会のすくない集団や社会においては、飲酒が共同体の主要なリクリエーションとされる。
10. アルコール飲料は、女性よりも男性、中高年層よりも若年層によって、より多く消費される。どの社会でも、10代中頃から30代中頃までの若い男性が最大の消費者である。
11. 女性にくらべて男性のほうが飲酒量、飲酒機会がおおいし、酩酊時における誇大で衝動的な行動も男性のほうが顕著である（おなじ量を飲んだとしても、男性のほうにいちじるしい）。
12. 友人関係、親族関係の間柄での飲酒は一般的であるのにたいして、見知らぬ者同士では飲酒をともにしない。
13. もともとアルコール飲料を欠落していた民族にアルコール飲料が導入されると、導入先の社会における酩酊時の行動様式も一緒に受けいれる。
14. 文化的に食物、あるいは薬品とみなされるアルコール飲料の飲酒時には、破滅的、反社会的な酩酊行動にいたることはまれである（フランスでのワイン、オーストリアのシュナップスなどの例がそれである）。
15. どの社会でも、アルコール飲料はドラッグ（阿片、大麻などの麻薬的効果をもつ薬物）とみなされ、他のドラッグにくらべて多数の人びとから選択される。

16. アルコール飲料が入手可能な状態の社会において、法的規制による禁酒が成功した例はない。

　別の視点からの飲酒の通文化的研究である『Constructive Drinking』[36]に収録されているHeathの論文では、1970年代における文化人類学的飲酒研究を総括したうえで、以下に要約する結論をみちびいている。

1. ほとんどの社会において、飲酒は基本的に社会的な行為で、社会的規範にふかくかかわりをもつ。
2. 飲酒に関する規範は、主として飲酒の社会的、文化的側面から構成されている（飲酒に関する自然科学的な現象からみちびきだされた規範はすくない）。
3. 飲酒が許される者、許されない者、なにをどれだけ飲むか、いかなる場合に飲むか、誰と飲むか……など、飲酒に関する規制ルールが存在する。
4. おおくの民族において、飲酒が人をリラックスさせ、社交性をたかめる効果をもつことが強調されている。
5. 現状でも、歴史的にも、飲酒に原因をもつと考えられがちな、生理的、経済的、心理的、社会的問題のおおくは、飲酒とは無関係な現象である。
6. アルコール関係の問題が生ずるとすれば、それは飲酒に関する規範に関わる事柄である。
7. 社会にたいして禁酒を要請する試みは、聖なる、あるいは超自然的なルール（宗教的規制）による場合を例外として、成功しない。

　以上の要約からわかるように、通文化的手法による西側の世界の人類学者たちによる研究にも、「問題のある飲酒」について検討することが、重要なトピックとなっている。社会問題としての飲酒研究の基礎をきずくために、「人はなぜ酔いを求めるか」ということを世界各地の事例にさぐったのである。しかし、その結果みちびきだされた通文化的仮説には、調査をするまでもなく、人びとに自明の理として認識されている事柄

36　注31文献

もおおい（ただし、学問のレベルでは、ある文化で常識とされるものが他の文化でも通用するかどうかを検証する手続きが必要であることはいうまでもない）。

　また、通文化的研究の結論には、抽象的な表現がおおくみられる。世界各地での多様な飲酒行動を対象として、最大公約数としての仮説をとりまとめようとすると、抽象的に表現せざるを得ないのは当然ではあるが、多様な実体の姿は公式としてみちびきだされた仮説にかくされてしまう。

　従来の人類学者がフィールドワークの対象とした社会は、本質的に民族学的現在（ethnological present）に固定されている。無文字社会を対象とすることがおおかったので、それぞれの社会の歴史性が無視されがちであったのである。通文化的研究は、世界のあらゆる社会を同列において、民族学的現在の時点で記述された民族誌にもとづいて、比較することを試みる。そのことによって、現在にみられる普遍性を抽出することができるが、そのような普遍性がどのように形成されてきたかをあとづけることは困難である。

　飲酒行動をめぐって、人類全体を対象として、抽象的な法則性を発見しようとする立場と、個々の文化の多様性を具体的に記述する民族誌的立場も、世界における個別的文化を単位として考察する、いわば文化論としてのアプローチである。通文化的研究と民族誌的研究のほかに、飲酒の研究において有効なもうひとつの方法があると考えられる。それは、文明論の立場から考察することである。

　ワインは古代の西アジアから地中海の文明に密着した酒であり、ビールは西アジア、エジプトの古代文明に源流をもち、その後北西ヨーロッパ文明を代表する酒になった。カビを使用する酒造は東アジアの文明を代表とする酒である。新大陸の口噛み酒は中南米の農耕文明にかかわりをもつ酒である。蒸留酒は文明の歴史的接触によって世界に伝播した……。このような事象を考えると、酒そのものが文明の産物であるといえよう。

　個別的な文化のちがいをのりこえて、普遍的にひろがる事象に注目していこうというのが、わたしのいう文明論の立場である。それぞれの文化の深層にまではとどかないにせよ、個別的文化の表層をおおってゆくダイナミズムをもつのが文明である。文明とは、人びとの行動様式や、物質文化などを共通のものに収斂させ、文化のちがいをのりこえた共通の価値観をもたらし、それを具体化させる制度や技術などの装置の

織りなすシステムである[37]。

　酒は文明のうえにのってひろまっていった。したがって、飲酒行動にも文明が反映されているはずである。カトリックのミサにおける赤ワインは十字架にかけられたキリストの血の象徴であるし、イスラーム文明やヒンドゥー文明では宗教が飲酒にたいする規制をつよめた……といったふうに、文明と飲酒に関する価値観や行動規範のあいだには深いかかわりが認められる。

　世界の文化全体を対象とする通文化的研究では歴史性や個別的文化の独自性は無視せざるを得ないが、世界をいくつかの歴史的文明のブロックに切り取って、それぞれの文明単位に考察するときには、このような視点を加味した研究が可能である。それぞれの文明における飲酒行動の共通性はいかにして歴史的に形成されたかといった時間軸をいれた研究と、文明レベルにおける共通性と、その文明を構成する個別文化ごとの多様性という空間軸を総合した研究ができるはずである。そして、過去の歴史的文明が、現代世界全体をおおいつつある地球的な文明にいかに収斂し、また、いかに独自性を強調するかといった事柄を、飲酒行動をめぐって考察することも可能であろう。

　このような視点からする飲酒に関しての研究は、まだ本格的には着手されていないようである。しかし、本書にもこのような姿勢をみせる論文が収録されている。金㙾寶の「東アジアにおける儀礼的饗宴——その構造の比較研究」は東アジア文明に所属する朝鮮半島、中国、琉球、日本における公的宴席における飲酒規範の共通性を歴史的に考察したものである。浅井昭吾の「洋酒国産化にみる異文化受容」は日本酒という個別文化の酒と明治維新以降に導入された西欧文明のつくりだした酒、すなわち文化と文明の酒の問題をとりあつかっていると読むことができよう。高田公理の「禁酒文化・考」は、世界宗教や都市化という文明とのかかわりの文脈で近代社会における禁酒を考察している。

　飲酒行動に関して、まだほとんど未着手の分野がある。それは、酒器と飲み方についての研究である。従来の酒器の研究はもっぱら美術史や考古学の分野にまかせられていた。または、小笠原流礼法における酒杯のあつかいかた、などといった個別的文

37　石毛　1982：2-4

化の枠内での作法の問題での論考にとどまっている。古代中国にはさまざまな器形の礼器としての青銅製の飲酒具があったことが知られているが、後になると東アジアの酒杯の主流は、きわめて小形の陶製の杯に収斂した。ヨーロッパでは古くは角杯の系統をつぐ器形の酒杯があり、現在はガラス製のグラス類に収斂した。といったように、酒杯をとりあげてみても、文明の産物としての酒との関連が認められそうである。物質文化としての、酒器や、酒杯につぐ酒の種類と、人間のふるまいかたとしての飲酒行動を総合した研究がほしいものである。

2. 酒の消費量をめぐって

　オランダの蒸留酒産業局は毎年の世界各国の酒の消費量に関する統計を発表している。その報告書の1993年版をもとに作成したのが表2である[38]。

　世界47ケ国を対象とする国民1人あたり、1年間に酒類から摂取する総アルコール消費量（飲酒量を純粋アルコールに換算した量）、ワインの消費量、ビールの消費量、蒸留酒の消費量をリットル単位で表示し、表にしてある。国名と総アルコール消費量は、消費量のたかい順に配列してある。すなわち、「飲んべえの国」のランキングをしめしている。基本となる数値は1993年度版における最新の統計である1991年の消費量をもととしているが、この年の統計が得られない国については1990年の数値を採用している。

　もともとワイン、ビール、蒸留酒の3種類にかぎって記載した統計なので、他の酒類を、それぞれの国でどのくらい消費しているかについては記載されていない。たとえば、わが国における焼酎やウイスキーの消費は蒸留酒の消費量に一括された数値としてしか表現されないし、日本酒の消費量は総アルコール消費量のなかに反映されているだけである。また、ワイン、ビールなどの統計は存在するにもかかわらず、酒類全体の消費量が記載されていないために、カナダのように表2にはあらわれない国がある。

　文化を考察する立場からいえば、欲しいのは国別ではなくて、民族別の消費量である。たとえば、この統計では、東西ドイツについては合併後の消費統計が記載されているが、

38　Produktshap voor Gedistilleerde Dranken: 1993

表2　国別アルコール飲料消費量(1991)　　（国民1人1年あたり）

国　名	総アルコール量 (リットル)	ワイン (リットル)	ビール (リットル)	蒸留酒 (リットル)
1　ルクセンブルク	12.3	60.3	116.1	1.57
2　フランス	11.9	66.8	40.5	2.49
3　ポルトガル	11.6	62.0	67.4	0.8
4　ドイツ	10.9	24.9	142.7	2.7
5　スイス	10.7	48.7	70.1	1.82
6　ハンガリー	10.5	30.0	107.0	3.43
7　スペイン	10.4	34.3	70.9	2.7
8　オーストリア	10.3	33.7	123.7	1.51
9　デンマーク	9.9	22.0	125.9	1.3
10　ベルギー	9.4	23.9	111.3	1.17
11　チェコスロバキア	8.6	13.9	135.0	3.3
12　ギリシア	8.6	32.4	40.0	2.7
13　イタリア	8.4	56.8	22.5	1.0
14　オランダ	8.2	15.34	88.5	2.02
15　ニュージーランド	7.8	15.1	109.5	1.6
16　ブルガリア	7.8	20.4	50.3	2.8
17　オーストラリア	7.7	18.6	101.9	1.12
18　アルゼンチン	7.5	52.4	19.5	0.2
19　キプロス	7.5	12.6	54.7	3.3
20　アイルランド	7.4	4.6	123.0	1.7
21　イギリス	7.4	11.54	106.2	1.61
22　フィンランド	7.4	7.44	85.3	2.63
23　ポーランド	7.1	7.4	35.0	4.5
24　カナダ	7.1	8.93	78.3	2.16
25　アメリカ合衆国	7.0	7.24	87.4	2.08
26　ユーゴスラビア	6.6	22.1	46.0	1.6
27　ルーマニア	6.4	19.0	42.1	2.0
28　日本	6.3	0.94	53.88	2.0
29　チリ	6.3	29.5	22.4	1.6
30　ウルグアイ	5.8	25.4	22.4	1.6
31　スウェーデン	5.5	12.27	59.3	1.69
32　南アフリカ	4.7	9.0	52.0	1.0
33　ノルウェー	4.1	6.9	52.8	0.92
34　アイスランド	3.9	4.4	24.2	2.1
35　ソビエト連邦	3.7	6.9	18.1	2.0
36　キューバ	3.6	0.6	31.2	2.0
37　ブラジル	3.6	1.8	42.4	1.3
38　コロンビア	3.3		65.0	
39　ベネズエラ	3.3	0.7	63.8	
40　メキシコ	3.0	0.21	44.2	0.8
41　パラグアイ	1.7	2.0	29.1	
42　ペルー	1.5	0.5	29.0	
43　イスラエル	0.9	3.2	10.7	
44　トルコ	0.8	0.5	6.8	0.4
45　マレーシア	0.5		7.2	0.1
46　チュニジア	0.5	2.2	4.8	
47　モロッコ	0.3	1.9	2.0	
48　アルジェリア	0.2	1.5	1.3	

旧ソ連邦については統計数値が得られる1990年の統計を採用している。イスラーム教徒の人口のおおいカフカスや中央アジアの諸民族とロシア人では飲酒量に差異がみられるはずであるが、統計には一括して旧ソ連邦としてしかあらわれない。酒にかぎらず、すべての世界的統計は国単位にしか得ることができない「国家の時代」としては、いたしかたのないことである。

　また、この統計は47ケ国にかぎられている。国別総アルコール消費量を世界地図にえがいた図3〜6では統計がないために空白となっている地域がおおい。このような不完全なものではあるが、表2と図3〜6をもとにして、世界における酒の消費について考えてみよう。

　まず、図3〜6の空白地帯について、いくつかのコメントをしておこう。マグレブからパキスタン、バングラデシュにかけて一連のイスラーム教の地帯がある。この地帯については統計の空白がおおいが、宗教用の理由で飲酒にたいして非寛容な地域であるので、消費量はきわめてすくないと考えてよい。植民地時代にワインの生産国となったマグレブのモロッコ、チュニジア、またイスラーム教徒が国民の大多数を占めるがイスラームを国教とはしないトルコでの消費量が1リットルに達していないことを考慮にいれると、このイスラームベルトの他の国々のほとんどは、この3国と表2にはあらわれないが、ワインの飲用が普及したアルジェリアにくらべたら、酒の消費はすくないものとみてよい。東南アジアではマレーシアの統計だけしかないが、イスラームを国教とするインドネシアの飲酒量はさらにすくないであろう。イスラーム教とヒンドゥー教を信仰する人口が国民のほとんどであるインドでも消費量はきわめてすくないはずである。

　白人の生活様式が浸透した南アフリカをのぞいては、熱帯アフリカ諸国の統計もないが、これらの国々ではボトリングして販売される酒は都市生活者のものであって、農村部では行事のさいに自家醸造の酒を飲むことがおおい。したがって、統計にあらわれない飲酒ではあるが、たぶん南アフリカ以上の消費量をしめす国はないであろう。東南アジアでも農村部は自家醸造の酒の消費である国々がおおい。

　統計にはないが、ここ十数年間における中国と韓国の飲酒量の増大はめざましいはずである。巨大な人口をかかえる中国での消費量があきらかになったら、世界全体の酒の消費量統計におおきな影響をあたえるはずである。北米大陸ではカナダが空白と

なっているが、アメリカ合衆国にほぼ準じた消費であろう。中南米での空白地域は、おなじラテン系の文明ということで周辺諸国に準じる消費と考えてよいであろう。

　図3〜6をながめたとき指摘されるのは、ヨーロッパにおける酒の消費量がたかいことであり、その傾向は、かってヨーロッパの植民地となった国々や、ヨーロッパ系の移民が中核となって成立した国々にひきつがれていることである。ただし、植民地化した経験をもつ国々でも、イスラーム教やヒンドゥー教の宗教的規制のあるところでは酒の消費量は増大しない。ヨーロッパでの消費量がおおい原因のひとつは、度数の低い酒であるワインやビールが食事にともなう飲み物として日常的に飲まれているからであろうと考えられる。そのことを酒類別の分布図により検討してみよう。

　図4はワインの1人あたり消費量の国別の分布図である。フランスの年間66・8リットルを筆頭に、ポルトガル、ルクセンブルグ、イタリアの伝統的ワイン文化圏の国々について、アルゼンチンが5位にランキングされ、以下スイス、スペイン、オーストリアといった地中海近辺のブドウの生産に適した風土の国々が上位を占める。ワインをよく飲むラテン系移民の国々である中南米のなかで、アルゼンチン、チリ、ウルグアイが突出し、他の国々がふるわないのはブドウ栽培に関する気候的条件の問題を考慮にいれる必要がある。オーストラリア、ニュージーランドの消費量が比較的たかいが、アングロサクソン系移民を中核として、もともとビール愛好国民であったものが、20世紀後半になって本格的なワイン用のブドウ栽培に力をいれた結果と解釈される。

　図5はビールの消費量の分布図である。ドイツ、チェコスロバキア、デンマーク、オーストリア、アイルランド、ルクセンブルグ、ベルギー、ニュージーランド、ハンガリー、イギリスの順が上位10ケ国である。おおすじでいえば、ヨーロッパにおけるビールはワイン生産に不向きな土地に居住していたゲルマン系の民族のアルコール飲料として発達した。現状でも、ある程度その傾向を反映し、ヨーロッパ以外では、アングロサクソン系の移民国家であるオーストラリア、ニュージーランド、北米でよく飲まれる。

　ビールはワインにくらべたら工業的大量生産が可能なので、産業社会化にともない、世界各地で生産されるようになる傾向がいちじるしいことは、わが国の過去1世紀の例にみるとおりである。世界のワイン生産量が1980年代から下降するのにたいして、ビールの生産量は増大の傾向をたどっている。ワインが気候やブドウの品種とふかいかかわりをもち、ブドウ生産地から離れることがむづかしい、大量生産が困難な、い

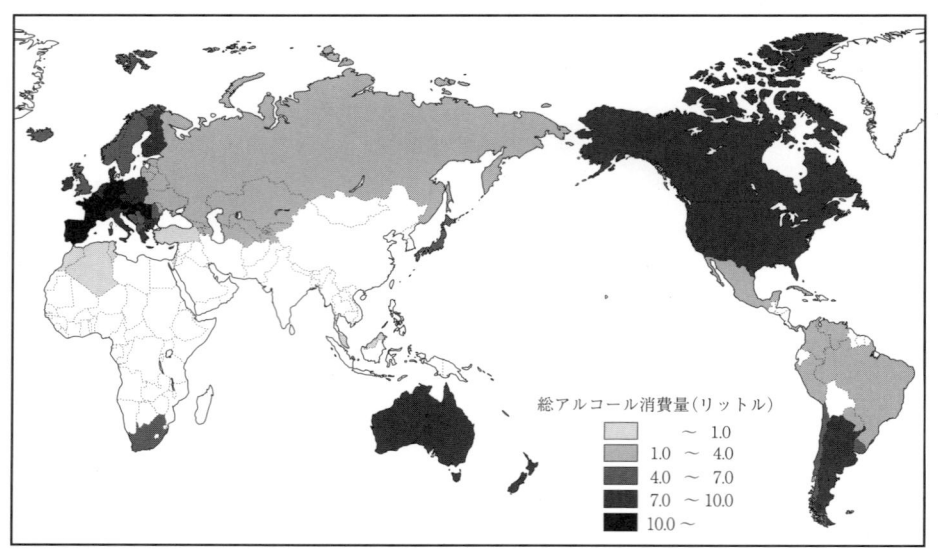

図3　国別総アルコール消費（1人1年あたり）

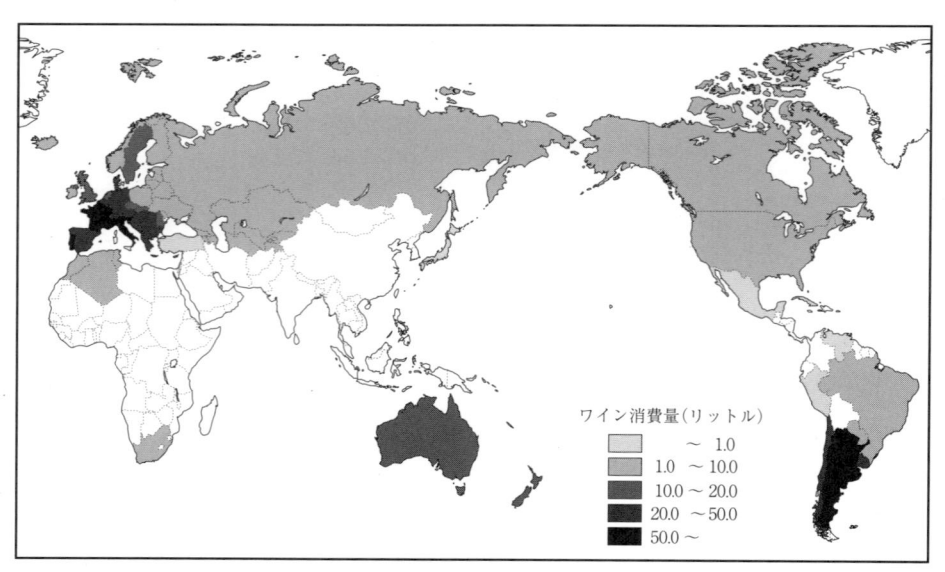

図4　国別ワイン消費（1人1年あたり）

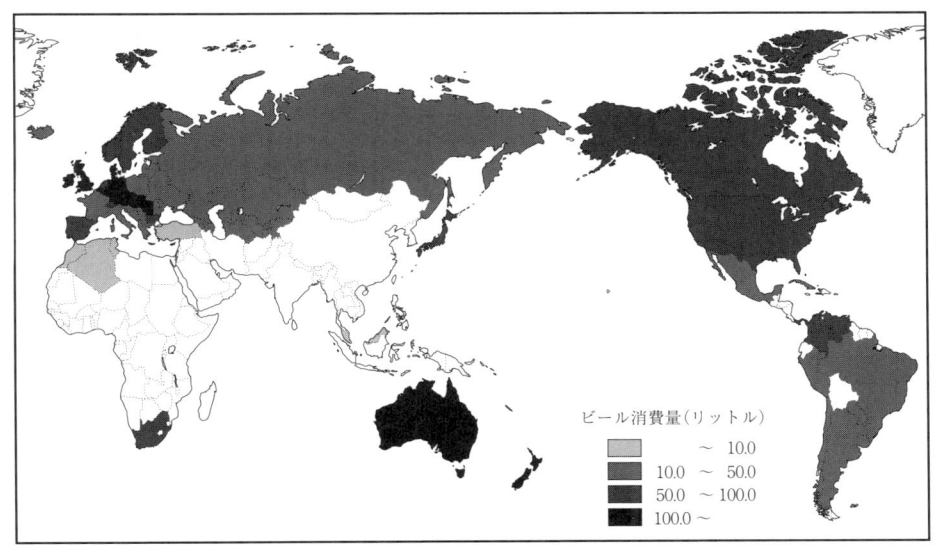

図5 国別ビール消費（1人1年あたり）

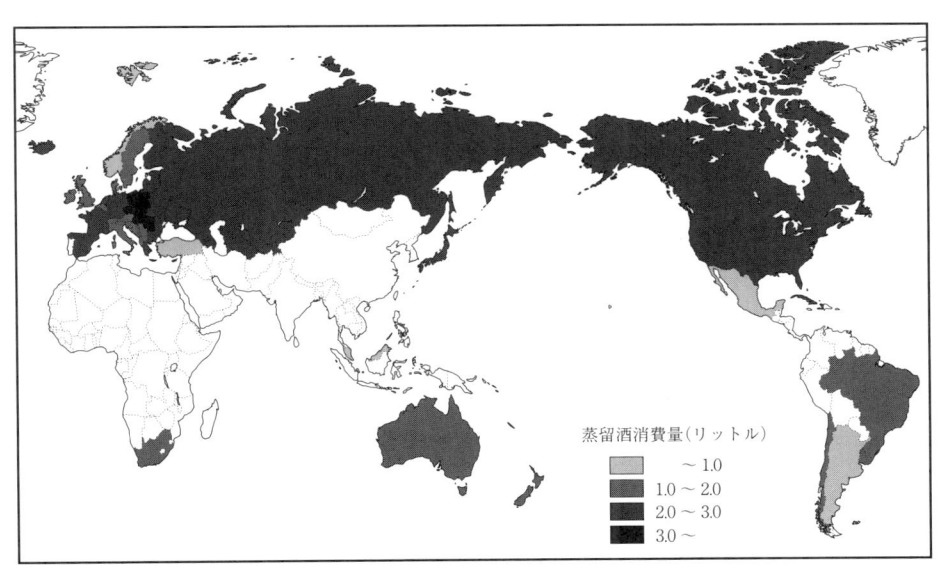

ビール消費量（リットル）
- ～ 10.0
- 10.0 ～ 50.0
- 50.0 ～ 100.0
- 100.0 ～

図6 国別蒸留酒消費（1人1年あたり）

蒸留酒消費量（リットル）
- ～ 1.0
- 1.0 ～ 2.0
- 2.0 ～ 3.0
- 3.0 ～

わば個別的な「文化性のたかい酒」であるのにたいして、原料を輸送し、工場による大量生産が可能なビールは「文明のうえにのった酒」としての性格がつよい。

　1人あたりの消費量ではなく、国別のビール生産量の統計では、アメリカ合衆国、ドイツ、中国、日本、ブラジルの順が上位5ケ国となっている。20世紀になると、イスラーム文明とかヨーロッパ文明といった宗教名や地域名を付して表現される歴史的文明の枠をこえて、世界中をおおっていく「世界文明」とでもいうべきものが顕著になる。ビールは世界文明の酒としてひろまり、中国、日本、ブラジルなど、ビールつくりの伝統をもたなかった国々でも巨大な生産量をしめすようになったのである。中国でのビールの生産量が増大するのは近年になってからのことである。そのことは、中国が開放経済下において、現在、世界文明化しはじめていることをしめすものであろう。

　図6は蒸留酒の消費量をしめす。1位のポーランドについで、ハンガリー、チェコスロバキア、ブルガリアの順で、上位5位までが東欧諸国によって占められていることに注目される。ポーランドにおける主要な蒸留酒はウォトカである。旧ソ連邦で最も重要な酒であるウォトカはスラブ系の民族の蒸留酒で、16世紀中頃に、当時はウクライナ、白ロシアをふくむ版図をもっていたポーランド王国でもつくられるようになった。17世紀後半にウォトカの製造権をもつ領主たちが農民にウォトカ消費の義務を課したことが、この酒の普及にあずかっている。

　チェコスロバキアのビール消費量が第2位でワイン消費量が第22位、ハンガリーのビール消費量が第9位でワイン消費量が第10位であることからもわかるように、東欧諸国では蒸留酒だけではなく、ワインやビールもよく飲んでいる。食前に強い蒸留酒を飲む習慣が東欧に分布していることが、蒸留酒の消費をおおきくしているのであろう。

　スラブ圏のウォトカに対比されるのが、アングロサクソン系のウイスキーである。カナダ、アメリカ合衆国といったアングロサクソン系の移民の国だけではなく、日本でもよく飲まれる蒸留酒となっている。気候の寒冷な地域では身体をあたためるために蒸留酒が好まれるといわれるが、気候の比較的温暖なスペインや日本での蒸留酒の消費量が高いことをみると、それは俗説としたほうがよいであろう。むしろ気候と関係をもつのは、蒸留酒の原料となる作物の生育条件である。高緯度の寒冷な気候帯の地域ではワインの原料となるブドウの栽培ができないし、ビールの原料となるムギ類

の生産量も低い。このような環境であるヨーロッパの北部では、蒸留によってはじめて飲用に耐える酒とすることができるジャガイモやテンサイトウを原料とするウォトカ類がよく飲まれるようになったのである。

　以上をながめた結果、日常の食事と密着した酒であるビールとワインの消費量がおおいヨーロッパおよびヨーロッパ文明を継承した地域では、総アルコール消費量が高い傾向をもつといってさしつかえないであろう。しかし、それだけではなくビールやワインの消費量が高いところでは、蒸留酒の消費も高い傾向に気がつく。食事にアルコール飲料をともなう文化では、蒸留酒に食前酒、食後酒といった位置づけをあたえて食中酒とセットになっていることも、ビールやワインの消費量と蒸留酒の消費の相関をつくりあげている一因であろう。

　ただし、これは、現代における消費量をもととした表層的考察である。どうして、飲んべいの国民と、そうでない国民が形成されたかということに、たちいたって考えてみたときには、一般論としての解答は不可能な事柄となる。それは歴史的に形成された個別的飲酒文化の問題として、ひとつひとつ調べあげねばならないことである。ここでは、飲酒量を規定する要因をいくつか枚挙するだけで引きさがることとする。

　表2にあげた各国の1人あたりのアルコール消費量は、酒の種類とアルコール度数、一度に飲む平均的な量、飲用頻度、飲酒人口を、かけ算したものを分子とし、国民人口を分母とする数式でもとめられるであろう。

　このうち、酒の種類とアルコール度数に関しては、文化的要因と経済的要因がかかわってくる。すなわち、食事にともなう酒と食事とは無関係に飲まれる酒の区別、屠蘇酒のように特定の行事のさいに飲む酒などの例からわかるように、飲酒時の状況によって選択される酒の種類が変化する。このような選択は、おおむね文化的規範の問題である。いっぽう、さまざまな選択の可能性がある状況のなかで、特定の酒を選択するのは嗜好という個人的なレベルの文化の問題であると同時に、経済力の問題でもある。高価な酒で酔いをもとめることができる人びともいれば、安価で度数の高い酒で手軽に酔いを追求する人びともいる。それは、個人的な次元だけではなく、社会的に意味をもつ現象であることは、産業革命時のロンドンで低賃金の労働者の階級で、安価なジンで泥酔することが社会問題になったことを思いうかべたら理解できよう。また、個人レベルにおいても、国家レベルにおいても、経済的要因が平均的飲酒量、

飲用頻度にも影響をおよぼすことは、いうまでもない。

平均的な飲酒量は人体生理とも関係をもつ事柄である。アルコールを人体のなかで分解する能力に関係するアルデヒド脱水素酵素2（ALDH2）の活性が正常であるか、弱いか、あるいは活性を欠いているかによって、酒に強いか、弱いかが決まってくる。この酵素の活性は遺伝的に伝達されるので、酒に強い人種と、弱い人種が世界には存在する。コーカソイドやネグロイドは酒に強い人種であるのにたいして、日本人の所属する新モンゴロイドは酒に弱い遺伝子をもつ人びとの占める割合がおおい人種である。したがって、アルコールの乱用にたいする生理的な抑制効果が作用するので、欧米人にくらべて日本人の場合はアルコール依存症がすくないと説明されている[39]。

飲酒量は生理的に規定されるだけではなく、文化的、社会的な規定にも左右される。たとえば、人前で酩酊状態をさらけだすことを罪悪とみなす社会では泥酔にいたるまえに飲酒をやめることが望ましい飲酒行動とされるのにたいして、わが国のように酩酊にたいして比較的寛容な社会もあることを思いうかべれば、そのことは理解できよう。

つぎに、アルコール飲料の飲用頻度について検討してみよう。祝祭、宗教儀礼、通過儀礼、年中行事など、それぞれの社会の文化的コンテクストにかかわる行事と、飲用頻度が相関することはいうまでもない。経済的に恵まれた酒好きの者のほうが、貧乏な酒好きの者よりも自由に酒を飲めるので、経済的条件も酒を飲む機会の頻度に関係をもつ。また、アルコール依存症になると、体内にアルコールが切れないように飲酒頻度を高めるようにつとめることが知られている。このような経済的、生理的条件は個人レベルにおける飲酒頻度の問題である。いっぽう、社会的レベルにおける生理と結合した飲酒頻度を高める要因がある。「食事としての酒」、「渇きをいやす飲料としての酒」の文化が成立した社会では、飢えや渇きという生理的欲求を満たすための手段として酒がもちいられるのである。

たとえば、アマゾン流域の民族は、マニオクあるいはトウモロコシを原料とする酒を「食料」として毎日消費するし、旅行中に川水を飲むことを別とすると、めったに水を飲まない。そのような民族のひとつであるジヴァロ人の男性は1日3～4ガロンのマニオクの酒を飲むという[40]。

39　原田　1992:138-158
40　ニューヨーク自然史博物館の Indians of Amazonia の展示室における Beverages の展示解説文から引用。

主食のひとつとして酒が日常的にもちいられる地域は限定されているが、農作業などの力仕事の労働に人を集めたとき、酒を食事がわりに振るまうことは各地でみられる。18世紀から19世紀初頭にかけてのパリの下層労働者にとってワインは流動食として「食べられていた」という[41]。

　本書所収のリチャード・F・ホスキン論文「イングランドにおける飲酒──歴史と文化」には「中世においては、何をさしおいても避けるべき飲み物は水であり、水は人体に害をおよぼすとみなされていた」との記述があり、また、イングランド南部では、19世紀に紅茶やコーヒーにとってかわるまで、ビールは朝食の飲み物であったと述べられている。ヨーロッパの中世において、水は有害な物質であるとする観念がいきわたっていたことはよく知られている。当時、ミルクの飲用はまれであり、のどの渇きをいやし、精神を活気づける飲み物としてビールとワインが多用された。渇きをいやす飲み物として、日常的にもちいたときの飲用頻度と消費量は高く、中世後期におけるヨーロッパのビール地帯における1人1年あたりのビール消費量は300リットル、あるいはそれ以上におよんだという[42]。比較のため表2にあげた1991年におけるドイツの消費量は142・7リットルである。このような文化的伝統のうえにのっているヨーロッパのワインとビールは飲用頻度が高い酒である。

　生理的、経済的な問題で飲酒ができない者をのぞくと、飲酒をすることが社会的に公認される人びとの範囲によって、それぞれの社会における飲酒人口が規定される。それは、女性の飲酒が社会的非難の対象になるか、どうかということをめぐっての性別、若年者の飲酒を認めるか、どうかという年齢階層、飲酒を容認する宗教の信者であるか、どうかという宗教、信徒には飲酒を認めても、聖職者の飲酒は認めないといった職業など、さまざまな要因が関係する事柄である。

　このなかで、わが国おける女性の飲酒人口をめぐる話題についてだけ紹介しておこう。いずれの国でも男性にくらべたら、女性の飲酒頻度、飲酒量は低いことが知られている。それは、女性のほうが体重がすくなく、脂肪組織の割合がおおいことから、男性よりもすくないアルコール摂取量で肝障害をおこすためであると、生理学的には説明される。ただし、女性の飲酒を規定するのは、生理的問題よりも社会・文化的環

41　浅井　1993: 19-21
42　アーベル　1989: 22-30

境の要因のほうが重要であると思われる。たとえば、人類史のながいあいだ女性は家庭にしばられていたので、社会的行為としての飲酒は、もっぱら男性に限られていたといった事情を考慮する必要がある。なぜ、飲酒が男性主流の行為としてなされてきたのかを説得的に説明する理論的解明はあまりなされていないようである。

　1954年に国税庁が実施した調査の結果では、20歳以上の成人女性で飲酒者というカテゴリーにいれられる人びとは13パーセントであり、男性は63パーセントであった。1987年に内閣官房広報室がおこなった同様の調査では、女性は43・2パーセントであるのにたいして、男性は73・6パーセントである。この間に日本人のアルコール消費量は増大しているが、女性の飲酒者の急激な増加が日本全体の消費量を押しあげる一因になっている。女性の飲酒の増加は若い年代にいちじるしいし、毎日飲酒する女性の場合、アルコール摂取量は男性よりもすくなく、家庭での飲酒がおおい、などといったことはあきらかにされているが、現代における日本の社会・文化の変容と女性の飲酒の変化についての文明論的考察をすることが将来の課題として残されている[43]。

　いままで述べてきた国家単位のアルコール消費量を規定する要因は、当然のことながら国家の飲酒にたいする政策の影響をうける。たとえば、1961年のアルジェリア国民1人1年あたりのアルコール消費量が1.9リットルであったものが、1991年には0.2リットルにまで減少しているのは、この国が、1992年にフランスから独立し、飲酒にたいして厳格なイスラーム国家化していった結果をしめすものである[44]。19世紀後半から20世紀初頭のロマノフ朝のロシアにおいて、飲酒による労働意欲の低下を防止するためにウォトカのかわりに茶を飲用する運動があったが、1980年代には国策としてのウォトカの販売制限がなされたことは記憶にあたらしい[45]。宗教的、道徳的、経済的、国民健康などの理由による禁酒や節酒の法令、あるいは国家財政増大のための酒税の変更など、国家が飲酒に介入することは、歴史上しばしばみられることである。

　それでは、現代の人類はアルコール飲料の消費を拡大させる方向にむかっているのか、それとも減少の方向にむかっているのか。表3にオランダの蒸留酒産業局による1980-91年のあいだの1人あたりの消費変化のグラフをしめした。これによるとオー

43　高野・中村　1993
44　Produktshap voor Gedistilleerde Dranken　1993: 18
45　Smith & Christian　1984: 236-237

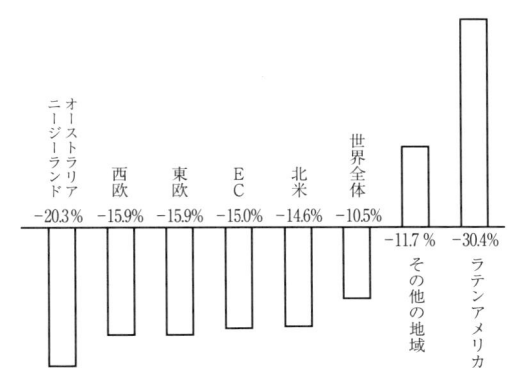

表3　世界諸地域におけるアルコール消費量の変化（1980 − 91 年）

オーストラリア・ニュージーランド	西欧	東欧	EC	北米	世界全体	その他の地域	ラテンアメリカ
−20.3%	−15.9%	−15.9%	−15.0%	−14.6%	−10.5%	−11.7%	−30.4%

〔出典：Produktschap voor Gedistilleerde Dranken, 1993, p.9
(注)この統計には，世界全体，その他の地域とも，中国，韓国，東南アジア諸国は含まれていない〕

ストラリア・ニュージーランド、西欧、東欧、EC、北米は消費減少の方向にあり、世界全体では11年間に10·5パーセントの減少である。しかし、ラテンアメリカと、その他の世界各地では消費が増加している。さきに指摘したように、この統計のとりあつかっている国家は世界全体ではなく限られた国々である。ラテンアメリカ諸国民の消費の増大にいちばん関与する要因は国民経済の発展にもとめられよう。中国、韓国、東南アジア諸国など、この統計ではあつかわれていない国々に経済発展のめざましい諸国がふくまれ、そこでは急速な消費の拡大がおこっていることが予想されるので、世界全体では消費が減少しているのか、どうかはわからない。

　この統計から指摘されることは、アルコール消費量のおおかったヨーロッパ文明とその文明が中核となって築かれた国々で経済的に豊かなところでは、酒の消費が頭うちとなり、減少の方向をたどりだしたという現象である。そのような傾向をもたらした要因のなかで最大のものは、健康的に酒を飲むのが望ましいとする、生理に関する事柄であろう。飲酒量を規制するさまざまな条件が満足された社会になっても、無限に酒を飲むことは生理的に不可能である。そこでは、身体的、精神的な健康の問題が、酒飲みの自己規制として顔をだす。それは、成熟した飲酒文化というものであるかもしれない。わが国のアルコール消費量は、まだ増大の傾向をしめしているが、このような成熟した飲酒文化の段階に到達するのも遠くなさそうである。

参考文献

浅井昭吾　　　1983「生命の水蒸留酒」『週刊朝日百科　世界の食べもの』132 号　朝日新聞社
　　　　　　　1993「『酔っぱらい』の社会史ノート」　飲酒文化を考える会（編）『酒類の社会文化面における調査研究』　社団法人健康医学協会

W・アーベル（著）　高橋秀行・中村美幸・桜井健吾（訳）『食生活の社会経済史』　晃洋書房

Cambell-Platt G., 1987 *Fermented Foods of the World; A Dictionary and Guide*. Butter Worth.

Cooper J. M., 1949 Stimulants and Narcotics. Steward J. H. (ed), *Handbook of South American Indians*. Vol. V, Sumithonian Institution.

Douglas M. (ed.), 1987 *Constructive Drinking; Perspectives on Drink from Anthropology*. Cambridge University Press.

永ノ尾信吾　　1995「古代インドの酒スーラ」山本紀夫・吉田集而（編）『酒づくりの民族誌』八坂書房

原田勝二　　　1992「アルコール代謝酵素の多様性」　糸川嘉則・栗山欣弥・安本教傳（編）『アルコールと栄養——お酒とうまく付き合うために』光生館

石毛直道　　　1968「日本稲作の系譜（下）——石庖丁について」『史林』51 – 6
　　　　　　　1982『食事の文明論』　中公新書

石毛直道・栗田靖之・大丸弘・端信行（共著）　1984「新『酒飯論』」『暮らしの文化人類学』PHP研究所

石毛直道・吉田集而・吉本忍（共著）　1994「生活文化の基層　東南アジアに探る　第二回　アジアの酒（下）」『産経新聞』1994 年 2 月 18 日（関西版）

加藤百一　　　1987『日本の酒　五〇〇〇年』　技報堂出版

花井四郎　　　1992『黄土に生まれた酒——中国酒、その技術と歴史』東方書店

Horton D. 1943 The Function of Alcohole in Primitive Societies; A Cross-Cultural study. *Quarterly Journal of Studies on Alcohol 4*

Marshal M. (ed.) 1979 *Beliefs, Behaviors & Alcoholic Beverages; A Cross-Cultural Survey*. The University of Michigan Press.

馬承源　　　　1992「漢代青銅蒸留器的考古考察和実験」『上海博物館集刊』六期

McGovern P., et al., 1996 Neolitic Resinated Wine. *Nature* vol. 381 6-June 1996.

Michel R., et al., 1992 Chemical Evidence for Ancient Beer. *Nature* Vol. 360 5-Nov. 1992.

中尾佐助　　　1972『料理の起源』日本放送出版協会
　　　　　　　1983「蒸留酒のインド起源説」『週刊朝日百科　世界の食べもの』132号　朝日新聞社

Produktschap voor Gedistilleede Dranken, 1993 *World Drink Trends 1993*, NTC Publications.

篠田統　　　　1977「日本酒の源流」『増訂　米の文化史』　社会思想社

劉廣定　　　　1995「中国始有蒸留酒的年代問題」『第四屆中国飲食文化学術研討会』（発表論文集）
　　　　　　　財団法人中国飲食文化基金会・漢学研究中心主弁・私立輔仁大学生活応用科学系

坂本太郎・家永三郎・井上光貞・大野晋（校注）　1967『日本書紀　上』（日本古典文学大系　67）
　　　　　　　岩波書店

Smith R. & D. Christian, 1984 *Bread & Salt*. Cambridge University Press.

高野建人・中村桂子　1993「女性の飲酒習慣の変化とアルコール関連問題」河野裕明・大谷藤郎（編）
　　　　　　　『わが国のアルコール関連問題の現状――アルコール白書』厚健出版

利光有紀　　　1989「モンゴルの乳製品」『月刊民博』45号

ヴェルト（エミール・）（著）　藪内芳彦・飯沼二郎（訳）　1968『農耕文化の起源――掘棒と鍬と鋤と犁』
　　　　　　　岩波書店

Washburne C., 1961 *Primitive Drinking*. College and University Press.

山本紀夫　　　1995「神への捧げもの、プルケ酒――メキシコ」山本紀夫・吉田集而（編）『酒づく
　　　　　　　りの民族誌』八坂書房

山崎百治　　　1945『東亜醸酵化学論攷』第一出版

凌純声　　　　1979「中国与東亜的嚼酒文化」『中国辺疆民族与太平洋文化』台北聯経出版事業公司

吉田集而　　　1985「東アジアの酒のスターターの分類とその発展」石毛直道（編）『論集　東アジ
　　　　　　　アの食事文化』平凡社
　　　　　　　1993『東方アジアの酒の文化』ドメス出版

飲食文化論文目録

　ここでいう論文とは、学問的な筋道をふまえて、自分なりに、ひとまとまりの論考としてまとめた文章のことである。学会誌に掲載された文章でも、書評や解説、調査報告、座談会記録などは、わたしのいう論文の枠外である。専門書以外の本に収録された、一般の読者を想定して書いた食に関する論考もおおいが、この目録からは除外し、わたしなりの基準で選んだ学術論文だけをのせることとした。また、特定のテーマをめぐって、一冊の単行本にまとめた長大な論文は、研究書という別のカテゴリーなので除外する。

　大学院の学生時代から現在にいたる40年間の研究生活で、約100編の学術論文を執筆した。人文・社会系の研究者としては、どちらかといえば、論文生産力のたかいほうであろう。

　さまざまな事柄に興味をもつ人間なので、考古学、物質文化、住居、生活様式、民族誌、環境、民間信仰、文明論など、おおくの分野にかかわる論文がある。食文化をテーマにした論文を書くようになったのが1970年代で、80年代には30本の飲食に関する論文を刊行している。その後、管理職にさせられて執筆の時間がすくなくなったり、単行本つくりに精力をかけたりしたので、飲食関係の論文の数が減少した。

　学術論文は、あまり人目に触れない媒体に発表されるので、検索がむづかしい。あたらしい研究分野である食文化に興味をもつ人びとの役にたつことがあるかもしれないと考え、この目録を作成したしだいである。

凡　例
(1) 論文目録番号、(2)「　」内に論文のタイトル、(3)『　』内に掲載された誌名、書名、(4) 掲載頁、(5) 刊行団体名と出版社名、(6) 刊行年月日の順に記載されている。必要におうじて（　）内に付記事項を記してある。

1. 「台所文化の比較研究」『季刊人類学』1巻3号　75-125　京都大学人類学研究会・社会思想社　1970・7・30　（2の編著に再録）

2. 「食事文化研究の視野」『世界の食事文化』（石毛直道編）　5-16　ドメス出版　1973・9・20

3. 「伝統的食事文化の世界的分布」（吉田集而・赤坂賢・佐々木高明と共著）『世界の食事文化』（石毛直道編）　149-177　ドメス出版　1973・9・20

4. 「食事パターンの考現学」『生活学』第1冊　165-180　日本生活学会・ドメス出版　1975・12・20

5. 「Kumupaの塩 — イリアン・ジャヤ中央高地の物質文化（1）」『国立民族学博物館研究報告』1巻2号　618-636　国立民族学博物館　1976・7・20

6. 「食品と料理」『講座比較文化（4）　日本人の生活』　37-53　研究社出版　1976・11・25

7. 「食事と酒・タバコ」『講座比較文化（4）　日本人の生活』　55-77　研究社出版　1976・11・25

8. 「箸・椀・膳」『生活学』第2冊　84-98　日本生活学会・ドメス出版　1976・12・10

9. 「ハルマヘラ島、Galela族の食生活」『国立民族学博物館研究報告』3巻2号　159-270　国立民族学博物館　1978・9・14

10. Sago Production. In Naomichi ISHIGE (ed.), *The Galela of Halmahera — A Preliminary Survey*. 191-201　Sennri Ethnological Studies No. 7　1980・10・15

11. Hunting. In Naomichi ISHIGE (ed.), *The Galela of Halmahera — A Preliminary Survey*. 247-259　Sennri Ethnological Studies No. 7　1980・10・15

12. The Preparation and Origin of Galela Food. 263-341　In Naomichi ISHIGE (ed.), *The Galela of Halmahera — A Preliminary Survey*. Sennri Ethnological Studies No. 7　1980・10・15

13. 「文明の飲みものとしての茶とコーヒー」『茶の文化　第二部』（守屋毅編）　212-271　淡交社　1981・2・21

14. 「日本料理の実態とイメージ」『生活学』第8冊　146-183　日本生活学会・ドメス出版　1982・12・10

15. 「稲作社会の食事文化」『日本農耕文化の源流』(佐々木高明編) 389-414 日本放送出版協会

16. 「味覚表現語の分析」『言語生活』10月号 14-24 筑摩書房 1983・10・1

17. 「食卓の変化」『現代日本文化における伝統と変容1 暮らしの美意識』(祖父江孝男・杉田繁治編) 32-54 ドメス出版 1984・6・5

18. 「東アジアの伝統調味料」『伝統食品の研究』創刊号 25-28 日本伝統食品研究会 1984・12・20

19. 「青ヶ島の塩辛」『民博通信』27号 20-32 国立民族学博物館 1985・1・31

20. 「民衆の食事」『日本民俗文化大系10 家と女性 — 暮らしの文化史』(坪井洋文編) 11-180 小学館 1985・2・13

21. 「調理の目的と方法」『ロスアンジェルスの日本料理店 — その文化人類学的研究』(小山修三・山口昌伴・栄久庵祥二と共著) 17-24 ドメス出版 1985・6・5

22. 「日本食品供給の歴史」(小山修三と共著)『ロスアンジェルスの日本料理店 — その文化人類学的研究』(小山修三・山口昌伴・栄久庵祥二と共著) 48-54 ドメス出版 1985・6・5

23. 「献立と料理」『ロスアンジェルスの日本料理店 — その文化人類学的研究』(小山修三・山口昌伴・栄久庵祥二と共著) 101-135 ドメス出版 1985・6・5

24. 「なぜ日本食なのか」(小山修三と共著)『ロスアンジェルスの日本料理店 — その文化人類学的研究』(小山修三・山口昌伴・栄久庵祥二と共著) 167-190 ドメス出版 1985・6・5

25. 「日本食品を供給する人びと」『ロスアンジェルスの日本料理店 — その文化人類学的研究』(小山修三・山口昌伴・栄久庵祥二と共著) 195-208 ドメス出版 1985・6・5

26. 「日本料理をつくる人びと」『ロスアンジェルスの日本料理店 — その文化人類学的研究』(小山修三・山口昌伴・栄久庵祥二と共著) 209-271 ドメス出版 1985・6・5

27. 「序論 東アジアの食事文化研究の視野」『論集 東アジアの食事文化』(石毛直道編) 19-69 平凡社 1985・8・15

28. 「塩辛・魚醤・ナレズシ」『論集　東アジアの食事文化』(石毛直道編)　177－242　平凡社　1985・8・15

29. 「米食民族比較からみた日本人の食生活」『生活学の方法』(中鉢正美編)　10－26　ドメス出版　1986・3・25

30. 「東アジアの魚醤 ― 魚の発酵製品の研究 (1)」『国立民族学博物館研究報告』11巻1号　1－41　国立民族学博物館　1986・8・25

31. 「民族学から見た無塩発酵大豆とその周辺」『アジアの無塩発酵大豆食品 ― アジア無塩発酵大豆会議 '85 講演集』(相田浩・上田誠之助・村田希久・渡辺忠編)　174－178　STEP　1986・12・25

32. 「食文化研究の展望と課題」『韓国食文化学会誌』1巻1号　1－6　韓国食文化学会(韓国)　1986

33. 「東アジア・東南アジアのナレズシ ― 魚の発酵製品の研究 (2)」『国立民族学博物館研究報告』11巻3号　603－668　国立民族学博物館　1987・2・28

34. 「塩辛と魚醤」『伝統食品の研究』4号　1－9　日本伝統食品研究会　1987・4・30

35. 「夷州の塩辛」『民博通信』37号　42－47　国立民族学博物館　1987・7・21

36. 「東南アジアの魚醤 ― 魚の発酵製品の研究 (5)」(ケネス・ラドルと共著)『国立民族学博物館研究報告』12巻2号　253－314　国立民族学博物館　1987・11・10

37. 「魚醤の化学分析と＜うま味＞の文化圏 ― 魚の発酵製品の研究 (6)」(水谷忠士・君塚明光・ケネス・ラドルと共著)『国立民族学博物館研究報告』12巻3号　801－864　国立民族学博物館　1988・2・15

38. 「魚醤とナレズシの名称 ― 魚の発酵製品の研究 (7)」『国立民族学博物館研究報告』13巻2号　383－406　国立民族学博物館　1988・10・17

39. 「文化人類学からみた調理学」『2001年の調理学』(松本文子と共編)　39－50　光生館　1988・11・20

40. 「魚醤の起源と伝播 ― 魚の発酵製品の研究 (8)」『国立民族学博物館研究報告』14巻1号　199－250　国立民族学博物館　1989・7・27

41. 「世界のなかでの中国食文化の特色」『第一届中国飲食文化学術研討会論文集』1－14　中国飲食文化基金会(台湾)　1989・9・21

42.　「世界における乳利用の歴史」（日本文および韓国語文）『乳文化シンポジウム』3-26　韓国食文化学会（韓国）1989・12・13

43.　Déveropment des restaurant Japonais pendant la période Edo. *Les restaurants dans le mond et à travers les àges*. 79-82　Glenat 1990

44.　「食の文化 ― 周辺諸民族文化との比較とその問題点をめぐって」『日本文化の源流』（佐々木高明・大林太良編）139-159　小学館　1991・4・20

45.　「食卓文化論」『現代日本における家庭と食卓 ― 銘々膳からチャブ台へ』国立民族学博物館研究報告別冊16号（井上忠司と共編）3-51　国立民族学博物館　1991・12・25

46.　「世界の伝統的食事文化」『食生活の設計と文化』193-202　日本家政学会・朝倉書店　1992・3・20

47.　Chemical Components of Fermented Fish Products. (Co-authers; Tadashi MIZUTANI, Akimitsu KIMIZUKA & Kenneth Ruddle). *Journal of Food Composition and Analysis*. Vol. 5 No. 2　152-159　Academic Press 1992・6

48.　「中国飲食文化与世界」（中国語文　趙栄光訳）『中国烹飪』1月号　20-22　中国商業出版社（中国）1993・1・13

49.　Cultural Aspects of Fermented Fish Products in Asia. In Cherl-Ho LEE, Keith H. STEINKRAUS & P. J. Alan REILLY (eds.) *Fish Fermentation Technology*. 13-3　United Nations University Press . 1993・5．2

50.　「麺条の起源と伝播」（日本文と英文）『第三届中国飲食文化学術検討会論文集』1-17　中国飲食文化基金会（台湾）1993・9・9

51.　「日本の茶とコーヒーの重層構造」『コーヒーという文化 ― 国際コーヒー文化会議からの報告』23-33　UCCコーヒー博物館・柴田書店　1994・5・15

52.　「東アジア食事文化の共通性と多様性」『第八回東アジア食生活学会研究大会抄録』（日本文と韓国語文）10-323　東アジア食生活学会（韓国）1995・6・17

53.　Evaluation of Fatness in Traditional Japanese Society. In Igor de Grarine & Nancy J. Pollock (eds.) *Social Aspect of Obesity*. 281-289　Gordon and Breach. 1995

54. 「食事文化」『日本民族学の現在』(ヨーゼフ・クライナー編) 128-143 新曜社 1996・3・1

55. 「押し出し麺の系譜 — 河漏・ビーフン・スパゲティ」『中国技術史の研究』(田中淡編) 419-452 京都大学人文科学研究所 1998・2・10

56. 「序論 酒造と飲酒の文化」『論集 酒と飲酒の文化』(石毛直道編) 25-85 平凡社 1998・10・19

57. 「東ユーラシアの蒸留酒 — 蒸留器を求めて」『焼酎・東回り西回り』(玉村豊男編) 75-130 Takara酒生活文化研究所 1999・4・25

58. The History and Culture of Food and Drink in Asia: Japan. In Kenneth F. KIPLE & Kriemhild Coon ORNELAS (eds.), *The Cambridge World History of Food*. 1175-1183 Cambridge University Press 2000

59. 「二〇世紀日本の食」『生活学 食の一〇〇年』 9-21 日本生活学会・ドメス出版 2001・9・30

60. 「20世紀日本における中国料理の受容過程」『第七屆中国飲食文化学術検討会論文集』 1-11 中国飲食文化基金会(台湾) 2002

61. 「東アジア食文化研究の視点」(日本文と韓国語文)『韓中日の台所文化と食生活』 3-15 韓国食生活文化学会(韓国) 2003・4・26

62. 「日本におけるラーメン(拉麺)」『第九屆中国飲食文化学術検討会論文集』 1-8 中国飲食文化基金会(台湾) 2005・11

63. 「アジアにおける食の歴史と文化 — 日本」(58の日本語版)『ケンブリッジ世界の食物史大百科事典(1)』(監訳・石毛直道) 163-172 朝倉書店 2005・11・25

64. 「東亜的家族与飯桌文化」(中国語文 尤秀美訳)『中国飲食文化』2巻2号 20-44 中国飲食文化基金会(台湾) 2006

65. Bouddism, shintoïsm, et consommation de viande animal au Japon. *L'homme, le mangeur, l'animal qui nourrit l'autre?* 80-92 Les Cahier de l'Ocha no.12 2007

66. 「世界の乳食文化」『世界の発酵乳』(石毛直道編) 20-40 はる書房 2008・7・7

清水弘文堂書房の本の注文方法

■電話注文　03-3770-1922／046-804-2516
■ＦＡＸ注文　046-875-8401
■Ｅメール注文　mail@shimizukobundo.com
　　　　　　　　（いずれも送料３００円注文主負担）

電話・ＦＡＸ・Ｅメール以外で清水弘文堂書房の本をご注文いただく場合には、もよりの本屋さんにご注文いただくか、本の定価（消費税込み）に送料３００円を足した金額を郵便為替（為替口座００２６０-３-５９９３９　清水弘文堂書房）でお振り込みくだされば、確認後、一週間以内に郵送にてお送りいたします（郵便為替でご注文いただく場合には、振り込み用紙に本の題名必記）。

飲食文化論文集

発　　　行	2009年 8月 30日
著　　　者	石毛直道
発　行　者	礒貝日月
発　行　所	株式会社清水弘文堂書房
住　　所	《プチ・サロン》東京都目黒区大橋1-3-7-207
電話番号	《受注専用》03-3770-1922
Ｅメール	mail@shimizukobundo.com
Ｈ　　Ｐ	http://shimizukobundo.com/
編　集　室	清水弘文堂書房葉山編集室
住　　所	神奈川県三浦郡葉山町堀内 870-10
電話番号	046-804-2516
ＦＡＸ	046-875-8401
印　刷　所	モリモト印刷株式会社

乱丁・落丁本はおとりかえいたします

©2009 Naomichi Ishige　ISBN978-4-87950-592-7　C0039